本书系国家社会科学基金青年项目
"饶应祺治理新疆研究"（16CZS068）阶段性成果

A LIBRARY OF
DOCTORAL
DISSERTATIONS
IN SOCIAL SCIENCES IN CHINA

中国
社会科学
博士论文
文库

满洲瓜尔佳氏索尔果家族研究

A Study of the Solgo Family of the Manchu Gūwalgiya Clan

刘金德　著

导师　赵令志

中国社会科学出版社

图书在版编目（CIP）数据

满洲瓜尔佳氏索尔果家族研究/刘金德著. —北京：

中国社会科学出版社，2019.8

（中国社会科学博士论文文库）

ISBN 978 - 7 - 5203 - 4938 - 3

Ⅰ.①满…　Ⅱ.①刘…　Ⅲ.①满族—氏族

谱系—研究　Ⅳ.①K820.9

中国版本图书馆 CIP 数据核字（2019）第 195966 号

出 版 人　赵剑英
责任编辑　安　芳
责任校对　张爱华
责任印制　李寡寡

出　　版　中国社会科学出版社
社　　址　北京鼓楼西大街甲 158 号
邮　　编　100720
网　　址　http：//www.csspw.cn
发 行 部　010 - 84083685
门 市 部　010 - 84029450
经　　销　新华书店及其他书店

印　　刷　北京明恒达印务有限公司
装　　订　廊坊市广阳区广增装订厂
版　　次　2019 年 8 月第 1 版
印　　次　2019 年 8 月第 1 次印刷

开　　本　710×1000　1/16
印　　张　22
插　　页　2
字　　数　364 千字
定　　价　108.00 元

总　序

在胡绳同志倡导和主持下，中国社会科学院组成编委会，从全国每年毕业并通过答辩的社会科学博士论文中遴选优秀者纳入《中国社会科学博士论文文库》，由中国社会科学出版社正式出版，这项工作已持续了12年。这12年所出版的论文，代表了这一时期中国社会科学各学科博士学位论文水平，较好地实现了本文库编辑出版的初衷。

编辑出版博士文库，既是培养社会科学各学科学术带头人的有效举措，又是一种重要的文化积累，很有意义。在到中国社会科学院之前，我就曾饶有兴趣地看过文库中的部分论文，到社科院以后，也一直关注和支持文库的出版。新旧世纪之交，原编委会主任胡绳同志仙逝，社科院希望我主持文库编委会的工作，我同意了。社会科学博士都是青年社会科学研究人员，青年是国家的未来，青年社科学者是我们社会科学的未来，我们有责任支持他们更快地成长。

每一个时代总有属于它们自己的问题，"问题就是时代的声音"（马克思语）。坚持理论联系实际，注意研究带全局性的战略问题，是我们党的优良传统。我希望包括博士在内的青年社会科学工作者继承和发扬这一优良传统，密切关注、深入研究21世纪初中国面临的重大时代问题。离开了时代性，脱离了社会潮流，社会科学研究的价值就要受到影响。我是鼓励青年人成名成家的，这是党的需要，国家的需要，人民的需要。但问题在于，什么是名呢？名，就是他的价值得到了社会的承认。如果没有得到社会、人民的承认，他的价值又表现在哪里呢？所以说，价值就在于对社会重大问题的回答和解决。一旦回答了时代性的重大问题，就必然会对社会产生巨大而深刻的影响，你也因此而实现了你的价值。在这方面，年轻的博士有很大的优势：精力旺盛，思想敏捷，勤于学习，勇于创新。但青年学者要多向老一辈学者学习，博士尤其要很好地向导师学习，在导师的指导下，发挥自己的优势，研究重大问题，就有可能出好的成果，实现自己的价值。过去12年入选文库的论文，也说明了这一点。

什么是当前时代的重大问题呢？纵观当今世界，无外乎两种社会制度，一种是资本主义制度，一种是社会主义制度。所有的世界观问题、政治问题、理论问题都离不开对这两大制度的基本看法。对于社会主义，马克思主义者和资本主义世界的学者都有很多的研究和论述；对于资本主义，马克思主义者和资本主义世界的学者也有过很多研究和论述。面对这些众说纷纭的思潮和学说，我们应该如何认识？从基本倾向看，资本主义国家的学者、政治家论证的是资本主义的合理性和长期存在的"必然性"；中国的马克思主义者，中国的社会科学工作者，当然要向世界、向社会讲清楚，中国坚持走自己的路一定能实现现代化，中华民族一定能通过社会主义来实现全面的振兴。中国的问题只能由中国人用自己的理论来解决，让外国人来解决中国的问题，是行不通的。也许有的同志会说，马克思主义也是外来的。但是，要知道，马克思主义只是在"中国化"了以后才解决中国的问题的。如果没有马克思主义的普遍原理与中国革命和建设的实际相结合而形成的毛泽东思想、邓小平理论，马克思主义同样不能解决中国的问题。教条主义是不行的，东教条不行，西教条也不行，什么教条都不行。把学问、理论当教条，本身就是反科学的。

在21世纪，人类所面对的最重大的问题仍然是两大制度问题：这两大制度的前途、命运如何？资本主义会如何变化？社会主义怎么发展？中国特色的社会主义怎么发展？中国学者无论是研究资本主义，还是研究社会主义，最终总是要落脚到解决中国的现实与未来问题。我看中国的未来就是如何保持长期的稳定和发展。只要能长期稳定，就能长期发展；只要能长期发展，中国的社会主义现代化就能实现。

什么是21世纪的重大理论问题？我看还是马克思主义的发展问

题。我们的理论是为中国的发展服务的，绝不是相反。解决中国问题的关键，取决于我们能否更好地坚持和发展马克思主义，特别是发展马克思主义。不能发展马克思主义也就不能坚持马克思主义。一切不发展的、僵化的东西都是坚持不住的，也不可能坚持住。坚持马克思主义，就是要随着实践，随着社会、经济各方面的发展，不断地发展马克思主义。马克思主义没有穷尽真理，也没有包揽一切答案。它所提供给我们的，更多的是认识世界、改造世界的世界观、方法论、价值观，是立场，是方法。我们必须学会运用科学的世界观来认识社会的发展，在实践中不断地丰富和发展马克思主义，只有发展马克思主义才能真正坚持马克思主义。我们年轻的社会科学博士们要以坚持和发展马克思主义为己任，在这方面多出精品力作。我们将优先出版这种成果。

2001 年 8 月 8 日于北戴河

摘　　要

　　中国古代家族史素来受到学术界重视。瓜尔佳氏索尔果家族在满洲和清朝历史上曾发挥过重要的政治和军事作用，是典型的满洲勋旧贵族和军功家族。本书对索尔果家族的先世源流、支系发展、家族佐领、旗分、官爵、婚姻，以及历史功绩等问题，进行了系统研究；并注重在探讨过程中与清代的八旗、人口、满汉关系等问题进行结合。

　　本书共由三部分组成。第一部分主要介绍选题缘由，以及学术界对该问题的研究动态，并分析现有成果的创新及不足。第二部分为本书的主体部分，即第一章到第五章，第一章对家族兴起的背景、瓜尔佳氏姓氏的演变、居住地大致位置和家族先世源流等问题予以探讨。第二章梳理了索尔果家族各支系的发展脉络。特从索尔果家族中选取费英东、卫齐、音达户齐、吴尔汉、郎格五大支系，并采择各支系、各时期典型人物与时代结合展开讨论，进而透视整个家族间的互动与社会关系，且特别突出家族在军事和政治上的作为及影响。通过对各支系族人的介绍，展现家族间各支系的发展特色及政治势力的不均衡。第三章突出八旗制度中佐领和旗分对家族的深远影响，并初步统计了家族中有明文记载的族人数量、所任官职及爵位承袭情况。通过统计分析，可知索尔果家族先后共编设十七个佐领，佐领类型多为具有严格承袭性的世管佐领，仅有一个公中佐领。家族的旗分是从努尔哈齐编设四旗到顺治初年才最终确定下来的，虽然期间屡经变化，但并未发生颠覆性改变，仍以编旗时所隶之两黄旗为主，后又出现隶镶白旗者。家族各支系人丁数量消长并不均衡，文武官职及爵位在数量和级别上亦有显著差距，这也是造成个别支系政治上相对没落的主要原因。第四章主要勾勒了索尔果家族的婚姻网络。通过对索尔果家族具体婚姻实例的考证，可知在清朝前期（含后金时期）与其有婚姻往来者除爱新觉罗家族外，皆为地位与其相当的八旗贵族，体现了八旗贵族之间婚姻首重门第的原则，是明显的政治婚姻。这种婚姻关系的形成也推动了家族各大支系的发展。第五章综合探讨了索尔果家族的延续，以及家族在满洲及清朝历史上的贡献及消极影响。正文之后即为本书的参考文献。最后一部分为索尔果家族佐领、婚姻、封爵、家族谱系图等附录，以及本书索引。

关键词：索尔果家族　支系　佐领　旗分　婚姻　历史地位

Abstract

The history of eminent ancient Chinese families has always beenof great interest to the academic community. The Solgo family of the Manchu Gūwalgiya clan, once playing an important political and military role in the history of the Manchu and the Qing Dynasty, is a typical old clan of Manchu nobility and of military exploits. This book conducts a systematic study of the family in terms of its ancestral origin, lineage development, the organizaion of nirus and gūsas, official positions and titular honors awarded, marriage network, and historical merits, with a focus on contextualization with reference to the Eight Banner system, the demography and the Manchu – Han relationship in the Qing Dynasty.

The book consists of three parts. The first part is an introduction to the reasons why the author chooses this topic, as well as to research dynamics. The second part, i. e. the body part, covers Chapter I to Chapter V. Chapter I mainly addresses the background to the rise of the Solgo family, the evolution of the Gūwalgìya clan name, places of habitation and itsancestral origin. In Chapter II, the author reviews the evolutionary history of the Solgo family represented by five lineages, and examines selected eminent figures from each lineage in historical context, so as to reveal the interactions and social relations among different branches of the whole family, particularly the family's military and political achievement and influence, as well as the characteristics of each branch's development and the imbalance among them. Chapter III expounds on the far – reaching influence of the organization of nirus and gūsas of the Eight Banner system on the Solgo family and makes a tentative stock – taking of the clanmen registered in records available and the official positions and titular honors awarded to them. A statistical analysis will reveal that a total of 17 nirus were established over time, a majority of which are jalan halame bošori nirus, except 1 siden i niru. In respect of gūsa, which derived from the Four Banners originally established by Nurgaci and was finalized until the early years of Shunzhi, and for the Solgo family, these units remained primarily composed of kubuhe suwayan gūsa and gulu suwayan gūsa, only with some banner people originally belonging to kubuhe šanyan gūsa incorporated at a later stage. Among other factors, unbalanced growth in population and significant gaps in official positions and titular honors awarded, both in numbers and in ranks, bring about the wax of some lineages and the wane of others. Chapter IV maps the marriage network of the Solgo family. In can be clearly seen through the given marriage examples that in the early Qing Dynasty (including the Later Jin Dynasty), on the list of its marital affines are all Manchu aristocratic families with equal social status, let alone the royal house of Aisin Gioro. These self-evident political marriages epitomize a fact that family social status always outweigh all other considerations in marriage decisions by the Eight Banner nobles, and of course they had an impact on the development of the family's major branches. Chapter V concludes the body part with a description the Solgo family's continuation and a summary of the family's positive and negative historical contribution. References are listed after the body part. Appendices containing information on the Solgo family's nirus, marriage network, official positions and titular honors and the family tree are attached.

Keywords: the Solgo family   Lineage development   niru   gūsa   Marriage network   Historical status

目　　录

Contents

绪　　论

　　明清家族史一直是学术界关注的焦点，并从不同角度相继推出了一系列高质量研究成果。如潘光旦、孟森等先生对明清时期江南望族的研究；冯尔康先生对家族制度等方面的探讨；杜家骥先生将清代皇族与国政结合加以研讨；徐凯先生则集中探讨了满洲世家大族，以及蒙古氏族、高丽家族、尼堪姓氏等问题；陈支平、郑振满先生对福建家族展开了深入研究；刘翠溶先生运用西方统计学方法对明清家族史进行了分析；赖惠敏先生对清朝皇族与其他显贵家族予以比较研究；叶高树先生则专文探讨了部分满洲异姓贵族；雷炳炎先生则对清代社会八旗贵族世家势力进行了综合研究；常越男先生则对满洲八"著姓"予以全面探讨。李中清、郭松义等先生亦对明清家族相关问题有所涉猎。此外，亦有一些日本学者专注此领域。国内外学者从不同角度展开了对明清家族史的深入探讨，相关成果也在不断推出，可见此领域尚有许多问题值得深入思考和辨析。

　　瓜尔佳氏作为清朝乃至满族历史上的著姓大族，位列"八大家""八大姓"之中。该氏族中以索尔果家族最为显贵，英才辈出，多有影响时局的关键人物，如费英东、图赖、鳌拜、傅尔丹、马尔泰等人皆出其中。然而国内外学术界对该家族的研究并不充分，迄今尚无一部整体性研究论著出版。索尔果家族是明清家族史研究中的一部分，亦为清史、满族史研究的构成要素。本书拟从整体上对索尔果家族在清朝和满族历史上的兴衰成败及相关问题作一深入细致的探讨，以期进一步充实清史、满族史的内涵。

一　学术史回顾

　　关于索尔果家族学术界尚无整体性的专门研究，仅有个别文章从不同角度探讨了瓜尔佳氏相关问题。另有部分学者已经注意到满洲世家大族在清朝历史上的重要性，并进行了专门探讨，在这些研究成果中对索尔果家族多有涉及。通过梳理研究现状，可以发现学术界关于该家族的研究多集中在部分重要人物身上，成果也最为丰富。

（一）对瓜尔佳氏源流的探讨

日本学者三田村泰助《明末清初的满洲氏族及其源流》① 考证了满洲著姓的历史源流，并对索尔果家族早期的世系进行了分析。李林《满族瓜尔佳氏源流及其历史地位》② 探讨了瓜尔佳氏的源流、迁徙与分布，以及瓜尔佳氏的历史贡献等问题。张炳旭、单玲《〈佛满洲苏完瓜尔佳氏家谱〉研究》③ 介绍了苏完瓜尔佳氏的族源及索尔果、费英东父子的归顺；并叙述了索尔果后嗣费英东、图赖、索海、鳌拜、杨善等人的事迹。赵国强等《金朝以来小黄头室韦相关问题考》④ 认为苏完瓜尔佳氏位于今长春双阳，且"双阳"一词最早来源于锡伯语，而不是满语；同时作者认为苏完瓜尔佳氏最早族属为锡伯族，而非满族。王立《东北地区八旗满族著姓家谱研究》⑤ 从文献学角度探讨了满洲著姓中瓜尔佳氏家谱的一系列问题。学术界关于瓜尔佳氏的来源基本达成一致，即从金代古里甲发展而来，关于苏完瓜尔佳氏的所在地基本认为在今吉林省长春市双阳区，而关于苏完瓜尔佳氏与锡伯族的关系问题学术界尚未达成共识。

（二）对满洲世家大族的整体探讨

台湾学者叶高树《满洲亲贵与清初政治：都英额地方赫舍里家族的个案研究》⑥ 《满洲军事家族与清初政治：长白山钮祜禄家族的个案研究》⑦ 两文对索尔果家族的费英东、图赖、鳌拜等人在当时政治、军事中

---

① ［日］三田村泰助：《明末清初的满洲氏族及其源流》，《东洋史研究》19 卷 2 号，1960 年。

② 李林：《满族瓜尔佳氏源流及其历史地位》，《满族研究》1989 年第 4 期。

③ 张炳旭、单玲：《〈佛满洲苏完瓜尔佳氏家谱〉研究》，傅波主编：《赫图阿拉与满族姓氏家谱研究》，辽宁民族出版社 2005 年版，第 477—483 页。

④ 赵国强等：《金朝以来小黄头室韦相关问题考》，《黑龙江民族丛刊》2017 年第 6 期。

⑤ 王立：《东北地区八旗满族著姓家谱研究》，博士学位论文，东北师范大学，2017 年。

⑥ 叶高树：《满洲亲贵与清初政治：都英额地方赫舍里家族的个案研究》，《台湾师大历史学报》2010 年第 43 期。

⑦ 叶高树：《满洲军事家族与清初政治：长白山钮祜禄家族的个案研究》，《台湾师大历史学报》2011 年第 46 期。

的行为及作用予以深度剖析，是满洲世家大族研究的重要文章。常越男《家国之间：清初满洲八"著姓"研究》① 对满洲八"著姓"的氏族来源、地域分布，家族归附时间、旗籍分布，家族事功等问题进行了系统深入研究，是对满洲世家大族研究的最新成果。徐凯《满洲认同"法典"与部族双重构建》② 以《八旗满洲氏族通谱》为基础从整体上探讨了瓜尔佳氏来归年份及人数、氏族部属、世居地分布等问题，是近年来满洲家族史研究的一部力作，其中关于满洲家族研究的方法、分析对本书具有极大的启发意义。美国学者柯娇燕《孤军：满人一家三代与清帝国的终结》③ 第一部分讨论了苏完地方瓜尔佳氏在清初的政治地位及氏族地位等问题；第二部分则以生活于晚清的瓜尔佳氏祖孙三代观成、凤瑞、金梁的事迹为主线，分析了驻防于各地的八旗满洲如何后天强化自己的民族意识，来与当时的"排满"意识相抗衡。杜家骥《清代八旗官制与行政》④ 分析异姓旗人世爵世职为官问题时罗列了卫齐、图赖、颇尔喷等族人以爵授官的特色，对于本书研究家族的爵秩等问题具有指导意义。雷炳炎《清代社会八旗贵族世家势力研究》⑤ 是一部以八旗贵族世家群体为研究核心的高水平论著，基本每个篇章皆零散的涉及了索尔果家族的人物、婚姻、官爵等问题，因本书侧重点在于八旗贵族世家，故对索尔果家族的涉猎尚不全面。李小雪《八旗满洲八著姓与清政权之崛起》⑥ 就八著姓在清入关前的历史，以及他们与清政权建立的关系等问题做了详细考证。

（三）对索尔果家族个别人物的探讨

以往研究中涉及索尔果家族人物的专著十分丰富，以下仅列举部分具有代表性的成果。周远廉《清代八旗王公贵族兴衰史》⑦ 对费英东事迹，费英东子孙的优待，图赖的功绩，图赖、鳌拜等人谋立豪格为君及

---

① 常越男：《家国之间：清初满洲八"著姓"研究》，中国社会科学出版社2019年版。

② 徐凯：《满洲认同"法典"与部族双重构建》，中国社会科学出版社2015年版。

③ ［美］柯娇燕：《孤军：满人一家三代与清帝国的终结》，陈兆肆译，人民出版社2016年版。

④ 杜家骥：《清代八旗官制与行政》，中国社会科学出版社2015年版。

⑤ 雷炳炎：《清代社会八旗贵族世家势力研究》，中国社会科学出版社2016年版。

⑥ 李小雪：《八旗满洲八著姓与清政权之崛起》，硕士学位论文，辽宁大学，2013年。

⑦ 周远廉：《清代八旗王公贵族兴衰史》，辽宁人民出版社1986年版。

支持福临继位等问题进行了叙述。刘小萌《满族从部落到国家的发展》①
述及了费英东等五大臣对努尔哈齐②的辅佐，并提及吴尔汉、卫齐、索
海、察喀尼等族人。赖惠敏《清代的皇权与世家》③ 对鳌拜、图赖欲立豪
格为君和鳌拜辅政之事加以探讨。杨珍《清朝皇位继承制度》④《清前期
宫廷政治释疑》⑤ 等著作对鳌拜的辅政、乱政及鳌拜罪案等问题予以深入
分析。

　　此外，诸如孟森《明清史讲义》⑥、萧一山《清代通史》⑦、王戎笙、
李洵等《清代全史》⑧；朱诚如主编《清朝通史》⑨；李燕光、关捷《满
族通史》⑩ 等通史性著作在清前期历史书写中对索尔果家族重要人物频
有涉及。再如庄吉发《清高宗十全武功研究》⑪；阎崇年《努尔哈赤
传》⑫；滕绍箴《努尔哈赤评传》⑬；清史编委会编《清代人物传稿》⑭；
孟昭信《康熙大帝全传》⑮；张晋藩、郭成康《清入关前国家法律制度
史》⑯；杨学琛《清代民族关系史》⑰；杨学琛《清代民族史》⑱；定宜庄
《满族的妇女生活与婚姻制度研究》⑲；郭松义《伦理与生活——清代的

---

① 刘小萌：《满族从部落到国家的发展》，中国社会科学出版社 2007 年版。
② 清太祖努尔哈齐的满文转写为 nurgaci，其汉文名字文献记载不一，存在努尔哈齐、努儿哈赤、弩尔哈齐、弩儿哈奇、老乙可赤等多种写法，本书除引文外，统一采用"努尔哈齐"。
③ 赖惠敏：《清代的皇权与世家》，北京大学出版社 2010 年版。
④ 杨珍：《清朝皇位继承制度》，学苑出版社 2009 年版。
⑤ 杨珍：《清前期宫廷政治释疑》，中国社会科学出版社 2018 年版。
⑥ 孟森：《明清史讲义》，中华书局 1981 年版。
⑦ 萧一山：《清代通史》，中华书局 1986 年版。
⑧ 王戎笙、李洵等：《清代全史》，辽宁人民出版社 1991 年版。
⑨ 朱诚如主编：《清朝通史》，紫禁城出版社 2003 年版。
⑩ 李燕光、关捷：《满族通史》，辽宁民族出版社 2003 年版。
⑪ 庄吉发：《清高宗十全武功研究》，"国立"故宫博物院 1982 年版。
⑫ 阎崇年：《努尔哈赤传》，北京出版社 1983 年版。
⑬ 滕绍箴：《努尔哈赤评传》，辽宁人民出版社 1985 版。
⑭ 清史编委会编：《清代人物传稿》，中华书局 1986 年版。
⑮ 孟昭信：《康熙大帝全传》，吉林文史出版社 1987 年版。
⑯ 张晋藩、郭成康：《清入关前国家法律制度史》，辽宁人民出版社 1988 年版。
⑰ 杨学琛：《清代民族关系史》，吉林文史出版社 1991 年版。
⑱ 杨学琛：《清代民族史》，四川民族出版社 1996 年版。
⑲ 定宜庄：《满族的妇女生活与婚姻制度研究》，北京大学出版社 1999 年版。

婚姻关系》①；赵令志《清前期八旗土地制度研究》②；马汝珩《清代西部历史论衡》③；杜家骥《清朝满蒙联姻研究》④；邱永君《清代满蒙翰林群体研究》⑤；李林《满族家谱研究》⑥；雷炳炎《清代八旗世爵世职研究》⑦；赵志强《清代中央决策机制研究》⑧；邱永君《清代翰林院制度》⑨；白新良等《康熙皇帝传》⑩；冯尔康《雍正传》⑪；姚念慈《清初政治史探微》⑫；杜家骥《八旗与清朝政治论稿》⑬；姚念慈《定鼎中原之路：从皇太极入关到玄烨亲政》⑭等专著亦多处涉及索尔果家族人物。

国外尚无专门论著，仅有日本稻叶君山《清朝全史》⑮、美国 R. B. 奥克斯曼《〈马上治天下〉——鳌拜摄政时期（1662—1669）的满族政治》⑯、法国白晋《康熙皇帝》⑰；美国 A. W. 恒慕义主编《清代名人传略》⑱等著作对索尔果家族人物有零星涉猎。

上述著作所涉人物局限于某一政治事件或军事征战中的参与，鲜有立足于索尔果家族的整体研究。如在谈及努尔哈齐统治时期的政治、军事时，不免谈及费英东；在论述康熙初年四大辅臣时，鳌拜亦不得不谈；在分析雍正朝和通泊之战时，傅尔丹作为统帅亦常被提及。

① 郭松义：《伦理与生活——清代的婚姻关系》，商务印书馆 2000 年版。
② 赵令志：《清前期八旗土地制度研究》，民族出版社 2001 年版。
③ 马汝珩：《清代西部历史论衡》，山西人民出版社 2001 年版。
④ 杜家骥：《清朝满蒙联姻研究》，人民出版社 2003 年版。
⑤ 邱永君：《清代满蒙翰林群体研究》，黑龙江人民出版社 2005 年版。
⑥ 李林：《满族家谱研究》，辽宁民族出版社 2006 年版。
⑦ 雷炳炎：《清代八旗世爵世职研究》，中南大学出版社 2006 年版。
⑧ 赵志强：《清代中央决策机制研究》，科学出版社 2007 年版。
⑨ 邱永君：《清代翰林院制度》，社会科学文献出版社 2007 年版。
⑩ 白新良等：《康熙皇帝传》，百花文艺出版社 2007 年版。
⑪ 冯尔康：《雍正传》，人民出版社 2008 年版。
⑫ 姚念慈：《清初政治史探微》，辽宁民族出版社 2008 年版。
⑬ 杜家骥：《八旗与清朝政治论稿》，人民出版社 2008 年版。
⑭ 姚念慈：《定鼎中原之路：从皇太极入关到玄烨亲政》，生活·读书·新知三联书店 2018 年版。
⑮ ［日］稻叶君山：《清朝全史》，但焘译，中华书局 1931 年版。
⑯ ［美］R. B. 奥克斯曼：《〈马上治天下〉——鳌拜摄政时期（1662—1669）的满族政治》，美国芝加哥大学出版社 1975 年版，载《清史译文》1980 年第 1 期。
⑰ ［法］白晋：《康熙皇帝》，赵晨译，黑龙江人民出版社 1981 年版。
⑱ ［美］A. W. 恒慕义主编：《清代名人传略》，青海人民出版社 1990 年版。

　　除上述著作外，还有大量相关学术及学位论文对索尔果家族人物有所论及。而这些论述的焦点主要聚焦在费英东、鳌拜、图赖、傅尔丹等著名人物的战绩、政绩上。下面对家族个别重要人物的研究予以梳理。

　　关于费英东及其支系的研究：关嘉禄《清朝开国勋臣费英东简论》[①]；白新良、李宪庆《后金五大臣旗籍辨证》[②]；赵志强《清代前期的军国议政与满洲贵族》[③]；魏鉴勋《清入关前军功集团与智囊集团比较研究》[④]；雷炳炎《清代旗人封爵略论》[⑤]《清代八旗世爵世职群体的入仕考察》[⑥]《清初八旗勋臣追赠及其家族的封爵问题》[⑦]；常越男《清初政治中的瓜尔佳氏费英东家族》[⑧]；郑玉芝《清入关前五大臣研究》[⑨]；孙萌《清入关前八旗婚姻问题研究》[⑩]；日本学者增井宽也《满洲国"五大臣"设置年代考》[⑪] 等文章论述了费英东的生平事迹及其在政治军事上的贡献，以及费英东支系的世爵世职情况。

　　关于鳌拜及其支系的研究：鳌拜是索尔果家族中颇具影响之人，一直是清史、满族史领域争论的焦点，相关论文极为丰富。庆思《论康熙》[⑫]；阎崇年《评康熙》[⑬]；商鸿逵《关于康熙捉鳌拜》[⑭]；商鸿逵《论康熙》[⑮]；王树卿《清代的皇权斗争》[⑯]；李林、王建学《鳌拜论》[⑰]；李

① 关嘉禄：《清朝开国勋臣费英东简论》，《故宫博物院院刊》1985 年第 1 期。

② 白新良、李宪庆：《后金五大臣旗籍辨证》，《南开学报》1982 年第 5 期。

③ 赵志强：《清代前期的军国议政与满洲贵族》，《满学研究》第一辑，吉林文史出版社1992 年版。

④ 魏鉴勋：《清入关前军功集团与智囊集团比较研究》，《社会科学辑刊》1995 年第 5 期。

⑤ 雷炳炎：《清代旗人封爵略论》，《北京社会科学》2003 年第 4 期。

⑥ 雷炳炎：《清代八旗世爵世职群体的入仕考察》，《安徽史学》2006 年第 3 期。

⑦ 雷炳炎：《清初八旗勋臣追赠及其家族的封爵问题》，《南通大学学报》2009 年第 3 期。

⑧ 常越男：《清初政治中的瓜尔佳氏费英东家族》，载赵志强主编《满学论丛》第二辑，辽宁民族出版社2012 年版。

⑨ 郑玉芝：《清入关前五大臣研究》，硕士学位论文，东北师范大学，2012 年。

⑩ 孙萌：《清入关前八旗婚姻问题研究》，硕士学位论文，黑龙江大学，2012 年。

⑪ ［日］增井宽也：《满洲国"五大臣"设置年代考》，《立命馆文学》第 608 号，2008 年。

⑫ 庆思：《论康熙》，《北京师范学院学报》1975 年第 1 期。

⑬ 阎崇年：《评康熙》，《北京师范学院学报》1975 年第 2 期。

⑭ 商鸿逵：《关于康熙捉鳌拜》，《历史教学》1979 年第 4 期。

⑮ 商鸿逵：《论康熙》，《社会科学辑刊》1980 年第 2 期。

⑯ 王树卿：《清代的皇权斗争》，《故宫博物院院刊》1981 年第 4 期。

⑰ 李林、王建学：《鳌拜论》，《辽宁大学学报》1981 年第 5 期。

燕光《康熙皇帝》①；周远廉、赵世瑜《论鳌拜辅政》②；孟昭信《试评康熙初年的四大臣辅政体制》③；徐凯《关于康熙四辅臣的几个问题》④；王思治《康熙帝继位与四大臣辅政的由来》⑤《杰出的封建君主——康熙（一）》⑥；杨洪波《清初满洲贵族集团内争与皇权加强》⑦；袁森坡《论康熙初政》⑧；瀛云萍、都兴智《鳌拜后裔家谱的发现及其有关问题》⑨；王思治《康熙研究二题》⑩《索额图其人——兼论助皇太子"潜谋大事"》⑪；王佩环《试论康雍时期朋党之争及其危害》⑫；王戎笙《顺治遗诏与清初权力斗争》⑬；王思治、吕元骢《清代皇位继承制度之嬗变与满洲贵族间的矛盾》⑭；李鸿彬《清初杰出的女政治家孝庄文皇后》⑮；白新良《康熙擒鳌拜时间考》⑯；臧廷秋《清代前期亲王辅政体制研究》⑰；徐凯《清初摄政、辅政体制与皇权政治》⑱；杨珍《辅政大臣遏必隆、鳌拜满文奏疏研究》⑲《康熙朝鳌拜罪案辨析》⑳；日本学者内田直文《钮祜禄氏额亦都

① 李燕光：《康熙皇帝》，《辽宁大学学报》1983 年第 6 期。
② 周远廉、赵世瑜：《论鳌拜辅政》，《民族研究》1984 年第 6 期。
③ 孟昭信：《试评康熙初年的四大臣辅政体制》，《史学集刊》1985 年第 3 期。
④ 徐凯：《关于康熙四辅臣的几个问题》，《史学集刊》1986 年第 1 期。
⑤ 王思治：《康熙帝继位与四大臣辅政的由来》，《史学月刊》1986 年第 6 期。
⑥ 王思治：《杰出的封建君主——康熙（一）》，《满族研究》1987 年第 1 期。
⑦ 杨洪波：《清初满洲贵族集团内争与皇权加强》，《满族研究》1988 年第 2 期。
⑧ 袁森坡：《论康熙初政》，《史学集刊》1989 年第 2 期。
⑨ 瀛云萍、都兴智：《鳌拜后裔家谱的发现及其有关问题》，《满族研究》1989 年第 2 期。
⑩ 王思治：《康熙研究二题》，载白寿彝主编《清史国际学术讨论会论文集》，辽宁人民出版社 1990 年版，第 179—193 页。
⑪ 王思治：《索额图其人——兼论助皇太子"潜谋大事"》，《清史研究》1992 年第 1 期。
⑫ 王佩环：《试论康雍时期朋党之争及其危害》，《故宫博物院院刊》1992 年第 1 期。
⑬ 王戎笙：《顺治遗诏与清初权力斗争》，载《清史论丛》1994 年号，辽宁古籍出版社 1994 年版。
⑭ 王思治、吕元骢：《清代皇位继承制度之嬗变与满洲贵族间的矛盾》，《满学研究》第三辑，民族出版社 1996 年版。
⑮ 李鸿彬：《清初杰出的女政治家孝庄文皇后》，《满族研究》1998 年第 2 期。
⑯ 白新良：《康熙擒鳌拜时间考》，《满族研究》2005 年第 3 期。
⑰ 臧廷秋：《清代前期亲王辅政体制研究》，硕士学位论文，黑龙江大学，2005 年。
⑱ 徐凯：《清初摄政、辅政体制与皇权政治》，《史学集刊》2006 年第 4 期。
⑲ 杨珍：《辅政大臣遏必隆、鳌拜满文奏疏研究》，《满语研究》2016 年第 1 期。
⑳ 杨珍：《康熙朝鳌拜罪案辨析》，《历史档案》2016 年第 3 期。

家族与清初内廷侍卫》①　等文章或是专门探讨鳌拜本人的生平事迹、功过是非，或是在探讨其他问题时兼及鳌拜，鲜有将其置于索尔果家族这个整体予以看待。

　　关于傅尔丹及和通泊之战的研究：雍正时期和通泊之战的惨败，使清军统帅傅尔丹成为学术界探讨的热点。徐凯《岳钟琪论》②；左书谔《雍正平准战争中的几个问题》③；史松《雍正研究论纲》④；彭陟焱《乾隆初定金川战争钩沉》⑤；王称《试论雍正朝对西域的经营》⑥；张建《和通泊之战新研——以黑龙江兵丁为中心》⑦《清征西将军祁里德生平钩沉》⑧《康熙五十九年乌兰呼济尔之战浅探》⑨《和通泊之役与大清国的边务危机——以军机处满文档案为中心的考察》⑩；张丽伟《岳钟琪述评》⑪；郭丹《岳钟琪与雍正时期西北边疆的经营》⑫；王称《雍正朝的准噶尔政策研究》⑬；王攀《试论清代抚边名将岳钟琪及其历史作用》⑭；王惠敏《清军难以攻克大小金川之原因探析》⑮；刘锦增《平定准噶尔战争中的军粮供应问题研究》⑯　等文章主要在论述和通泊之战时论及傅尔丹，

---

　　①　[日] 内田直文：《钮祜禄氏额亦都家族与清初内廷侍卫》，《成大历史学报》2009年第36号。

　　②　徐凯：《岳钟琪论》，《北京大学学报》1984年第5期。

　　③　左书谔：《雍正平准战争中的几个问题》，《青海民族学院学报》1987年第2期。

　　④　史松：《雍正研究论纲》，《清史研究》1993年第2期。

　　⑤　彭陟焱：《乾隆初定金川战争钩沉》，《西藏民族学院学报》2003年第4期。

　　⑥　王称：《试论雍正朝对西域的经营》，《新疆大学学报》2006年第2期。

　　⑦　张建：《和通泊之战新研——以黑龙江兵丁为中心》，《清史研究》2010年第1期。

　　⑧　张建：《清征西将军祁里德生平钩沉》，《历史档案》2011年第1期。

　　⑨　张建：《康熙五十九年乌兰呼济尔之战浅探》，《清史论丛》2012年号，中国广播电视出版社2011年版。

　　⑩　张建：《和通泊之役与大清国的边务危机——以军机处满文档案为中心的考察》，《纪念王锺翰先生百年诞辰学术文集》，中央民族大学出版社2013年版，第445—467页。

　　⑪　张丽伟：《岳钟琪述评》，硕士学位论文，黑龙江大学，2007年。

　　⑫　郭丹：《岳钟琪与雍正时期西北边疆的经营》，硕士学位论文，东北师范大学，2007年。

　　⑬　王称：《雍正朝的准噶尔政策研究》，硕士学位论文，中国社会科学院，2008年。

　　⑭　王攀：《试论清代抚边名将岳钟琪及其历史作用》，硕士学位论文，四川师范大学，2008年。

　　⑮　王惠敏：《清军难以攻克大小金川之原因探析》，博士学位论文，中国社会科学院，2010年。

　　⑯　刘锦增：《平定准噶尔战争中的军粮供应问题研究》，博士学位论文，陕西师范大学，2018年。

以及傅尔丹在此期间的一系列作为；在论述和通泊之战失败原因时多对傅尔丹持否定态度，仅有张建等少数学者持不同观点。

关于马尔泰的研究：马尔泰是索尔果家族中活跃在雍乾时期的重要人物。曾实授两广总督、闽浙总督，署理西安巡抚、川陕总督等，乃封疆大吏；同时，又被授予领侍卫内大臣及正蓝旗满洲都统、正黄旗汉军都统等军事要职。但是学术界尚无对此人的专门研究，只是在个别学者的相关论述中有简要涉及。如史全生《史贻直与雍正年间的宣谕化导》①；周伟洲《西宁办事大臣考》②；达力扎布《西宁办事大臣达鼐事迹考》③；杨海燕《常与变：陕甘总督群体构成与人事嬗递探颐》④；杜党军《清代西宁办事大臣研究》⑤ 等文章谈到了马尔泰署理西安巡抚期间的事迹。崔宪涛《清代中期粮食价格发展趋势之分析》⑥；刘正刚《清前期闽粤移民四川数量之我见》⑦；冯立军《清前期对广西与越南边境贸易的管理》⑧；徐靖捷《僵化制度下的弹性运作——从乾隆三年盐斤漂失案看明清香山场的变迁》⑨ 等文章则在论述相关问题时涉及了乾隆年间马尔泰在农业、盐业、边境贸易等方面的简单情况。

（四）对索尔果家族佐领的探讨

关于索尔果家族佐领、旗分等问题的相关研究成果多为间接涉及，如刘小萌《满族从部落到国家的发展》⑩ 等著作对索尔果家族最初编设的五个佐领有所介绍。杜家骥《八旗与清朝政治论稿》⑪ 对费英东、卫齐、吴尔汉等人所管佐领数量及管理权予以概说；杜家骥《清代八旗

---

①　史全生：《史贻直与雍正年间的宣谕化导》，《历史档案》2010 年第 1 期。

②　周伟洲：《西宁办事大臣考》，《西北民族大学学报》2011 年第 1 期。

③　达力扎布：《西宁办事大臣达鼐事迹考》，《西北民族大学学报》2012 年第 2 期。

④　杨海燕：《常与变：陕甘总督群体构成与人事嬗递探颐》，硕士学位论文，温州大学，2012 年。

⑤　杜党军：《清代西宁办事大臣研究》，博士学位论文，兰州大学，2013 年。

⑥　崔宪涛：《清代中期粮食价格发展趋势之分析》，《史学月刊》1987 年第 6 期。

⑦　刘正刚：《清前期闽粤移民四川数量之我见》，《清史研究》1994 年第 3 期。

⑧　冯立军：《清前期对广西与越南边境贸易的管理》，《南洋问题研究》2007 年第 3 期。

⑨　徐靖捷：《僵化制度下的弹性运作——从乾隆三年盐斤漂失案看明清香山场的变迁》，《盐业史研究》2010 年第 4 期。

⑩　刘小萌：《满族从部落到国家的发展》，中国社会科学出版社 2007 年版。

⑪　杜家骥：《八旗与清朝政治论稿》，人民出版社 2008 年版。

官制与行政》① 则专门探讨了八旗中的世管佐领官，并对各类佐领进行了统计。徐凯《满洲认同"法典"与部族双重构建》② 对索尔果家族及其同族的佐领以旗分为标准予以分析。阿南惟敬《清初军事史论考》③；三田村太助《清朝前史之研究》④；杉山清彦《大清帝国之形成与八旗制》⑤；谷井阳子《八旗制度之研究》⑥ 等日本论著则对佐领的分类、承袭、管理等问题进行专门探讨。相关论文如陈文石《满洲八旗牛录的构成》⑦；陈佳华、傅克东《八旗建立前满洲牛录和人口初探》⑧；傅克东、陈佳华《清代前期的佐领》⑨《佐领述略》⑩；白新良《论皇太极继位初的一次改旗》⑪；白新良、李宪庆《后金五大臣旗籍辨证》⑫；李鸿彬、郭成康《清入关前八旗主旗贝勒的演变》⑬；郭成康《清初牛录的类别》⑭；姚念慈《皇太极独挟两黄旗考辨》⑮；以及杜家骥《天命后期八旗旗主考析》⑯《清初两白旗主多尔衮与多铎换旗问题的考察》⑰；杨海英《对十份世管佐领承袭宗谱的研究》⑱；徐凯、张婷《满洲本部族构成

① 杜家骥：《清代八旗官制与行政》，中国社会科学出版社 2015 年版。

② 徐凯：《满洲认同"法典"与部族双重构建》，中国社会科学出版社 2015 年版。

③ ［日］阿南惟敬：《清初军事史论考》，甲阳书房 1980 年版。

④ ［日］三田村太助：《清朝前史之研究》，同朋舍 1965 年版。

⑤ ［日］杉山清彦：《大清帝国之形成与八旗制》，名古屋大学出版会 2015 年版。

⑥ ［日］谷井阳子：《八旗制度之研究》，京都大学学术出版会 2015 年版。

⑦ 陈文石：《满洲八旗牛录的构成》，载《大陆杂志史学丛书》第三辑第四册，台湾大陆杂志社 1970 年版。

⑧ 陈佳华、傅克东：《八旗建立前满洲牛录和人口初探》，《中央民族学院学报》1981 年第 1 期。

⑨ 傅克东、陈佳华：《清代前期的佐领》，《社会科学战线》1982 年第 1 期。

⑩ 傅克东、陈佳华：《佐领述略》，载王锺翰主编《满族史研究集》，中国社会科学出版社 1988 年版。

⑪ 白新良：《论皇太极继位初的一次改旗》，《南开史学》1981 年第 2 期。

⑫ 白新良、李宪庆：《后金五大臣旗籍辨证》，《南开学报》1982 年第 5 期。

⑬ 李鸿彬、郭成康：《清入关前八旗主旗贝勒的演变》，《社会科学战线》1982 年第 1 期。

⑭ 郭成康：《清初牛录的类别》，《史学集刊》1985 年第 4 期。

⑮ 姚念慈：《皇太极独挟两黄旗考辨》，载王锺翰主编《满学朝鲜学论集》，中国城市出版社 1995 年版。

⑯ 杜家骥：《天命后期八旗旗主考析》，《史学集刊》1997 年第 2 期。

⑰ 杜家骥：《清初两白旗主多尔衮与多铎换旗问题的考察》，《清史研究》1998 年第 3 期。

⑱ 杨海英：《对十份世管佐领承袭宗谱的研究》，《满学研究》第七辑，民族出版社 2002 年版。

与八旗佐领分布》①；赵令志、细谷良夫《〈钦定拣放佐领则例〉及其价值》②；关康《清代优异世管佐领考——以阿什达尔汉家族佐领为中心》③《论清代族中承袭佐领》④ 等文章或从整体上探讨佐领沿革、名称及类型，或简单提及索尔果家族中初编的五个佐领，或在论述皇太极改旗时涉及该家族旗分的变化，皆未对索尔果家族的佐领及旗分问题予以展开。此外，日本学者阿南惟敬《清初牛录额真考（上下）》⑤，对天命和天聪年间牛录额真的名字、旗分、武官职、所属参佐领进行了全面的统计和分析。增井宽也《清初佐领类别考》⑥；承志《关于八旗牛录的根源和牛录的分类》⑦；石桥崇雄《围绕"六条例"——清朝八旗制度研究之一环》⑧；绵贯哲郎《〈六条例〉的成立——乾隆朝八旗政策的一个侧面》⑨ 等文章分别就佐领的类别问题进行了探讨。

（五）对索尔果家族婚姻的探讨

索尔果家族的婚姻关系网十分庞大复杂，相关研究主要有：定宜庄《满族的妇女生活与婚姻制度研究》⑩ 分析了费英东支系与清皇族、额亦都家族、鄂尔泰家族的婚姻等；美国学者黄培《清初的满洲贵族：婚姻与开国》⑪

---

① 徐凯、张婷：《满洲本部族构成与八旗佐领分布》，《清史论丛》2007 年号，中国广播电视出版社 2006 年版。

② 赵令志、[日] 细谷良夫：《〈钦定拣放佐领则例〉及其价值》，《清史研究》2013 年第 3 期。

③ 关康：《清代优异世管佐领考——以阿什达尔汉家族佐领为中心》，《民族研究》2017 年第 2 期。

④ 关康：《论清代族中承袭佐领》，《满语研究》2018 年第 1 期。

⑤ [日] 阿南惟敬：《清初牛录额真考（上下）》，《防卫大学校纪要》第 16、17 辑，1968 年。

⑥ [日] 增井宽也：《清初佐领类别考》，载《立命馆文学：松本英纪教授退职纪念论集》第 608 号，2008 年，第 370—348 页。

⑦ 承志：《关于八旗牛录的根源和牛录的分类》，《东洋史研究》65 卷 1 号，2006 年，第 1—34 页。

⑧ [日] 石桥崇雄：《围绕"六条例"——清朝八旗制度研究之一环》，载《神田信夫先生古稀纪念论集：清朝和东亚》，山川出版社 1992 年版，第 85—96 页。

⑨ [日] 绵贯哲郎：《〈六条例〉的成立——乾隆朝八旗政策的一个侧面》，载《社会文化史学》第 45 号，2003 年。

⑩ 定宜庄：《满族的妇女生活与婚姻制度研究》，北京大学出版社 1999 年版。

⑪ [美] 黄培：《清初的满洲贵族：婚姻与开国》，载陶希圣先生九秩荣庆祝寿论文集编委会编《国史释论：陶希圣先生九秩荣庆祝寿论文集》，食货出版社 1988 年版。

《清初的满洲贵族:婚姻与政治》[①] 从家族角度探讨了费英东家族与额亦都家族的姻亲关系，以及鳌拜、索海因婚姻关系在用人和法律上的特权；赖惠敏《清代的皇权与世家》[②] 亦介绍了费英东家族与鄂尔泰家族的婚姻情况；杜家骥《清朝满蒙联姻研究》[③] 通过统计《玉牒》共十七位参与满蒙联姻的皇家女子由瓜尔佳氏所生；雷炳炎《清代社会八旗贵族世家势力研究》[④] 对索尔果家族与皇族，与额亦都、苏克萨哈、阿什坦、明珠、李成梁等家族的婚姻进行了介绍。当下研究多集中于索尔果家族的显赫人物身上，少有对家族婚姻的系统研究。

综上可知，涉及索尔果家族的各类论著虽然丰富，但尚无一部整体性研究成果，相关专著多限于族内人物的散杂叙述，论文则侧重于个别显赫人物的军政事迹，罕有整体分析和探讨。对索尔果家族的佐领、旗分及婚姻等重要问题的专门研究尚属空白。因此对索尔果家族进行全面系统的研究极有必要。

二　本书逻辑结构

第一章总体概括了明末清初东北地区女真社会的政治形势，各部争雄，民不聊生，建州女真的崛起成就了索尔果家族，此为家族兴起的大背景。本章追溯此家族的先世源流，应属海西女真的一部分，并非建州女真。同时，初步梳理了瓜尔佳氏姓氏演变的过程。

第二章从家族各支系的发展情况来看，家族内部互动密切，具有较强的家族或氏族观念，往往族人共同作战，例如和通泊之战就是一个典型，此役索尔果家族有多人参与，多人战死沙场。同时在清代一些重要政治事件中，在政治利益相符的情况下，家族内部也会相互为援，如在皇太极去世后的皇位之争中，图赖、鳌拜等族人始终站在一起。由于所属旗分的不同，旗主的号召力往往会影响家族的团结力，杨善与图赖的矛盾即是如此，最终导致杨善、罗硕父子被处死。纵观各支系的发展情况，基本理清了索尔果家族的发展脉络，即归附时的初兴；后金时期的

---

① ［美］黄培:《清初的满洲贵族:婚姻与政治》，载《庆祝王锺翰先生八十寿辰学术论文集》，辽宁大学出版社1993年版。

② 赖惠敏:《清代的皇权与世家》，北京大学出版社2010年版。

③ 杜家骥:《清朝满蒙联姻研究》，人民出版社2003年版。

④ 雷炳炎:《清代社会八旗贵族世家势力研究》，中国社会科学出版社2016年版。

快速发展，促成第一次兴盛；康熙初期鳌拜崛起，使家族急速达到第二次兴盛期；鳌拜获罪后，部分族人遭受打击，但后又逐渐恢复官爵，视为短暂徘徊期；乾隆以后，家族武将名臣减少，但爵位、世袭佐领等却一直承袭至清末，基本处于平稳发展期；清朝灭亡后，其家族人物分散各处，各行各业同样不乏杰出者。

　　第三章对索尔果家族的佐领、旗分等问题进行了统计分析。其家族先后共编设佐领十七个，主要类型是世管佐领，其中最初编设的五个佐领类型尚待考证，暂列勋旧佐领之列。佐领由家族人物相继承管也成为族人晋升官爵的重要途径，充分带动了索尔果家族实力的增强，更是该家族在八旗社会中军事政治地位的体现。旗分亦为八旗组织中身份和地位的象征，在经历后金一系列复杂的调整之后其家族人物多隶属于镶黄旗、正黄旗和镶白旗，而两黄旗在顺治年间被升为上三旗，由皇帝自辖，可见其家族在旗分上占有较强优势。人丁的繁衍是家族兴颓的重要指标，文中通过对索尔果家族中知名者的统计，得出了费英东支系和卫齐支系优越于其他支系的结论，其家族所任文武官职和所承袭爵位的数量也可为佐证。

　　第四章主要探讨的是索尔果家族的婚姻网络。从四十三桩婚姻实例来看，婚配对象皆出身于地位更高或相当的家族，体现了旗人婚姻首重门第这一原则。这种高层通婚本质在于稳固本家族的军事、政治地位，壮大家族势力，如图赖之子辉塞曾娶皇太极之女为妻，其后图赖后人承袭一等公爵直至清朝灭亡，辉塞之弟亦曾出任领侍卫内大臣之一品大员。索尔果家族之婚姻网络亦可体现八旗贵族之间的通婚模式，即八旗贵族之间的婚姻多为利益或权势婚姻。当然这类联姻多集中于入关前及清前期的统治集团上层；清中后期因索尔果家族军政地位的下降，族人分散各地等诸多因素，婚姻选择上也发生了明显的变化：权势地位已非婚姻的首要标准，通婚对象不再局限于满洲贵族，一些驻防族人限于条件，开始与当地民人进行通婚，并逐渐汉化。

　　第五章则是本书的结语部分。索尔果家族爵位及世袭佐领的延续是家族在清朝中后期发展的表现。同时对索尔果家族的历史贡献及消极影响作了系统总结，主要从索尔果家族在清朝开国时期的贡献，在清初皇位之争中扮演的角色，在维护国家统一、边疆稳定方面起到的作用，在地方经济发展、社会治理方面的作为等予以总结分析。最后就索尔果家族对清代政治发展的消极作用作一概括。

三　几点说明

第一，清朝爵位名称多有变化，文中多以原文献名称为准。

第二，一些汉译不同的人名地名，尽量整齐划一。如吴尔汉，又作吴尔翰、吴尔堪、乌尔汉等，文中除引文外统一使用吴尔汉；和通泊又作和通淖尔、和通呼尔哈脑尔、和通呼尔哈诺尔等，文中除引文外统一使用和通泊。诸如此类不再一一注明。

第三，明至努尔哈齐建元天命之前采用明朝的年号纪年，之后则用后金及清朝的年号纪年，且用括号标注公元纪年，引文内各种纪年除外。

第一章

索尔果家族兴起的社会历史背景

本章主要围绕明末清初女真社会复杂的政治形势，阐释索尔果家族兴起的社会历史背景，继而对瓜尔佳氏的源流、分布，尤其是索尔果家族所属之苏完瓜尔佳氏的起源地、满洲八大著姓等问题予以探讨和分析。

第一节　明末清初女真社会的政治形势

明末清初是一个特殊时期，生活在中国东北的女真人顺应时代发展大势，最终推动了东北诸部及全国的统一，并先后建立了后金及大清王朝。就在这个过程中，一些满洲部族逐渐成长壮大起来，并成为肇建大清王朝的主力。

明初，居于东北的女真人分为三部：建州女真、海西女真、"野人"女真。明朝政府通过设置卫所来严格管控该区域，到中后期则对东北女真人实行一系列的民族压迫和歧视政策，如分而治之，挑拨女真各部之间的关系，并在经济上对他们进行封锁禁运，终止朝贡和互市贸易，时不时的军事打击更是严重破坏和影响了女真人口的繁衍和社会安定。最终，一些女真部落酋长为了增强本部势力，聚敛财富，扩大统治区域而与女真其他诸部发生战争："各部蜂起，皆称王争长，互相战杀，甚且骨肉相残，强凌弱，众暴寡。"[1] 如此混乱局面，女真部民首当其冲，深受其害，女真诸部的和平统一成为社会发展的大势所趋，更是民心所向。这个重任最终由建州女真部努尔哈齐率领族众完成。

---

[1] 《清太祖武皇帝实录》卷1，潘喆、孙方明、李鸿彬编：《清入关前史料选辑》第一辑，中国人民大学出版社1984年版，第301页。

　　万历十一年（1583）五月，努尔哈齐以替祖、父二人报仇为由，率部攻打尼堪外兰的图伦城，迈出统一建州女真的步伐。此后，努尔哈齐凭其领导才能，不断招徕人才，女真各部遂纷纷归附。万历十六年（1588）四月，苏完酋长索尔果（索尔和、索尔活）率其族众五百户归附，董鄂部酋长何和礼、雅尔古部酋长扈拉瑚等亦率众归附，这些女真部落的归附极大地增强了努尔哈齐的信心，更壮大了他的军事实力。努尔哈齐为笼络、安抚这些归附部落，或将诸部落酋长及族众委以重任，或通过婚姻手段加以拉拢，使其带领军队冲锋陷阵，誓死拼杀。此时的索尔果家族，势力并不强大；后努尔哈齐带领兵众统一了建州女真，灭海西女真四部，又征服了"野人"女真大部，基本上使女真社会走向了统一，"从而推动了女真社会的发展和满族共同体的形成。"① 随着努尔哈齐政治军事实力的增强，统治地域的扩大，人口的增加，他采取了一系列措施加以巩固：如创建八旗制度，设立五大臣及扎尔固齐等官职，创制满文，兴建城池，以加紧筹划政权建设，费英东等索尔果族人被委以重任。最终于万历四十四年（1616）正月，称汗建国，建元天命。② "努尔哈齐称汗建国，是满族历史上一件划时代的大事件。它结束了漫长的氏族部落时代，开创了历史的新时期。"③

　　政权建立后，索尔果家族跟随努尔哈齐及众贝勒南征北战，参与了一系列与明朝的重要战争。天命十一年（1626），努尔哈齐去世，皇太极即位，次年改元天聪。即位后，皇太极除了在军事上采取行动外，亦在制度上进行改革。如其设八大臣及职能不同的两种十六大臣，索尔果家族中杨善和宜苏兄弟被分别任命为十六大臣。天聪五年（1631），又仿明制，设立六部，④ 索尔果家族中吉苏被任命为礼部承政，索海被任命为刑部承政。改元崇德（1636）后，索海仍被委以刑部承政，宜苏则被任命为兵部承政，罗硕任内国史院学士，这些职位皆为当时之要职，另有一

　　① 李鸿彬：《清朝开国史略》，齐鲁书社 1997 年版，第 53 页。

　　② 关于努尔哈齐所建政权的国号、族名、纪年等问题可以参阅蔡美彪先生《大清国建号前的国号、族名与纪年》（《历史研究》1987 年第 3 期）；此外，赵志强先生所著《清代中央决策机制研究》（科学出版社 2007 年版）第二章亦有系统论述。

　　③ 刘小萌：《满族从部落到国家的发展》，中国社会科学出版社 2007 年版，第 163 页。

　　④ 关于清军入关前六部的研究可以参阅李小雪《清入关前六部浅析》，《吉林师范大学学报》2018 年第 5 期。

些能征善战的索尔果族人出任军事上的将领，奋勇沙场。

正是在这种纷繁复杂的社会背景下，索尔果家族以索尔果为起点，三代经营，最终奠定了在清朝开国时期的显赫地位，成为满洲历史上颇具影响的勋旧贵族和军功家族，并延续整个清代。

第二节　索尔果家族的先世源流

瓜尔佳氏是满洲诸姓中人口庞大、地位显赫的世家大族。而索尔果家族作为瓜尔佳氏中最突出的一个分支，亦是瓜尔佳在苏完地区（部）的代表，其地位和影响是同氏族中其他瓜尔佳氏所无法堪比的。

瓜尔佳，满文转写为 gūwalgiya。瓜尔佳氏源远流长。《金国语解》载："古里甲曰汪"[1]，多数学者认为古里甲即后来的瓜尔佳。《钦定满洲源流考》中载："瓜尔佳旧作来（夹）谷"，并进一步考证"瓜尔佳旧作古里甲"。[2] 这也说明了金代之古里甲（夹谷）与清代之瓜尔佳的沿袭关系。

瓜尔佳氏的分布，展现了其家族世系的庞大及发展轨迹。经李林先生考证，"瓜尔佳氏原居松花江下游和松花江与黑龙江会合处"[3]。他指出："瓜尔佳氏所居之地原是辽代五国部辖地，金代改称胡里改路，即今黑龙江依兰县。"[4] 元末明初之动乱中，瓜尔佳氏先世迁居至长白山东北，直到明末"仍有在黑龙江、虎尔哈、尼玛察等处居住的"[5]。《八旗满洲氏族通谱》中记载分布地更为详尽："瓜尔佳氏本系地名，因以为姓，其氏族甚繁，散处于苏完、叶赫、讷殷、哈达、乌喇、安褚拉库、蜚悠城、瓦尔喀、嘉木湖、尼马察、辉发、长白山及各地方。"[6] 此外，费德里、虎尔哈、雅尔湖、松花江、黑龙江、伯都讷、宁古塔、瓜尔察等地方也

① 《金国语解》，（元）脱脱等：《金史》，中华书局 1975 年版，第 2897 页。

② （清）阿桂、于敏中修：《钦定满洲源流考》，沈云龙主编：《近代中国史料丛刊》第十四辑，文海出版社 1967 年版，第 132、134 页。

③ 李林：《满族瓜尔佳氏源流及其历史地位》，《满族研究》1989 年第 4 期。

④ 关继贤主编：《凤城瓜尔佳氏四修宗谱》，1988 年铅印本，第 3 页。

⑤ 《瓜尔佳氏谱书》简介，李林主编：《满族家谱选编》，辽宁民族出版社 1988 年版，第 266 页。

⑥ （清）弘昼等编：《八旗满洲氏族通谱》卷 1《苏完地方瓜尔佳氏》，辽海出版社 2002 年版，第 31 页。

有分布。① 《正红旗满洲哈达瓜尔佳氏家谱》序言中记述了该氏族的兴盛情况："乾隆九年，《钦定八旗氏族通谱》我瓜尔佳氏一族在关外分处于各部落者凡一百有二派，仰蒙圣恩高厚，列为诸姓氏之首。"② 不过这102个支派是依地望之不同对《八旗满洲氏族通谱》记载的归类，随着各地瓜尔佳氏的迁徙，一些派系最终消失，其情况仅在《八旗满洲氏族通谱》中留有简要记载。另有一些派系后来不断壮大，如生活在苏完、哈达、讷音、叶赫、乌拉、安褚拉库、瓦尔喀等地方的瓜尔佳，相继崛起，皆详细记载于《八旗满洲氏族通谱》之中。如《满洲苏完瓜尔佳氏全族宗谱》《正红旗满洲哈达瓜尔佳氏家谱》《瓜尔佳氏纳音关氏谱书》《京都吉林宁古塔三姓等处镶黄旗陈满洲关姓宗谱书》都保留了早期各派系瓜尔佳的情况。

李林先生统计了《八旗满洲氏族通谱》中所载一百六十余名瓜尔佳氏族人，活动时间在乾隆以前，皆载有官爵。③ 《八旗满洲氏族通谱》第1卷便记述了苏完瓜尔佳氏族人的情况，足见瓜尔佳氏在清朝历史上的地位。同时，现存满族各姓氏谱牒文献中，瓜尔佳氏乃最为丰富者之一。正如《满洲苏完瓜尔佳氏全族宗谱》的"序言"所述："瓜尔佳氏，满族巨族也，为前清国八大家之一。尝考瓜尔佳之字义，译写为关。本族最繁，当时有'关朝'之说。自清代定驻防之制，八旗氏族京外分迁，而我瓜尔佳之族满天下矣。今则南北各省驻防旗籍，无不有我瓜尔佳之族。考其数当居满洲全族之半。"④ 叙述虽有夸大，亦能看出瓜尔佳氏当时之盛况。

苏完地区是满洲瓜尔佳氏最主要的起源地，索尔果家族也起源于此。"苏完"的位置，对研究索尔果家族归附前属于女真哪一部具有重要意义，是首先需要厘清的问题。一些学者认为索尔果家族属于建州女真的

---

① 《八旗满洲氏族通谱》卷4《各地方瓜尔佳氏》，第86—98页。

② 《正红旗满洲哈达瓜尔佳氏家谱》，道光二十九年（1849）刻本，北京图书馆编：《北京图书馆藏家谱丛刊·民族卷》36，北京图书馆出版社2003年版，第1页。

③ 据《满族瓜尔佳氏综述》一文中李林统计，《凤城瓜尔佳氏四修宗谱》，第7页。

④ 《满洲苏完瓜尔佳氏全族宗谱》，赵立静、何溥滢、傅波主编：《满族家谱选》，中国社会科学出版社1994年版，第223页。

一部分，① 今考其位置，其地似处于当时海西女真统辖范围之内，但其族众是否隶属于海西女真尚无法确定。②

早在 1938 年，刘选民先生即对清朝开国时期女真各部的疆域进行了全面系统考证，其据《清太祖武皇帝实录》、崇德本《清太祖实录》、乾隆本《清太祖实录》所载，认为"苏完本无部落之称，崇德本《清太祖实录》所记，环太祖本部之诸部，并无苏完其名，亦未尝以之作部落，仅称'酸地'，盖以其部弱小也。"刘先生通过考证《盛京吉林黑龙江等处标注战迹舆图》，发现《战迹舆图》一书置"'苏完地方'于松花江上流，佛多和河与塞朱伦河之间，误也"。他还指出："明永乐四年置苏完卫，其地在吉林城西一百八十里之苏瓦延河。苏瓦延、苏完、酸皆对音也。《战迹舆图》中伊通河上流有苏瓦延河，其地有苏瓦延岗、苏瓦延站，可知苏完部在叶赫部之东，辉发部之北，乌喇部之西南。其所属城寨不详。"③

1940 年，日本学者编写的《满洲历史地理》一书中，亦对苏完的具体位置进行了考证。其结论是："苏完部位于伊通州以东、刷烟河流域。《开国方略》卷 2 万历十六年条有云：'苏完部长索尔果率部众来归，太祖以其子费英东佐理政务。'索尔果等当时率多少人来归虽不得而知，但从费英东死后，被要求配祀于太祖庙来看，应该可以推知此部族势力的微弱。不过，他来建州时，太祖的势力尚未延伸至刷烟河地区则是明确

---

① 刘小萌：《满族从部落到国家的发展》，第 130 页、第 132 页；徐凯、张婷：《满洲本部族构成与八旗佐领分布》，《清史论丛》2007 年号，第 357 页。

② 由于各部女真统辖范围多变，苏完瓜尔佳氏的隶属问题存在较大争议。其中涉及锡伯族的族源问题，因此该问题迄今仍无统一说法。瀛云萍、都兴智等学者认为费英东与锡伯人同祖，是非常正确的；锡伯族源出于女真人瓜尔佳氏苏完部（瀛云萍：《锡伯族源新考》，《满族研究》1989 年第 1 期；瀛云萍：《从四部宗谱看锡伯族源》，《满族研究》1992 年第 3 期；都兴智：《锡伯族源出女真论》，《吉林大学社会科学学报》1997 年第 2 期）。然此观点遭到一些学者的质疑，关鹤童先生认为锡伯人在未迁锡伯前就是锡伯族，索尔果后裔是投靠加入满籍，费英东是满籍锡伯人（关鹤童：《开原大湾屯锡伯族关氏世谱及其涉及的有关问题》，《满族研究》1990 年第 4 期）。赵志强先生亦对锡伯族乃女真后裔的观点提出质疑（赵志强：《锡伯族源探微——"女真后裔说"质疑，吴元丰、赵志强：《锡伯族历史探究》，辽宁民族出版社 2008 年版）。2017 年，赵国强等学者发表《金朝以来小黄头室韦相关问题考》一文认为："苏完瓜尔佳氏最早族属为锡伯族"（《黑龙江民族丛刊》2017 年第 6 期）。直至今日，此问题仍为学界争论的焦点，无有定论，还有待新史料的整理和发掘。

③ 刘选民：《清开国初征服诸部疆域考》，《燕京学报》1938 年第 23 期。

的，其旧地至乌拉或者叶赫无疑未被吞并。现在的苏瓦烟站（Suwayan giyamun）即此部族所据之地。苏完、苏瓦烟同为满洲语 Suwayan（黄色）的对音。"①

　　综上，刘选民先生认为苏完在未归附努尔哈齐之前势力微弱，不成一"部"，只能称作"酸地"或"苏完地方"。日本学者的考证则直接将苏完称作部，但也指出了苏完归附之前势力微弱，并都指出苏瓦延、苏完、酸之满语对音。这一点黄锡惠、李理等学者已有专文进行考证。他们指出"苏斡延河"在"城西二百四十里，源出珠噜穆哈连峰，东北入伊勒门河"。该地即今吉林双阳区，"苏斡延河"即今双阳区之双阳河，"双阳"系"苏斡延"之速读音转，"苏斡延"乃"苏瓦延"之音转。②于是可以明确：苏完地方（部）位于今吉林省长春市双阳区境内。关于双阳的具体位置及历史沿革，《清朝续文献通考》《清史稿》都有详细记载。《清朝续文献通考》记双阳县位于"省治西，百九十五里。东界吉林府，西界伊通州，南及东南界磐石县，北界德惠县，西北界长春府"。该县距北京 2050 里，"金为隆州南境，明初，为依尔们河、萨喇河、苏完河三卫地。万历中，归附本朝，属于吉林。宣统二年，析吉林府，西境伊通州，东北境增置，设治苏斡延站，隶西南路道"③。《清史稿》对其位置记载更为具体："西南：黑顶子。南：土顶子、将军岭，光僻山，双阳河出焉。东南驿马河，自磐石缘界，合杜带、双阳、放牛、沟河入长春，西北雾海河从之。……官商路三：南皇营，东南五家子镇，并达磐石，北奢岭口达长春。"④

　　综合各方记载、考证，后金至清朝时苏完瓜尔佳氏族人主要居住在今吉林省长春市双阳区境内，这一点应确定无疑。

---

　　① ［日］白鸟库吉监修，稻叶岩吉、箭内亘等撰：《满洲历史地理》第一卷，丸善株式会社昭和十五年（1940）版，第638—639页。此部分内容原为日文，感谢日本筑波大学杨帆博士帮助翻译！

　　② 黄锡惠：《文献中以颜色为名之满语水体考释》，《满语研究》1990 年第 2 期；李理：《清帝东巡驻跸地方满语地名考略》，《满语研究》1992 年第 2 期。

　　③（清）刘锦藻撰：《清朝续文献通考》卷 307《舆地考三·吉林省》，王云五主编：《万有文库》第二集十通第十种《清朝续文献通考》第三册，商务印书馆 1936 年版，第 10520 页。

　　④（清）赵尔巽：《清史稿》卷 56《志三十一·地理三·吉林》，中华书局 1976 年版，第 1951 页。

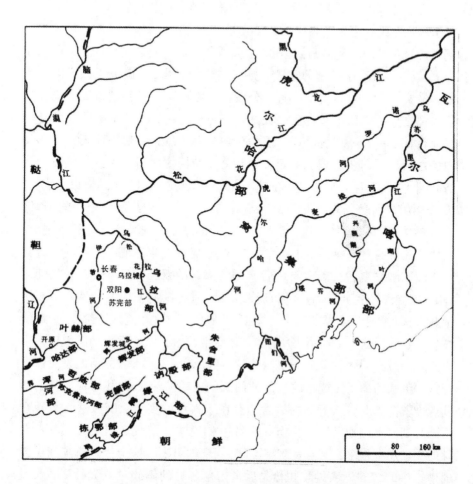

图1—1　16世纪末至17世纪初女真诸部分布图①

关于满洲八大家和八大姓问题，② 一直是满族史学界讨论的焦点，近有学者指出："满族八大家和八大姓有着本质区别。"③ 这是符合历史事实的。清宗室昭梿在《啸亭杂录》中列举了八大家："满洲氏族以瓜尔佳氏直义公之后，钮祜禄氏宏毅公之后，舒穆禄氏武勋王之后，纳兰氏金台

---

① 该图选自《中国大百科全书·中国历史》，中国大百科全书出版社1992年版，第804页。"苏完部"为作者所加，为突出其位置又添加了长春和双阳两处地名。

② 徐凯、常越男先生一直专注于满洲八大著姓的研究，成果颇丰，可兹参阅。

③ 李学成：《满族八大家与八大姓新考》，《社会科学辑刊》2013年第6期。

吉之后，董鄂氏温顺公之后，辉发氏阿兰泰之后，乌拉氏卜占泰之后，伊尔根觉罗氏某之后，马佳氏文襄公之后，为八大家云"，此处虽言八大家，实为九家，后又强调："凡尚主选婚，以及赏赐功臣奴仆，皆以八族为最云。"① 徐珂在《清稗类钞·姓名类》中指出："满洲氏族，以八大家为最贵：一曰瓜尔佳氏，直义公费英东之后；一曰钮祜禄氏，宏毅公额亦都之后；一曰舒穆禄氏，武勋王杨古利之后；一曰纳喇氏，叶赫贝勒锦台什之后；一曰栋鄂氏，温顺公何和哩之后；一曰马佳氏，文襄公图海之后；一曰伊尔根觉罗氏，敏壮公安费扬古之后；一曰辉发氏，文清公阿兰泰之后。凡尚主、选婚，以及赏赐功臣奴仆，皆以八族为最。"② 继昌所著《行素斋杂记》与《清稗类钞》记载的完全相同。③ 综上可知，《清稗类钞》是在《啸亭杂录》的基础上对八大家进行了规范，去掉了其中的"乌喇氏卜占泰之后"。据李学成先生考证："'纳兰氏金台吉之后'和'乌拉氏卜占泰之后'两者都是纳喇氏，只不过前者住叶赫地方，为叶赫纳喇氏，后者居乌拉地方，为乌拉纳喇氏。可见，昭梿所记九大家实际上是九大家族八个姓氏。"④ 所谓"八大家"实指八个地位显赫的家族，这从上述诸书所记："凡尚主选婚，以及赏赐功臣奴仆，皆以八族为最云，"⑤ 可以得到充分印证。因此说："八大家的情况是大清帝国这个巩固的满汉蒙统治政权下的门阀的反映。"⑥ 八大姓与八大家的不同点也就基于此，八大姓的显著特点在于人口的多少，所以这八大姓在不同时期、不同地区始终没有一个统一的说法。记载满洲八大家和八大姓的文献还有很多，观点也多有不同，⑦ 常越男先生认为《八旗满洲氏族通谱》中的"'八著姓'也恰是后世衍生各异的满族'八大姓''八大

---

① （清）昭梿：《啸亭杂录》，中华书局 1980 年版，第 316 页。

② （清）徐珂：《清稗类钞》第五册，中华书局 1984 年版，第 2144—2145 页。

③ （清）继昌：《行素斋杂记》，上海书店 1984 年版，第 26 页。

④ 李学成：《满族八大家与八大姓新考》，《社会科学辑刊》2013 年第 6 期。

⑤ （清）昭梿：《啸亭杂录》，第 316 页；《清稗类钞》第五册，第 2145 页。

⑥ ［日］三田村泰助：《明末清初的满洲氏族及其源流》，载中国社会科学院民族研究所历史研究室资料组编《民族史译文集》第 12 辑，1984 年版，第 73 页；亦载《清朝前史之研究》，同朋舍 1965 年版，第 63 页。

⑦ 刘庆华：《满族姓氏述略》，原载《民族研究》1983 年第 1 期，后收录于《满族姓氏综录》，辽宁民族出版社 2012 年版，第 1—19 页。此文对满洲八大姓的文献记载进行了总结，可以参阅。

家'之源与流。"① 但无论是八大家、八大姓，还是八"著姓"瓜尔佳氏都是其中的一员，这是毋庸置疑的。

瓜尔佳氏从清代中后期开始也纷纷改易汉姓，其中改关姓者最多，其他如石、叶、白、汪、罗、广、马、鲍、伊、李、高、顾、胡、果、丰、苏、常、侯等，② "清中叶以后，满人命名不但冠以汉字姓，而且迳改汉姓的已不在少数"③。故"满人的姓氏命名系统，在内容上具有丰富多样、时间上具有流变性强、受汉文化影响强烈的特征"④。虽然如此，如《兴京县志》等地方文献中，显示出仍有个别地区沿用八大家或八大姓之说。⑤ 也说明"迟至清末，满人的姓氏命名系统在一定程度上保留着自己的特征。这不仅是满人有别于其他族人的一个文化符号，也是其实现自我认同的重要依据"⑥。综合来看，瓜尔佳氏姓氏的演变大致是：金元时期的古里甲→明至清初的瓜尔佳→清代中后期至今的各种姓氏。

索尔果家族作为满洲瓜尔佳氏中最强大派系的代表，在满洲发展史上贡献巨大。据《八旗满洲氏族通谱》记载，索尔果家族的先世源流大致是："其先有同胞兄弟三人，长曰佛尔和，次曰尼雅哈齐，三曰珠察。后离居，佛尔和仍居苏完，尼雅哈齐迁席北，珠察由瓦尔喀，再迁西尔希昂阿济哈渡口，珠察生素尔达，素尔达生二子，长曰王沙鲁，次曰王扎拉达，王扎拉达生莽喀尼，莽喀尼生罗罗墨尔根，罗罗墨尔根生常喀尼墨尔根，常喀尼墨尔根生二子，长曰尼堪，次曰索尔果。索尔果为苏完部长，有子十人，其族最盛。"⑦ 此家族到索尔果一辈，开始步入新的时期。

① 常越男：《家国之间：清初满洲八"著姓"研究》，中国社会科学出版社2019年版，第17页。
② 李学成、王雁：《满族老姓汉化考》，《满族研究》2013年第4期。
③ 王锺翰：《清代八旗中的满汉民族成分问题（下）》，《民族研究》1990年第4期；后收入《清史续考》，华世出版社1993年版，第67页。
④ 刘小萌：《清代满人的姓与名》，《吉林师范大学学报》2014年第1期。
⑤ 傅波、张德玉、赵维和：《满族家谱研究》，辽宁古籍出版社1996年版，第222页。
⑥ 刘小萌：《清代满人的姓与名》，《吉林师范大学学报》2014年第1期。
⑦ 《八旗满洲氏族通谱》卷1《苏完地方瓜尔佳氏》，第31页。

第二章

索尔果家族各支系的发展演进

本章主要以索尔果家族各大支系中的著名人物为线索，梳理出各支系发展演进的具体阶段及不同特点，进而展现各支系间政治发展的不均衡。索尔果共有十子，分别是：阿都巴颜、费英东、不详、音达户齐、吴尔汉、巴本、郎格、雅尔巴、卫齐、不详。① 这十人中，费英东、郎格、雅尔巴、卫齐四人皆有传记，因费英东、卫齐支系后来发展较为突显，故史书记载颇多。其他几人仅在《八旗满洲氏族通谱》及《满文老档》等文献中简单记述。涉及音达户齐、吴尔汉、郎格记载虽少，但其后人有不少事迹突出者，丰富了此三支系的后续发展情况。故本章着重分析索尔果诸子费英东、卫齐、音达户齐、吴尔汉、郎格五大支系在满洲及清朝历史上的发展演进过程。

第一节　费英东支系

一　五大臣——费英东

费英东，又作非英冻，嘉靖四十三年（1564）生，天命五年（1620）卒，隶镶黄旗满洲。明万历十六年（1588），时年 25 岁的费英东随父索尔果率所部五百户归附努尔哈齐。因其"骁果善射，引强弓十余石，"②

---

① 《佛满洲苏完瓜尔佳氏全族宗谱》，第 223 页。中国第一历史档案馆所藏《勋旧佐领兴禄之世系根源册》《佐领盛贵所管勋旧佐领根源册》两份满文档案皆载索尔果第三子为呼尔哈齐，此人是否与音达户齐为同一人，尚待考证。

② （清）李桓辑：《国朝耆献类征初编》卷 261《将帅一·费英东》，广陵书社 2007 年影印版，第 8219 页。

且"忠直敢言""太祖使佐理政事，授一等大臣"，[①] 后以褚英之女妻之。[②]

《八旗满洲氏族通谱》将苏完瓜尔佳氏列为整个《通谱》之首，费英东乃《通谱》第1卷第一人，可见费英东在瓜尔佳氏家族中，在满洲及清朝历史上的地位。从归附努尔哈齐时的情形来看，索尔果当时应已年老，而真正作为家族代表的应是索尔果诸子，特别是其次子费英东。随着后来费英东得势，被彪炳为家族缔造者，成为整个瓜尔佳氏的荣耀。这种荣耀不仅局限于苏完瓜尔佳氏，而是被整个瓜尔佳氏所认可，故而一些瓜尔佳氏后人在编修族谱时，往往将费英东列为先祖以尊奉。《正红旗满洲哈达瓜尔佳氏家谱》就有如是记载："远祖费信勇公（讳）英东开国佐运骏烈鸿猷为我瓜尔佳氏一百有二派之首第。"[③] 学术界关于费英东的研究已有一些成果，[④] 但仍显不足，故再论之。

（一）费英东随父归附

《清太祖武皇帝实录》中记述了索尔果率领族众来归之事："时有酸之酋长（酸地名也）葛儿气唆儿戈率本部军民归。"[⑤]《奉天通志》等文献记载得更为明确，"太祖起兵之六年，率五百户来归"[⑥]。可知索尔果家族于明万历十六年（1588）前来投靠努尔哈齐。究其归附原因在于明朝末年适值女真"各部蜂起，皆称王争长，互相战杀，甚且骨肉相残，强

---

① 《清史稿》卷225《费英东》，第9179页。

② 《清太祖武皇帝实录》卷3，天命五年三月条，第362页。关于费英东娶褚英之女的时间问题，将在第四章"索尔果家族的婚姻关系"中展开分析。

③ 《正红旗满洲哈达瓜尔佳氏家谱》，第1页。

④ 据笔者统计，国内外学者对费英东的研究主要集中在20世纪90年代之前，21世纪以来的论著颇少。研究成果主要有：白新良、李宪庆：《后金五大臣旗籍辨证》，《南开学报》1982年第5期；关嘉禄：《清朝开国勋臣费英东简论》，《故宫博物院院刊》1985年第1期；柴营：《费英东》，《学术研究丛刊》1985年第1期；王冬芳：《费英东》，载《清代人物传稿》上编第四卷，中华书局1986年版；傅朗云：《大清开国元勋费英东考》，《北方民族》2001年第4期、《费英东与苏完部》，《长春社会科学》2002年第3期；常越男：《清初政治中的瓜尔佳费英东家族》，载赵志强主编《满学论丛》第二辑，辽宁民族出版社2012年版。此外，美国学者A. W. 恒慕义主编《清代名人传略》，青海人民出版社1990年版，也对费英东予以介绍，国内外的一些清史、满族史论著中对费英东的事迹亦有散杂提及。

⑤ 《清太祖武皇帝实录》卷1，戊子年四月条，第312页。

⑥ 金毓黻主编：《奉天通志》卷175，辽海出版社2003年版，第4050页。

凌弱，众暴寡"①。以及明军对海西女真部民的残酷杀害，索尔果家族势单力薄、随时都有被吞噬的危险，为求得生存，延续血脉，他们只有依附强者，而此时努尔哈齐率领部卒已相继征服邻近的女真部落，并兴建了佛阿拉城，开始"定国政，凡作乱窃盗欺诈悉行严禁"②。此番态势使得女真其他部落开始惶恐，面临被吞并的危险，索尔果家族遂下定决心率五百户归顺建州女真。继而，"哈达贝勒扈尔干以女来归……雅尔古寨扈拉虎率子扈尔汉、董鄂部何和礼俱率所部来归，皆厚抚之"③。正在努尔哈齐兵单力薄，急需兵将之时，费英东、扈尔汉、何和礼等率族众归附，为努尔哈齐统一女真各部、创建大金政权等一系列军政活动作出不可磨灭的贡献，这些人也因此而成为满洲勋贵，倍受恩宠。《满洲苏完瓜

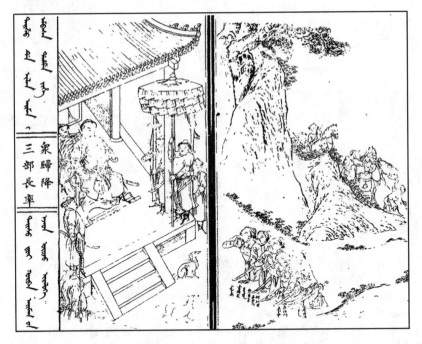

图2—1　"三部长率众归降"图（选自《满洲实录》卷2）

---

① 《清太祖武皇帝实录》卷1，第301页。
② 同上书，第311页。
③ 《清史稿》卷1《太祖本纪》，第4页。

尔佳氏全族宗谱》序言中对索尔果家族归附前后的情况予以详尽记述。"盖自前清肇造，太祖龙兴，我瓜尔佳氏之族即从龙于白山黑水，绳绳缉缉，实不乏人。迨后世祖入关，燕京践祚，上自朝廷显宦，下至旗籍末僚，我族之人亦占其多数。及前清禅让，民国始基，统计三百年中，生齿之繁，更难枚举，苟无谱书以记载，恐宗支蕃庶，难保无紊乱之虞。"①

此后，费英东参加了统一女真诸部及对明朝的各种战争，立下不朽功勋，其官爵也因之得到提升，最终带动了家族势力的壮大。

（二）费英东与军事

费英东从归附至去世三十余年军事征战中，参与和领导十余场大规模战争，皆能一马当先，奋勇杀敌，立下赫赫战功，荣膺"万人敌"② 之美誉。具体战绩详见表2—1。

表2—1　　　　　　　　　　　　费英东战绩表③

时间	战争对象	战果	备注
1588 年	兑沁巴颜	擒诛之。	费英东姐夫
1593 年 9 月	九部联军	破九部联军三万之众，杀其兵四千，获马三千匹，盔甲千副，讷殷、朱舍里二部被攻灭。	古勒山之战
1598 年初	瓦尔喀部噶嘉路	取噶嘉路，杀部长阿球，降其众以归。	
1598 年正月	瓦尔喀部之安褚拉库路	取其屯寨二十处，其余尽招服之，获人畜万余而回。	
1599 年 9 月	叶赫部纳林布禄	助哈达部孟格布禄围攻叶赫纳林布禄。	
1599 年 9 月	哈达部	灭哈达部，擒孟格布禄。	哈达部亡

①《满洲苏完瓜尔佳氏全族宗谱》，第 221 页。

② 王锺翰点校：《清史列传》卷 4《费英东》，中华书局 1987 年版，第 174 页。

③ 此表主要参考《内阁藏本满文老档》《清太祖武皇帝实录》《清史列传》《满汉名臣传》《八旗通志初集》《清史稿》等文献制成。

续表

时间	战争对象	战果	备注
1607 年正月	乌拉部布占泰	杀兵三千，获马五千匹，甲三千副。	乌碣岩大战
1607 年 9 月	渥集部之赫席赫、鄂谟、苏鲁、佛讷赫托克索等路	俘二千人。	
1611 年 7 月	渥集部之乌尔古宸、木伦路	俱克之，共俘获一千。	
1613 年正月	乌拉部	破敌三万，斩杀万人，获甲七千副。灭乌拉国数世相传之汗业，得其大城，获其全国。于大城宿营十日，分俘虏，编一万户，携之以归。布占泰只身逃往叶赫。	乌拉部亡
1618 年 4 月	明抚顺	城陷，游击李永芳降。	
1618 年 4 月	明广宁镇守张守胤、辽阳副将颇廷相，海州参将蒲世芳军	三营皆破，死者伏尸相枕，杀总兵、副将、参游及千把总等官共五十余员，追杀四十里，死尸络绎不绝，敌兵十损七八，获马九千匹，甲七千副，器械无算。	获“万人敌”美誉
1619 年 3 月	明大军	死者相枕藉，杜松战殁。已而马林、刘綎两军皆覆，李如柏遁归。	萨尔浒之战
1618 年 4 月	叶赫部	卒获金台石，叶赫以是破。	叶赫部亡

　　关于费英东战绩问题，清代传记类文献及《清实录》等文献中皆有详尽记载，不再赘述，兹就有关费英东军事征战中记载不详或有争论处略作考证。

　　天命三年（1618）四月十三日，努尔哈齐率两万大军对明宣战。费英东随大军参与了攻取抚顺的大战，但是关于这次进攻抚顺的具体时间，诸书记载不一，主要有天命三年（1618）、天命四年（1619）、万历三十五年（1607）三说。

《清太祖朝老满文原档》载："十五日晨，汗亲自率兵往围仅住有游击官职的抚顺城。"①《内阁藏本满文老档》亦有相同记述。②《清太祖武皇帝实录》载："次日（天命三年四月十四日），分二路进兵，令左侧四固山兵取东州、马根单二处，亲与诸王率右侧四固山兵及八固山摆押拉（原注：即精锐内兵也），取抚顺所。"③《清太祖高皇帝实录》记载略同。④《明季北略》亦云："万历四十六年戊午四月……十五日凌晨，突执游击李永芳，城遂陷。"⑤ 此外，《钦定盛京通志》《清史稿》《奉天通志》⑥ 等书均有类似记载。

记述战争为天命四年（1619）的史书，多记载为费英东参加萨尔浒之战后，此类史书主要有：《八旗通志初集》《清史列传》《满汉名臣传》《国朝耆献类征初编》《国朝先正事略》《清代七百名人传》等。⑦

《八旗满洲氏族通谱》载："值乌喇国发兵万人要诸路，两军相持未决，费英东扎尔固齐率兵继至，大败其众。后取抚顺县，明兵来援，费英东扎尔固齐督兵进战，所乘马闻火炮，惊逸，诸军不前，费英东扎尔固齐回马大呼，麾众直入，于是诸军并进，大破之。"⑧《八旗通志初集》中则记述为："是年，伐明取抚顺，明兵来援，费英东札尔固齐督兵进

————————

① 广禄、李学智译注：《清太祖朝老满文原档》第一册荒字老满文档册，台北"中央研究院"历史语言研究所 1970 年版，第 83 页。

② 《内阁藏本满文老档》（太祖朝）汉文译文，第二函第六册，天命三年四月十五日条，辽宁民族出版社 2009 年版，第 20 页。

③ 《清太祖武皇帝实录》卷 2，天命三年四月十四日条，第 340 页。

④ 《清太祖高皇帝实录》卷 5，天命三年四月十日条，中华书局 1986 年版。

⑤ （清）计六奇：《明季北略》卷 1《抚顺城陷》，中华书局 1984 年版，第 8 页。

⑥ （清）阿桂等撰：《钦定盛京通志》卷 68《费英东》，《文渊阁四库全书》第 502 册，上海古籍出版社 1987 年影印版，第 429 页；《清史稿》卷 1《太祖本纪》，第 9—10 页，卷 225《费英东》《安费扬古》，第 9180、9187 页；《奉天通志》卷 175《费英东》，第 4051 页。

⑦ 《满汉名臣传》卷 1《费英东列传》，黑龙江人民出版社 1991 年版，第 2 页；《八旗通志初集》卷 152《达尔汉辖》，东北师范大学出版社 1985 年版，第 3858 页；《清史列传》卷 4《费英东》，第 173—174 页；《国朝耆献类征初编》卷 261《费英东》，第 8219 页；（清）李元度：《国朝先正事略》卷 2《图赖》，沈云龙主编：《近代中国史料丛刊》第十二辑，文海出版社 1967 年版，第 70—71 页；蔡冠洛：《清代七百名人传》第二编《费英东》，周骏富辑：《清代传记丛刊·综录类九》，明文书局 1986 年版，第 696—697 页。

⑧ 《八旗满洲氏族通谱》卷 1《苏完地方瓜尔佳氏·费英东扎尔固齐》，第 31 页。

战。"①《碑传集》《钦定大清一统志》《清朝通志》② 等文献皆如是记载。这几种文献皆将进攻抚顺的时间与对乌拉的战争记述为同年，而考究《内阁藏本满文老档》等史书记载，与乌拉部之战当发生在万历三十五年（1607）。

通过对比《明实录》《三朝辽事实录》及朝鲜的《光海君日记》可知天命三年（1618）之说成立。《明神宗实录》万历四十六年（1618）四月十五日条载："建酋奴儿哈赤诱陷抚顺城中军，千总王命印死之，李永芳降。"又言："先一日，奴于抚顺市口言：明日有三千达子来做大市。至日，寅时，果来叩市。诱哄商人、军民出城贸易，随乘隙突入。"③ 王在晋的《三朝辽事实录》中则言："四月十五日，奴儿哈赤计袭抚顺，佯令部夷赴市，潜以精兵踵后，突执游击李永芳，城遂陷。永芳降奴，去须发为夷，与奴缔姻。"④《光海君日记》记述为："惟是奴酋借入京为由，袭破抚顺……奴酋计袭抚顺，自前四月二十五日回巢未出。"⑤ 此外，明人苦上愚公的《东夷考略》、傅国的《辽广实录》、方孔炤的《全边略记》、海滨野史的《建州私志》都有相关记述，⑥ 通过分析这些记载可以充分表明费英东于天命三年（1618）参加了后金对抚顺的战争。

据白新良先生考证努尔哈齐时期八旗左右翼与皇太极及其之后有很大不同，此时，"左侧四固山"是指正黄、正红、正蓝、镶蓝四旗；"右

---

①　《八旗通志初集》卷 141《费英东》，第 3694 页。

②　（清）钱仪吉：《碑传集》卷 3《沈阳功臣·开国佐运直义公费英东传》，光绪十九年（1893）刻本；（清）和珅等奉敕撰：《钦定大清一统志》卷 41《费英东》，《文渊阁四库全书》第 474 册，第 753 页；《清朝通志》卷 2《氏族略二》，王云五主编：《万有文库》第二集十通第六种，商务印书馆 1935 年版。

③　《明神宗实录》卷 568，万历四十六年四月甲辰条，台北"中央研究院"历史语言研究所校印 1962 年版。

④　（明）王在晋：《三朝辽事实录》卷 1，全国图书馆文献缩微中心 1994 年影印版，第 83 页。

⑤　《光海君日记》卷 127，十年闰四月癸未条，第 41 页上，王锺翰辑：《朝鲜〈李朝实录〉中的女真史料选编》，辽宁大学历史系 1979 年版，第 278 页。

⑥　（明）苦上愚公：《东夷考略·建州》、（明）傅国：《辽广实录》卷上、（明）方孔炤：《全边略记·辽东略》、（清）海滨野史：《建州私志》中卷，皆收录于《清入关前史料选辑》第一辑，第 70、138、237、270 页。

侧四固山"是指镶黄、镶红、镶白、正白四旗。① 按此说费英东在八旗肇建后隶镶黄旗，理应属右翼。但《清太祖朝老满文原档》《内阁藏本满文老档》第 14 册中记其为"左翼总兵官"②，《清史稿·费英东传》中亦载"左翼固山额真"③，《清史稿·太祖本纪》记为"左翼都统总兵官"④，但在《内阁藏本满文老档》第 16 册记其为"右翼总管"⑤。白先生经过考证认为，费英东"应是右翼总兵官，而不是左翼总兵官"⑥。结合此时期费英东参与的一系列军事征战，可知费英东是以右翼总兵官的身份参与的。这证明《清太祖朝老满文原档》《内阁藏本满文老档》及《清史稿》所载费英东为"左翼总兵官"或"左翼固山额真"为误载，进而造成后来修书者之讹谬。

同年四月二十一日，在从抚顺班师过程中，与明"广宁镇守张守胤、辽阳副将颇廷相，海州参将蒲世芳"的大军开战，后金大军奋勇直前，此时"炮惊费英东马，旁逸，诸军不前，费英东回马大呼，挥诸军并进，遂破之。太祖拊髀欢曰：'万人敌也！'"⑦ 明军损失惨重，"京师震动"⑧。此役为努尔哈齐起兵三十余年来，首次与明廷正面交锋，且获大胜，后金军队由此军威大振。费英东经过此役获"万人敌"之美誉。

---

① 白新良：《努尔哈齐时期八旗左右翼考》，载《清史考辨》，人民出版社 2006 年版，第 24 页。

② 广禄、李学智译注：《清太祖朝老满文原档》第二册昃字老满文档册，台北"中央研究院"历史语言研究所 1971 年版，第 202 页；《内阁藏本满文老档》（太祖朝）汉文译文，第三函第十四册，天命五年三月初八日条，第 47 页。

③ 《清史稿》卷 225《费英东》，第 9179 页。

④ 《清史稿》卷 1《本纪一·太祖本纪》，第 12 页。

⑤ 《内阁藏本满文老档》（太祖朝）汉文译文，第三函第十六册，天命五年九月初八日条，第 55 页。

⑥ 白新良、李宪庆：《后金五大臣旗籍辨证》，《南开学报》1982 年第 5 期。

⑦ 《清史列传》卷 4《费英东》，第 173—174 页；此外，《八旗满洲氏族通谱》卷 1《苏完地方瓜尔佳氏·费英东扎尔固齐》，第 31 页；《满汉名臣传》卷 1《费英东列传》，第 2 页；《八旗通志初集》卷 141《费英东》，第 3694 页；《钦定盛京通志》卷 68《费英东》，第 429 页；《碑传集》卷 3《沈阳功臣·开国佐运直义公费英东传》；《清代七百名人传》第二编《费英东》，第 696—697 页；《国朝先正事略》卷 2《图赖》，第 70—71 页；《国朝耆献类征初编》261《费英东》，第 8219 页；《钦定大清一统志》卷 41《费英东》，第 753 页；《清史稿》卷 225《费英东》，第 9179 页；李桂林等纂：《吉林通志》卷 87《人物志十六·费英东》，光绪十七年（1891）刊本；《奉天通志》卷 175《费英东》，第 4050 页，皆有相似记载。

⑧ （明）计六奇：《明季北略》卷 1《抚顺城陷》，中华书局 1984 年版，第 8 页。

天命四年（1619），费英东在参与后金与明的决定性战役萨尔浒之战后，于同年八月，参加了生平最后一次征战，即灭亡叶赫部的战争。综览费英东三十余年征战生涯，所参与的古勒山之战、乌碣岩大战、萨尔浒之战皆为努尔哈齐统治期间极为关键的战争，充分显示了费英东的军事才能及其在军中之地位。

（三）费英东与时政

费英东不仅是杰出的军事将领，在政治上的地位和表现同样不俗。

1. "理政听讼"：五大臣

努尔哈齐统治初期采取了一系列巩固统治的政治、军事、经济、文化等方面的措施。其中一条重要的政治措施，就是设置五大臣，这也是费英东位高权重的显现。

五大臣与众贝勒一同构成了努尔哈齐统治的左膀右臂，地位非同一般。此五大臣分别为：费英东、额亦都、何和礼、扈尔汉、安费扬古。设置五大臣的时间问题，史籍记载及学界尚有争论。

万历四十三年（乙卯年，1615）说。《清太祖高皇帝实录》载：万历四十三年十一月，"又置理政听讼大臣五人，扎尔固齐十人，佐理国事。"① 也就是说五大臣与八旗同时出现于1615年。此说被许多学者引以为据。《清入关前国家法律制度史》言："在创建八旗同时，努尔哈齐又设立'理政听讼大臣五员、都堂十员'。"② 《简明清史》亦言："一六一五年设议政五大臣，与八旗旗主一同议政，参决机务。"③ 等。周远廉先生则认为"五大臣设置的时间，至迟也不会晚于万历四十年（1612）秋。"④ 等等。

《清史稿》所记五大臣的设置时间更是含混。《太祖本纪》载："天命元年丙辰春正月壬申朔，上即位，建元天命，定国号曰金。……命额亦都、费英东、何和里、扈尔汉、安费扬古为五大臣，同听国政。"⑤《额亦都传》《何和礼传》记载与《太祖本纪》同。⑥ 然《费英东传》中却

---

① 《清太祖高皇帝实录》卷4，乙卯年十一月癸酉条。
② 张晋藩、郭成康：《清入关前国家法律制度史》，辽宁人民出版社1988年版，第9页。
③ 戴逸主编：《简明清史》，中国人民大学出版社2008年版，第44页。
④ 周远廉：《清朝兴起史》，吉林文史出版社1986年版，第98页。
⑤ 《清史稿》卷1《太祖本纪》，第9页。
⑥ 《清史稿》卷225《额亦都》《何和礼》，第9177、9183页。

言："岁乙卯（1615），太祖将建号，设八旗，命费英东隶镶黄旗，为左翼固山额真；置五大臣辅政，以命费英东，仍领一等大臣、扎尔固齐如故。"① 《安费扬古传》则云："岁癸丑（1613）正月，从太祖灭乌喇，师薄城，安费扬古执纛先登。寻置五大臣，安费扬古与焉。"② 《扈尔汉传》记载同。③ 可见仅《清史稿》所载就有天命元年（1616）、万历四十三年（1615）、万历四十一年（1613）三种不同说法。

万历四十一年（1613）说，还被一些方志及传记所记载。《钦定盛京通志》载："岁癸丑，从征乌拉，拔其城。寻命与何和里、额亦都、扈尔汉、安费扬古为五大臣，佐理国事。"④ 《吉林通志》载："岁癸丑……太祖讨平诸部，阅三十余年。费英东率在行间，摧锋陷阵，身为士卒先，以故战胜，攻克。至是，命与何和哩、额亦都、扈尔汉、安费扬古为五大臣，佐理国事。"⑤ 《国朝耆献类征初编》中《费英东》亦载："癸丑年正月，从太祖征乌拉，同诸贝勒大臣力战破敌乘胜夺门，遂拔其城。寻命与何和哩、额亦都、扈尔汉、安费扬古为五大臣，佐理国事。"⑥ 《清代七百名人传》中《费英东传》载："癸丑年正月，从太祖征乌拉，同诸贝勒大臣力战破敌，乘胜夺门，遂拔其城。寻命与何和哩、额亦都、扈尔汉、安费扬古为五大臣佐理国事。"⑦

万历三十六年（1608）说。《八旗通志初集》中亦有不同记述。《硕翁科罗巴图鲁安费扬武传》载："戊申年，从征乌喇，败敌有功。十二月，太祖特命与费英东札尔固齐、额亦都巴图鲁、达尔汉辖、何和理额驸同为五大臣。"⑧

姚念慈先生认为《八旗通志初集·何和礼额驸传》中亦有关于五大

---

① 《清史稿》卷225《费英东》，第9180页。

② 《清史稿》卷225《安费扬古》，9187页。

③ 《清史稿》卷225《扈尔汉》，第9188页。

④ （清）阿桂、刘谨之等奉敕撰：《钦定盛京通志》卷68《国朝人物四·镶黄旗满洲》，《文渊阁四库全书》第502册，第428—429页。

⑤ 李桂林等纂：《吉林通志》卷87《人物志十六·费英东》，清光绪十七年（1891）刊本。

⑥ 《国朝耆献类征初编》卷261《将帅一·费英东》，第8219页。

⑦ 蔡冠洛：《清代七百名人传》第二编《费英东》，周骏富辑：《清代传记丛刊》综录类9，明文书局1986年版，第696—697页。

⑧ 《八旗通志初集》卷167《硕翁科罗巴图鲁安费扬武传》，第4118页。

臣设置时间之记载，即"辛亥年冬十二月，奉命同额亦都巴图鲁、达尔汉辖兵二千，征渥集部之虎尔哈路……其环近诸路尽招抚降之。何和礼额驸自来归，特蒙眷注，列在亲臣特命与费英东札尔固齐、额亦都巴图鲁、达尔汉辖、硕翁科罗巴图鲁（安费扬古）同为五大臣"①。据此，姚先生认为此中之辛亥年（1611）当为一说，并指出："据此，知五大臣的设立不应晚于1611年。"②然细读此段记载，可知，征讨虎尔哈路与任命五大臣似非一年之事。而《硕翁科罗巴图鲁安费扬武传》中则明确记载努尔哈齐任命五大臣的时间为万历三十六年（戊申年，1608）十二月，经过综合考证，姚先生最终认为："五大臣设于1608年是比较可靠的。"③

赵志强先生运用满汉文材料加以考证，最终认为"理政听讼大臣的设置应始于1587年"④，并指出"五大臣"设置于努尔哈齐定国政之初。由此笔者认为"五大臣"中费英东、何和礼、扈尔汉三人均于1588年归附努尔哈齐，晚于额亦都和安费扬古，所以"五大臣"的设置不会早于1588年。

综上记载及诸家之言，可知五大臣设置最迟应在万历三十六年（1608），最早应在万历十六年（1588）。

努尔哈齐定都佛阿拉的第二年，即万历十六年（1588）。费英东、何和礼、扈尔汉三人即率众来归，并被授予"一等大臣"⑤，参与议政，足见费英东等三人地位之尊崇。恰如《啸亭杂录》中所言："凡军国重务皆命赞决焉。"⑥《清太祖高皇帝实录》中还记述了努尔哈齐要求五大臣审断公事时必须集体议事，不可独断的重要性。天命元年（1616）七月，上谕五大臣曰："凡事不可一人独断，如一人独断，必致生乱，国人有事，当诉于公所，毋得诉于诸臣之家，其有私诉者，曾付以鞭索，俾执而责之。前以大臣巴图鲁额亦都，有私诉于家者，不执送，已治以罪。

---

①《八旗通志初集》卷157《何和礼额驸》，第3954页。

②姚念慈：《清初政治史探微》，第66页。

③同上。

④赵志强：《清代前期的军国议政与满洲贵族》，载《满学研究》第一辑，吉林文史出版社1992年版，第61页。另赵志强：《清代中央决策机制研究》第四章第一节"议政处的建立"亦有详细论证，可以参阅。

⑤《清太祖高皇帝实录》卷2，戊子年四月条。

⑥（清）昭梿：《啸亭杂录》卷2，中华书局1980年版，第43页。

兹更加申谕，传于国中，凡贝勒诸臣有罪，当束身静听，任公断。有执拗不服者，加以重罪，其束身静听者，如例审断。凡事俱五日一听断于公所。其私诉于家者，即当执送，有不执送而私行听断者亦如额亦都治罪。"①

同时，太祖朝实录中还记载了司法三级审理程序："凡事都堂先审理，次达五臣，五臣鞫问，再达诸王，如此循序问达，令讼者跪于太祖前，先阐听讼者之言，犹恐有冤抑者，更详问之，将是非剖析明白，以直究问，故臣下不敢欺隐，民情皆得上达矣。"② 从其审理程序来看，其地位仅亚于努尔哈齐及诸王。

更为突出的一个实例是万历四十一年（1613）努尔哈齐长子褚英被五大臣及其四个弟弟告发，他们将书写褚英罪行的罪状递呈努尔哈齐，最终褚英被幽禁高墙。③ 此事再次证明五大臣之特权。④

费英东身为五大臣之一，其地位和权力可见一斑。"国初置五大臣以理政听讼，有征伐则帅师以出，盖实兼将帅之重焉。……费英东尤以忠谠著，历朝褒许，称佐命第一。"⑤ 五大臣在满洲开国时期参政、议政的作用是无可取代的，"五大臣之设立则是从部落联盟走向国家过程中的必然产物"，"这种由诸贝勒五大臣构成的议政决策机构，对于克服女真族内部的分裂，建立一个统一集权的国家起到了积极的作用"。⑥ 且为以后"国家机关的设置奠定了基础"⑦。

2. "听讼治民"：扎尔固齐

费英东归附不久，即被努尔哈齐授予扎尔固齐之职，此职便是议政大臣之司员，⑧ 以"听讼治民"⑨。

---

① 《清太祖高皇帝实录》卷5，天命元年七月己巳条。

② 《清太祖武皇帝实录》卷2，乙卯年条，第335页；《清太祖高皇帝实录》卷4，乙卯年条。

③ 关于清代高墙制度的研究可以参阅［美］黄培《清代的高墙制度》，载《纪念王锺翰先生百年诞辰学术文集》，第104—115页。

④ 《内阁藏本满文老档》（太祖朝）汉文译文，第一函第三册，癸丑年条，第6页。

⑤ 《清史稿》卷225《费英东》，第9190页。

⑥ 姚念慈：《清初政治史探微》，第69页。

⑦ 刘小萌：《满族从部落到国家的发展》，第115页。

⑧ 赵志强：《清代中央决策机制研究》，第130页。

⑨ 《清史稿》卷225《费英东》，第9179页。

　　扎尔固齐之名汉译写法不一，不同时期的称呼和写法亦有不同。郑天挺先生认为："扎尔固齐为清太祖时官名。又作扎儿胡七，即《元史》之扎鲁忽赤，所谓断事官也。"经过对时任扎尔固齐等七人进行比勘，并考证《清实录》及《东华录》的记载，郑先生认为："他们的职务不仅限于初审审判，无事时在内理民，有事时率众出征。"关于扎尔固齐设置时间问题，郑先生对《清太祖武皇帝实录》《东华录》及《清史稿》记载的万历四十三年（乙卯年，1615）提出质疑，指出"扎尔固齐之设不在乙卯年"，且"扎尔固齐设置与五大臣不是同时，而在其前。直到天命十一年丙寅（公元 1626）九月，太宗设置八大臣、十六大臣，扎尔固齐始废"①。刘小萌先生亦认为："札尔固齐，即元代蒙古的札鲁忽赤，早在元太祖成吉思汗建国时期即为司理狱讼的要员；明代蒙古封建领主所属掌管军政司法赋税等事务的官吏，仍称札尔固齐或札萨固尔。""札尔固齐的主要职掌是鞫审讼狱。"扎尔固齐初设时无有一定规制，"以后事务繁多、政治渐步入正轨，始有'大札尔固齐'（amba jarguci）的增设"。"大札尔固齐费英东不但总理刑政，还是与两巴图鲁并驾驱驰的军事将领，所战'莫不披靡'，因而被努尔哈齐誉为'万人敌'。"② 万历四十三年（1615），"置理政听讼大臣五人、扎尔固齐十人佐理国事"③。哈斯巴根先生据《满文原档》等满文文献从满蒙关系的角度考察了扎尔固齐这一官号的源流，并认为清早期的扎尔固齐乃满语从蒙古语借用而来，"满洲政权初具规模的 1587 年左右至 1593 年期间已有扎尔固齐之官职"④。赵志强先生《清代中央决策机制研究》、姚念慈先生《清初政治史探微》中亦有相关论述。

　　综合来看，扎尔固齐之名来源于蒙古语已无疑问。从满汉文资料的记载可知此职的出现应早于"五大臣"的设置，从其职能来看又是作为理政听讼大臣的司员而存在，同时也是太祖时期司法审理程序中的具体执行者，作用极大。然而囿于材料记载不详，费英东在扎尔固齐任上之事迹难以稽考，不过从这期间费英东频繁参与军事征战又可知此官职务

---

① 郑天挺：《探微集》，中华书局 1980 年版，第 143—145 页。

② 刘小萌：《满族从部落到国家的发展》，第 116—117 页。

③ 《清太祖高皇帝实录》卷 4，乙卯年十一月癸酉条。

④ 哈斯巴根：《清初满蒙关系演变研究》，北京大学出版社 2016 年版，第 21—29 页；亦见哈斯巴根《清早期扎尔固齐官号探究——从满蒙关系谈起》，《满语研究》2011 年第 1 期。

并非仅仅"听讼治民"，应当更为广泛。

（四）费英东逝世

天命五年（1620）三月初八日申时，费英东去世，享年 57 岁。《内阁藏本满文老档》中记载："其卒日，天雷如鼓，雨雹骤至，未几遂卒，乃天神迎之去也。"努尔哈齐得悉后不听劝阻，违背曾立"凡亲戚死亡，盖不亲临"① 的誓言，亲临其丧，哭至深夜才回家。同年九月初八，努尔哈齐之弟穆尔哈齐去世。十九日，努尔哈齐到其墓哀祭，随后又至费英东墓祭酒痛哭。可见努尔哈齐对费英东逝去的痛心。

作为清朝开国元勋，费英东本人及其后裔得到了清朝历代君主恩典。天聪十年（1636），追封费英东为直义公，并配享太庙，② 成为家族中首位享此殊荣的人物。

顺治十六年（1659），《钦定盛京通志》载录了顺治帝为费英东撰写的碑文，其文曰：

> 国家缔造鸿图，奖予劳勋，厥有常典，至隆备也。况始事之臣，栉风沐雨，功载盟府者乎。尔费英东忠赤有谋，沉雄善断。当太祖高皇帝时，首先归命，渐陟崇班。始力擒兑沁巴颜，两征佛讷赫地方，度取抚顺，皆能奋勇先进，出奇制胜。额齐克贝勒矫制移城，尔独能抗，直不回。大义凛凛，攻叶赫，志在必克，进无返顾，卒下其城。前后数十载，劻勤大业，遐畅天威，摧陷之勋，实多嘉赖，虽积劳殒身，休烈未泯，先皇受命之初，追念厥功，特崇显爵，配享庙庭，而表章尚阙，因树兹贞石，昭示将来，生建壮猷，殁膺宠锡荣，哀有赫式慰永怀，庶使宣力国家者，闻之有感云。③

努尔哈齐时期尚无公侯伯等爵位称呼，费英东去世前仅为一等总兵

---

① 《内阁藏本满文老档》（太祖朝）汉文译文，第三函第十四册，天命五年三月初八日条，第 47 页；《清太祖朝老满文原档》第二册昃字老满文档册亦有类似记载，第 202—203 页。

② 《清太宗实录》卷 28，天聪十年四月十二日条，中华书局 1985 年版。《清史列传》《满汉名臣传》等文献皆载为天聪六年（1632）；《钦定盛京通志》等文献载为天聪元年（1627），兹从《清太宗实录》所载。

③ 《钦定盛京通志》卷 3《圣制三·直义公费英东碑》，《文渊阁四库全书》第 501 册，第 65 页。

官。顺治十六年（1659）正月，"谕吏部。太祖朝功臣费英东，参赞庙谟，恢扩疆土，战绩独伟，允为开创佐命第一功臣，已经配享太庙，其后人止世袭精奇尼哈番，未称其功。朕追念勋劳，欲加升其延世之赏，尔部即酌议具奏"。本月癸丑，"吏部议，功臣费英东，开创佐命，功绩独伟，应从优议叙，将其孙袭一等精奇尼哈番者，特升为三等公。报可"①。费英东由此获得"开创佐命第一功臣"之盛誉。

康熙三十七年（1698），康熙帝到盛京祭谒陵寝，并亲自到费英东墓地祭奠，复遣官致祭云："惟尔姿兼忠鲠，才裕韬钤，辅翼开基，鸿勋懋著，朕六御东巡驾，言泣止，追惟往绩，亲酹几筵，复遣专官用颁祭酸。"康熙三十九年（1700），复御书碑文勒石纪功云：

> 朕惟我国家创建丕基，开无疆之景运，既笃生神圣英武之君以剪除逆乱，启辟疆宇，勘定诸邦一统之烈，肇于东土，其时则有一德一心之佐，殚忠戮力，经营四方，以翊鸿猷而成大业，盖天实挺生异才，钟山岳之灵，挟风霜之气，贞诚不二，毅勇无伦，名高百战之勋，位超五等之爵，垂声竹帛配食庙廷，以与国家共承休祉，子孙世衍其泽，是岂偶然者哉？当我列祖之龙兴也，一时人材蔚起，猛士如云，战将如雨，以艺勇称，以功名显者，不可胜数，而功冠诸臣为一代元勋，则开国佐运直义公费英东尤为杰出焉，朕尝恭览。②

继而又言：

> 列祖实录考直义公行事，折冲行间，则战必胜，攻必克，平居则矢忠直，赞谋画，丰功伟绩至今焜耀简编，未尝不缅怀英风，兴念往绩，昔人创建艰难，枕戈擐甲，栉风沐雨之劳，恒流连往复，不能去于怀也。岁在戊寅，朕巡行旧京展祀陵寝，追维祖宗功德隆

---

① 《清世祖实录》卷123，顺治十六年正月壬寅条，中华书局1985年版。
② （清）钱仪吉：《碑传集》卷3《沈阳功臣·开国佐运直义公费英东传》；《清朝文献通考》卷122《群庙考四》，王云五主编：《万有文库》第二集十通第九种《清朝文献通考》第一册，商务印书馆1936年版，记载略同。

盛，并及当时佐命之臣邱陇所在，皆遣官致祭，而于直义公之墓，特亲至奠醊，以示优崇，仍复专官祭享，盖功在社稷，古人爰有明烟之典，朕笃念勋庸用伸异数，并为文勒诸贞石以昭示于无极云。①

雍正九年（1731），加费英东封号为信勇公，其曾孙傅尔丹特上折谢恩。②

乾隆四十三年（1778），因费英东功劳之大，与所袭封爵位不相匹配，"著加恩晋封为一等公，俾元勋世胄，永膺茂赏。至向来后族承恩世爵，俱系一等公。"③ 同时，乾隆皇帝念费英东之功勋，曾于乾隆十九年（1754）、四十三年（1778）、四十八年（1783）先后三次赐奠费英东墓，并为其赋诗，以示尊崇和怀念。④

据《钦定盛京通志》《大清一统志》载，费英东墓位于承德县北五里处，福陵和昭陵之间，今已无存。⑤

（五）费英东简评

1. 忠直品格

费英东不仅是一位骁勇善战的武将，也是一位忠直敢言的大臣，这从几位帝王的追封和赞誉中可以得见。《清太祖高皇帝实录》有云："费英东为人忠直，见国事稍有阙失，辄毅然强谏，毕智殚力，克输勇略，以佐成帝业。"⑥

正因为费英东敢于直言进谏，皇太极于天聪元年（1627）追封他为直义公。其文曰：

---

① （清）钱仪吉：《碑传集》卷3《沈阳功臣·开国佐运直义公费英东传》，光绪十九年（1893）刻本。

② "奏为赏给信勇祖费英东公爵上加信勇二字谢恩折"，军机处满文录副奏折，档号：03-0171-0186-002，缩微号：004-2798。

③ 《清高宗实录》卷1048，乾隆四十三年正月辛未条，中华书局1986年版。

④ 《钦定大清一统志》卷39《奉天府二·费英东墓》，《文渊阁四库全书》第474册，第728页。

⑤ 《钦定盛京通志》卷104《古迹五·费英东墓》，《文渊阁四库全书》第503册，第189页；《钦定大清一统志》卷39《奉天府二·费英东墓》，《文渊阁四库全书》第474册，第728页。

⑥ 《清太祖高皇帝实录》卷7，天命五年三月丙午条。

　　孝子嗣皇帝皇太极敢昭告于皇考神位前曰：臣闻恩隆眷旧，典重酬庸，既昭嘉绩于生前，宜享恩荣于身后，兹以费英东、额亦都上佐皇考，勋猷丕著，爰仿古制，追封费英东为直义公，额亦都为弘毅公，配享皇考神位左右，扬厥令名，垂之奕代。……于是以功臣费英东、额亦都木牌入太庙。费英东位左侧，额亦都位右侧。陈设祭物毕，读祝官入内旁立。先宣追赠费英东祝文，其文曰：维大清崇德元年岁次丙子四月十有二日，宽温仁圣皇帝谕祭功臣费英东之灵曰：伟烈懋昭，赞经纶于肇迹，荣封特晋，光俎豆于千秋。尔费英东佐我皇考，正直报效，竭尽忠义，虽受宠渥于生前，尤宜褒荣于身后，今特赠尔为直义公，配享太庙。永垂令誉。……①

崇德七年（1642），皇太极又召见诸王、贝勒、贝子、公、固山额真、议政大臣等入清宁宫商讨征战事宜，在述及当朝缺少直谏之臣时，他指出：

　　缅想皇考太祖时，苏完扎尔固齐费英东，见人之不善，必先自斥责而后劾之；见人之善，必先自奖励而后举之。其被劾者无怨言，被举者亦无骄色。朕今并未见尔等以善恶实奏，似斯人之公直也。②

乾隆四十三年（1778），乾隆帝曾赋《赐奠费英东墓》之诗，云：

　　来归识超众，独入目无前。嘉谕万人敌，从征三十年。
　　荐贤奖以豫，劾恶诲于先。开国思殊绩，赠封理合然。③

嘉庆十年（1805），嘉庆帝亦作《赐奠费英东墓》，其诗曰：

　　天命功臣首，请缨弱冠时。一呼破营垒，四路尽奔驰。

---

① 《清太宗实录》卷28，天聪十年四月十二日条。
② 《清太宗实录》卷61，崇德七年七月庚午条。
③ （清）弘历撰，（清）董诰等奉敕编：《御制诗四集》卷53，《文渊阁四库全书》第1308册，第219页。

际遇风云会，勋名竹帛垂。祖恩及苗裔，仁厚拓邦基。①

　　这两首诗不但淋漓尽致地概括了费英东卓勇超凡的一生，也高度赞扬了他开国之功勋，以及举贤荐良、惩恶扬善的事迹，并指出费英东之功对其后裔的深远影响。

　　费英东之所以生前能够备受重用，去世后又多蒙推崇，恩及苗裔，不仅因其能征善战，也与他公忠直谏，不畏邪恶的性格分不开。费英东勇于直谏的行为在世祖和圣祖的御制碑文中亦可得见。

　　2. 人生之憾

　　费英东一生也并非完美无瑕，也有些许遗憾，主要体现在下述两桩事件当中。

　　天命四年（1619）六月，努尔哈齐率部卒攻克开原城，"城中士卒尽被杀"②。回军时，又火焚"其世居之开原城"③。努尔哈齐为了彰显公正，在分发战利品之前，命人搜查上至贝勒、大臣，下至士卒之所。结果在卦尔察、汤古岱、费英东、博尔晋等人处查获他们藏匿的金银、绸缎、蟒缎、毛牛角、毛青布、翠蓝布、貂皮等战利品。④努尔哈齐怒言："如此当众宣誉赏赐，尚不满足矣。尔等既然如此窃取，则将该大臣等所窃取之财物，其所得之人口财物及以大臣名分当众宣赏之物尽行籍没，赐予公正之大臣。"⑤对他们虽非重罚，却令其颜面扫地。一个月后，费英东亦因私分战利品之事受到惩戒。

　　同年七月末，努尔哈齐率军攻占铁岭，当日，即派遣费英东还家奏报捷讯，但他在归途中却擅自将俘获之牛驴分给随行兵士、卡伦兵丁及驻屯大臣等人。事泄后，执法者对费英东言："除汗之外，即亲生执政之诸贝勒亦不得将众人共有之俘获财物擅与他人。尔身为大臣，妄自尊大，擅将众人之俘获财物散给他人，应革尔大臣之职，并将取乌拉城之役以

---

　　① （清）颙琰撰：《清代御制诗文集·清仁宗御制诗》第三册《御制诗二集》卷15，故宫博物院编：《故宫珍本丛刊》第573册，海南出版社2000年版，第115页。

　　② 《清太祖武皇帝实录》卷3，天命四年六月条，第353页。

　　③ 《内阁藏本满文老档》（太祖朝）汉文译文，第二函第十册，天命四年六月条，第33页。

　　④ 同上。

　　⑤ 同上。

来历次因大臣所赐之物尽数籍没。"① 但努尔哈齐念其勋劳，言道："无有之时得铁贵于金。初我无僚友时得之而举为大臣之僚友，如今岂可令其退还。勿革其大臣之职，可准赎罪。彼不思君赐尊名，与小人结交，竟将公共财物散给交结之小人，当令其摆绵甲前冲，统率绵甲兵先攻 [原档残缺]。若将阵战以来所有赏给之物尽行籍没，则彼之所余能有几何，且我小孙女又将泣之也。彼既将铁岭阵前众人所获之物散给他人，可没其铁岭阵前因大臣所赏之物，散给其同级大臣及其所属执法者。"② 于是仅将费英东之赏物没收，分予众执法大臣。从中，可看出努尔哈齐不仅念其功勋卓著，也因费英东乃其孙女婿，才得以从宽发落。

上述事件说明，一代名臣费英东，亦难以摆脱时代所赋予的贪婪本质。也从另一侧面反映了费英东与努尔哈齐之间密切的君臣及姻亲关系，更是努尔哈齐时代法制发展轨迹的体现。

作为五大臣之一的费英东，不仅仅是独立的个体，也是满洲统治集团中的重要成员，备受努尔哈齐重用和信任。在与女真各部及明朝的历次战争中，费英东可谓一马当先，誓死拼杀，成为满洲开国史上功勋卓著的重要将领。受时代及其本身的局限，晚年的费英东虽然犯有错误，但并不能抹杀他三十年来对后金所作的贡献。清朝历代帝王对其本人及苗裔的优礼和恩宠，使其家族不断发展壮大，致使瓜尔佳氏冠居"满洲八大著姓"之首，乃至后来历代帝王追念其功，时常祭奠其墓，升其爵秩。换言之，满洲开国时期各种成绩的取得，这些勋旧大臣及其家族所付出的心血是巨大的，这些人与诸贝勒共同构成了努尔哈齐及皇太极时期的肱骨，他们的后代亦在整个清朝历史上官爵显赫，甚至权倾朝野。

费英东树立的功勋，其家族后继者深受影响和熏陶，涌现出大批精英之才，最终打下了费英东支系在清朝的地位，更为索尔果家族的发展打下了坚实基础。

二 费英东子嗣

费英东有子十人，然十子之名，诸书记载不一。《八旗满洲氏族通

---

① 《内阁藏本满文老档》（太祖朝）汉文译文，第二函第十一册，天命四年七月条，第37页。
② 同上。

谱》中仅载录了其次子纳海、六子索海、七子图赖的传记。《满汉名臣传》中收录了索海、图赖二人传记。《盛京开原关氏宗谱》关氏世系中收录其子克布沙、察喀尼、阿熙席、索海、图赖五人。①《镶黄旗瓜尔佳费英东支宗谱书》则将其十子全部载录，长子南钦、次子阿海（纳海）、三子那卡布、四子托海（托辉）、五子色海、六子寿海（索海）、七子图来（图赖）、八子所吉、九子刷言（苏完颜）、十子察卡尼（察喀尼），从而弥补了其他史书记载之空白，然而部分族人仅知名讳，不详作为，实属遗憾。即便如此，家族的一些知名子嗣仍不乏记载存世。

（一）备御——纳海

纳海，又作阿海、诺海、纳盖，费英东次子，生年不详，卒于天聪七年（1633），初隶镶黄旗满洲，后与七弟图赖、九弟苏完颜改拨正黄旗。历仕清太祖、清太宗两朝。《清太宗实录》《八旗满洲氏族通谱》《八旗通志初集》皆载，纳海起初以备御而驻防千山，②但《国朝耆献类征初编》却载：纳海"初以佐领驻防千山"③；《钦定八旗通志》中又言：纳海"初任参领，驻防千山"④。可知纳海最初之世职，有备御、佐领和参领三种不同记载。考察《清朝文献通考》《皇朝通典》《钦定八旗通志》等文献所载，可知天命五年（1620），努尔哈齐将牛录额真改为备御官。天聪八年（1634），皇太极又改"备御"为满语"牛录章京"，⑤顺治十七年（1660），又改汉名"佐领"。⑥雷炳炎先生详细考证了备御与牛录额真的关系，认为此时备御具有武爵与武官双重身份，也就是说备御既是爵位之称，又乃武官之名。他指出："备御的双重身份不是序爵之初的制度规定，而是后来的变化所致，这种变化造成了清初武爵、武官

---

① 《盛京开原关氏宗谱》所载克布沙、阿熙席其他史书中无有记载，且依据不明。

② 《清太宗实录》卷15，天聪七年八月乙巳条；《八旗满洲氏族通谱》卷1；《八旗通志初集》卷221《忠烈传二》。

③ 《国朝耆献类征初编》卷331《忠义一·纳海》，第9806页。

④ 《钦定八旗通志》卷209《纳海》，学生书局1968年版，第14447页。

⑤ 《皇朝通典》卷68《兵一》，《文渊阁四库全书》第643册，第434—435页；《清朝文献通考》卷179《兵考一》，王云五主编：《万有文库》第二集十通第九种《清朝文献通考》第二册，第6392页；《钦定八旗通志》卷32《兵制志》。

⑥ 《皇朝通典》卷31《职官九》，《文渊阁四库全书》第642册，第385页。

的名实混一。"① 若从武官名称来看，后备御官与牛录额真、牛录章京、佐领乃同一官职在不同历史时期之称呼；但"佐领"作为爵名，又在顺治四年（1647）改用满文名号"拜他喇布勒哈番"，乾隆元年（1736）定名为"骑都尉"。综上可知，此时纳海的身份是爵和官的混合体，由于后来编书者的混乱使用，造成这种状况；纳海当时应以备御身份驻防千山，而非参领，记其为佐领则是因著者仅视备御为官称，忽略了爵称，故据官称沿袭而书写，记为佐领。故此，备御官与牛录额真、牛录章京、佐领为同一官职不同时期之称呼。

　　关于纳海卒年，亦存在分歧，即天命十年（1625）、天聪七年（1633）两说。其中仅《八旗通志初集》记纳海卒于天命十年（1625），"天命十年，随大兵取旅顺口，力攻边城阵亡"②。检索《清太祖武皇帝实录》可知此年确有"大明遣兵一万，由海上至旅顺口，茸城驻兵"。于是努尔哈齐"于正月十四日，命三王领兵六千，克之，尽杀其兵，毁城而回"③。此类记载仅能说明纳海参加了此战，是否战殁于此，难以确定，因为在天聪七年之前，关于纳海的记载仍频见于《清实录》，可以断定其绝非战殁于天命十年。如《清太宗实录》载，天聪七年，在征讨旅顺口时，纳海"力请于贝勒岳托，愿往攻城，遂阵亡"④。再如《钦定八旗通志》和《钦定盛京通志》中《塔纳喀传》也记载了岳托征讨旅顺是在天聪七年（1633）。《清史稿》《国朝耆献类征初编》等书也记载纳海战殁于天聪七年（1633）的旅顺口之役。⑤ 综合来看，天聪七年说较可靠，至于《八旗通志初集》所载仅能说明天命十年（1625）和天聪七年（1633）各发生过一次旅顺口战役，而纳海一生也亲历了这两次战役，并最终于天聪七年（1633）战殁于旅顺口。下面对纳海的生平经历予以简要介绍。

---

　　① 雷炳炎：《清代八旗世爵世职研究》，第 15 页。详细的演变过程可参阅该书第 13—18 页的分析。
　　② 《八旗通志初集》卷 221《忠烈传二·纳盖》，第 5056 页。
　　③ 《清太祖武皇帝实录》卷 4，天命十年正月条，第 382 页。
　　④ 《清太宗实录》卷 15，天聪七年八月乙巳条。
　　⑤ 《钦定八旗通志》卷 209《纳海》；《钦定盛京通志》卷 85《忠节四》；《清史稿》卷 487《列传二百七十四·纳海》；《国朝耆献类征初编》卷 331《忠义一·纳海》。

　　纳海"驻防长山时，闻叶克书屯有敌兵至，即率兵追杀四十人"①。
天命六年（1621），又同塔纳喀等攻辽阳，"沿河力战，俱有功"②。后又
"追逃将段姓备御，杀十一人，并千总一员"。此间，纳海被派往朝鲜进
行互市贸易，并"于海边擒毛文龙所部千总一员，兵十七人"。纳海又从
大军征明锦州，追杀哨卒两人，并夺其甲胄和马匹等物。率兵进攻遵化
城时，奋勇杀敌，手及头部被创，太宗特赏银五十两。③《清太宗实录》
《钦定八旗通志》《钦定盛京通志》《国朝耆献类征初编》皆载天聪五年
（1631），塔纳喀征明大凌河战役时，"面被创，落三齿，得头等赏"④。
但《清史稿》中记载："信勇公费英东子纳海亦于是役被创，齿落其
三。"⑤ 显系讹误。天聪七年（1633），孔有德、耿仲明归降，皇太极命济
尔哈朗率领纳海等人迎接。"有德、仲明至旅顺口，明总兵黄龙以水师截
击，将至镇江，纳海、塔纳喀等列阵江岸，势甚整，龙望之，气慑敛兵
退。有德、仲明乃率众登岸。"⑥ 六月，贝勒岳讬等率众征讨旅顺口，纳
海"力请于贝勒岳托，愿往攻城"⑦，允之。"纳海、塔纳喀及参领岳乐
顺、佐领额伊们、护军校额德、千总程国辅，各以兵从岳讬，令塔纳喀
等率本旗兵先导过伏，额伊们战殁，塔纳喀奋勇登城，中炮殁，纳海、
岳乐顺、额德、程国辅以舟师冲击，岳乐顺、程国辅俱殁于阵，纳海、
额德冒矢石进薄城，战殁。大兵乘之，遂克旅顺口。龙自刭死。"⑧ 九月，
追赠纳海三等轻车都尉世职，由其子固喇哈（顾尔汉）承袭。固喇哈去
世后，"其弟顾素袭职。三遇恩诏，加至一等轻车都尉兼一云骑尉。围锦
州，击败松山来援兵，又连败洪承畴三营兵十三万众。征福建，攻厦门，
破海寇郑成功兵，叙功，授为三等男。卒，其孙拉锡泰袭职，缘事革退，
其子伊东阿袭职时，削去恩诏所加之职，现袭二等轻车都尉，又纳海之

　　① 《清太宗实录》卷15，天聪七年八月乙巳条。

　　② 《国朝耆献类征初编》卷331《忠义一·纳海》，第9806页。

　　③ 《清太宗实录》卷15，天聪七年八月乙巳条。

　　④ 《清太宗实录》卷15，天聪七年八月乙巳条；《钦定八旗通志》卷209《纳海》；《钦定
盛京通志》卷85《忠节国朝四·纳海》；《国朝耆献类征初编》卷331《忠义一·纳海》。

　　⑤ 《清史稿》卷487《列传二七四·纳海》，第13461页。

　　⑥ 《国朝耆献类征初编》卷331《忠义一·纳海》，第9806页。

　　⑦ 《清太宗实录》卷15，天聪七年八月乙巳条。

　　⑧ 《国朝耆献类征初编》卷331《忠义一·纳海》，第9806页。《钦定八旗通志》卷280
《世职表三·正黄旗满洲世职上》载其天聪八年获赠三等甲喇章京。

曾孙哲尔布，由护军校从征准噶尔。在和通呼尔哈脑尔地方击贼阵亡，赠云骑尉。其子哲楞额现袭职，由镶黄旗改隶"①。直至乾隆中前期纳海后人爵位方告停袭。②

（二）刑部承政——索海

索海，又作寿海，费英东第六子，生年不详，顺治二年（1645）卒，据其弟图赖之生年推知应生于万历二十九年（1601）前，终年应在45岁以上，隶镶黄旗满洲。历仕清太宗、清世祖两朝。特别是太宗朝曾两次出任刑部承政，当时之地位不可小觑。

天聪五年（1631）七月，皇太极仿前朝旧例，"集贝勒大臣议定官制，设立六部"③。设定官职及满蒙汉官员数量，"每部设一贝勒主之，吏部设承政一员，户、礼、兵、刑、工五部承政各二员，蒙古承政六部各一员，汉承政吏、户、礼、兵、工五部各一员，刑部二员，每部各设参政八员，启心郎一员，工部增设汉参政二员，蒙古参政二员，汉启心郎二员"④。索海被委以刑部承政，其堂兄弟吉苏则被任命为礼部承政。

天聪七年（1633）八月，索海同兵部承政车尔格侦明边隘至锦州，因斩获有功，命管佐领事。天聪八年（1634）十二月，皇太极分定专管牛录，正黄旗中索海与堂叔卫齐等分得半个牛录。⑤ 这些辖有"专管牛录"的官将，"皆是封授总兵官、副将以及公爵的异姓贵族，他们对本牛录的属下人员及各种事务，享有'自专'的特权"⑥。然次年（1635）正月再次分定专管牛录时索海却不在其列，⑦ 考察《八旗通志初集》和《钦定八旗通志》的《旗分志》可知，索海并未任过佐领，其叔察喀尼将其代替，继察喀尼之后，索海之子多颇罗曾任佐领。崇德三年（1638）二月，明石城岛总兵沈志祥率所部来归，"遣多罗安平贝勒、固山额真阿

---

① 《八旗满洲氏族通谱》卷1《纳海》，第32页。

② 详参文后所附"索尔果家族封爵总表"中纳海始封之三等轻车都尉。

③ （清）阿桂、梁国治等奉敕撰：《皇清开国方略》卷14，《文渊阁四库全书》第341册，第214页。

④ 《清朝文献通考》卷77《职官考一》，王云五主编：《万有文库》第二集十通第九种《清朝文献通考》第一册，第5569页。

⑤ 中国第一历史档案馆译：《清初内国史院满文档案译编》（上）天聪朝、崇德朝，天聪八年十二月十四日条，光明日报出版社1986年版，第126页。

⑥ 杨学琛、周远廉：《清代八旗王公贵族兴衰史》，辽宁人民出版社1986年版，第120页。

⑦ 《清太宗实录》卷22，天聪九年正月癸酉条。

代、刑部承政索海，八旗大臣八员，以每牛录甲士二名马四匹驮米往迎，遇沈总兵官于岸，官兵各照品级乘马引归，驻于沙河堡，以侯圣旨"①。七月，皇太极命多尔衮更定部院官制，索海改授都察院左参政。十月，皇太极亲率大军征明，"遣索海为帅，统每旗甲士二十名，甲喇章京一员及前锋全军，往围大凌河东岸四里屯五十户、张岗屯十五户……十四屯堡，捉生"②。十二月，因刑部承政郎球获罪解任，"以都察院参政索海为承政"③。索海之所以两次获任刑部承政除了其经验丰富外，亦是皇太极对其家族信任和重视的表现。崇德四年（1639）七月，索海以刑部承政的身份审理了石廷柱和马光远的案件。④

崇德二年（1637）闰四月及三年（1638）十月，索伦部博木博果尔等两次朝贡貂皮特产，然不久即叛。皇太极遂遣索海与宜苏、萨木什喀等率兵征讨。⑤ 左翼以萨木什喀为主帅，宜苏为副帅；右翼以索海为主帅，叶克舒为副帅。"两翼单行时，听命于主帅；同行时，听命于两翼主帅。凡事众议而行。"⑥ 其胞弟图赖亦随行。十二月，索海部众侦知，"挂喇尔屯有敌兵五百"，遂"与理事官喀喀木等轻骑袭之，夺其栅，斩二百级，擒百三十人"。左翼萨木什喀率军攻陷雅克萨城后，两翼合攻铎陈城，不下而还。"博穆博果尔合兵六千袭其后，索海率众设伏，冲击之，获其辎重，生擒四百人。乘胜往攻博穆博果尔营，驰马直入，敌众大溃。"⑦ 索海又率兵将攻克挂喇尔屯，"屯兵五百，斩级二百，俘百三十还"⑧。此战获得大胜，皇太极特"命礼部承政满达尔汉及安平贝勒杜度、饶余贝勒阿巴泰等先后迎宴。将至盛京，太宗复率亲王以下大臣迎至实

---

① 《清初内国史院满文档案译编》（上）天聪朝、崇德朝，崇德三年二月二十七日条，第284页。

② 《清初内国史院满文档案译编》（上）天聪朝、崇德朝，崇德三年十月二十二日条，第381—382页。

③ 《清初内国史院满文档案译编》（上）天聪朝、崇德朝，崇德三年十二月初十日条，第397页。

④ 中国人民大学清史研究所、中国第一历史档案馆译：《盛京刑部原档》二一三号，崇德四年七月初一日条，群众出版社1985年版，第132页；

⑤ 《皇清开国方略》卷28，第398—399页。

⑥ 《清初内国史院满文档案译编》（上）天聪朝、崇德朝，崇德四年十一月初八日条，第442页。

⑦ 《满汉名臣传》卷2《索海列传》，第30页。

⑧ 《清史稿》卷225《列传十二·索海》，第9181页。

胜寺北馆，祭纛行礼，宴劳之"，分别加授世职，索海"由半个牛录章京超升为二等甲喇章京，再加四级，准袭四次"①。并赐"貂皮七十七，人口四"②。然因索海出征索伦时未"竖立营寨，严束士卒"，造成俘囚逃脱，最终"以索海功罪相抵，特诏免之"③。

崇德六年（1641）三月，索海因与多尔衮等围攻锦州时，"阿附王贝勒私遣官兵归家及离城远驻罪，论褫职，籍没"，后被宽免，但仍罚赎。六月，复随大军围攻锦州，"索海以兵四百截敌出城路"。还兵时，"遇锦州出汲小凌河兵三百，邀击之，斩九十余级"；又"从攻松山兵，克之，坠马乘厮卒骑而归"。后因"敏惠恭和元妃之丧，擅令祖大乐俳优至帐内吹弹歌舞"，被议罪，"索海应论死。奏闻，上命索海免死，革职，解梅勒章京任"。其奴仆之一半分给其弟护军统领图赖掌管。皇太极怒曰："尔既耽于逸乐，嗣后不必至笃恭殿及大清门前，任尔家居自娱可也。"④顺治二年（1645），从征四川时卒于军。子多颇罗，太宗文皇帝时，任佐领。"顺治元年（1644），以入关从破流贼功，授骑都尉世职。寻任都察院理事官。九年（1652）八月，加一等轻车都尉，任蒙古副都统。十四年（1657）十二月，随信郡王多尼进征滇黔，至云南磨盘山争先击敌，遂殁于阵。赐祭葬，子多禅袭职。"⑤

后金时代的官员往往既是文臣又是武将，索海即为代表。他历仕两朝，征战十二载，特别是对索伦部的战争取得了较大胜利。他又两次被委以刑部承政之职，负责审理当时各类案件。索海一生中三次违反时律，然皆因其父祖功勋及本人地位而未受严惩。

（三）议政大臣——图赖

图赖，又作图赍、图来，费英东第七子，万历二十九年（1601）生，顺治三年（1646）卒。初隶镶黄旗满洲，后与二兄纳海、九弟苏完颜改拨正黄旗。图赖是继费英东之后家族中第二位配享太庙的重要人物，也

① 《清初内国史院满文档案译编》（上）天聪朝、崇德朝，崇德五年六月二十一日条，第454页。

② 《皇清开国方略》卷28，第400页。

③ 《满汉名臣传》卷2《索海列传》，第30页。

④ 《清太宗实录》卷61，崇德七年七月辛未条。

⑤ 《满汉名臣传》卷2《索海列传》，第30页。据《清世祖实录》卷137，顺治十七年六月乙巳条，可知多颇罗是顺治十四年随军征滇黔，十七年六月战死，而非十四年。

是费英东诸子中最为知名者。他主要生活在清太宗及多尔衮统治时期，对清初政局产生过较大影响，且参与该时期一系列重要战役。其官职及爵位屡被提升，大大推动了费英东支系乃至整个家族的发展。

1. 骁勇善战的图赖

图赖少与纳海分袭三等总兵官（子）世职，后缘事革职。天聪初年，"由废员，从征冬夔时，追杀叛逃之察哈尔，多所俘获。初围锦州，击却宁远来援兵"①。"所至有功。"② 天聪三年（1629）十月，图赖从大军征明北京，十一月初，攻占遵化等地，中下旬，进抵明北京城下，"遇明总兵官满桂兵"，图赖率领正黄旗所部在德胜门一带与其展开激战，"直前陷阵，杀伤甚重"③。十二月，叙功，授备御官。④

天聪四年（1630），后金军长围北京未下，皇太极遂下令挥军东进，占领了永平、滦州、迁安等府县，令图赖同阿敏贝勒镇守永平府，以切断京师与关外的联系，引起明廷恐慌，于是命令华州监军道张春、四川监纪官邱禾嘉、锦州总兵祖大寿、山西总兵马世龙、山东总兵杨绍基、副将祖大乐、祖可法等率兵进攻滦州，纳穆泰、图尔格、汤古代等"各立汛地，矢石齐发，仍选精锐出城，绕城转战，屡败明兵，驱之壕外"。而此时之阿敏、硕托却"怯不往援，遣图赖、阿山、吴拜、邦素、伊勒木率护军连日乘夜袭明步兵营而还。又遣大臣巴都礼率兵数百人，往援滦州。巴都礼等突围进击，以三鼓入滦州。既而阿敏尽收迁安县守兵及居民，入永平府，明兵复发红衣炮击坏滦州城垛，城楼焚。纳穆泰、图尔格、汤古代等力不能支，仓卒不及收众，遂于十二日夜，弃城奔永平。会天雨，我兵或二十人，或三十人结队溃围出，遇明兵截战，我兵之疾病被创及无马者，阵殁四百余人，余悉奔至永平。阿敏、硕托大惊，欲弃永平去，并令镇守遵化察哈喇等，亦弃遵化出边，于是阿敏将永平城内归降汉官巡抚白养粹、知府张养初、太仆寺卿陈王庭、行人司崔及第、主事白养元、知县白珩、掌印官陈清华、王业弘、陈延美、参将罗塈、

---

① 《八旗满洲氏族通谱》卷1《图赖》，第32页。

② 《钦定八旗通志》卷148《图赖》，第9583页；《满汉名臣传》卷2《图赉列传》，第25页；《清史列传》卷4《图赉》，第199页。

③ 《八旗通志初集》卷148《正黄旗满洲世职大臣三·图赖》，第3794页。

④ 《内阁藏本满文老档》（太宗朝）汉文译文，第三函第二十册，天聪三年十二月初九日条，第515页。

都司高攀桂等，悉戮之。并屠城中百姓，收其财帛，乘夜弃永平城而归"①。史称"永平屠戮事件"。在撤退过程中，阿敏命图赖领十六人负责断后，全歼明步卒百人，使得阿敏等得以全身退出。"以贝勒阿敏等败绩师还，上命诸贝勒众臣，不得入城，于十五里外立营，惟令士卒入城。"② 后皇太极令"总兵官以下，备御以上，俱系之，命集众官于庭，率之而入""上复谕诸臣，察奔还诸将中有摧锋陷阵者，可一一具奏。于是以阿尔津、库尔缠、觉善于滦州城内力战，既出，复能杀敌。图赖、阿山、吴拜、邦素、伊勒木夜入敌营，击败敌兵，遂令释其缚。"③ 图赖因在滦州、永平的战役中有功，被授为三等轻车都尉。

天聪五年（1631）七月，皇太极亲率大军征明，图赖从之。八月初六，抵达大凌河下，"太宗指授方略，令与护军统领南褚立两旗之间，遇逐我樵采者，邀击之"④。可是图赖杀敌心切，并未按其部署行事，"明兵出城诱战，图赖即先入，额驸达尔哈率本旗兵继进，四面军士见之，亦各进战，两蓝旗兵径抵城壕，舍骑步战，逼明兵入壕，壕岸明兵与城上兵炮矢齐发，两蓝旗兵乃退。是役也，副将孟坦、原任副将屯布禄、备御多贝、侍卫戈里及士卒十人，殁于阵。我军追杀明兵，堕壕死者百余人，获马三十匹。时墨尔根戴青贝勒多尔衮，亦率护军冲入"。皇太极知道后，大怒："图赖为敌所诱，冒昧轻进，众军因而争往，诸贝勒有不奋身力战者乎！朕弟墨尔根戴青亦冲锋而入，倘有疏虞，必将尔等加以严刑，断不宽宥。夫朕之兵，朕岂不能用，然进止有节，不可轻举，此城既已被围，敌兵如狐处穴中，更将安往朕之兵乃上天所授，皇考所遗，实欲善用之，勿使劳苦耳。孟坦，我旧臣也，死非其地，岂不可惜。"此役图赖虽负伤，但皇太极却令"诸臣毋得往视"。后来"额驸杨古利偕巩阿岱私往图赖所视之"⑤。皇太极得知后斥之。"九月，明发援兵四万余来

<hr>

① 《清太宗实录》卷7，天聪四年五月壬辰条。
② 《清太宗实录》卷7，天聪四年五月壬子条。
③ 《清太宗实录》卷7，天聪四年五月甲寅条。
④ 《钦定八旗通志》卷148《图赖》，第9584—9585页；《满汉名臣传》卷2《图赉列传》，第25页；《清史列传》卷4《图赉》，第199页。
⑤ 《清太宗实录》卷9，天聪五年八月癸丑条。

战，图赖统右翼兵跃马冲阵，敌兵溃走，遂擒张春。"① 从而消灭明朝援军，并降服大凌河守军。

天聪六年（1632）四月，"太宗文皇帝统大兵破走察哈尔，遂移师征明"②。"大军次布里渡地方，遣苏达喇、图赖率兵二百人，及蒙古通事二人赍书谕沙河堡各官曰：'始我意在议和，屡与辽东各官言之。缘辽东各官，从前厚遇察哈尔，与我宿成怨隙，不听我言，我故将此处察哈尔逐去。特与尔等议和，尔得我书，即将逃入蒙古献出，甚善。今我将往大同、阳和、宣府一带议和，道经尔地，不可无一言相慰，故遣人以书相告。'时苏达喇、图赖等至沙河堡，以上谕示之，沙河堡官遣十七人，赍牛羊缎疋，并茶酒来献上。"③

天聪七年（1633）图赖的具体事迹，诸书记载不一。一些史书恰恰缺载这一年图赖的行踪轨迹，而又有一些史书却记载此年的图赖跟随贝勒岳讬参加了进攻旅顺口的战争。如《钦定八旗通志》《国朝耆献类征初编》《钦定盛京通志》《满汉名臣传》《清史稿》《碑传集》等载"七年，从取旅顺"④。另一些文献却记述为"随贝勒岳托等攻取旅顺口，统兵守旅顺口系汉军游击佟图赖"⑤。其目的是突出留守旅顺的图赖并非瓜尔佳氏之图赖，乃佟佳氏之图赖，同时，《清太宗实录》也对佟图赖留守之事有详细记载："旧汉军以游击图赖主之，统备御二员、兵一百名驻守。"⑥究其原因有二：其一，未记天聪七年（1633）图赖事迹的书籍作者不能确定图赖是否参加了此次战役，故未敢妄作结论；其二，认为图赖于天聪七年（1633）参加旅顺口之战的书籍作者认为《清太宗实录》中所载的旧汉军游击图赖就是瓜尔佳氏图赖，故得此结论。所以图赖这一年的行踪还有待更多的史料加以佐证。

天聪八年（1634），"从伐明，徇大同，攻朔州，拔灵丘，进世职二

---

① 《钦定八旗通志》卷 148《图赖》，第 9585 页，与《满汉名臣传》卷 2《图赉列传》第 25 页，《清史列传》卷 4《图赉》第 199 页，所记略同。

② 《八旗通志初集》卷 148《正黄旗满洲世职大臣三·图赖传》，第 3794 页。

③ 《清太宗实录》卷 12，天聪六年六月丁丑条。

④ 《清史稿》卷 235《列传二十二·图赖》，第 9433 页。

⑤ 《满汉名臣传》卷 2《图赉列传》，第 25 页。

⑥ 《清太宗实录》卷 15，天聪七年八月戊辰条。

等"①。七月初十日，图赖、鳌拜等人驰略时，"越汗所限之地又不至约会之处立营，遂尽夺其出略所获之物"②。天聪九年（1635），图赖升任护军统领。五月，"和硕额尔克楚虎尔贝勒多铎等奉命率兵入明广宁地方，遣昂邦章京阿山、石廷柱、甲喇章京图赖、吴拜、郎球、察哈喇等诸大臣，率兵四百人，先趋锦州，多铎随率兵过十三站立营。明侦卒见我兵至，驰报锦州总兵祖大寿。大寿急集部下各官，令副将刘应选、穆禄、吴三桂、张某，参将桑噶尔寨、张国忠、王命世、支明显及游击八员，率兵二千七百人迎探，亲率马步兵出锦州城五里立营。时松山城守副将刘成功、赵国志率兵八百人与锦州副将刘应选等命兵至大凌河西与我前锋阿山、石廷柱等所率兵遇，相对列阵，未及战，阿山、石廷柱等以我兵寡，驰报多铎，多铎遂率兵驰赴，明诸将见我军形如川流林立，自山而下，尘埃蔽天，不辨多寡，遂大惊奔溃。阿山、石廷柱、图赖、吴拜等率兵四百突入掩杀，分路追击，阵斩明副将刘应选，尽歼其兵五百人，生擒游击曹得功及守备三员，获马二百一十五匹，甲胄无算，距锦州松山城五里，收军还"③。八月初六日，卓礼克图贝勒巴牙喇之六子济玛祜（济马虎）"以居址狭隘而汗拨大地与超品头公扬古利居住，其所遗之地，适与相邻，欲得之，扬古利不与"。于是济玛祜嘱托谭泰将此事转奏皇太极，而谭泰为扬古利从弟，遂不奏闻。济玛祜又嘱其娘舅图赖，表弟钮祜禄氏阿达海长子阿哈尼堪转奏此事，图赖、阿哈尼堪曰："谭泰不以闻，我等何以奏闻"，于是济玛祜亲自上奏此事，皇太极获悉后，大怒。下谭泰等于刑部，罚银百两，斥远之；罚图赖银五十两；阿哈尼堪坐以应得之罪；济玛祜与四兄长巩阿岱启奏时，"以无干之宁他海与谭泰、图赖、阿哈尼堪一并牵连，亦坐以应得之罪"④。此事，可见索尔果家族与其姻亲之间也存在各种矛盾。

　　崇德二年（1637），图赖被授予议政大臣，参议国政。皇太极于崇德二年（1637）设置议政大臣，主要目的在于"杜绝各旗往贝勒身边的亲

---

　　① 《清史稿》卷235《列传二十二·图赖》，第9433页。

　　② 《清初内国史院满文档案译编》（上）天聪朝、崇德朝，天聪八年七月初十日条，第95页。

　　③ 《清太宗实录》卷23，天聪九年五月壬申条。

　　④ 《清初内国史院满文档案译编》（上）天聪朝、崇德朝，天聪九年八月初六日条，第183页。

信向他们进献谗言"①。而议政大臣职责主要有三："启迪主心，办理事
务，当以民生休戚为念；遇贫乏穷迫之人，有怀必使上达；及各国新顺
之人，应加抚养。此三者，尔等在王贝勒前议事，皆当各为其主言之。
朕时切轸念者，亦惟此三事耳。"② 同时，皇太极还规定议政大臣在八旗
组织内的等级秩序。"尔等凡有欲奏之事，不可越尔固山额真。如某事应
施行，某事应入告，当先与固山额真公议，然后奏闻。彼无知之辈，往
往以进言者，谓之谗谮。夫善则曰善，恶则曰恶，何所忌讳而不言，使
有明知其人以恶意误其主而不入告者，岂人臣乎！若私结党援，反欲倾
害善人，指以为恶，妄行入奏，所谓谗人，乃此类也。"③ 由此，更可以
明确，议政大臣主要职责是负责旗内议事及维护本旗稳定。这与当时八
旗制度并不完善，人口渐多是分不开的。至于皇太极为何赋予议政大臣
上述权力，姚念慈先生给予充分论证。"第一，天聪时统治集团的内部矛
盾，主要表现在皇太极与三大贝勒之间，即与三大贝勒分庭抗礼及分裂
倾向的斗争。随着皇权的加强，到皇太极称帝之后，主要矛盾已转化为
君主集权与八旗诸王贝勒之间的矛盾，即八旗的相对独立与服从统一集
权的斗争……为此，必须从各旗内部增强对八旗王贝勒的监督""第二，
新成立的八旗蒙古以及不断增加的各旗新附人口，在当时的条件下，只
能由八旗分养。为了保持满洲统治民族的地位，又必须承认甚至加强八
旗王贝勒作为各旗满、蒙、汉三固山属人的共主的权力。因此在各旗势
力日益增大，人口日益增多的情况下，如何将八旗制进一步控制在皇权
之下，对皇太极来说，就是更为重要的问题。旗务的管理也因而愈显重
要。皇太极所规定的议政大臣的三项职责，从根本上说，就是保持各旗
属人的国家小农身份和基本权利，防止各旗王贝勒对其人身完全垄断，
变为自己的私属。这也是崇德时期皇太极屡次强调各旗对属人善加赡养
的实质""第三，尽管从天聪初年起，即赋予八固山额真监督劝谏本旗贝
勒之权，但如上所述，实际上收效甚微……因此，每旗增议政大臣三名，
不仅能加强对本旗王贝勒的监督，而且对固山额真也能起一种限制作用。

---

① 姚念慈：《清初政治史探微》，第 198 页。
② 《清太宗实录》卷 34，崇德二年四月癸巳条。
③ 同上。

旗务管理权力的分割和彼此制约，是崇德时期皇权日趋强化的必要保证"①。通过上述分析，不难看出议政大臣图赖在当时地位及权力之显赫，这在其后来一些具体事迹中得以显现。索尔果家族中先后共有十人②出任议政大臣。

崇德三年（1638）八月，皇太极集众贝勒大臣等商讨征明战略，"命和硕睿亲王多尔衮为奉命大将军，以多罗贝勒豪格、多罗饶余贝勒阿巴泰副之，统左翼军。多罗贝勒岳托为扬武大将军，以多罗安平贝勒杜度副之，统右翼军。两路征明"③。二十七日，"扬武大将军多罗贝勒岳托、同多罗安平贝勒杜度及众大臣，率右翼军征明。上亲送之"④。图赖率所部从征。九月二十六日至密云东北墙子岭，由于该岭坚固不可入，"且密云军门，率兵来立营墙子岭，惟岭东西两侧高峰，可以越入等语。若我兵从一路前进，恐敌兵亦合力一处，势强难克，乃分为四路，以纛章京图赖为帅，率每牛录巴雅喇一员，外藩喀喇沁部落兵，每旗巴雅喇甲喇章京戴珠、哈尔撒、阿兰泰、达尔代四员，从边门右侧，逾越高峰。又恐图赖兵少，复遣贝子费扬古旗，叶臣旗下巴雅喇、阿礼哈超哈往助之，援兵未至，图赖等已先入边，攻克台十一座"⑤。

继而，两翼军队又南下进征山东，"明吴总兵率步骑八千余人逆战，察哈尔蒙古阿兰泰小却，图赖即率闲散辖员助，战败之。又败明阁部刘宇亮等兵于通州河，亲督摆牙喇兵攻拔二城，又分兵掠取二城"⑥。后来两翼贝勒又上疏皇太极，阐明了具体的征战经过及战争所获。"左翼多尔衮疏曰：'臣等率兵毁明边关而入，两翼兵约会于通州河西，由北边过燕京，自涿州分兵八道，一沿山下，一沿运河，于山河中间纵兵前进。燕京迤西千里内六府，俱已蹂躏，至山西界而还。复至临清州，渡运粮河，攻破山东济南府。至京南天津卫，仗皇上威福，大军深入，克城三十四

①　姚念慈：《清初政治史探微》，第200—201页。

②　此十人为：郎格、赵布泰、鳌拜、图赖、杨善、巴哈、苏勒达、傅尔丹、哈达哈、达福。

③　《清太宗实录》卷43，崇德三年八月癸丑条。

④　《清太宗实录》卷43，崇德三年八月丁巳条。

⑤　《清初内国史院满文档案译编》（上）天聪朝、崇德朝，崇德三年九月二十六日条，第376页。

⑥　《八旗通志初集》卷148《正黄旗满洲世职大臣三·图赖传》，第3794页。

座，降者六城，败敌十七阵，俘获人口二十五万七千八百八十，将士凯旋，无一伤者，此皆由皇上神谋睿算，指授方略，臣等谨遵奉行。故所在奏绩，亦由皇上训练有素，将士同心协力之所致也。'右翼杜度疏曰：'臣等从明燕京西至山西界，南至山东济南府，蹂躏其地。共克十九城，降者二城，败敌十六阵，杀其二总督及守备以上官共百余员，生擒一亲王、一郡王、一奉国将军，俘获人口二十万四千四百二十有三，金四千三十九两，银九十七万七千四百六两。'"① 可知，此次征明所获巨大，图赖作战勇猛，善于谋略得到充分展现。加之崇德四年（1639）十一月，随兄索海征讨索伦部等诸多功绩，晋三等男爵。②

正在松锦大决战的尾声，即崇德六年（1641）三月，图赖随郑亲王济尔哈朗率军往"围锦州，明兵自杏山赴援，击败之。先是，蒙古有降明者曰诺木齐，在围中遣人约献东关以降。至是，明兵觉，围诺木齐家。图赖登城力战杀敌，出诺木齐以归。复破松山骑兵，指挥汉军，拔塔山、杏山二城"③。因为"松山城的战略位置十分重要，它处于锦、杏之间，为'宁（远）、锦（州）咽喉'，'关系最要'。如果松山城一破，'全局动摇'。因此松山成为双方会战争夺的焦点"④。塔山和杏山的攻陷为继续进攻松山城开辟了道路，鼓足了士兵勇气。因功，晋图赖一等男爵。七月，"部议锦州之役，诸贝勒所属三旗护军有退怯不战者，贝勒大臣未经察治，图赖坐附和徇隐，论罚赎。得旨宽免"⑤。崇德七年（1642）九月，图赖同祖泽润、祖可法、张存仁等上奏攻取北京之事。皇太极认为时机未到，应循序渐进。⑥"八年，攻拔中后所及前屯卫，晋三等子。"⑦ 同年（1643）八月，皇太极卒于沈阳清宁宫。至此，大清入关前的历史结束，接下来便步入多尔衮摄政时期。

① 《清太宗实录》卷45，崇德四年三月丙寅。
② 《钦定八旗通志》卷148《图赖》，第9587页；《满汉名臣传》卷2《图赉列传》，第26页；《清史列传》卷4《图赉》，第200页。
③ 《钦定八旗通志》卷148《图赖》，第9587—9588页；《满汉名臣传》卷2《图赉列传》，第26页；《清史列传》卷4《图赉》，第200页。
④ 孙文良、李治亭：《清太宗全传》，吉林文史出版社1983年版，第350页。
⑤ 《满汉名臣传》卷2《图赉列传》，第26页。
⑥ 《清初内国史院满文档案译编》（上）天聪朝、崇德朝，崇德七年九月初五日条，第479页。
⑦ 《满汉名臣传》卷2《图赉列传》，第26页。

　　顺治元年（1644）四月初九日，图赖随睿亲王多尔衮征明。"明将吴三桂迎师。四月戊寅，师距山海关十里，李自成遣其将唐通率数百骑出关，是夕遇于一片石，图赖督巴牙喇兵与战，通败走。"①"次日，我大军直薄山海关，三桂开门迎降，我军遂从南水门、北水门、关中门入。"②"山海关战役是明清之际直接影响全国局势发展的一场关键性战役，对于推翻明朝后究竟是大顺朝廷还是清朝廷统治全国关系重大。"③然而山海关一战，李自成一蹶不振，退至永平，猖狂西逃，二十六日到达北京，遂于二十九日，仓促即帝位，国号大顺，改元永昌。当晚即出阜成门逃往西安，"图赖复从诸军追击，败之于庆都"④。

　　同年（1644）十月，图赖又从"豫亲王多铎帅师下河南，自成走陕西。公至孟津，率精兵先渡河，明守将黄士欣等各遁去，濒河十五寨堡兵民皆望风纳款，睢州总兵许定国等率众降"⑤。"进薄潼关，距关二十里立营。贼渠李自成来援，遣伪汝侯刘宗闵据山列阵以拒。噶喇昂邦章京努山、鄂对等率兵趋拔贼营，贼师抗敌。图赖领骑兵百余人掩杀之，斩获甚众。"⑥

　　顺治二年（1645）正月，李自成又命刘方亮率兵千余人，来窥探敌情，图赖同阿济格、尼堪等率领正黄、镶白、正红、镶红、镶蓝等五旗军队击败之。"自成闻败，集兵固拒。"⑦"图赖复率镶黄、正蓝、正白三旗兵力战，歼其步卒，余骑奔窜。贼纠众又至，连战败之，遂破潼关。贼众大溃遁走，陕西既定。"⑧"三月，论诸大臣功，以图赖持忠贞之心，不惜身命，戮力王家，克秉忠义，优封三等公。"⑨四月，因图赖以随多铎攻破李自成军，平定陕西，安抚河南，不久又奉命南征，勤劳日久，特赐绡衣一袭，以资褒奖。⑩

① 《清史稿》卷235《列传二十二·图赖》，第9433页。
② 《清世祖实录》卷4，顺治元年四月辛巳条。
③ 顾诚：《南明史》，光明日报出版社2011年版，第21页。
④ 《清史稿》卷235《列传二十二·图赖》，第9433页。
⑤ 《国朝先正事略》卷1《图昭勋公事略》，第72页。
⑥ 《八旗通志初集》卷148《正黄旗满洲世职大臣三·图赖》，第3795页。
⑦ 《国朝先正事略》卷1《图昭勋公事略》，第73页。
⑧ 《国朝耆献类征初编》卷261《图赖传》，第8221页。
⑨ 同上。
⑩ 《八旗通志初集》卷148《正黄旗满洲世职大臣三·图赖》，第3795页。

多铎率大军于四月初五日自归德府移师江南。十八日，大军即薄扬州城下。"招谕其守扬阁部史可法、翰林学士卫允文及四总兵官、二道员等，不从。"二十五日，多铎"令拜尹图、图赖、阿山等攻克扬州城，获其阁部史可法，斩于军前。其据城逆命者，并诛之。"① 五月初五日，大军进至扬子江，"时伪福王下镇海，伯郑鸿达以水师守瓜州。曹总兵以水师守仪真汛地。初六日，我军陈北岸，相拒三日。初八日晚，令拜尹图、图赖、阿山率舟师由运河潜至南岸，列于江之西，距瓜州十五里。初九日、复令梅勒章京李率泰率舟师五鼓登岸。黎明渡江，官兵陆续引渡，令左翼舟师，留泊北岸，敌至，则以炮夹攻之。初十日，闻福王率马士英及诸太监潜遁。十五日，我军至南京"②。"福王登舟欲渡江，图赖遂据江口，截其去路，伪靖国公黄得功逆战，击败之，敌兵皆堕水，尽夺其舟，得功中流矢死。伪总兵田雄、马得功缚福王及其妃来献，并率十总兵部众降。获金银、绸缎、宝玉、貂皮等物无算。"③ 弘光政权至此覆灭。同年（1645）十月，"以和硕豫亲王多铎等统军西征，破流贼李自成兵二十余万，攻克潼关，下西安等处，又收服河南，进拔扬州，渡江下江宁，擒福王朱由松（崧），前后战败水陆马步敌兵凡一百五十余阵。江南、浙江等处悉平，招抚文武官二百四十四员，马步兵三十一万七千七百名，叙功，行赏"。赏"护军统领公图赖金各一百两，银各五千两，鞍马各一匹"④。

顺治三年（1646）二月，"命多罗贝勒博洛为征南大将军，同固山额真公图赖率师往征福建、浙江"⑤。五月二十日，大军进抵杭州，明鲁王朱以海命令方国安等，率兵营于钱塘江东岸，绵亘二百里，舣船江上相拒，以阻止清军南下。清廷"遂令固山额真图赖等策马径渡，分兵往击之，伪国公方国安望风胆落，尽弃战舰急趋绍兴，携伪鲁王朱彝垓遁保台州"⑥。"图赖奋力追剿，拔金华、衢州各城"⑦ "屡获全胜，擒伪总兵

① 《清世祖实录》卷15，顺治二年四月己酉条。

② 同上。

③ 《清世祖实录》卷17，顺治二年六月辛酉条。

④ 《清世祖实录》卷21，顺治二年十月戊申条。

⑤ 《清世祖实录》卷24，顺治三年二月丙午条。

⑥ 《清世祖实录》卷26，顺治三年六月丁酉条。

⑦ 《钦定八旗通志》卷148《图赖》，第9592页；《满汉名臣传》卷2《图赉列传》，第27页；《清史列传》卷4《图赉》，第201页。

武景科等，斩获甚众，江东底定。"①"是月，叙破流贼及平定河南、江南功，晋三等公图赖为一等公"②。

关于图赖晋一等公爵的时间，诸书记载不一。《八旗满洲氏族通谱》《钦定盛京通志》《钦定八旗通志》《清史列传》《满汉名臣传》《吉林通志》《碑传集》《国朝先正事略》《国朝耆献类征初编》等文献，皆将其晋一等公爵的时间记为顺治二年（1645）战败黄得功回师之后。但是考察《清世祖实录》及《八旗通志初集》《清朝文献通考》《清史稿》等文献记载，却不然，图赖晋一等公爵当在顺治三年（1646）五月平定浙江之后，而非顺治二年（1645）。

顺治三年（1646）十一月，"既定全浙，随分兵由衢州、广信两路进师福建"③。多铎令图赖与都统汉岱分兵进师福建，"图赖自衢州统所部兵击败明阁部黄鸣骏于仙霞关，攻克浦城。汉岱亦自广信破分水关，入崇安"④。后又攻下建宁、延平等府。"明唐王朱聿键遁走汀州，诸将乘胜追击"⑤，擒斩明唐王朱聿键，"及伪阳曲王朱盛渡、西河王朱盛淦、松滋王朱演汉、西城王朱通简并伪官、伪伯等，抚定汀州"。是时，汉岱已经攻克崇安、兴化、漳州、泉州等城。继而福建悉平。此役"获伪玺九颗，马骡辎重无算"⑥。在册封贝勒博洛为多罗郡王的册文中更为明确指出征讨福建时所获之战果，"诛伪唐王朱聿钊（原文误，应为朱聿键）等伪亲王、郡王七人、世子一人、将军二人、总督一人、伯一人、巡抚一人，共败敌兵二十四次，收降伪国公郑芝龙等大小官二百九十一员，马步兵十一万三千人，八府一州，五十八县地方，悉皆平定"⑦。

2. 审时度势的图赖

"满清由于制度关系，自始即存在着皇权与八旗分权之争；入关后，

---

① 《清世祖实录》卷26，顺治三年六月丁酉条。
② 《清世祖实录》卷26，顺治三年五月己未条。
③ 《清世祖实录》卷29，顺治三年十一月癸卯条。
④ 《钦定八旗通志》卷148《图赖》，第9593页；《满汉名臣传》卷2《图赉列传》，第27页；《清史列传》卷4《图赉》，第201—202页。
⑤ 《钦定八旗通志》卷148《图赖》，第9593页；《满汉名臣传》卷2《图赉列传》，第27页；《清史列传》卷4《图赉》，第202页。
⑥ 《清世祖实录》卷29，顺治三年十一月癸卯条。
⑦ 《清世祖实录》卷32，顺治四年六月己丑条。

复因民族成见，满汉冲突始终不断。"① 可知，八旗制度在当时皇位继承问题上发挥了关键作用。努尔哈齐生前，皇太极与大贝勒代善之争，导致大妃乌喇那拉氏殉葬。努尔哈齐去世后，阿敏、莽古尔泰、皇太极的斗争也是如此。而皇太极去世后再度掀起的皇位之争，同样是八旗制度从中作用，顺、康时期亦不例外。所以从皇太极开始便逐渐削弱八旗贝勒、大臣的权力，进而加强中央集权。

皇太极突然去世，使刚刚统一的政权又处于混乱局面。皇太极生前并未指定接班人，其去世后则出现了激烈的皇位之争。王锺翰先生就此精辟地概括为："清兵入关前夕，顺治皇帝之得立为帝，是经过一场激烈的斗争而方达成妥协的。最后两红旗中立，两黄旗舍长（豪格）立幼，两白旗做出让步，顺治才以六龄继位，而由其亲叔多尔衮与堂兄济尔哈朗共同辅政，军政大权仍操于八旗旗主诸王之手。"② 可以说，当时能够真正影响政局的贝勒中仅有代善、济尔哈朗、多尔衮、豪格、阿济格、多铎六人。关于此六人的具体情况，姚念慈先生已做详细分析，兹不赘述。③ 下面仅就八旗大臣图赖在当时之作为做一探讨。

豪格身为皇太极长子，战功卓著，自然成为皇位主要继承人，并得到皇太极所属两黄旗大臣的支持。多尔衮则成为豪格最大的竞争对手。同时，多尔衮与阿济格、多铎为同母兄弟，掌控两白旗，拥有雄厚的实力。然握有两红旗权力的礼亲王代善及其子孙也各有盘算，因此，立豪格为君之事并未得到宗室王公的一致认同。图赖虽为正黄旗，但起初是站在豪格一边的。《清世祖实录》载："当国忧时（皇太极去世），图尔格、索尼、图赖、锡翰、巩阿岱、鳌拜、谭泰、塔瞻八人，往肃王家中，言欲立肃王为君，以上（指福临）为太子，私相计议。"④ 不久，图赖、索尼、巩阿岱、锡翰、谭泰、鳌拜六人又"共立盟誓，愿生死一处"⑤。许曾重先生在分析上段材料后指出："原来，两黄旗大臣拥立豪格是有先

---

① 王锺翰：《清朝前期的党争问题》，载《清史余考》，辽宁大学出版社 2001 年版，第 110 页。

② 同上书，第 111 页。

③ 姚念慈：《清初政治史探微》，第 254—262 页；亦见氏著《定鼎中原之路：从皇太极入关到玄烨亲政》，生活·读书·新知三联书店 2018 年版，第 158—164 页。

④ 《清世祖实录》卷 37，顺治五年三月己亥条。

⑤ 同上。

决条件的，即豪格一旦登基，必须以福临为太子。他们在坚持立帝之子
（即父死子继）原则的同时，却又要求以兄终弟及为补充。不言而喻，这
反映出两黄旗大臣中出现了拥立豪格和拥立福临的两种意见，将父死子
继和兄终弟及这两种继统的方式杂糅在一起，当是双方取得妥协的产
物。"① 所以在八月十四日讨论嗣君的会议上，多尔衮等在权衡各方力量
之后提出拥立幼主福临为君，两黄旗大臣见其拥立皇子之目的已经达到
便未提出异议，从而将豪格置之度外，加之两白旗大臣的坚决反对，豪
格见大势已去，便主动宣布退出，可以说豪格成为此次争夺皇位的牺牲
品。许曾重先生认为："豪格并非由于八月十四日会议上的临阵退缩而遭
到两黄旗大臣图赖、索尼等人的抛弃，乃是图赖等人在会前就已决定甩
开豪格，从而迫使他忍痛放弃继承皇位的打算，这就是问题的实质。"②
姚念慈先生从本旗与国家利益的角度，指出："将皇统保持在本旗之内，
是两黄旗大臣的切身利害所系，因此最终抛弃了豪格……本旗利益高于
国家利益，这才是两黄旗大臣维护皇权的本质之所在。"③ 二十日，两黄
旗大臣、侍卫等盟誓天地，宣布效忠于幼主福临。④ 同时，"诸王、贝勒、
公商议，以和硕郑亲王济尔哈朗、和硕睿亲王多尔衮辅理国政"⑤。崇德
八年（1643）八月，"上以即位，祭告郊庙。……改明年为顺治元年"⑥。

　　通过上述事实及《清世祖实录》中所载："巩阿岱、锡翰、冷僧机向
睿王云：'太宗宾天时，我等凡事皆随图赖、索尼而行。'"⑦ 可以看出在
此次放弃豪格，拥立福临的诸臣中，图赖、索尼二人发挥了关键作用。
归根结底，"世祖福临的继位，从根本上说仍是八旗诸王势均力敌的产
物"⑧。

　　后来在追论拥立豪格之贝勒及大臣罪行时，列举图赖罪状两条："公

---

① 许曾重：《太后下嫁说新探》，载《清史论丛》第八辑，中华书局1991年版，第242页。
② 同上书，第244页。
③ 姚念慈：《清初政治史探微》，第261页；亦见氏著《定鼎中原之路：从皇太极入关到
玄烨亲政》，第166页。
④ 《清世祖实录》卷1，崇德八年八月癸未条。
⑤ 《清世祖实录》卷1，崇德八年八月乙亥条。
⑥ 《清世祖实录》卷1，崇德八年八月丙午条。
⑦ 《清世祖实录》卷63，顺治九年三月癸巳条。
⑧ 姚念慈：《清初政治史探微》，第259页；亦见氏著《定鼎中原之路：从皇太极入关到
玄烨亲政》，第164页。

图赖往肃王家私相计议，欲立肃王为君，以上为太子，罪一；又与谭泰、巩阿岱、索尼、锡翰、鳌拜等共立盟誓，罪一。"最后裁定"图赖应革去公爵，籍没家产"①。从私议欲立豪格为君到公开宣誓效忠幼主，索尔果家族中的图赖和鳌拜皆参与其中，可见其家族势力在当时的强大。

3. 性格耿直的图赖

图赖不仅是一位能征善战的武将，亦具有刚直不阿、不徇私情的性格。这在一些具体事件中可以得见。崇德四年（1639）四月，图赖先后与国舅阿什达尔汉、多罗贝勒豪格、睿亲王多尔衮发生争执，争执原因是阿什达尔汉谈及两翼会师时，应"听左翼墨尔根亲王节制"，图赖怨其只言左翼，不言右翼，而不满，遂起争执，最终图赖以二罪被罚银五十两。②

图赖随豫亲王多铎征讨江南之时，领兵从英亲王阿济格西征的固山额真谭泰遣人对图赖说："我军道迂险，故后至。请留南京界我军取之。"图赖对此种不顾战争全局，贪生怕死，欲得军功之人极为反感，于是，"图赖以其语告豫亲王，别作书遣塞尔特报索尼，将使索尼启摄政王"。但是"塞尔特以书示牛录希思翰，希思翰虑书达，谭泰且得罪，令沉诸河"。图赖回至京师，"系塞尔特索前书，塞尔特诡言已达索尼。事闻于摄政王。三年正月，下诸大臣审勘，将罪索尼。摄政王亲鞫塞尔特，始自承沉书状"③。后多尔衮在午门议谭泰罪，因谭泰为己亲信，所以犹豫了三日也未裁决，图赖便"厉声谓摄政王曰：'尔何将谭泰之罪，耽延三日不结？'"多尔衮大怒，并言："'尔举动亦太妄矣，曩追流贼至庆都分兵前进，因诸将争先，尔曾谕让于肃亲王、豫亲王、英郡王，且唾于诸王之前，今又以言逼我，我不能堪，似此怒色疾声，将逞威于谁耶！予与诸王，非先帝子弟乎！'语毕，还府。"后多尔衮听说"诸王执图赖议罪"，他"返而言曰：'图赖虽声色过厉，然非退有后言可比，且为我效勤矢忠，无他咎也，解其缚释之。'"④

顺治前期，摄政王多尔衮权力极大，把持朝政和生杀大权，但是图

① 《清世祖实录》卷37，顺治五年三月己亥条。
② 《盛京刑部原档》二一四号，崇德四年四月三十日，第133页。
③ 《清史稿》卷235《列传二十二·图赖》，第9434页。
④ 《清世祖实录》卷23，顺治三年正月辛酉条。

赖并不畏惧，且上书给多尔衮言："皇叔父王保辅皇上，效力甚多，难以枚举，图赖向年效力太宗，王之所知。今图赖之心，亦犹效力于太宗，不避诸王、贝勒等嫌怨，见有异心不为容隐，大臣以下，牛录章京以上，亦不徇隐其过恶，图赖誓之于天，必尽忠效力。图赖少有过失，王若不言，我恐不免于罪戾，我欲改过自新，王幸毋姑息，不加教诲也。"① 通过这段话，图赖第一强调了自己的功勋及忠心；第二，阐明了自己刚直不阿、不畏强敌的勇气；第三则为自己寻得了明哲保身、安全退出的机会。尽管多尔衮对此番话语极为不满，但也无可奈何。

通过上述分析，亦可看出"图赖、索尼皆不愿党附多尔衮，但是两人不同之处在于图赖接受多尔衮为皇权代理人的现实。"② 顺治三年（1648）正月，侍卫阿里马私语图赖曰："尔何为庇护索尼耶？吾见其心已变，举动已改常矣。"③ 然而图赖呈报多尔衮，致使阿里马兄弟被杀。从中可以看出图赖和索尼针线相依的密切关系，可见，图赖"惟对索尼的立场则深具信心，自不容许旁人居中挑拨。"④ 这些都充分显示了图赖的政治立场和高超的政治才能，亦为其性格的真实写照。

4. 图赖的逝世

顺治三年（1646），图赖在回次金华的途中暴卒，享年 47 岁，二十年的军事征战及仕途生涯至此告终。图赖死后，由其"子辉塞，袭一等公。卒，无嗣，以辉塞弟颇尔盆袭公爵，仕至领侍卫内大臣。第三子费扬古，任护军参领。……颇尔盆子永泰，曾任副都统。永乾，现袭一等公"⑤。

图赖暴卒，是否与政治斗争有关，难以稽考，但其卒后二年，"贝子吞齐等诬告图赖党徇肃亲王、郑亲王，又与谭泰等私相盟誓，睿亲王追论之，夺辉塞爵，并没其家"⑥。知其仍为多尔衮之报复对象。而顺治帝

---

①《清世祖实录》卷 21，顺治二年十月戊申条。

② 叶高树：《满洲亲贵与清初政治：都英额地方赫舍里氏家族的个案研究》，《台湾师大历史学报》2010 年第 43 期。

③《清世祖实录》卷 23，顺治三年正月辛酉条。

④ 叶高树：《满洲亲贵与清初政治：都英额地方赫舍里氏家族的个案研究》，《台湾师大历史学报》2010 年第 43 期。

⑤《八旗通志初集》卷 148《正黄旗满洲世职大臣三·图赖》，第 3796 页。

⑥《钦定八旗通志》卷 148《图赖》，第 9593 页；《满汉名臣传》卷 2《图赉列传》，第 27 页；《清史列传》卷 4《图赉》，第 202 页。

在消除多尔衮党羽后，于顺治九年（1652）正月，"诏复其世爵，追谥昭勋公，配享太庙。"并勒石以旌之，其文曰：

> 朕惟国家诞膺天命，抚有万方。虽本祖宗功德，垂谟鸿远，实亦股肱之佐，竭忠宣力，有不容泯者焉。既悬殊爵以酬勋，兼著令名以垂世，褒往训来，典彝攸系，自古然矣。故图赖者，备王佐之才，秉上将之略。当太宗文皇帝时，每从征伐，所向克捷，如破董夔，征宁远，以及山东、河北，加兵之地，屡堕名城。迫入关，击流寇李自成二十万众，追奔逐北千余里，厥绩尤著。定鼎以后，四征不庭，大小百战，未尝不身履行间。或禀受方略，或专任节钺，陷阵先登，战胜攻取，八闽三吴，咸旧底定。论功拜将，违伐为多。至其翊戴朕躬，摅诚不二。于明朝廷危疑之际，力匡王室。祸患潜消，智勇深沉，节坚金石，勋在社稷，非独积累战功者可比。朕追思创造之难，念其尽瘁以陨，且惧久而淹没无传也，宜勒石纪之贞珉。英烈壮猷，将与河山带砺，并永万祀矣！[1]

又"复辉塞一等公，还其资产"[2]。辉塞娶皇太极之女为妻。

由于图赖"勇而有谋，以身任事，果断刚决，在军中每以寡克众，所向无敌"[3]。雍正九年（1731），又加封号"雄勇"。清朝定制："民公、侯以下文武官凡得谥者皆二字。"且每字皆为其一生作为之高度概括，如"昭勋"之"昭"字乃"明德有劳""容仪恭美"之意；"雄勇"之"勇"字乃"胜敌壮志""见义必为"[4] 之意。其父费英东之直义公、信勇公称号亦以此为据。

图赖凭借其父费英东打下的基础，及皇亲国戚的身份，加之本人勇而有谋，在太宗及世祖时期立下汗马功劳，赢得极高荣誉，其死后又被两次封号，可见他在当时功勋之卓著，地位之显赫，不愧为清初杰出的军事将领和政治家，更是费英东支系的荣耀。其后嗣如子辉塞（辉色、

---

① 《八旗通志初集》卷148《正黄旗满洲世职大臣三·图赖》，第3795—3796页。

② 《钦定八旗通志》卷148《图赖》，第9594页；《满汉名臣传》卷2《图赉列传》，第27页；《清史列传》卷4《图赉》，第202页。

③ 《八旗通志初集》卷148《正黄旗满洲世职大臣三·图赖》，第3795页。

④ （清）吴振棫：《养吉斋丛录》，中华书局2005年版，第173、171页。

回色、惠塞）、颇尔喷（颇尔盆、坡尔喷、坡尔盆、普尔盆），孙永谦，曾孙马尔萨、马尔泰，元孙敦柱（敦住），七世孙符珍皆知名。图赖嫡支的繁盛成为费英东支系整体发展的最大推动力，同时，也带动了索尔果家族的兴盛。

　　（四）三等子——察喀尼

　　察喀尼，又作查喀尼、查卡泥、察哈尼，费英东第十子，生年不详，卒于崇德八年（1643），隶镶黄旗满洲。天聪二年（1628）二月，"以太祖时旧功臣额亦都巴图鲁之子、一等游击①图尔格依为三等总兵官，并授为固山额真；费英东扎尔固齐之子察哈尼为总兵官。"② 天聪八年（1634）三月，开始"叙各官功次，赐之敕书。"令察喀尼、杨古利、和尔本、吴讷格、穆成格、遏必隆等六人准世袭不替。③ 索海袭爵是经历一个过程的。先是索海于天命五年（1620）袭，以罪削爵，太宗又以纳海、图赖分袭三等总兵官（子），后俱坐事夺爵。天聪八年（1634），命察喀尼改袭三等昂邦章京（子）。④ 天聪九年（1635）正月十三日，察喀尼聘褚英长子杜度之女为妻。《天聪九年档》载："苏完额驸之子察喀尼来聘杜度台吉之女，仪礼献驮有盔甲之上等良马十。汗览毕，受驮有盔甲之马一。"⑤ 同月，《清太宗实录》载："免功臣徭役，并命专管各牛录。""巴布海、察喀尼、卫齐各一牛录。"⑥ 九月，赐察喀尼、遏必隆、马光远等

---

　　① 游击与轻车都尉乃不同时期之称呼。天聪八年（1634），始定八旗爵名，改原袭明朝官名的参将、游击为甲喇章京，分为三等，一、二等即参将，三等为游击。又改各旗原有的甲喇额真为甲喇章京，以为官名。甲喇章京亦为爵名，顺治四年（1647），又改称阿达哈哈番。乾隆元年（1736），定阿达哈哈番汉字为轻车都尉。可知游击到轻车都尉是有一个演进过程的，二者实为同一爵名在不同时期的称呼。具体演变过程可参阅雷炳炎《清代八旗世爵世职研究》，第10—13页。

　　② 《内阁藏本满文老档》（太宗朝）汉文译文，第二函第九册，天聪二年二月初二日条，第480页。

　　③ 《清太宗实录》卷18，天聪八年三月壬寅条。

　　④ 《清朝文献通考》卷251《封建考六·异姓封爵二·满洲·子》，《万有文库》第二集十通第九种《清朝文献通考》第二册。第7103页。

　　⑤ 关嘉录、佟永功、关照宏译：《天聪九年档》，天聪九年正月十三日条，天津古籍出版社1987年版，第5页。

　　⑥ 《清太宗实录》卷22，天聪九年正月癸酉条。亦见《清初内国史院满文档案译编》（上）天聪朝、崇德朝，天聪九年正月二十二日条，第142页。

各蟒缎一、缎一。① 崇德八年（1643）十二月，"三等昂邦章京查喀尼病故，以其子沃赫袭职，并免死罪二次，世袭罔替照旧"②。其子嗣多有知名者。

（五）领侍卫内大臣——沃赫

沃赫，又作倭黑、倭赫、渥赫、万和，察喀尼长子，费英东孙，崇德五年（1640）生，康熙三十年（1691）卒，隶镶黄旗满洲，官至镶黄旗蒙古都统。崇德八年（1643）十二月袭三等子爵，沃赫时年仅3岁。顺治七年（1650）三月，遇恩诏，晋二等。顺治九年（1652）七月，晋一等。③ 顺治十六年（1659）二月，"以祖赠三等直义信勇公费英东佐命功，特旨赐袭"三等公，世袭罔替。④ 十一月，沃赫与堂兄弟颇尔喷一同被擢升内大臣。⑤ 顺治十七年（1660）十一月，遣"内大臣公渥赫祭金世宗陵"⑥。

康熙八年（1669），"鳌拜获罪拘禁，沃赫因与同族，部议革职。圣祖仁皇帝命留三等公爵，在骁骑营行走"⑦。康熙十三年（1674）六月，吴三桂等三藩发动叛乱，遣兵寇侵略江西。康熙帝任命沃赫为副都统，同穆成额领兖州驻防兵与定南将军希尔根军协力防剿。九月，吴三桂遣兵来犯袁州，耿精忠窃踞广信等府，将军希尔根"恐兵单不利"，上谕："署副都统硕塔穆森不必驻皖，速赴南昌，到日令署副都统穆成额率南昌兵速赴袁州，与总兵官赵应奎并力固守，署副都统公沃赫救进贤兵，回日亦赴袁州。若大兵未到之先，贼势猖獗，赵应奎相机退保险隘，以待大兵之至，将军尼雅翰将所率江宁兵及硕塔穆森兵酌量率赴袁州，统领副都统干都海、沃赫、穆成额等兵平定袁州，进取长沙，如吉安无警，

① 《清太宗实录》卷25，天聪九年九月丁巳条。

② 《清初内国史院满文档案译编》（上）天聪朝、崇德朝，崇德八年十二月十七日条，第525页。

③ 《清朝文献通考》卷251《封建考六·异姓封爵二·满洲·子》，王云五主编：《万有文库》第二集十通第九种《清朝文献通考》第二册，第7103页。

④ 《清朝文献通考》卷250《封建考六·异姓封爵一·满洲·公》，王云五主编：《万有文库》第二集十通第九种《清朝文献通考》第二册，第7095页。

⑤ 《清世祖实录》卷130，顺治十六年十一月壬戌条。

⑥ 《清世祖实录》卷142，顺治十七年十一月己巳条。

⑦ 《满汉名臣传》卷21《沃赫列传》，第604—605页。

其干都海兵听尼雅翰调度酌遣。"① 十月，沃赫又同副都统干都海、总兵官赵应奎等攻破耿精忠的总兵左宗邦之兵于分宜，擒斩甚众。将军尼雅翰上奏："官兵败贼于袁州，吴逆伪都督同知朱将军与麻棚伪总兵黄乃忠、丘善我合兵数万自萍乡犯袁州，副都统干都海、署副都统公沃赫、穆成额、总兵官赵应奎率满汉官兵，于是月初四日，败贼于西村，斩首万余，又登山击败贼众，斩首五千余级。"② 正在这时，吴三桂等军盘踞安福，沃赫防守于分宜，命令穆成额率兵先趋进攻安福之军队，并派护军一半去攻击，大败之。用云梯攻城，占领了安福县。康熙十四年（1675）四月，随大军围剿三藩军队于鸾石岭、白水口等处，擒斩无算。康熙十五年（1676）正月，由于沃赫在平定三藩的战争中有功，被加封为太子太保。二月，又随大将军安亲王岳乐进征萍乡，攻破敌方十二寨，将军夏国相等败遁，遂复萍乡县。三月，随安亲王至长沙。吴三桂党羽五千余人前来迎战，沃赫同副都统阿进泰等率军勇猛杀敌，击却之。康熙十六年（1677），安亲王令沃赫率兵驻守茶陵。康熙十七年（1678），将军穆占疏言："茶陵、攸县等处与贼逼近，且吴三桂盘踞衡州，江之东岸有伪将军马宝等立营。独令沃赫驻守，兵力单弱。"上因命赵应奎标兵赴茶陵。又谕简亲王喇布分兵隶定南将军华善率赴茶陵，与沃赫协力镇守。既而简亲王由江西赴湖南，进师茶陵，沃赫分守攸县。康熙十八年（1679），湖南既平，沃赫随大将军贝子彰泰进征云、贵。康熙十九年（1680）十二月，授镶黄旗蒙古副都统，旋调满洲副都统。康熙二十年（1681）十月，云南平，凯旋。康熙二十一年（1682）六月，擢镶黄旗蒙古都统。③

　　康熙二十二年（1683）三月，"议政大臣等追论沃赫于十六年三月在长沙击贼时，既抵鹿角、挨牌仍退回，罪应革职，籍家产"。但因其"江西剿贼复城，屡奉旨议叙，又随大军平定云南，功罪相抵，请革去世爵，免其籍没"。康熙帝曰："沃赫为人尚优，所袭公爵，原系其祖之职，即

　　① 《平定三逆方略》卷9，康熙十三年九月戊寅条，《文渊阁四库全书》第354册，第72页。

　　② 《平定三逆方略》卷10，康熙十三年十一月乙酉条，《文渊阁四库全书》第354册，第81页。

　　③ 《钦定八旗通志》卷137《沃赫传》，第8773—8775页；《满汉名臣传》卷21《沃赫列传》，第604—605页；《国朝耆献类征初编》卷275《沃赫传》，第8526页。

革去，亦应子弟承袭。著从宽留其都统公爵，革去太子太保。"康熙二十三年（1684），沃赫迁领侍卫内大臣。① 康熙二十八年（1689），再次改授镶黄旗蒙古都统。康熙三十年（1691）六月卒于任，享年52岁。②

总结沃赫一生之功绩，尤以平定三藩之乱为著。虽其袭爵于崇德年间，但因年纪尚小，几乎没有作为，直至康熙年间才崭露头角，成为康熙平定三藩叛乱中的一员猛将。其官至领侍卫内大臣，官阶正一品，实属难得，其子傅尔丹袭其爵位，也是清朝历仕三君的重要将领。

（六）领侍卫内大臣——傅尔丹

傅尔丹，又作富尔丹，沃赫次子，费英东曾孙，康熙二十一年（1682）生，③ 乾隆十七年（1752）十二月初十卒，终年70岁，隶镶黄旗满洲。历仕康、雍、乾三朝，两次出任领侍卫内大臣，两次出任八旗蒙古都统，又两次出任黑龙江将军。下面将其一生分为三个阶段予以论述，并试作评析。

1. 康熙年间的傅尔丹

康熙三十年（1691）七月，傅尔丹袭父三等公爵，并兼佐领。④ 康熙

---

① 《清圣祖实录》卷116，康熙二十三年八月癸丑条，中华书局1985年版。

② 《满汉名臣传》卷21《沃赫列传》，第604—605页。

③ 关于傅尔丹的生年问题，各种研究性论著皆未具体标明，《清史列传》《满汉名臣传》《钦定八旗通志》《清史稿》《国朝耆献类征初编》等史书亦仅记卒年，未述生年。据中国第一历史档案馆所藏"军机处满文录副奏折"档案编号03－0171－0285－031，缩微号009－0973，齐齐哈尔副都统达色乾隆十七年（1752）十二月初二日"奏报将军富尔丹于十二月初一日病故由"一折中，可知其去世时为70岁，据此推知傅尔丹生于康熙二十一年（1682）；另据《平定金川方略》卷19乾隆十三年（1748）傅恒奏言："傅尔丹年已六十六岁，经历就衰"，亦可知其生于康熙二十一年。

④ 《钦定八旗通志》卷140《傅尔丹》，第8977页；《清朝文献通考》卷250《封建考五·异姓封爵一》，王云五主编：《万有文库》第二集十通第九种《清朝文献通考》第二册。关于傅尔丹承袭三等公的时间问题，多数史书皆误记为康熙二十年（1681）（《清史列传》卷17《傅尔丹》，第1242页；《满汉名臣传》卷40《傅尔丹列传》，第1184页；《国朝耆献类征初编》卷275《傅尔丹》，第8526页；《清史稿》卷297《傅尔丹》，第10389页；金毓黻主编：《奉天通志》卷177《傅尔丹传》，辽海出版社2003年版，第4092页；《清代名人传略》之《傅尔丹传》，第801页）。然其父亲沃赫逝世于康熙三十年，傅尔丹出生于康熙二十二年，康熙二十年时沃赫尚在人世，傅尔丹并未出生，何来承袭之说。同时，《清史稿》中又出现了相互矛盾的记载，在卷168中载："傅尔丹，倭黑子。康熙三十年袭。"（《清史稿》卷168《诸臣封爵世表一·三等信勇公》，第5415页）造成这种错误的记载，一则著者没有认真推断傅尔丹的出生时间；二则没有注意其父沃赫的逝世时间，最终酿成此错。故笔者认为《钦定八旗通志》和《清朝文献通考》所载傅尔丹承袭三等公的时间应以康熙三十年为是。

三十八年（1699），傅尔丹年仅 17 岁，即被授为散秩大臣，关于此间之作为，已无从考证。清朝定制，散秩大臣乃从二品官阶，^① 岁食俸养廉银 400 两。^② 并规定散秩大臣"由特恩简授，无定额，其勋旧后裔世袭者，以次承袭"^③。乾隆曾言："散秩大臣皆系勋旧功臣子孙，身荷国恩，授为大臣。"^④ 说明了散秩大臣之特殊性和重要性。康熙四十二年（1703），傅尔丹扈驾西巡，康熙皇帝驻跸祁县郑家庄，"上于行宫前阅太原城守官兵骑射，善者分别赐金；劣者革退遣还京师"。正在这时有一兵丁的乘马惊逸狂奔，向御仗奔来，"诸年少大臣俱效年老大臣，旁观不动"。此时，傅尔丹"疾趋向前，擒之使下，并勒止其马"。因傅尔丹的勇敢，康熙皇帝特赐他"貂皮褂一领"。并言："嗣后益加勉力，毋以身为大臣而不思奋力向前也。"^⑤ 康熙四十三年（1704），傅尔丹改任正蓝旗蒙古都统。^⑥ 蒙古都统官阶从一品，^⑦ 岁食俸养廉银 500 两。^⑧ 康熙四十七年（1708）四月，傅尔丹又由正蓝旗蒙古都统调任正白旗蒙古都统。^⑨

康熙四十八年（1709）三月，任"傅尔丹为领侍卫内大臣"^⑩，官阶正一品，岁食俸养廉银 900 两，^⑪ 同时任该职的共有六人，镶黄、正黄、正白三旗每旗各两人，其职责主要是"领侍卫亲军"，与内大臣、散秩大臣"俱掌先后宸御左右翊卫出入扈从。……凡轮直殿廷以领侍卫内大臣等总统之，若朝会燕飨时巡大阅，则率其属以执事。领侍卫内大臣皆由

---

① 《清朝文献通考》卷89《职官考十三·品级·武职》，王云五主编：《万有文库》第二集十通第九种《清朝文献通考》第一册，第5641页。

② 《清朝通志》卷71《职官略八》，第7171页。

③ 《皇朝通典》卷31《职官九》，《文渊阁四库全书》第642册，第387页。

④ 《清高宗实录》卷143，乾隆六年五月丁亥条。

⑤ 《清圣祖实录》卷213，康熙四十二年十月辛丑条；《清史列传》卷17《傅尔丹》，第1242页；《满汉名臣传》卷40《傅尔丹列传》，第1184—1185页；《国朝耆献类征初编》卷275《傅尔丹》，第8527页。

⑥ 《清圣祖实录》卷217，康熙四十三年十月甲戌条。

⑦ 《清朝文献通考》卷89《职官考十三·品级·武职》，王云五主编：《万有文库》第二集十通第九种《清朝文献通考》第一册，第5641页。

⑧ 《清朝通志》卷71《职官略八》，第7171页。

⑨ 《清圣祖实录》卷232，康熙四十七年四月辛酉条。

⑩ 《清圣祖实录》卷237，康熙四十八年三月甲午条。

⑪ 《清朝通志》卷71《职官略八》，第7171页。

特简"①。据统计，傅尔丹自任该职始至康熙五十三年（1714）十二月，由他负责的各种祭祀活动多达十八次，②在祭祀活动中，傅尔丹虽无实权，但在传统的封建王朝，这些祭祀活动却至关重要，一时不可贻误。傅尔丹正因一时懒惰，被削去领侍卫内大臣之职。③七月，康熙帝命傅尔丹率领土默特的一千兵丁前往乌兰固木等处屯田耕种。④屯田之目的在于监视漠西蒙古准噶尔部策妄阿喇布坦之举动，因为在这之前他已经几次与清政府产生矛盾，觊觎并伺机侵扰哈密和吐鲁番地区，为了提防准噶尔部势力的扩张，遂派傅尔丹于此处屯田开垦，以便有军事冲突时及时出兵讨伐并为军队提供粮饷，这在后来的军事行动中得到了印证。康熙五十五年（1716），策妄阿喇布坦派遣大策凌敦多布侵袭西藏，从而促使与清朝积蓄已久的矛盾全面爆发。傅尔丹于康熙五十六年（1717）正月，"复授领侍卫内大臣"⑤。由于"乌兰古木地方在新设汛界之外，俱系山坡山沟，不便耕种"⑥。遂上疏索要农垦工具，要求增加开垦人员，"应如所请，添买农具，令山西地方官运送军前。其增发种地人员，于八旗废官内，有愿往效力者准其具呈发往"⑦。

策妄阿喇布坦在经过周密部署后，向西藏进发。康熙五十六年（1717）三月，康熙命傅尔丹等率军征讨策妄阿喇布坦，同时部署"巴尔库尔一路，授富宁安为将军，给予靖逆将军印；阿尔泰一路，授公傅尔丹为将军，给予振武将军印。祁里德，授为协理将军，令都统穆赛率阿尔泰兵三千出汛界于三路要紧适中地方以备应援，其袭击之兵，两路应

---

① 《皇朝通典》卷31《职官九》，《文渊阁四库全书》第642册，第386页。

② 《清圣祖实录》卷238，康熙四十八年五月乙酉条、七月庚午条；卷239，康熙四十八年十月戊戌条；卷241，康熙四十九年二月戊戌条；卷242，康熙四十九年五月庚寅条、七月甲子条；卷245，康熙五十年二月戊辰条；卷246，康熙五十年五月乙未条；卷247，康熙五十年七月戊子条、八月戊午条；卷248，康熙五十年十月丙辰条；卷252，康熙五十一年十二月丁丑条；卷253，康熙五十二年正月丙戌条；卷259，康熙五十三年五月辛亥条、七月庚子条；卷260，康熙五十三年八月戊戌条、十月己巳条；卷261，康熙五十三年十二月丙申条。

③ 《清圣祖实录》卷262，康熙五十四年三月丁酉条。

④ 《清史列传》卷17《傅尔丹》，第1242页。

⑤ 《清史列传》卷17《傅尔丹》，第1242页；《满汉名臣传》卷40《傅尔丹列传》，第1185页；《国朝耆献类征初编》卷275《傅尔丹》，第8527页；《清史稿》卷297《傅尔丹》，第10389页。

⑥ 《清圣祖实录》卷268，康熙五十五年闰三月庚辰条。

⑦ 《清圣祖实录》卷271，康熙五十六年正月壬申条。

互相约会，路远者先行，路近者接续起程，俱于七月前进兵，乘秋季而回，马匹方可过冬。著郎泰、满泰、克什图、保住等将朕旨传示两路将军"①。七月，策妄阿喇布坦军队抵达西藏的北部地区，并最终进兵拉萨。"1717 年 6 月，策妄阿喇布坦的堂兄弟大斋桑（这个词的词源是'宰相'，在清朝史料中写作'宰桑'）策凌敦多卜率领 6000 军队，强行突破无人区羌塘高原（阿里地区），突然出现在拉萨北方的腾格里诺尔（那木错）湖畔。拉藏汗急忙从青海调来自己的和硕特军，不久，双方发生了为时两个月的战斗，接着，拉藏汗撤退了。"②"准噶尔军队进拉萨后，肆意杀掠，造成西藏局势的混乱，给西藏人民带来了一场巨大的浩劫。"③ 12 月，拉藏汗与准噶尔军队在布达拉宫交锋，拉藏汗最终战死。康熙五十七年（1718），傅尔丹"疏请与西路靖逆将军富宁安分路进剿。谕议定师期。傅尔丹寻请选兵万二千，偕征西将军祁里德赍百一十日粮，于五月启行，富宁安请以兵七千赍四十日粮，于闰八月启行。议政大臣等以师期不符，令另议"④。为了护卫喀尔喀，议政大臣等议在科布多、乌兰固木等处筑城、驻兵，⑤ 由于"将军傅尔丹、祁里德等见在彼处驻扎年久，深知地方形势，应行令将军傅尔丹将和卜多、乌兰古木等处果宜筑城、垦田，及盖造房屋之处一并详看，具奏"⑥。康熙五十九年（1720）六月，"率兵八千由布拉罕进剿。九月，疏报：'大兵抵格尔额尔格，准噶尔弃帐械惊溃。臣等分兵追击之，斩二百余级，擒宰桑贝坤等百余，尽降其众。又侦乌兰呼济尔为彼屯耕，所蹢殆尽，焚其粮草，整队而还。'报闻"⑦。傅尔丹、富宁安等军队虽然先后几次进攻策妄阿喇布坦军

---

　　① 《清圣祖实录》卷 271，康熙五十六年三月戊寅条。

　　② ［日］宫脇淳子：《最后的游牧帝国：准噶尔部的兴亡》，晓克译，内蒙古人民出版社 2005 年版，第 140 页。

　　③ 清史编委会编：《清代人物传稿》上篇第 8 卷"策妄阿喇布坦"，中华书局 1995 年版，第 305 页。

　　④ 《清史列传》卷 17《傅尔丹传》，第 1242 页；《满汉名臣传》卷 40《傅尔丹列传》，第 1185 页；《国朝耆献类征初编》卷 275《傅尔丹》，第 8527 页。

　　⑤ 关于康雍时期清军在西北兴筑城池的相关问题可以参阅杨春君《康雍时期清军北路的城池兴建》，《清史研究》2014 年第 1 期。

　　⑥ 《清圣祖实录》卷 281，康熙五十七年闰八月乙卯条。

　　⑦ 《清史列传》卷 17《傅尔丹传》，第 1242 页；《满汉名臣传》卷 40《傅尔丹列传》，第 1185 页；《国朝耆献类征初编》卷 275《傅尔丹》，第 8527 页。

队，然无大胜。十月，康熙见策妄阿喇布坦的攻势愈加猛烈，遂遣富宁安、傅尔丹、祁里德管领两路官兵，"前往策妄阿喇布坦边境，惊扰袭击。又遣定西将军噶尔弼领云南、四川满汉官兵，由拉里前进。平逆将军延信领西路官兵，由青海前进。又遣大将军总领大兵，驻扎穆鲁斯乌苏调遣官兵，办理粮饷。伊等俱各加奋励，两路袭击之兵至策妄阿喇布坦边境，屡次大胜。剿杀贼兵、擒获人畜，招抚数千准噶尔人众"①。经过此役，大策凌敦多布"计穷力竭，狼狈而遁"②。策妄阿喇布坦经过此役，所部损失惨重，实力锐减。"西藏既已安定，康熙便将战略重点移向西北，集中精力对付策妄阿拉布坦。分屯重兵于巴里坤、阿尔泰一带，总兵力约 4 万左右，分属 3 名将军统领。因直捣伊犁路途遥远，粮饷难继，故三路大举进剿日期一再推迟。采取就近屯垦，稳步前进，静观待变的策略，先从巴里坤争取吐鲁番，再从吐鲁番进驻乌鲁木齐。直到康熙六十一年十一月康熙去世前，虽未能直捣敌人老巢，但却为雍正、乾隆时最后解决西北边疆问题奠定了基础。"③ 正是出于康熙的战略部署，在其统治的最后几年，傅尔丹仍在乌兰固木等地屯田耕种，并不时上报开垦土地及收成情况。

闻知康熙帝驾崩，傅尔丹便于雍正元年（1723）正月二十日，奏请叩谒梓宫，"稍纾报答养育之恩之情"。奏折中傅尔丹还回顾了康熙皇帝对自己的恩宠等，并安排了他回京之后的事情。然雍正帝并未批准，"尔即便来了，大事亦过了。尔等责重紧要，甫令策妄阿喇布坦之使启程，朕极期事情和平了结"④。

2. 雍正年间的傅尔丹

雍正元年（1723）二月十六日，傅尔丹收到雍正命令其裁撤冗余官兵的谕旨。四月十三日，傅尔丹奏报了裁撤情况。⑤ 同年十一月初九，傅

---

① 《清圣祖实录》卷 289，康熙五十九年十月乙卯条。

② 《西藏研究》编辑部：《卫藏通志》卷 13 上《纪略上》，西藏人民出版社 1982 年版，第 348 页。

③ 孟昭信：《康熙评传》，南京大学出版社 1998 年版，第 237 页。

④ 《振武将军傅尔丹奏请叩谒大行皇帝梓宫折》，雍正元年正月二十日，中国第一历史档案馆编译：《雍正朝满文朱批奏折全译》上册，黄山书社 1998 年版，第 10 页。

⑤ 《振武将军傅尔丹奏报遵旨裁撤多余官兵折》，雍正元年四月十三日，中国第一历史档案馆编译：《雍正朝满文朱批奏折全译》上册，第 82—83 页。

尔丹向雍正奏报驻防新拓卡伦的情况，在雍正的朱批中仍然告诫傅尔丹提防策妄阿喇布坦，"青海之事似甚好也。策妄阿喇布坦之使此次前来，情甚笃切，颇感朕恩，求和之心甚为虔诚，事似颇为顺利。虽然如此，事将告成，卡伦、堆子兵备仍须小心谨慎，勿得有丝毫懈怠"①。二十六日，议政大臣保泰等奏议，调傅尔丹兵 2000 人前往巴里坤，其主要原因是，"抚远大将军年羹尧于明年三月派大军进剿青海罗卜藏丹津，将吐鲁番、巴尔库尔兵调往五千名。朕恐吐鲁番、巴尔库尔兵力单弱"。预定在"明年二月到达多锡巴尔库尔"②。可是调 2000 兵丁到巴里坤后，傅尔丹所部军营兵丁所剩不多，于是总理事务王大臣等议奏，"应将祁里德所领之兵共合一处，归一人总统，恭候钦点。得旨：两处将军傥有合行处，著傅尔丹总统，祁里德令在参赞上行走"③。十二月初七日，在傅尔丹奏谢赏赐大行皇帝御物折中，雍正因为"将军比年效力"，遂将康熙遗物"衣服一套、帽子一顶、素殊一，配带之荷包一对、鼻烟壶二、小荷包三、小刀一把、火链一，有套之刮鳔一"，送给傅尔丹，④ 笔者认为，雍正此举的原因还在于消弭因康熙去世时未批准傅尔丹亲自前往梓宫拜谒的不满，这也从不同侧面反映了雍正拉拢臣子的政治权术。十二月十七日，在议政大臣裕亲王保泰等奏议傅尔丹屯田的收粮情况中，可见傅尔丹屯田六年来的成绩，共垦田 300 顷。傅尔丹言："臣等自康熙五十五年始，历年耕收之粮共计九万一千八百五十七石一斗六升。其中，旧管之粮为七万八千七百七石七斗六升，本年新收粮为一万三千一百四十九石四斗，旧管新收之粮共计九万一千八百五十七石一斗六升。"⑤ 由于自然因素所限，及每年兵丁所食，加之留作种子的粮食，每年所剩无几。

雍正三年（1725），傅尔丹被召回京，振武将军印信交由将军穆克登掌管，"所有喀喇沁、土默特兵丁，令协理旗务塔布囊沙津达赖、台吉色

---

① 《傅尔丹奏报驻防新拓卡伦并请万安折》，雍正元年十一月初九日，中国第一历史档案馆编译：《雍正朝满文朱批奏折全译》上册，第 489 页。

② 《议政大臣保泰等奏议调傅尔丹兵二千前往巴尔库尔折》，雍正元年十一月二十六日，中国第一历史档案馆编译：《雍正朝满文朱批奏折全译》上册，第 532 页。

③ 《清世宗实录》卷 13，雍正元年十一月壬寅条，中华书局 1985 年版。

④ 《振武将军傅尔丹奏谢赏赐大行皇帝御物折》，雍正元年十二月初七日，中国第一历史档案馆编译：《雍正朝满文朱批奏折全译》上册，第 56 页。

⑤ 《议政大臣裕亲王保泰等奏议将军傅尔丹所奏屯田收粮折》，雍正元年十二月十七日，中国第一历史档案馆编译：《雍正朝满文朱批奏折全译》上册，第 572 页。

楞拉什带领，归化城之土默特兵丁，令参领常保，佐领三都布、绰斯希带领各回原处"①。回京之后，傅尔丹被授予内大臣之职。②

雍正四年（1726）二月，黑龙江将军陈太被调回京，以傅尔丹署理。③ 五月，傅尔丹奏请为墨尔根城增加兵额及枪炮、船只。曰："旧有额兵九百名，并无枪炮船只，请添置汉军二佐领，挑选兵一百名，设佐领二员，骁骑校二员，合前兵共一千名。""照例添设枪炮、船只，令其操演，应如所请。"④ 十一月，谕曰："傅尔丹乃勋旧大臣之裔，伊在阿尔台一路将军任内，效力有年，因办理钱粮事务不清，以致应赔银两甚多，此乃管办钱粮人员不妥，故为所累。傅尔丹自署理黑龙江将军事务以来，竭诚办事，效力勤劳，伊名下应赔各银两，俱从宽免。"⑤ 雍正五年（1727）十月，"命署黑龙江将军公傅尔丹来京，升兵部右侍郎那苏图为黑龙江将军"⑥。次年，以"议政大臣公傅尔丹，署吏部尚书"⑦，并"赐双眼孔雀翎"⑧。

雍正五年（1727），策妄阿喇布坦猝死，从而引起了准噶尔内部的权力之争，最终策妄阿喇布坦长子噶尔丹策零继位。噶尔丹策零"少年聪黠，善驭士卒，诸台吉乐为之用。"⑨ 其势力不断强大，"噶尔丹策凌还打算在东方发展"⑩，并试图侵夺蒙古高原，从而使早有用兵之意的雍正帝下定决心进行征讨，并秘密筹划进讨方略，着手挑选和训练军士，命人进行粮草等军需上的准备。雍正七年（1729）二月，雍正认为准备工作

① 《清世宗实录》卷36，雍正三年九月庚戌条。

② 《清史列传》卷17《傅尔丹》，第1242页；《满汉名臣传》卷40《傅尔丹列传》，第1185页；《国朝耆献类征初编》卷275《傅尔丹》，第8527页；《清史稿》卷297《傅尔丹》，第10390页。

③ 《清世宗实录》卷41，雍正四年二月甲子条。

④ 《清世宗实录》卷57，雍正五年五月壬戌条。

⑤ 《清史列传》卷17《傅尔丹》，第1242页；《满汉名臣传》卷40《傅尔丹列传》，第1185页；《国朝耆献类征初编》卷275《傅尔丹》，第8527页。

⑥ 《清世宗实录》卷64，雍正五年十二月壬午条。

⑦ 《清世宗实录》卷68，雍正六年四月癸卯条。

⑧ 《清史列传》卷17《傅尔丹》，第1242页；《满汉名臣传》卷40《傅尔丹列传》，第1185页；《国朝耆献类征初编》卷275《傅尔丹》，第8527页；《清史稿》卷297《傅尔丹》，第10390页。

⑨ （清）昭梿：《啸亭杂录》卷3《记辛亥兵败事》，第60页。

⑩ ［日］宫脇淳子：《最后的游牧帝国：准噶尔部的兴亡》，晓克译，第143页。

已基本完成，遂正式发布上谕，征讨准噶尔噶尔丹策零。部分大臣认为
"天时未至""惟张文和公力为怂恿"。① 大学士张廷玉等极力主战，并推
荐以傅尔丹为帅带兵出征。三月，"命领侍卫内大臣、三等公傅尔丹为靖
边大将军，北路出师；川陕总督、三等公岳钟琪为宁远大将军，西路出
师，征讨准噶尔噶尔丹策零"②。六月，雍正率领众将官祭告太庙，并授
傅尔丹靖边大将军印，行跪抱礼。③ 就在出师之际，西路大将军岳钟琪为
了迎合雍正帝，上疏以表必胜之决心，其言曰："臣仰承庙谟，至周极
备，约举王师之十胜，决逆酋之必败：一曰主德，二曰天时，三曰地利，
四曰人和，五曰糇粮之广备，六曰将士之精良，七曰车骑营阵之尽善，
八曰火器兵械之锐利，九曰连环迭战，攻守咸宜，十曰士马远征，节制
整暇。"最后他断言："指日献俘，奏凯报闻。"④ 从最终的战争结果来
看，他的疏言中颇具浮夸成分。此战共"率满洲、绿营等五万兵讨之，
诸蒙古藩臣皆执靮以从"⑤。

　　傅尔丹之所以被委以靖边大将军，得以统领北路大军，其原因主要
有：第一，此前傅尔丹于乌兰固木屯垦驻防共十载，又参与了与策妄阿
喇布坦的战争，对西北的政治局势、地理环境，以及民风民俗较为熟悉；
第二，傅尔丹乃八旗勋旧贵族瓜尔佳氏之后，其族人自入关前至其生活
年代，涌现出大批能征善战的武将，如费英东、图赖、纳海、察喀尼、
鳌拜、杨善、沃赫等，在军中都具有较高的威望。同时，傅尔丹本人也
参与了多次战争，树立了威信，积累了作战经验，故任其为靖边大将军
可以服众；第三，傅尔丹为人心思缜密，能够取得雍正帝的欢心，他在
乌兰固木屯垦之时，也没有忘记取悦于雍正，他经常将当地特产遣人快
马送给雍正皇帝享用，而雍正帝亦差人为其送去新鲜的水果及衣帽等生
活用品，此类往来在傅尔丹的各类奏折中可以得见。

　　雍正七年（1729）十月，雍正帝又谕内阁，加傅尔丹、岳钟琪等为
少保。⑥

---

① （清）昭梿：《啸亭杂录》卷3《记辛亥兵败事》，第60页。
② 《清世宗实录》卷79，雍正七年三月丙辰条。
③ 《清世宗实录》卷82，雍正七年六月乙未条。
④ 《满汉名臣传》卷28《岳钟琪列传》，第2200页。
⑤ （清）昭梿：《啸亭杂录》卷3《记辛亥兵败事》，第60页。
⑥ 《清世宗实录》卷87，雍正七年十月戊辰条。

雍正八年（1730）五月，噶尔丹策零遣使臣特磊奉表陈奏："已将罗卜藏丹津解送天朝，因闻进兵之信，暂行中止，若天朝俯念愚昧，赦其已往，即将罗卜藏丹津解送等语。"雍正帝"欲将特磊遣回，并差大员至准噶尔，谕以受封定界，敦族睦邻。"又言："朕当宽宥其罪，其进兵之期，暂缓一年。"又召岳钟琪、傅尔丹等来京会筹军务。① 十月，他们到京。② 十二月，傅尔丹"自京回北路军营"③。

雍正九年（1731）二月，傅尔丹疏请仍在科布多筑城，获准。④ 五月，傅尔丹方率北路大军至科布多，开始筑城。一个月后，噶尔丹策零派三万大军东犯北路军营，并遣哨探前行，佯为傅尔丹所擒，并谎报军情，然傅尔丹"有勇无谋，信以为真，"⑤ 并言："贼人尚未全至，乘其不备，正宜速迎掩杀。"⑥ 副都统丁寿、海国等人劝谏傅尔丹需三思，不可轻易前往，可傅尔丹却言："不入虎穴，焉得虎子？"⑦ 遂不听谏言，一意孤行，率领一万人于六月初九日轻装上阵。傅尔丹本人统大兵前行，沿途袭杀。由"前锋统领丁寿、散秩大臣公达福、副都统塔尔岱率领第一队；参赞马尔萨、副都统承保、西弥赖率领第二队"⑧。在沿途的袭杀中取得一些小的胜利，傅尔丹更加有恃无恐。雍正帝亦曾多次告诫傅尔丹须谨慎行事，不可妄动。⑨ 最终，大军在和通泊惨败，关于惨败之状，傅尔丹在七月十二日和二十三日的奏折中有详细的描述。⑩

和通泊之战，清军元气大伤，副将军巴赛、查弼纳等阵亡，仅有两

---

① 《清世宗实录》卷94，雍正八年五月丁丑条。

② 《清世宗实录》卷99，雍正八年十月庚子条。

③ 《清世宗实录》卷101，雍正八年十二月丁酉条。

④ 《清史列传》卷17《傅尔丹》，第1242 页；《满汉名臣传》卷40《傅尔丹列传》，第1185 页；《国朝耆献类征初编》卷275《傅尔丹》，第8527 页。关于雍正遣人筑城的初衷及构想，可参阅张建《和通泊之役与大清国的边务危机——以军机处满文奏折为中心的考察》（载《纪念王锺翰先生百年诞辰学术文集》，第449—450 页）的分析。

⑤ 冯尔康：《雍正传》，人民出版社 2008 年版，第 351 页。

⑥ 《清世宗实录》卷107，雍正九年六月丙午条。

⑦ （清）昭梿：《啸亭杂录》卷3《记辛亥兵败事》，第61 页。

⑧ 《清世宗实录》卷107，雍正九年六月丙午条。

⑨ 《清世宗实录》卷107，雍正九年六月丁未条；《清世宗实录》卷108，雍正九年七月丁卯条。

⑩ 《清世宗实录》卷108，雍正九年七月癸酉条；雍正九年七月甲申条。

千余士卒回到科布多，北路大军人员丧失 4/5。① "不仅令清军拱手交出北路战场的主动权，也使雍正帝苦心经营的筑城进逼之策顿成空中楼阁。"② "这是清军和准噶尔封建主斗争中损失最惨重的一次战役。"③ "是雍正时期清军最大的一次惨败。"④ 也有人认为"这场败仗使清朝对西北地区的开拓迟缓二十余年"⑤。张建对傅尔丹勇而寡谋，中准噶尔诱敌深入之计造成战争惨败的结果提出了质疑，他运用中国第一历史档案馆所藏"军机处满文月折档"中傅尔丹等人的满文奏折，重新审视了这个素为史学界公认的观点。作者认为《清世宗实录》《平定准噶尔方略》《八旗通志初集》，以及《啸亭杂录》《圣武记》《清史稿》等文献的记载皆有偏实之处，在依据最为原始的满文月折档进行分析考证后，认为"傅尔丹明知准噶尔兵数倍于己，却违背指示贸然出击，似属轻率。实际上，他是想趁准噶尔兵尚未齐集时，以雷霆万钧之势突入，歼其一部，挽回科舍图之败后的被动局面。"⑥ 此外，傅尔丹曾于康熙五十九年（1720）率兵越阿尔泰山，蹂躏准噶尔腹地，劫掠人畜。由此形成的军事信念是他坚持出兵的内在动因。⑦ 他还认为傅尔丹指挥失当是造成惨败的重要原因，但"准噶尔遣使谈和，稽延时日，是造成清军守株营盘的主要原因"。最终错过最佳突围时机。另外，"后方清军为出兵接应，也是酿成惨败的关键因素"⑧。张建亦对和通泊之战清军官兵的损失及阵殁大员进行了统计，现转录如下：

　　① 《清代名人传略·傅尔丹传》，第 803 页。

　　② 张建：《和通泊之役与大清国的边务危机——以军机处满文奏折为中心的考察》，载《纪念王锺翰先生百年诞辰学术文集》，第 460 页。

　　③ 《准噶尔史略》编写组：《准噶尔史略》，人民出版社 1985 年版，第 175 页。

　　④ 杨学琛：《清代民族史》，四川民族出版社 1996 年版，第 206 页。

　　⑤ 《清代名人传略·傅尔丹传》，第 803 页。

　　⑥ 张建：《和通泊之役与大清国的边务危机——以军机处满文奏折为中心的考察》，载《纪念王锺翰先生百年诞辰学术文集》，第 453 页。

　　⑦ 张建：《康熙五十九年乌兰呼济尔之战浅谈》，载《清史论丛》2012 年号，中国广播电视出版社 2011 年版。

　　⑧ 张建：《和通泊之役与大清国的边务危机——以军机处满文奏折为中心的考察》，载《纪念王锺翰先生百年诞辰学术文集》，第 458—459 页。

表2—2　　　　　　　　　　和通泊之战清军官兵损失表①

地　区	数量（人）
京旗	4583
奉天	579
吉林	462
黑龙江	84
右卫	1093
苏图随带	54
察哈尔	97
归化城土默特	199
喀喇沁土默特	51
喀喇沁	17
绿旗	7

表2—3　　　　　　　　　　和通泊之战清军阵殁大员表②

名讳	位阶	备注
巴赛	副将军·辅国公	郑亲王济尔哈朗之后
查弼纳	副将军·兵部尚书	
定寿	前锋统领	
马尔萨	参赞大臣·内大臣	开国五大臣费英东之后
苏图	参赞大臣·宁夏驻防左翼副都统	议政大臣·正红旗满洲都统苏丹之子
觉罗海兰	参赞大臣·镶白旗护军统领	
达福	散秩大臣·超武公	鳌拜之孙
戴豪	正白旗满洲副都统	一等侍卫·副都统海青之子
舒楞额	吏部右侍郎·正红旗满洲副都统	失踪
马尔齐	归化城副都统	
西弥赖	副都统	各种文献均称其为"副都统衔"，似是以侍卫身份在副都统上行走。自尽
常禄	镶白旗满洲副都统	
永国	盛京礼部侍郎兼内个学士	

---

①　张建：《和通泊之役与大清国的边务危机——以军机处满文奏折为中心的考察》，载《纪念王锺翰先生百年诞辰学术文集》，第457页。

②　同上书，第458页。

　　战争主动权虽然已经失去，但雍正帝并没有立即处理傅尔丹等人，反将所束腰带赐予傅尔丹系之，并言："此举损兵败绩，虽属有罪，朕览尔等之竭蹶力战，宽恕其罪，痛恻难忍，不觉泪下。"并警告："尔等忿激之下，急思报复，恐又妄动，贼人虽来，不可轻进追击，但能相机坚守，即尔等之功。科布多地方若难固守，可回至察罕叟尔驻扎。今已授马尔赛为抚远大将军，领兵前来，到时尔等公同商酌料理。"① 后傅尔丹上奏，对雍正帝的赏赐和鼓励，感恩戴德，并表达本人的悔意和忠诚。②九月，将军队由科布多集中于察罕叟尔、扎克拜达里克至归化城一线驻扎，以保护通往内地的台站。

　　十月二十八日，雍正帝谕傅尔丹等言："尔等在科布多地方，恃勇轻进，堕贼诡计，致失地利，损兵折将，军前获罪，我朝例所不贷，本应执法究治，但傅尔丹整顿余兵，回至科布多地方，固守城池，贼众并力来犯，复能列阵以待，贼人远遁，随即遣兵各处截杀，夺回被掠马驼，此次击贼，可赎尔等前罪。今朕已尽行宽免。"③ 雍正帝又谕令大学士等曰："尔等可传谕傅尔丹，伊原与顺承亲王不和，王诸事并无过失。近日傅尔丹轻进，以致亏损官兵，若大将军印务，仍命管理，非但众心不服，即傅尔丹心亦不安，伊既失蒙古等之心，绿旗兵丁亦未必孚信，伊所恃者，惟数索伦耳，岂知首先溃散，几致伊于危殆者，即索伦乎。顺承亲王，诸事遵朕指示，领大兵在察罕叟尔。贼夷惧其声威，不敢侵扰，旋即败遁。朕今令傅尔丹为王协理，以赎前愆，至歼贼立功，惟王是赖，傅尔丹宜悉心尽力，勉图报效。"④ 十一月十八日，傅尔丹将靖边大将军印交与顺承亲王锡保掌管，傅尔丹掌管振武将军印，协同顺承亲王办理事务，同时将敕书及昭武将军印、威远将军印、雄勇将军印、大将军纛一并交予。⑤

---

　　① 《清世宗实录》卷108，雍正九年七月甲申条。

　　② 《清世宗实录》卷109，雍正九年八月癸卯条；亦见于《靖边大将军傅尔丹奏陈出征官兵阵亡之罪折》，雍正九年八月初二日，中国第一历史档案馆编译：《雍正朝满文朱批奏折全译》下册，第2052—2053页。

　　③ 《清世宗实录》卷111，雍正九年十月戊午条。

　　④ 《清世宗实录》卷112，雍正九年十一月甲子条。

　　⑤ 《协理靖边大将军事务傅尔丹奏报接印敕日期折》，雍正九年十月十八日，中国第一历史档案馆编译：《雍正朝满文朱批奏折全译》下册，第2078页。

雍正十年（1732）七月，准噶尔部军队来侵乌逊珠勒（乌孙珠尔），傅尔丹等接连败战，致使清军失利而归。后顺承亲王锡保奏称："傅尔丹在乌孙珠尔地方，并不整备官兵，预筹堵御之策，辄轻调官兵进击，以致有误军机。傅尔丹，著革去公爵，并领侍卫内大臣、振武将军。"① 雍正十一年（1733）正月，"锡保续参傅尔丹于乌逊珠勒遇贼，并未身先督战，致士卒怯走。军机大臣议覆，应付三法司定拟"②。雍正帝亲自向额驸策凌询问乌逊珠勒之役的对垒情形，"傅尔丹情罪，尚有可原，从宽免其治罪，著留军营，听大将军等调遣，效力赎罪行走"③。正月二十五日，雍正帝正式革去傅尔丹三等公爵，"以其子兆得袭替"④。岳钟琪认为这便是傅尔丹"不恃谋而恃勇"⑤ 应得之结果。

雍正十二年（1734）四月，北路副将军策凌入觐，傅尔丹随大将军平郡王福彭赴科布多管理当地武官及兵丁。雍正后期，诸大臣屡奏傅尔丹作战无能，建房贪求奢华，偷卖科布多兵丁粮食，贪污银两等罪行。⑥雍正十三年（1735）八月，加之"办理粮饷额外侍郎伊都立及军营办事侍读学士苏晋侵蚀分肥，事觉，词连傅尔丹婪虐等款，命侍郎海望拏解来京，并追谕和通呼尔哈诺尔及乌逊珠勒失机罪"。然尚未作出最后裁决之时，雍正帝却于八月二十三日夜里去世，弘历继位。

3. 乾隆年间的傅尔丹

雍正十三年（1735）九月二十三日，乾隆帝谕曰："傅尔丹现在圆明园圈禁看守，著交刑部监禁，其应行审讯事件，著审明定拟具奏。傅尔丹除贪婪等项轻罪外。第一是和通呼尔哈处所犯之罪甚大，伊身系统辖兵丁之大将军，乃不能收拾众心，复与大臣等不睦，且不能约束，以致

---

① 《清世宗实录》卷 123，雍正十年九月己酉条。

② 《清史列传》卷 17《傅尔丹》，第 1242 页；《满汉名臣传》卷 40《傅尔丹列传》，第1184 页；《国朝耆献类征初编》卷 275《傅尔丹》，第 8526 页。

③ 《清世宗实录》卷 127，雍正十一年正月辛丑条。

④ 《清世宗实录》卷 127，雍正十一年正月丁未条。

⑤ （清）昭梿：《啸亭杂录》卷 3《记辛亥兵败事》，第 63 页。

⑥ 《护军统领永福奏报傅尔丹作战无能折》，雍正十年十月十八日；《护军统领永福奏报大将军傅尔丹建房贪求奢华等事折》雍正十一年三月二十五日；《原巡抚布兰泰奏报傅尔丹等偷卖科布多兵丁米谷这》，雍正十三年五月十一日；《定编大将军福彭奏参傅尔丹等贪劣之行径折》，雍正十三年六月十八日，中国第一历史档案馆编译：《雍正朝满文朱批奏折全译》下册，第 2158 页，第 2189 页，第 2364 页，第 2372—2373 页。

失机，将军兵损折，皆傅尔丹之罪，与岳钟琪无异，著将伊监禁，俟该部奏请时，再派大臣等审讯。"① 十月，在审拟傅尔丹罪状后复奏："傅尔丹，身膺统兵重任，刚愎自用，凌虐士卒，轻举妄动，损折官兵，蒙大行皇帝格外施恩，不即治罪，仍令为将军，予以自新之路，又敢于乌逊珠勒对敌之时，畏缩败逃，失误军机，罪不容诛，应将傅尔丹拟斩立决。"谕曰："傅尔丹、岳钟琪、石云倬、马兰泰失误军机，负恩欺罔之罪，不可胜数，本应即正典刑，以彰国法，但我皇考从前未即降旨，今朕仰体皇考迟回降旨之意，著将傅尔丹、岳钟琪改为应斩监候，秋后处决。"② 乾隆二年（1737），"又谕傅尔丹、陈泰、岳钟琪贻误军机，罪无可贷。我皇考念傅尔丹、陈泰祖父俱有功勋，而岳钟琪从前亦曾效力，是以未将伊等正法。朕仰体皇考圣心，将来秋审时，亦必不行勾决。但前此用兵之际，不便遽行释放，今军务已竣，朕矜恤之意，不忍使之久系囹圄，俱著宽释，令其自愧"③。傅尔丹由此获得自由。

　　乾隆十三年（1748）四月，任傅尔丹为内大臣兼镶黄旗护军统领，"命驰驿前往金川军营"④。九月初十日，⑤ 乾隆命讷亲、张广泗等来京商讨对金川用兵之事，由傅尔丹暂行护理川陕总督印务，岳钟琪辅之。并强调："傅尔丹只能办理军中事宜"，尚书班第协助"绥辑兵民，整饬吏治，宁固边防"⑥。二十二日，乾隆帝担心傅尔丹、岳钟琪二人不和，遂下谕："今讷亲、张广泗俱已召取回京，军中事务，听汝二人办理。事权归一，当合两人为一人，合两心为一心，汝二人自思囊受皇考异数殊恩，

---

　　① 《清高宗实录》卷3，雍正十三年九月己未条。

　　② 《清高宗实录》卷5，雍正十三年十月癸巳条。

　　③ 《清高宗实录》卷41，乾隆二年四月乙亥条，兹查《清史列传》《满汉名臣传》《钦定八旗通志》《国朝耆献类征初编》《清史稿》等傅尔丹传记中皆载傅尔丹获释于乾隆四年（1739），但考究《清高宗实录》《平定金川方略》等书可知，其获释于乾隆二年（1737），而非乾隆四年（1739）。

　　④ 《清高宗实录》卷313，乾隆十三年四月丁丑条；《清史列传》卷17《傅尔丹》，第1242页；《满汉名臣传》卷40《傅尔丹列传》，第1184页；《钦定八旗通志》卷140《傅尔丹》，第9002页；《国朝耆献类征初编》卷275《傅尔丹》，第8526页。

　　⑤ 关于《清史列传》《满汉名臣传》《钦定八旗通志》《国朝耆献类征初编》《清史稿》等傅尔丹传记中所载傅尔丹署理川陕总督的时间为乾隆十三年八月，今考《清高宗实录》《平定金川方略》等书记载应为九月。

　　⑥ 《清高宗实录》卷324，乾隆十三年九月辛酉条；《平定金川方略》卷12，乾隆十三年九月辛酉条，《文渊阁四库全书》第356册，第202页。

历膺重寄，其后干犯重辟者何事，即释放家居，而败辱之名，终身不能涮洗。今弃瑕录用，予以自新之路，当如何感激奋勉，如何竭力报称。如果能克捷，速奏荡平，岂但收之桑榆，前耻可雪，皇考厚恩向所未能报效者，亦足仰酬万一，显爵厚禄，朕何吝焉？是惟汝二人之福。如其彼此各存意见，不能鼓舞军心，以致公事不能就绪，不独军法难逭，将并前罪一体追问，非庆复、张广泗可比。汝二人当日同获重罪，今又同在一方，胜则同其功，负则同其咎，务期协力和衷，同心筹划，迅奏肤功，以称委任。"① 可见乾隆皇帝对二人在准噶尔战争中的失利，心存疑虑，深恐二人不全力报效，重蹈覆辙，遂出此言。《清史列传》《满汉名臣传》《钦定八旗通志》《国朝耆献类征初编》《清史稿》等傅尔丹的传记中载其署理川陕总督的时间为八月，而《清高宗实录》《平定金川方略》等文献却记载为九月，此九月应为乾隆朱批之月份，故此迟滞。

十月，傅尔丹又奏请增调满、汉官兵及枪械等火器，② 并阐述了增调之兵的具体来源及数量。议曰："傅尔丹并未亲履其地，不过得之访闻，此等兵丁果否勇悍，及调往金川实在有用与否，应请俟臣傅恒到营之日，与傅尔丹等酌看情形，如果于军营有益，臣傅恒再行调遣。"③ 然未待傅恒回营，乾隆即于当日遣臣传谕傅尔丹、岳钟琪曰："现据傅尔丹奏请添调满、汉官兵，朕已命军机大臣酌量分派调往，计其陆续到营，尚须时日。"④ 十二月，经略大学士傅恒奏言："傅尔丹年已六十六岁，精力就衰，惟熟于管理满兵，将来应令专办营盘一切事宜，其余不使分心，惟用兵一事亦与随时商酌。"⑤

---

① 《平定金川方略》卷13，乾隆十三年九月癸酉条，《文渊阁四库全书》第356册，第210页；《清史列传》卷17《傅尔丹》，第1242页；《满汉名臣传》卷40《傅尔丹列传》，第1184页；《钦定八旗通志》卷140《傅尔丹》，第9002—9004页；《国朝耆献类征初编》卷275《傅尔丹》，第8526页。

② 《清史列传》卷17《傅尔丹》，第1242页；《满汉名臣传》卷40《傅尔丹列传》，第1184页；《钦定八旗通志》卷140《傅尔丹》，第9004页；《国朝耆献类征初编》卷275《傅尔丹》，第8526页。

③ 《平定金川方略》卷14，乾隆十三年十月乙丑条，《文渊阁四库全书》第356册，第230—231页。

④ 《平定金川方略》卷14，乾隆十三年十月乙丑条，《文渊阁四库全书》第356册，第231页。

⑤ 《平定金川方略》卷19，乾隆十三年十二月甲午条，《文渊阁四库全书》第356册，第298页。

乾隆十四年（1749）正月，傅尔丹任参赞。后令傅尔丹负责办理金川酋长莎罗奔、郎卡纳降及班师之事。四月，傅尔丹以67岁高龄被再次任命为黑龙江将军。① 同时也充分体现了乾隆所言"各省将军大臣等多系勋旧后裔"② 的说法。期间事迹中国第一历史档案馆所藏"军机处满文录副奏折"中有详细记载。乾隆十七年（1752），卒于任，享年70岁。直至去世前两天，傅尔丹还递呈"临终前未能报效皇恩折"，以及"日后为其孙赏职继续回报皇恩事折"等。③ 去世后，谕曰："傅尔丹宣力有年，今闻溘逝，朕心深为悯恻！着加恩赏银一千两办理丧事。应得恤典，该部察例具奏"④，赐祭葬如例，谥"温愨"。有子二人，长曰兆德，次曰哈达哈，相继袭公爵。

在北京市朝阳区北苑（原白家坟村）发现了乾隆十八年（1753）所立满汉合璧《傅尔丹墓碑》，碑文中记述了傅尔丹任黑龙江将军时期的事迹。现将原文转录如下：

> 朕惟总戎旃而效力，端资罴虎之臣，铭彝鼎以酬庸，首重干城之佐，既诞膺夫，宠命宜载，锡以嘉名，所以贲殊恩励有位也。尔原任黑龙江将军傅尔丹，凤膺武略，早籍世勋，羽卫随班，凛趋跄于禁闼，鹰扬受钺备，委任于行间，逮夫矍铄之年益著，忠勤之绩，属羌人之归命，懋见贤劳，暨边徼之清尘，弥彰威望，嘉其节概，具见初终，象厥生平，谥之"温愨"。于戏，龙沙列阵前猷，永勒于旗常，凤篆垂芳后祜，更贻于孙子。丰碑屹立，不亦休欤！⑤

自幼生长在一个八旗勋旧贵族家庭的傅尔丹，加之丰富的征战经历，其事迹并非如碑文所述之如此简单。他的一生，亲历并领导了清朝历史

---

① 《清史列传》卷17《傅尔丹》，第1242页；《满汉名臣传》卷40《傅尔丹列传》，第1184页；《国朝耆献类征初编》卷275《傅尔丹》，第8526页；《清史稿》卷297《傅尔丹》，第10393页。

② 《清高宗实录》卷1200，乾隆四十九年三月辛卯条。

③ "军机处满文录副奏折"，档号：03-0171-0285-028，缩微号：009-0953；档号：03-0171-0285-029，缩微号：009-0959。

④ 《满汉名臣传》卷40《傅尔丹列传》，第1191页。

⑤ 《傅尔丹墓碑》，清乾隆十八年（1753）四月二十七日文，发现于北京市朝阳区北苑原白家坟村（满汉合璧），其拓片现藏于中国国家图书馆。

上多次重要战役，历任多种官职。一生中亦不乏失误之处，但最终皆因祖上之功勋，及傅尔丹本人军中效力多年等原因，而予以宽免。

4. 傅尔丹简评

傅尔丹丰富且曲折的一生是研究清朝历史上一些重要问题所不能回避的，对清朝一些特定时期和地区的历史产生过重大影响。因此，对其一生的功过是非予以客观评价甚有必要。见诸史书对傅尔丹的评价多源于他几次战争的失利，且多认为其有勇而无谋，拖了清王朝统一西北的后腿，但是傅尔丹在其他方面的所作所为却无人论及，今拟结合傅尔丹一生的经历，客观地考察其功过是非。具体如下：

政治上，从康熙四十八年（1709）至康熙五十三年（1714）的五年间傅尔丹以领侍卫内大臣的身份，统领侍卫亲军组织和领导了十八次重大祭祀活动，未出现大的失职，进一步得到康熙皇帝认可，后因一时懒惰，被免去领侍卫内大臣之职，但两年后又复官，任此职至雍正十年（1732）。此外，傅尔丹在任其他官职期间也是有所作为的。

军事上，如果从傅尔丹康熙四十二年（1703）扈驾西巡至乾隆十七年（1752）去世，傅尔丹戎马生涯达五十年之久，所经战争无数，并先后被委以振武将军、靖边大将军，以及黑龙江将军等封疆大吏。虽然傅尔丹后来在军事上犯有严重错误，但不可全面否定他在军事上的贡献。如其在出任振武将军后，与富宁安等分兵两路阻截准噶尔部进发西藏，并取得了一些胜利，虽然并未最终阻止准噶尔部侵扰西藏人民，但在一定程度上延缓了这种悲剧的到来，并打击了准噶尔部的军队实力，最终准噶尔军队在清军和西藏人民的奋力抵抗中，逃遁而去。又如，他在署理黑龙江将军的两年间，严肃军纪，严查从征官兵重领恩赏，认真监视邻国情形，并就墨尔根城兵丁和军器短缺情况，向清廷奏请增加兵额及枪炮、船只等军事必需品。后来正是由于雍正九年（1731）和通泊之战的大败，使得傅尔丹以前的所有军功被掩盖。虽然战争的失败，傅尔丹负有重大责任，但如前文所述，乃多种原因综合的结果，并非傅尔丹一人之过。至于《清代名人传略》中所言"这场败仗使清朝对西北地区的开拓迟缓二十余年"①的观点，却有危言耸听之势，该书作者仅是以乾隆时期灭亡准噶尔部为断点，进而断定，这次战败延缓了开发西北二十余

① 《清代名人传略·傅尔丹传》，第803页。

年。如果傅尔丹指挥没有失当，这场战争就定能够胜利吗？倘若真的胜利了，清廷会马上对西部地区进行开发吗？就不会有新的战争或新的敌对势力出现吗？这些问题都说明了战争中的偶然因素是不可避免的。孟森先生曾就此次战役有所评价："是役也，世宗张皇大举，命将之礼极隆，盖狃于青海之骤胜，实未尝得准部之要领，与康熙间朔漠之功大异。……雍正间准部无间可投，彼之行诈，将帅茫然。夫无间可用，虽有良将，胜败亦在相持之数。"①

经济上，傅尔丹在察罕叟尔、乌兰固木等地屯田耕种、盖造房屋多年，开发了当地的土地资源，所产之粮食为当地军民提供了生活上的来源。战争时，又能为军队提供物资上的供给。又如傅尔丹在康熙五十八年（1719），奏请在"莫代察罕搜尔与鄂尔斋图杲尔二处，各筑一城。每城宜盖房二千间，自鄂尔斋图杲尔至莫代察罕搜尔，宜设立十一站。应如所奏"②。康熙六十一年（1722），因毛岱察罕叟尔所种地亩歉收，便将所需耕种人力器具，全部移至科布多、乌兰固木地方耕种，收获颇丰。在外交贸易上，雍正四年、五年（1726、1727），傅尔丹在署黑龙江将军期间，按照清廷的规定与接壤的俄罗斯进行贸易往来，在外商进境时，傅尔丹严格按照规定，查验进境文书及货物数量，并在贸易的过程中探得俄罗斯国内之政治、军事情形，并及时上奏皇帝，③ 傅尔丹所为，目的在于促进当地经济的发展，密切与邻国关系，并从中获取邻国信息，进而维护边疆稳定。另据中国第一历史档案馆整理的检索系统可以查得，他在任靖边大将军期间上奏四十七次，任黑龙江将军期间上奏四十八次，内容除了军事等方面外，多为与经济相关的农业、工程等方面内容。

傅尔丹虽为康、雍、乾三朝之重要人物，但当前学术界对傅尔丹的研究却仅仅集中在和通泊之战上，近有张建运用一史馆所藏满文月折档展开深入研究，有所突破，实属难得，亦可见满文文献对清史、满族史

---

① 孟森：《明清史讲义》下册，中华书局1981年版，第502页。

② 《清圣祖实录》卷285，康熙五十八年八月丁未条。

③ 《黑龙江将军傅尔丹等奏报俄商温多里等前来贸易等事折》，雍正四年七月初三日；《黑龙江将军傅尔丹等奏报俄国情形折》（三条），雍正五年六月二十八日，中国第一历史档案馆编译：《雍正朝满文朱批奏折全译》下册，第1369页、第1476—1479页；亦见于中国第一历史档案馆编：《清代中俄关系档案史料选编》第一编下册，中华书局1981年版，第459—460页、第484—490页。

深入研究的重要性。

通览傅尔丹的一生，"勇"是其最为突出的特点，当然因其性格的勇猛在军事上也犯有严重的错误。傅尔丹又是一个心思缜密的政治家，在其岗位上他能够时刻注意和观察边疆及邻国的一切情形，并及时采取行动，所以说傅尔丹不愧为清朝前期杰出的军事将领。此外，其子哈达哈，孙复兴，曾孙安英，元孙盛筠、盛贵等亦知名。

（七）领侍卫内大臣——哈达哈

哈达哈，傅尔丹次子，费英东玄孙，生年不详，卒于乾隆二十四年（1759），隶镶黄旗满洲。① 历仕康、雍、乾三朝，曾任领侍卫内大臣、工部尚书、议政大臣、兵部侍郎等职。

1. 崭露头角

康熙五十九年（1720），哈达哈被授为蓝翎侍卫。康熙六十一年（1722），被任命为治仪正，累迁至冠军使，兼公中佐领。雍正九年（1731），迁头等侍卫。② 次年，又被任命为镶蓝旗蒙古副都统，③ 后调至正蓝旗汉军副都统。④ 十月，哈达哈等带领张家口之兵丁前往归化城，以"保护西界之喀尔喀、内地扎萨克等游牧。"⑤ 十一月，升任正蓝旗蒙古都统。⑥ 雍正十一年（1733）正月，遂令哈达哈等在青草发芽时带领兵丁前往红郭尔鄂隆驻扎，以达到"照管喀尔喀游牧，亦足堵御阿济道路"之目的。⑦ 四月，哈达哈等正式前往红郭尔鄂隆驻扎。⑧ 雍正十二年（1734）正月，哈达哈由正蓝旗蒙古都统升为正黄旗领侍卫内大臣，仍留军营。⑨ 雍正十三年（1735），雍正帝"令大臣官员往驻蒙古边疆，办理事务"。遂于二月裁撤北路索伦兵丁，在哈达哈带领下赴呼伦贝尔驻防，

---

① 《清史稿》卷314《哈达哈》，记其为镶蓝旗满洲人，乃误载，第10696页。

② 《钦定八旗通志》卷141《哈达哈》，第9039页；《满汉名臣传》卷45《哈达哈列传》，第1328页。

③ 《清世宗实录》卷115，雍正十年二月甲辰条；《钦定八旗通志》卷141《哈达哈》，第9039页；《满汉名臣传》卷45《哈达哈列传》，第1328页。

④ 《清世宗实录》卷119，雍正十年闰五月戊戌条。

⑤ 《清世宗实录》卷124，雍正十年十月己巳条。

⑥ 《清世宗实录》卷125，雍正十年十一月辛卯条。

⑦ 《清世宗实录》卷127，雍正十一年正月庚寅条。

⑧ 《清世宗实录》卷128，雍正十一年二月己未条。

⑨ 《清世宗实录》卷139，雍正十二年正月壬寅条。

协同永福管辖，① 四月到达驻扎地。

由于哈达哈出生在康熙末年，此时期年纪尚轻并无大的作为；雍正年间哈达哈的事迹主要在蒙古地区的归化城，此间其官职屡被擢升，可见哈达哈对驻扎地蒙古牧民的放牧和财产安全立下了汗马功劳。可以说此时之哈达哈在仕途上崭露头角。

2. 大显身手

从雍正十年（1732）十月，哈达哈被调往归化城驻防至乾隆元年（1736）四月，他已在驻防地度过了长达四年的戍边生活，总理事务王大臣等奏请兵部，于次年二三月间，"遣官赴呼伦贝尔更换"②。九月，即令哈达哈回京，③ 并授勋旧佐领。④ 乾隆元年（1736）十二月，哈达哈袭其高祖费英东所遗之三等信勇公爵位。⑤ 乾隆四年（1739）五月，"以领侍卫内大臣哈达哈，为镶白旗汉军都统"⑥。十月，又被调任镶红旗满洲都统。⑦ 十一月，令其管理火器营事务。⑧ 乾隆五年（1740）闰六月，由于正白旗汉军副都统马元熙等触犯律条，故令哈达哈暂行署理正白旗汉军都统事务。⑨ 十一月，"调工部尚书来保为刑部尚书，以镶红旗满洲都统公哈达哈为工部尚书"⑩。"议政大臣，兼都统如故"⑪。十二月，又令哈达哈署理镶红旗满洲都统。⑫ 乾隆六年（1741）二月，"命工部尚书公哈

---

① 《清世宗实录》卷152，雍正十三年二月乙巳条。

② 《清高宗实录》卷17，乾隆元年四月丙戌条。

③ 《清高宗实录》卷27，乾隆元年九月丙辰条。

④ 《钦定八旗通志》卷141《哈达哈》，第9039页；《满汉名臣传》卷45《哈达哈列传》，第1328页。

⑤ 《清高宗实录》卷32，乾隆元年十二月乙丑条。《清史稿》卷314《哈达哈》载："傅尔丹初袭曾祖费英东二等信勇公，乾隆元年，追论失律罪，黜，以哈达哈袭。"此中所言袭二等信勇公乃误载，应为三等。

⑥ 《清高宗实录》卷93，乾隆四年五月壬戌条。

⑦ 《钦定八旗通志》卷141《哈达哈》，第9040页；《满汉名臣传》卷45《哈达哈列传》，第1328页。

⑧ 《清高宗实录》卷104，乾隆四年十一月庚戌条。

⑨ 《清高宗实录》卷120，乾隆五年闰六月丙午条。

⑩ 《清高宗实录》卷130，乾隆五年十一月庚午条。

⑪ 《钦定八旗通志》卷141《哈达哈》，第9040页；《满汉名臣传》卷45《哈达哈列传》，第1328页。

⑫ 《清高宗实录》卷132，乾隆五年十二月丙午条。

达哈，仍兼管镶红旗满洲都统事务"①。三月，因兵部尚书班第奉差在外，特命哈达哈兼署。② 十二月，又署步军统领。③ 一时间身兼多职，责任重大。

　　乾隆七年（1742）四月，命哈达哈等"总理修造万年吉地胜水峪工程事务"④。七月，命哈达哈等疏浚河道，⑤ 乾隆八年（1743）十二月，令哈达哈等修葺翰林院衙门破坏之处。⑥ 乾隆九年（1744）正月，由于讷亲被派出差，命哈达哈兼管銮仪卫大臣事务。⑦ 乾隆十年（1745）三月，谕"讷亲协办大学士事务，不必兼管户部尚书、銮仪卫事，其銮仪卫掌卫事员缺，著哈达哈补授"⑧。"十一年，以后护误班，诏解领侍卫内大臣、御前大臣。"⑨ 乾隆十三年（1748）二月，谕"从前哈达哈，在朕切近随侍，因不敬谨，漫无诚心，是以不令伊在御前，并未从重治罪，欲彼悛改，实心任事，以故施恩，使彼效力行走。彼当感激朕恩，追悔前愆，奋勉自新，以图报效。今观哈达哈尚未改伊旧日恶习，一切事务，并不实心办理，惟务瞻徇，不思奋勉，有负朕恩。哈达哈著罚公俸一年"⑩。三月，孝贤皇后的梓宫至京，命时为工部尚书的哈达哈与履亲王允祹、和亲王弘昼、户部尚书傅恒等人总理丧仪。⑪ 四月，由于大学士讷亲往四川经略军务，往返需时，而内阁满洲大学士办事人少。"著尚书傅恒协办大学士事务；阿克敦，著解退大学士。讷亲未回京之前，吏部事务亦著傅恒兼管；其兵部尚书事务，著哈达哈署理。"⑫ 同月，他还兼管

---

　① 《清高宗实录》卷136，乾隆六年二月甲辰条。

　② 《清高宗实录》卷139，乾隆六年三月庚寅条。

　③ 《清史稿》卷314《哈达哈》，第10696页。

　④ 《清高宗实录》卷164，乾隆七年四月辛丑条。

　⑤ 《清高宗实录》卷170，乾隆七年七月辛未条。

　⑥ 《清高宗实录》卷207，乾隆八年十二月丙子条。

　⑦ 《清高宗实录》卷209，乾隆九年正月壬寅条。

　⑧ 《清高宗实录》卷237，乾隆十年三月辛卯条。

　⑨ 《钦定八旗通志》卷141《哈达哈》，第9040页；《满汉名臣传》卷45《哈达哈列传》，第1328页。

　⑩ 《清高宗实录》卷309，乾隆十三年二月壬申条。

　⑪ 《清高宗实录》卷311，乾隆十三年三月辛丑条。

　⑫ 《清高宗实录》卷312，乾隆十三年四月甲子条。

光禄寺事。① 又因办理孝贤皇后册宝不慎，议革职，但因哈达哈兼办之事繁多，"且曾经亲到查看，姑从宽革职留任"②。七月，乾隆帝为了让士兵熟悉云梯在登城过程中的作用，并使其在金川战争中有所用途，"于八旗前锋护军内，上三旗每旗派五十人，下五旗每旗派三十人，择其少壮勇健者演习云梯，以备遣用。交与公哈达哈、查拉丰阿、都统永兴、护军统领庆泰、副都统那穆扎勒管领训练"③。七月，因哈达哈患病，令来保兼理兵部事务。④ 十月，又谕"銮仪卫事务，著哈达哈管理，哈达哈未到以前，著旺扎勒暂行管理"⑤。十二月，命哈达哈，"暂署兵部尚书、步军统领"⑥。乾隆十四年（1749）二月，因哈达哈在边疆战争中"久膺委任，历著清勤"，遂加太子少保。⑦《钦定八旗通志》《满汉名臣传》皆载哈达哈于乾隆七年"晋太子少保"⑧。然《清高宗实录》与《平定金川方略》等书却记载为乾隆十四年（1749），⑨ 从成书时间来看，此说较为可信。四月，"命兵部尚书哈达哈，兼管满洲火器营护军统领。"⑩ 十二月，乾隆谕曰："三和自补授工部尚书以来事事周章不能妥协。朕今日御门听政，伊又迟误不到，乃器小易盈，不足胜任，著以工部侍郎用。众佛保不识汉字，不必管理部务，其员缺即著三和补授。工部尚书员缺，著哈达哈调补。"⑪

乾隆十六年（1751）二月，乾隆赏赐随其南巡的大臣及官兵，赏给

　　① 《钦定八旗通志》卷141《哈达哈》，第9040页；《满汉名臣传》卷45《哈达哈列传》，第1328页。

　　② 《清高宗实录》卷315，乾隆十三年五月壬寅条。

　　③ 《清高宗实录》卷319，乾隆十三年七月己亥条。

　　④ 《清高宗实录》卷319，乾隆十三年七月庚子条。

　　⑤ 《清高宗实录》卷326，乾隆十三年十月乙酉条。

　　⑥ 《清高宗实录》卷330，乾隆十三年十二月己丑条；《钦定八旗通志》卷141《哈达哈》，第9040页；《满汉名臣传》卷45《哈达哈列传》，第1328页。

　　⑦ 《清高宗实录》卷334，乾隆十四年二月丙戌条。

　　⑧ 《钦定八旗通志》卷141《哈达哈》，第9040页；《满汉名臣传》卷45《哈达哈列传》，第1328页。

　　⑨ 《平定金川方略》卷23，乾隆十四年二月丙戌条，《文渊阁四库全书》第357册，第357—358页。

　　⑩ 《清高宗实录》卷339，乾隆十四年四月癸卯条。

　　⑪ 《清高宗实录》卷355，乾隆十四年十二月辛卯条。

哈达哈等一年俸银。① 五月，乾隆帝令尚书舒赫德前往保定，会同直隶总督方观承审定"永定河道英廉捏饰误公一案"，"其步军统领事务，著哈达哈暂行兼管"②。乾隆七年（1742），曾派遣哈达哈等修浚京城河道，并且陆续竣工，然乾隆十六年（1751）六月又出现淤塞，遂谕令曰："从前修浚者，今又不无淤塞，而欲使积潦通流，必先由河道疏畅。是以今年特派人管理河道，随时指示，已有成效。此案仍著海望、舒赫德、哈达哈会同管理河道之五福、努三、傅德等，详悉相度，动项兴修，嗣后随时留心经理，毋令填壅淤塞。"③ 九月，"尚书舒赫德，著驰驿前往江南，会同总督尹继善，查办事件。步军统领事务，著尚书哈达哈暂行兼管。镶红旗汉军都统印务，著李元亮暂行署理"④。乾隆十七年（1752），仍令哈达哈暂署步军统领事务。⑤ 二月，哈达哈、刘统勋被派往通州稽查粮仓中米数短少等问题。⑥ 二月十八日，因"哈达哈现在患病，其步军统领事务，著雅尔图暂行署理"⑦。三月初六日，"工部满堂官现在办事需员，著内阁学士赫赫暂署工部侍郎事，俟尚书哈达哈病痊之日，赫赫不必署理。"⑧ 三月初八日，谕曰："哈达哈所署步军统领事务，著侍郎兆惠暂行管理。"⑨ 十月，哈达哈奏报当年会试情况，"今科武会试，地字围外场。四川、云南二省新科武举，甚属平常，请通饬各该督抚加谨抡选，务得真才"。乾隆御批："武闱取士，以备干城之选，所重在弓马技勇，该二省新科武举，如此平常，该督抚乡试监临时，何由取中，甚非慎重抡才，实心甄拔之道。姑念初次，暂免交部议处。著该部传旨申饬，嗣后各省监临，有似此草率从事，不能实心较阅，以庸弱滥充者，定行交部严加议处。可通行传谕各省督抚知之。"⑩ 此语，不仅是对组织会试官员的谴责，也表明乾隆时期参加武举之人素质有所下降。

① 《清高宗实录》卷382，乾隆十六年二月乙亥条。
② 《清高宗实录》卷388，乾隆十六年五月庚戌条。
③ 《清高宗实录》卷392，乾隆十六年六月己亥条。
④ 《清高宗实录》卷399，乾隆十六年九月甲申条。
⑤ 《清高宗实录》卷407，乾隆十七年正月丁亥条。
⑥ 《清高宗实录》卷408，乾隆十七年二月戊戌条。
⑦ 《清高宗实录》卷409，乾隆十七年二月庚戌条。
⑧ 《清高宗实录》卷410，乾隆十七年三月丁卯条。
⑨ 《清高宗实录》卷410，乾隆十七年三月己巳条。
⑩ 《清高宗实录》卷424，乾隆十七年十月丁酉条。

　　乾隆十八年（1753）四月，工部尚书哈达哈再次署理步军统领。① 七月，哈达哈等查奏，居住在正阳门等三门城外之满洲官员兵丁的数量情况，经查实，居住在这些地区的人"竟至四百余家"，且多为年老退休、闲散无职之人，而现任职官，"每日应入署办事，护军近列羽林，各有差使，倘遇暮夜转唤，隔城殊为未便，且内城自有各旗分地，尤当恪遵定制，其离亲族而潜往者，徒以近市喧嚣，阛阓庞杂，非溺于酒食游戏，即私与胥吏往还便易耳"②。为了限制在职官兵与退休的亲友过多地交往，从而影响正常工作。八月初二日，"谕军机大臣等，邢台邪教案内李起奉供出之韩世英一犯，前据方观承奏称，该犯现住京师，饬令哈达哈查拏"③。初三日，谕曰："哈达哈现在丁忧，步军统领事务，著雅尔图暂行署理。"④ 十月，因"嵇璜、德尔敏现在出差，其户部侍郎事务，著裘曰修署理，工部侍郎事务，于哈达哈未到部之前，著阿里衮暂行兼管"⑤。乾隆十九年（1754）十二月，令哈达哈前往喀尔喀地方，并赏银三百两。又令其在喀尔喀各部选拔膘壮战马二万匹，以备进攻准噶尔之用。⑥ 乾隆二十年（1755）正月，经查核，"军营现存马六千匹，已足为哨探兵乘骑之用，各处购买马匹，亦陆续送至，自更充裕，哈达哈等不必于喀尔喀部内挑马过多，如有膘壮骟马，量为拣选，带往军营。将彼处膘欠马匹，换交蒙古牧厂，数月间即可肥壮。则既于我兵有益，而蒙古生计，亦属无损，至儿马骡马，则彼所赖以孳生，不必挑取。著传谕哈达哈、阿兰泰、阿思哈等，遵旨妥协办理"⑦。后哈达哈"赴北路军营，授参赞大臣"⑧。

　　此时期哈达哈参加的活动非常烦琐，既有军事上、工程上、科举上的活动，亦有经济上的参与，足见哈达哈是具有一定能力并受重用的，但是分身乏术，又不免失误，也遭到乾隆皇帝的惩罚。这使哈达哈在各

　　① 《清高宗实录》卷 436，乾隆十八年四月丙申条。
　　② 《清高宗实录》卷 442，乾隆十八年七月丁巳条。
　　③ 《清高宗实录》卷 444，乾隆十八年八月甲申条。
　　④ 《清高宗实录》卷 444，乾隆十八年八月乙酉条。
　　⑤ 《清高宗实录》卷 449，乾隆十八年十月癸卯条。
　　⑥ 《清高宗实录》卷 479，乾隆十九年十二月乙丑条。
　　⑦ 《清高宗实录》卷 481，乾隆二十年正月己亥条。
　　⑧ 《钦定八旗通志》卷 141《哈达哈》，第 9041 页；《满汉名臣传》卷 45《哈达哈列传》，第 1328 页。

个方面得以大展身手。

3. 错失战机

乾隆二十年（1755）二月，将军班第统三千大军进剿篡夺准噶尔汗位的达瓦齐，后令哈达哈带领军队速行前往，与班第接应。① 三月，哈达哈奏称："大兵进后，各处边卡应严守，现选哈喇阿济尔罕等处撤回兵一千，派喀尔喀扎萨克台吉根敦，领五百往海喇图、库列图、哈道里、科布多、布延图各处。喀尔喀公品级诺尔布扎布领五百往乌哈尔和硕等处驻防，并管理乌梁海游牧，接收降人。"② 六月，派哈达哈、额勒登额为参赞大臣，继续擒获逃亡中的达瓦齐。③《钦定八旗通志》《满汉名臣传》等书则记为"九月，复授参赞大臣"。考察《清高宗实录》哈达哈在六月以后已经以参赞大臣的身份活动于军中，所以说，哈达哈在六月已经被再次授予参赞大臣之职。不久"达瓦齐就擒，军还。阿睦尔撒纳叛遁，命哈达哈遣员往谕哈萨克汗阿布赉擒献"④。十月，哈达哈率索伦、喀尔喀兵千余人先头进攻，上奖其奋勉。寻诏定西将军策楞由西路进剿，以达勒党阿为参赞，哈达哈为定边左副将军，于北路驻扎，以作声援。十二月，奏言："臣现驻兵布延图，派满洲、察哈尔兵各五百还驻乌里雅苏台，察哈尔兵二千驻扎卜堪，其索伦、喀尔喀和托辉特兵七千余，南自伊克斯淖尔，北至乌哈尔和硕，分布防守。又布延图、科布多、库卜克尔、齐拉罕距乌里雅苏台各千余里，兵丁往领钱粮，马力易疲。请将直隶、山东所运米径送各处，酌加运价，毋庸贮乌里雅苏台。上报可。"⑤

乾隆二十一年（1756）正月，诏由阿尔台进兵。四月，达勒党阿（达勒当阿）代策楞为将军。谕曰："策楞等领兵擒拿阿逆，事事舛谬，全无筹划。今西路专任达勒党阿，北路专任哈达哈。伊二人尚属勇往，著即领兵前赴哈萨克，务期擒献。"⑥ "时北路乌梁海叛遁，谕查缉事竣，

---

① 《清高宗实录》卷482，乾隆二十年二月戊午条。

② 《清高宗实录》卷484，乾隆二十年三月癸未条。

③ 《清高宗实录》卷491，乾隆二十年六月壬戌条。

④ 《钦定八旗通志》卷141《哈达哈》，第9041—9042页；《满汉名臣传》卷45《哈达哈列传》，第1329页。

⑤ 《钦定八旗通志》卷141《哈达哈》，第9042—9043页；《满汉名臣传》卷45《哈达哈列传》，第1329页。

⑥ 《清高宗实录》卷510，乾隆二十一年四月壬子条。

驰会西路兵，毋观望。"① 同月，乾隆帝谕军机大臣等，"因西路领兵大臣
策楞等办理乖谬，特命大学士公傅恒前往经理，并挐问策楞等治罪，其
北路专任哈达哈等协力擒挐阿逆，迅奏肤功。今日哈达哈等奏到办理乌
梁海一折，尚未合宜，乌梁海等反覆无常，全不可信，现在有逃窜情形，
明系豫闻风声，欲随阿逆遁去，必须速行剿灭。哈达哈勿少迟疑，即行
办理收其牲只，以益兵力，方足以示惩儆。倘阿逆煽同哈萨克威胁乌梁
海等潜为构衅，因而擒掠察达克等游牧，则并旧日收服之乌梁海，皆为
摇动，不若早为殄灭，庶可以杜后患。再伊等现已进兵二千名，尚余兵
若干，哈达哈即同青滚杂卜迅速前往。现在牧草发生，务多带领兵丁二
三千名，陆续进发，以壮军威，著哈达哈等一面办理，一面即速行奏
闻"②。五月初七日，"又谕曰：'哈达哈等奏称，办理乌梁海事竣，即前
至哈萨克索取阿逆。'"③ 十二日，达勒当阿奏，哈达哈等已领兵前往哈萨
克，④ 十三日，又谕曰："哈达哈奏：'北路所带马匹牲只，不能肥壮，现
在勉力行走等语'，此不过留为日后推卸之地耳。前令伊等由乌梁海进兵
哈萨克，原因办理乌梁海之后，取其牲只马匹以增兵力，更易集事，伊
等若因阿逆系由伊犁脱逃，擒挐之责，应专委之西路。北路相距辽远，
又越乌梁海而行，以此借口，逡巡观望，不但不能副朕委任，直是自取
罪戾耳。哈达哈等如果奋勇自效，朕必加以殊恩，倘一味退缩，虽多方
支饰，亦岂能逃朕洞鉴。况现在西路止带兵二千余名，北路兵丁已及四
千，今又派扎布堪驻扎兵丁一千名，随后策应，以兵力多寡较之，北路
应更加出力，方为勇往任事。哈达哈等惟当速期成功，不得稍存歧视。"⑤
因哈达哈事先推卸责任，二十六日，他又因哈屯河水势甚大，自己没有
身先士卒，引起皇帝的不满，遂再次传谕哈达哈"宜加意奋勉，断不得
稍存畏葸，自取罪戾"⑥。

　　七月，哈达哈具奏，在哈萨克济尔玛台地方，"有特楞古特宰桑敦

　　① 《钦定八旗通志》卷141《哈达哈》，第9044页；《满汉名臣传》卷45《哈达哈列传》，
第1329页。

　　② 《清高宗实录》卷511，乾隆二十一年四月甲寅条。

　　③ 《清高宗实录》卷512，乾隆二十一年五月甲戌条。

　　④ 《清高宗实录》卷512，乾隆二十一年五月己卯条。

　　⑤ 《清高宗实录》卷512，乾隆二十一年五月庚辰条。

　　⑥ 《清高宗实录》卷513，乾隆二十一年五月癸巳条。

多克告称：'我楞古特部落人七百户，及古尔班和卓部落人五百户，和克沁部落人五百户，俱愿投诚。'"被哈达哈识破其假意投诚之阴谋，即"意图抢掠，再遣人会合阿睦尔撒纳同逃"。于是哈达哈等"即将宰桑敦多克，及得木齐二人，并阿逆属人等，俱行截杀。随带兵八百名，疾赴伊等驻扎处，乘其不备，尽行剿灭。古尔班和卓与伊弟正欲脱逃，为察达克所获，讯已供认。随将古尔班和卓及伊眷属，一并正法。计获驼四百只、羊一千四百余只、马二百余匹，分给效力官员人等"。因哈达哈有功，遂"著加恩授为领侍卫内大臣，赏戴双眼翎"①。可是，《钦定八旗通志》及《满汉名臣传》则记此事发生于六月，②笔者推断，哈达哈识破阴谋之事发生于六月末，而哈达哈被擢升之事发生于七月初。之所以出现不同记载，是因为史书记载者的着眼点不同。记六月者，将战争与哈达哈擢升视为一个前后继承的整体，并没有注意两件事情是否发生在同一个月内，仅注意了第一件事的时间；而记述为七月者，同样如此，他们仅看见了事件的结尾，即哈达哈等人被擢升授封一事，故此出现叙事时间诸书记载不一的结果。此次西北战事本为哈达哈加官晋爵的大好时机，可惜他没有牢牢把握，最终断送了他乃至其子的大好前程。

同月，清军至蒿哈萨拉克山，侦哈萨克军队千余由巴颜山西行，击败之。复遣副都统衔瑚尔起、总管鄂博什、侍卫奇彻布等紧追，斩百余人，获马二百余匹。此役，哈萨克汗阿布赉亲自领队参战，败后逃遁。而阿睦尔撒纳亦为达勒党阿军击败，潜遁而去。两路军合。九月，遵旨撤兵。此两人的逃遁为日后哈达哈被惩罚埋下了祸根。

4. 罢官削爵

乾隆二十一年（1756）闰九月，乾隆因"哈达哈前遇阿布赉并未穷追，甚属畏葸，所赏双眼翎，不准戴用"。③十月，哈达哈等率军回至北

---

①《清高宗实录》卷516，乾隆二十一年七月壬申条；（清）傅恒等撰：《平定准噶尔方略正编》卷29，乾隆二十一年七月壬申条，西藏社会科学院西藏学汉文文献编辑室编辑：《西藏学汉文文献丛刻》第二辑，全国图书馆文献缩微复制中心1990年影印版，第1498页。

②《钦定八旗通志》卷141《哈达哈》，第9045页；《满汉名臣传》卷45，第1329页。

③《清高宗实录》卷523，乾隆二十一年闰九月丙辰条。

路军营，命哈达哈留在军营，在参赞大臣上行走。① 十一月，传谕哈达哈来京面聆训示，其所领之索伦兵丁，留在乌里雅苏台，著博勒奔察前往带领。② 十二月，乾隆帝在谕令中述说了此次征讨阿布赉及阿睦尔撒纳官兵们的功过是非，其中列举了哈达哈错失抓获阿布赉及阿睦尔撒纳的两次机会，乾隆念其"此次远赴哈萨克地方，亦属勤苦，使伊等协力办理，即不能擒获阿逆，朕亦必酌量加恩，乃各挟已私，深负委任，兹以其行走之劳，抵其应得之罪，不另加谴责，已属朕格外施恩"③。乾隆二十二年（1757）正月，"命工部尚书哈达哈为参赞大臣，往科布多驻扎，办理军务"④。二月二十三日，乾隆帝再次下谕，惩罚致使阿睦尔撒纳及阿布赉脱身逃窜之将领，哈达哈等再次遭受处分。其谕曰："上年逆贼阿睦尔撒纳及阿布赉之得以脱身逃窜，西北两路领兵大臣，彼此互相归咎。其时达勒当阿等，带领西路官兵，追捕阿睦尔撒纳，前后相距不过里许，而乃为人所绐，以致远遁北路。哈达哈等则既探知阿布赉所在，故意迟回不即掩获，迨已逸去，始勒兵追蹑其后，夫军务机宜，间不容发，竟皆交臂失之。其奚所归咎，前因一时委用乏人，且事在万里之外，难以悬定，必须查询明确，方可定其处分。今询之陆续自军营来者，则众口一词，前后吻合，是达勒当阿、哈达哈及同时参赞诸臣均无所辞其责矣，此等误事之人，若不明示谴责，仍令安然保其爵位，将来何以用人。达勒当阿、哈达哈本身公爵，及哈达哈之领侍卫内大臣，俱著革退。"被降补兵部侍郎，留驻科布多。⑤ 其子哈宁阿亦被遣往伊犁军营。三月，哈达哈等回乌里雅苏台办事。不久副都统扎勒杭阿自军营回京办事，诬陷"哈达哈于剿灭古尔班和卓时，收获贼人珍珠等物"。后乾隆命舒德查奏，"哈达哈并无其事，明系扎勒杭阿与哈达哈素不相能，故为此倾陷之计。朕办理诸务，一本至公，岂肯以一空言而即治人之罪，且哈达哈之罪，

---

① 《清高宗实录》卷 524，乾隆二十一年十月戊辰条；《钦定八旗通志》卷 141《哈达哈》，第 9046 页；《满汉名臣传》卷 45《哈达哈列传》，第 1329 页。

② 《清高宗实录》卷 527，乾隆二十一年十一月丙辰条。

③ 《清高宗实录》卷 529，乾隆二十一年十二月甲申条。

④ 《清高宗实录》卷 530，乾隆二十二年正月乙亥条。

⑤ 《清高宗实录》卷 533，乾隆二十二年二月乙酉条；《平定准噶尔方略正编》卷 37，乾隆二十二年二月乙酉条，全国图书馆文献缩微复制中心 1990 年影印版，第 1635 页；《钦定八旗通志》卷 141《哈达哈》，第 9046 页；《满汉名臣传》卷 45《哈达哈列传》，第 1329 页。

并不在此，伊身为将军，带领大兵，任意迟延，以致阿布赉脱逃是其罪有应得。扎勒杭阿不以此具奏，而反以全无影响之事，有意倾轧，此风断不可长，扎勒杭阿著革职，在粘杆处行走"①。三月二十日，命哈达哈补授舒赫德所遗之兵部尚书员缺。② 四月，由于哈达哈等在擒剿辉特人时，仅将普尔普等游牧收取，首贼普尔普、德济特、克什克等，俱已脱逃。哈达哈等俱著交部议处。③ 四月二十日，德济特、克什克等人被擒获，哈达哈遂著加恩宽免其罪。④ 八月，乾隆再次追究去岁哈达哈等抓获阿睦尔撒纳及阿布赉失败之事，并据刚刚擒获的阿睦尔撒纳之侄达什车凌、宰桑乌巴什及尼玛的供称，去年之失败乃哈达哈等因循观望、坐失事机之结果。乾隆帝列举了多条不该失机的理由，"本当以军法从事……而哈达哈每图安逸，遇事因循，不肯奋勉，俱尚非出于有心，若果有心致贼逃窜，朕必将伊等从重治罪，以正典刑。然既误用于前，复姑容于后，此即朕之咎也。伊等身为将军，且系勋旧子孙，似此坐失机宜，玷辱满洲，更何颜面腼列班联。达勒当阿、哈达哈俱著革职，发往热河，披甲效力行走"⑤。十二月，正式革去哈达哈三等信勇公爵位，令其子哈宁阿承袭。⑥

5. 宽宥前罪

乾隆二十三年（1758）十一月，哈达哈被诏宽宥前罪，并授三等侍卫。⑦ 十二月，率西安驻防兵千人赴西路军营。乾隆二十四年（1759）正月，哈达哈等带领兵丁两千前往巴里坤参加搜捕沙喇斯、玛呼斯等人。⑧ "二月，大军剿回酋霍集占，上以哈达哈及达勒党阿历练，谕由巴里坤送马至阿克苏。八月，定边左副将军富德等大败霍集占于阿尔楚尔及伊西

---

① 《清高宗实录》卷534，乾隆二十二年三月乙巳条。
② 《清高宗实录》卷535，乾隆二十二年三月辛亥条。
③ 《清高宗实录》卷536，乾隆二十二年四月丙寅条。
④ 《清高宗实录》卷537，乾隆二十二年四月辛巳条。
⑤ 《清高宗实录》卷545，乾隆二十二年八月丁亥条。
⑥ 《清高宗实录》卷553，乾隆二十二年十二月甲戌条。
⑦ 《钦定八旗通志》卷141《哈达哈》，第9054页；《满汉名臣传》卷45《哈达哈列传》，第1331页。
⑧ 《清高宗实录》卷579，乾隆二十四年正月甲辰条；《钦定八旗通志》卷141《哈达哈》，第9054页，书中将此处误载为乾隆三十四年（1769）；《满汉名臣传》卷45《哈达哈列传》，第1331页。

洱库尔淖尔，哈达哈均在事有功，诏授二等侍卫。"十月，哈达哈卒于军。①

6. 子非善终

其子哈宁阿，乾隆二年（1737）授蓝翎侍卫，累迁至头等侍卫。乾隆十九年（1754），率领绥远城右卫兵两千余人赴北路军营，不久授为宁夏副都统。乾隆二十年（1755），被任命为西路领队大臣。乾隆二十一年（1756）四月，随定西将军达勒党阿进兵哈萨克，索要阿睦尔撒纳，授参赞大臣。八月，协同定边右副将军兆惠赴伊犁办事。十一月，因功，恩赏三等轻车都尉世职。乾隆二十二年（1757）十一月，调正蓝旗汉军副都统。十二月，袭其父三等信勇公爵位，并擢升为镶黄旗汉军都统。乾隆二十三年（1758）正月，哈宁阿被再次授为参赞大臣。六月，围库车，皇上因库车首领霍集占由西门逃遁，诏革职，以兵丁效力，寻将哈宁阿押解来京。乾隆二十四年（1759）二月，谕曰："哈宁阿以军行失律，解京鞫讯。据供词与雅尔哈善相符，且将雅尔哈善种种谬戾乖张、失机偾事情节指陈如绘。夫雅尔哈善既为将军，而哈宁阿即其参赞；以将军罪状如此，为参赞者当以军国之计为重，据实参奏，乃隐忍贻误，又从而附和之，满洲世仆岂宜出此？且哈宁阿又非他人可比，自伊父哈达哈获罪，经朕加恩矜宥并予以自效之途，伊苟具有人心，念及伊父，亦将倍加感奋；矧军旅重寄，三军之命系焉，顾因循玩视，可乎？核哈宁阿之罪，正与雅尔哈善等，应即正当刑，以肃军纪。第以参赞究属相助为理之人，前与哈宁阿曾随将军兆惠由济尔哈朗力战而出，虽现在所犯情罪断难稍贷，仍念伊前劳，暂缓正法，着监候秋后处决，以示宽典。"② 十一月，乾隆皇帝念其祖费英东之勋劳，"不忍刑诸市"③，命其自尽。哈宁阿被赐死，与其父哈达哈前述的过失有极大关联，亦为乾隆泄愤的表现。

7. 哈达哈简评

纵观哈达哈的生平事迹，他参加了康、雍、乾时期，特别是乾隆年

---

① 《钦定八旗通志》卷 141《哈达哈》，第 9055 页；《满汉名臣传》卷 45《哈达哈列传》，第 1331 页。

② 《满汉名臣传》卷 45《哈达哈列传》，第 1332—1333 页。

③ 《清史稿》卷 314《哈达哈》，第 10697 页。

间一些重要的军事活动，最终因错失战机，而被削爵革职，后虽得以宽宥，但对其子嗣乃至其家族的发展仍造成了严重的负面影响。

哈达哈一生起伏不定，官职处于不断地升降变换之中。如其雍正年间即被授予领侍卫内大臣之职，乾隆年间因事被革，后又被擢升为领侍卫内大臣，但最终仍未保住此职，并致本身公爵被革。

哈达哈所犯错误多次被乾隆皇帝所宽宥，这不仅因其本人功劳之大，更与其身为"勋旧子孙"密不可分。如乾隆十三年（1748）哈达哈被罚俸一年，然乾隆十六年（1751）乾隆又借故赏给哈达哈等俸银一年，可见乾隆皇帝对勋旧大臣的拉拢和爱护，也表明乾隆皇帝对其先祖费英东、傅尔丹等瓜尔佳氏族人丰功伟绩的追念。同时，哈达哈又多次监管其他部门事务，一时间身任多职现象十分普遍，亦见皇帝对他的信任和重视。

哈达哈的军事活动主要是对西北边疆的战争。虽因西北战略的失误而屡受惩罚和谴责，甚至险些丢掉性命，但他却对维护归化城、呼伦贝尔等蒙古地区的安定立下了不朽功绩；对维护西北边疆的稳定和统一，特别是参与了清军对达瓦齐、阿布赉、阿睦尔撒纳的战争，他的领导虽未成功，但毕竟沉重打击了这股势力。此外，哈达哈在乾隆年间参加了修浚河道，组织武举，赴喀尔喀地方选拔膘壮战马等活动，亦有其贡献。

作为索尔果家族之一员，哈达哈继承了父祖的勋爵和荣耀，并为其生活的时代创造了价值。但从索尔果家族发展的总体进程来看，其政治军事势力已大不如前，其家族中很少出现如费英东、图赖、鳌拜等权倾朝野之显赫人物。然与富察氏傅恒相比，二人皆以蓝翎侍卫入仕，且皆为勋旧大臣之后，虽哈达哈入仕时间比他早二十余年，但哈达哈的仕途发展却远不及傅恒畅通，这也是其家族阶段性发展的突出表现，意味着索尔果家族政治势力日渐衰落。通过对哈达哈个人事迹的阐述，既能表明清朝统治者对边疆统治的重视，以及对勋旧贵族的善待，又可直观地理清各个时期索尔果家族势力的发展状况。

（八）都统——马尔萨

马尔萨，又作玛尔萨，图赖第三子费扬古之孙，生年不详，雍正九年（1731）阵亡，隶正黄旗满洲。初袭费扬古云骑尉世职，寻升佐领，又授銮仪卫、整仪尉，后迁云麾使，又擢冠军使。不久，任张家口牛羊群总管。康熙五十九年（1720），升正红旗满洲副都统。① 康熙六十一年（1722）十二月，"以镶红旗满洲副都统马尔萨署正黄旗满洲都统"②。随即，"实授马尔萨为正黄旗满洲都统"③。雍正元年（1723）二月，命马尔萨署理领侍卫内大臣。④ 雍正三年（1725）正月，马尔萨缘事革职。⑤同月，因热河等处数千人在达尔脑儿地方捕鱼，"有人偷盗蒙古马匹牲畜，筏载藏匿生事"。遂下令"将捕鱼人等一并驱逐"。"若将伊等即行逐去，俱系无藉穷民，虽回原处，亦未必安分为生。"于是"著马尔萨带银三千两前去。其有本商人，著即发回；其无力回籍者，酌给盘费，俾此穷民安居原处"⑥。雍正七年（1729），复授察哈尔地方总管。⑦ 寻因护军统领塔拉图经常醉酒，革职。"其员缺，令副都统衔察哈尔总管马尔萨前去。"⑧ 同年三月，雍正授命马尔萨曾叔祖察喀尼之孙傅尔丹为靖边大将军出征准噶尔。次年（1730）十月，授马尔萨为内大臣，"与陈泰、苏图、海兰参赞军务"⑨。雍正九年（1731），傅尔丹欲趁小策零敦多卜援兵未至，乘其不备，宜速迎掩杀，遂拣选京城各省兵一万名，轻装由科布多河西路于六月初九日起程，分为三队。前锋统领丁寿、马尔萨曾叔祖鳌拜之孙散秩大臣公达福、副都统塔尔岱率领第一队；参赞马尔萨、副都统承保、西弥赖率领第二队；傅尔丹统领大兵前进迎击。⑩ "分队起程之后，遣前锋统领丁寿、参赞马尔萨、副都统塔尔岱等统兵率向道官前行瞭望贼势，在扎克赛河地方，擒获准噶尔贼夷巴尔喀等十二名。"⑪ 六月二十一日，移营至和通泊，以"诱贼邀击"。并"遣丁寿、苏图、参赞觉罗海兰、副都统常禄、西弥赖领兵据山梁之东，塔尔岱、马尔齐屯守西山，副都统承保居中策应，参赞马尔萨由东路，公达福、戴豪在前，

① 《八旗通志初集》卷148《名臣列传八·正黄旗满洲世职大臣三·马尔萨》，第3797页。
② 《清世宗实录》卷2，康熙六十一年十二月壬子条。
③ 《清世宗实录》卷2，康熙六十一年十二月丙寅条。
④ 《清世宗实录》卷4，雍正元年二月癸丑条。
⑤ 《清世宗实录》卷28，雍正三年正月丙辰条。
⑥ 《清世宗实录》卷28，雍正三年正月癸亥条。
⑦ 《八旗通志初集》卷148《名臣列传八·正黄旗满洲世职大臣三·马尔萨》，第3797页。
⑧ 《清世宗实录》卷79，雍正七年三月庚戌条。
⑨ 《清世宗实录》卷99，雍正八年十月辛亥条。
⑩ 《清世宗实录》卷107，雍正九年六月丙午条。
⑪ 《清世宗实录》卷107，雍正九年六月丁未条。

副都统舒楞额、土默特公沙津达赖等在后，俱保护行营"。当傅尔丹统兵继进移营时，准噶尔兵"列阵冲突军营，来攻丁寿、塔尔岱两军"。丁寿、苏图、马尔齐俱自尽，常禄阵亡。西弥赖后亦自尽。二十三日，两军再次交火，"土默特公沙津达赖等，及察哈尔、归化城、土默特、喀喇沁兵一时溃散，军营止存满洲兵四千名"。次日，"随印侍永国及觉罗海兰、戴豪俱自尽"。傅尔丹等率"余兵退归，步设方营，保护辎重"。并令"塔尔岱署前锋统领，达福、舒楞额殿后，承保统右翼，马尔萨统左翼"。二十五、二十六日连日力战。二十七日，达福阵亡。二十八日，冲突左翼。至七月初一日，傅尔丹等已率残兵至科布多修城地方，兵丁陆续至营。然巴赛、查弼纳、马尔萨、舒楞额一直未至。① 傅尔丹再次上奏巴赛、查弼纳、马尔萨、舒楞额无信之事。② 后经过四处打探，得知巴赛中刀伤被擒，巴赛、查弼纳战殁。"又有贼营脱回之正黄旗护军海寿，系参赞马尔萨传事之人。据供，六月二十八日，随马尔萨至哈尔哈纳河相近红石崖下，马尔萨中枪阵亡，海寿救援被擒等语。至舒楞额未得确音。"③《清世宗实录》后再无马尔萨事迹，唯雍正十年（1732）十二月，吏部议恤阵亡大臣，"查副将军尚书查弼纳、参赞内大臣马尔萨、副都统苏图、觉罗海兰应授拜他喇布勒哈番兼拖沙喇哈番。散秩大臣一等公达福、副都统戴豪、西弥赖、常禄、前锋统领丁寿、侍郎永国应授拜他喇布勒哈番。二等侍卫德明等一百一十八员，及领催委署章京之傅成格等一十六员，均应授拖沙喇哈番，其祭葬银两，各按品级，照例恤赏。从之"④。其爵由其侄敦柱承袭。这场雍正年间损失最为惨重的战争，索尔果家族中马尔萨、达福（鳌拜孙）、哲尔布（纳海曾孙）、伊成格（吉苏元孙）等人皆战死沙场。

（九）总督——马尔泰

马尔泰，又作玛尔泰，亦为图赖第三子费扬古之孙，生年不详，乾隆十六年（1751）卒，隶正黄旗满洲。历任内务府主事、吏部郎中、工部左侍郎、署陕西巡抚、刑部右侍郎、都察院左都御史、正蓝旗满洲都

---

① 《清世宗实录》卷108，雍正九年七月甲申条。

② 《清世宗实录》卷109，雍正九年八月癸亥条。

③ 《清世宗实录》卷109，雍正九年八月壬寅条。

④ 《清世宗实录》卷126，雍正十年十二月乙卯条。

统、两广总督、①署兵部侍郎、镶黄旗汉军都统、署川陕总督、闽浙总
督、领侍卫内大臣、署热河副都统等职。马尔泰在雍正、乾隆两朝任职
二十余年，且大部分时间身任封疆大吏，所掌之事务纷繁复杂，尤其是
身任总督期间，负责"节制所辖之省高级文武官员，察吏安民，而偏重
于军事以及与军事相关的各种政务"，再如文武官员的选任、考绩，②司
法案件审理，民族矛盾处理，地方财政开销，粮食价格调节，盐务管理，
矿产资源开发，自然灾害的应对及善后，同时还要处理涉外事务等，仅
检索中国第一历史档案馆所藏马尔泰相关满汉文档案即高达727条，其中
近300件为任职两广总督期间的奏档。

---

①　关于清前期督抚制度的研究成果十分丰富，除傅宗懋《清代督抚制度》（台湾政治大学政治研究丛刊第四种，1963年版）、朱沛莲《清代之总督与巡抚》（德志出版社1967年版）、刘子扬《清代地方官制考》（紫禁城出版社1988年版）、白钢主编《中国政治制度通史》（第十卷·清代）（人民出版社1996年版）、周振鹤主编《中国行政区划通史》（清代卷）（复旦大学出版社2013年版）等专著外，亦有不少论文：如赵希鼎：《清代总督与巡抚》，《历史教学》1963年第10期；罗继祖：《清初督抚多辽东人》，《吉林大学社会科学学报》1980年第5期；白景石：《清前期督抚"满人为多"质疑》，《社会科学辑刊》1984年第1期；王跃生：《关于明清督抚制度的几个问题》，《历史教学》，1987年第9期；李洵：《清前期广东督抚及其对地区发展的影响》，《东北师范大学学报》1988年第1期；王雪华：《关于清代督抚甄选的考察》，《武汉大学学报》1989年第6期；王雪华：《督抚与清代政治》，《武汉大学学报》1992年第1期；王跃生：《清代督抚体制特征探析》，《社会科学辑刊》1993年第4期；刘凤云：《清代督抚与地方官的选用》，《清史研究》1996年第3期；关汉华：《试论清代前期两广总督的选任与治绩》，《广东社会科学》1997年第6期；李春梅：《试探清朝前期督抚的陋规收入》，《内蒙古社会科学（汉文版）》2005年第4期；王志明：《清代督抚保题绿营武官的人事权》，《安徽史学》2005年第5期；徐春峰：《清代督抚制度的确立》，《历史档案》2006年第1期；史云贵：《承袭与变异：明清督抚制度述论》，《中国矿业大学学报》2006年第2期；杜家骥：《清代督、抚职掌之区别问题考察》，《史学集刊》2009年第6期；杨军民：《论清代总督的任期》，《广西师范大学学报》2010年第4期；王景泽：《清初顺治朝总督之属籍》，《社会科学战线》2012年第1期；郑小悠：《雍正朝奏折制度对督抚权力的影响》，《历史档案》2014年第3期；吴伯娅：《从福建督抚奏疏看中西文化撞击》，《清史论丛》2015年第1辑；刘凤云：《清代督抚在清理"钱粮亏空"中的权力、责任与利益》，《中国人民大学学报》2016年第2期；祝太文：《清代浙江督抚设置考述》，《温州大学学报》2017年第5期；以及林涓《清代行政区划变迁研究》（复旦大学博士学位论文，2004年）、李霞《清前期督抚制度研究》（中央民族大学博士学位论文，2006年）等博士学位论文；还有美国学者盖博坚等学者的研究，等等。

②　杜家骥：《清代督、抚职掌之区别问题考察》，《史学集刊》2009年第6期。

1. 初任疆臣

马尔泰初任拜唐阿，^① 升内务主事，后任吏部郎中。雍正六年（1728）十二月，由吏部郎中擢工部额外侍郎。^② 雍正七年（1729）七月，命"往江南办理清查钱粮事务"^③。九月，实授工部左侍郎。^④ 雍正八年（1730）七月，江南邳州等处遭受严重水灾，命马尔泰等"星赴被水地方，动支藩库银数万两，速行赈济，并遴选廉干人员，带往分派各处，会同地方官悉心办理，勿稍稽迟，勿令遗漏，务使穷民人人安堵宁居，咸得其所"^⑤。雍正九年（1731）正月，命马尔泰"协办西安军务"^⑥。七月，因"陕西西安巡抚武格著来京，有交办事件"，著马尔泰"署理西安巡抚事务"^⑦。九月，上"截留部拨肃州军需银数日期及解官职名"、"参署县侵扣纵役婪赃"两折。^⑧ 十二月，上奏县官丁忧之事。^⑨雍正十年（1732）三月，马尔泰等揭请铸给武弁关防，并"揭报督抚两标新募兵丁购买马匹毛齿并坐给名册"^⑩。七月，雍正帝命大学士鄂尔泰前往肃州，商讨军务。"署将军傅泰著即在宁夏等候，西安将军秦布、侍郎署巡抚马尔泰著于八月内到肃，等候大学士。"^⑪ 十月，"谕办理军机大

---

① 拜唐阿，又作"柏唐阿"。满语音译，汉译为听差的人，听用的人。指内外衙门部院和军营中管事而无品级者，包括各项匠人、医生等均属拜唐阿，汉名为"执事人"（朱金甫、张书才等：《清代典章制度辞典》"拜唐阿"条，中国人民大学出版社2011年版，第502页）。

② 《清世宗实录》卷76，雍正六年十二月壬寅条。

③ 《清世宗实录》卷83，雍正七年七月丙午条。

④ 《清世宗实录》卷86，雍正七年九月甲戌条。

⑤ 《清世宗实录》卷96，雍正八年七月己卯条。

⑥ 《清世宗实录》卷102，雍正九年正月庚午条。

⑦ 《清世宗实录》卷108，雍正九年七月戊辰条。

⑧ A49-29"署陕西巡抚马尔泰等揭报截留部拨肃州军需银数日期及解官职名"、A49-30"署陕西巡抚马尔泰等揭参署县侵扣纵役婪赃"，张伟仁主编：《"中央研究院"历史语言研究所现存清代内阁大库原藏：明清档案》第49册，雍正九年九月二十二日，"中央研究院"历史语言研究所出版、联经出版社事业公司印行1987年版，B27823-B27827，B27829。

⑨ A50-36"署陕西巡抚马尔泰等揭报县官丁忧"，《明清档案》第50册，雍正九年十二月二十一日，B28465。

⑩ A51-56"署陕西巡抚马尔泰等揭请铸给武弁关防"、A51-57"署陕西巡抚马尔泰等揭报督抚两标新募兵丁马匹毛齿并坐给名册"，《明清档案》第51册，雍正十年三月二十九日，B29103-B29106，B29107-B29112。

⑪ 《清世宗实录》卷121，雍正十年七月己亥条。

臣等，达鼐所掌总理青海番子事务关防著侍郎马尔泰掌管"①。十一月，"西安巡抚印务著兵部尚书史贻直署理"②。后马尔泰上奏因"额塞尔津城介在山谷之中，人由各处行走不得见其踪迹"，而"哈尔垓图地方乃各路隘口总会之所，水草亦好，应将额塞尔津城驻扎步兵撤回，合计西宁大通马步兵丁共派二千名于哈尔垓图，详看耕种地方"。马尔泰又奏称："由四川调至多巴地方驻扎之兵二千名，不耐寒冷，所乘俱系川马，调往口外，殊不得力，置之西宁，亦徒费钱粮。查西宁大通二处，除出征及预备兵丁之外，尚有六千余名，足敷防守，傥有应行添兵之处，凉州现有直隶河南兵一千名，可以调遣请将川省兵丁仍发回本省各归原汛"③，从其所请。雍正十二年（1734）八月，因马尔泰之母"年已七十有余，马尔泰著回京供职，俾得就近侍养。其所管西宁事务，著原任湖北巡抚德龄前往办理，其肃州协办军需，仍著副都御史二格前去"④。马尔泰仍任工部侍郎。雍正十三年（1735）正月，命兼理刑部侍郎事务。⑤

以上为马尔泰在雍正年间的事迹，活动区域由江南到西北，所涉事务或察吏安民，或查办钱粮，或整饬营伍，而任职陕西、青海期间则以驻防、查边、团练乡勇等军务为主，且多有建树，这也为其日后出任两广总督打下基础。

2. 首次出任两广总督

马尔泰分别于乾隆三年（1738）和乾隆八年（1743）两次出任两广总督，在任时间共计三年十一个月。任内多有贡献，频获乾隆帝嘉许。

马尔泰首次出任两广总督是乾隆三年（1738）七月至乾隆六年（1741）四月，共两年九个月。出任此职前，曾先后被委以刑部右侍郎、⑥都察院左都御史、⑦正蓝旗满洲都统⑧等职。此间曾会同大学士查郎阿、

① 《清世宗实录》卷124，雍正十年十月壬午条。关于达鼐的事迹可以参阅王德胜：《清朝首任西宁办事大臣达鼐及其家族考》，《内蒙古大学学报》1999年第4期；达力扎布：《西宁办事大臣达鼐事迹考》，《西北民族大学学报》2012年第2期，等等。
② 《清世宗实录》卷125，雍正十年十一月丁酉条。
③ 《清世宗实录》卷125，雍正十年十一月己酉条。
④ 《清世宗实录》卷148，雍正十二年八月丙寅条。
⑤ 《清世宗实录》卷151，雍正十三年正月癸巳条。
⑥ 《清高宗实录》卷30，乾隆元年十一月甲辰条。
⑦ 《清高宗实录》卷60，乾隆三年正月乙卯条。
⑧ 《清高宗实录》卷63，乾隆三年二月壬子条。

甘肃巡抚元展成严审总督刘于义徇庇属员、靡费军需等事,① 最终,刘于义被革职。② 基于马尔泰雍正年间及乾隆初年之作为,乾隆三年（1738）七月,马尔泰接替鄂弥达出任两广总督。③ 任内在农务、盐务、矿务、吏治、法律、民族、涉外、教育等方面多有建树。

（1）管理农业、籴粜粮谷

"广东历来是严重缺粮省份,最根本的解决办法是不断增加耕地面积,扩大粮食生产,不少粤督为此作过不懈的努力"④。马尔泰到任两广总督后也未怠慢,开始着手平粜事宜,奏请:"动支粤东藩库田房税羡银五万九千两,委员往粤西采买谷石,运交广、肇二郡近水次地方及现在开矿之曲江等处,贮备平粜。钦州一带,地接交趾,年丰谷贱,请亦于税羡项下,酌拨银两,饬令地方官收买数千石,以杜外贩之弊,并资来春龙门兵民赴买之需。"得到乾隆帝批准。⑤ 乾隆四年（1739）十二月,又奏报了当年的丰收情形。⑥

乾隆五年（1740）四月,马尔泰因潮州府捐监存在折色之事上"为处理潮州府属办理捐监私收折色一案事奏折",⑦ 乾隆认为"马尔泰、王謩止令勒限买补,何以惩儆,甚属错缪",马尔泰等被议处,并谕各省督抚知之。⑧ 七月,因"安南郑韦两姓构衅,曾行令龙门协密饬弁兵,于沿边要隘,加谨巡防",然此处之米价昂贵,兵丁生活拮据,马尔泰"查现在盐余羡内溢额项下,尚有存余银两,请将所食米石,除照原支折色扣还外,短少银两,即于此项内添补,买谷还仓",获准。⑨ 九月,马尔泰

---

① 《清高宗实录》卷66,乾隆三年四月丙戌条。

② 《清高宗实录》卷73,乾隆三年七月庚辰条。

③ 《清高宗实录》卷73,乾隆三年七月丁卯条。

④ 关汉华:《试论清代前期两广总督的选任与治绩》,《广东社会科学》1997年第4期。

⑤ 《清高宗实录》卷83,乾隆三年十二月丁未条。

⑥ 《清高宗实录》卷109,乾隆五年正月辛未条。

⑦ 《两广总督马尔泰等为处理潮州府属办理捐监私收折色一案事奏折》,乾隆五年四月初三日,载吕小鲜编选中国第一历史档案馆藏《乾隆三年至三十一年纳谷捐监史料（上）》,《历史档案》1991年第4期。

⑧ 《著将办理捐监私收折色之广东潮阳海阳两知县革职事上谕》,乾隆五年五月初四日,载吕小鲜编选中国第一历史档案馆藏《乾隆三年至三十一年纳谷捐监史料（上）》,《历史档案》1991年第4期。

⑨ 《清高宗实录》卷123,乾隆五年七月戊戌条。

上"恭昭二县额征本折银米应收归各县征收等事"折。①

乾隆六年（1741）二月，户部议准马尔泰所奏："两省兵粮于州县旧存米谷内拨给，将本年应征兵米，照一米二谷例，改征存贮其无旧存之处，除拨支现征米外，即于邻近旧存项内凑拨，出陈易新，可免霉变。"②

（2）规范盐务、矿务

清代的制盐业③十分发达，而盐税则成为清政府的重要财政来源。两广作为清代重要的沿海省份，拥有发达的制盐业，"粤东沿海二千余里，人民大半以鱼盐为业"④。清代历任总督上任后所要处理的一项重要事务便是管理盐务，在马尔泰任职期间的相关奏档可以得证。

乾隆四年（1739）五月，马尔泰又献广东食盐滞销之策，曰："粤省场灶，收买余盐，任其壅积，融化堪虞。请寄贮各埠，鼓励商人认销。"颇得乾隆帝好评："如此方是实心任事之道，著照卿所请行。"⑤ 六月，马尔泰分别揭报"未奉部文先行会盘盐课钱粮缘由"等事。⑥ 七月，马尔泰针对广东盐务官员拣选之事再次上奏，并对"雍正六年间，准部行令凡本省及他省有候选知县、县丞、州同、职员，身家殷实，才可办事者，准于盐政衙门具呈录用"的原则提出质疑，他认为应"停止取结拣选，以杜冒滥"⑦。同月，乾隆帝在"禁督抚擅调地方官干谒宴会"的上谕中，特指出马尔泰到任后，"粤省渐知悛改"⑧，可见对马尔泰的器重，也说明马尔泰到任后采取了一些有效措施，并获良效。

---

① A96—66"恭昭二县额征本折银米应收归各县征收等事"，《明清档案》第96册，乾隆五年九月六日，B54103—B54108。

② 《清高宗实录》卷136，乾隆六年二月庚戌条；《清高宗实录》卷137，乾隆六年二月己未条。

③ 清代盐政相关问题的研究成果极为丰富，可参阅《盐业史研究》《中国社会经济史研究》《清史研究》等刊物发表的研究成果，以及部分学术著作及学位论文，兹不详列。

④ （清）阮元修，伍长华纂：道光《两广盐法志》卷22《场灶》，道光十六年（1836）刊本。

⑤ 《清高宗实录》卷93，乾隆四年五月乙亥条。

⑥ A89—27"两广总督马尔泰揭报未奉部文先行会盘盐课钱粮缘由"、A89—28"两广总督马尔泰报选补游击"、A89—29"两广总督马尔泰揭请核销修造南澳镇标赶缯船用过工料等银"，《明清档案》第89册，乾隆四年六月一日，B50259—B50262，B50263—B20266，B50267—B50274。

⑦ 《清高宗实录》卷96，乾隆四年七月己未条。

⑧ 《清高宗实录》卷97，乾隆四年七月丙寅条。

乾隆五年（1740）八月，马尔泰上奏关于盐务官员病故等事折。① 乾隆六年（1741）正月，马尔泰再次奏请将两省盐羡余银在"各项公用支应外"，应将余银分拨给拮据的两粤提镇及辖员，"另有各种盐例陋规，已积至二万余两，而广西南宁府城垣，多有倾圮，各州县养廉，多寡不等，有终岁止得三四百金者，请即将前项修整城垣，余银生息，以助养廉甚少之州县。准行"②。二月，又奏报"广东惠来县升井场、古堸平湖二栅新垦盐埠十二漏五分"之事。③

针对当地铜矿、银矿开采问题，令清查"盐务羡余名色"，又"开增城县硝厂炉三十座，暂借司库银一千两，给该县添设硝炉"④，炼制火药等事宜出谋献策，深得乾隆赏识。乾隆五年（1740）三月，马尔泰又同王安国上奏："粤东开采铜山实属无益，矿砂出产甚微，砂汁甚薄，得铜无几，所得不偿所费，应急停止。"⑤

（3）整饬营伍和吏治

马尔泰针对两广营伍及吏治问题，亦有发覆。

针对粤西营伍"兵丁习于骄悍，弁员不知约束"及提督霍升现以老病乞休等故，请乾隆简派贤员，赴任整饬。⑥

乾隆四年（1739）四月，马尔泰奏报任职广西人员的艰辛及报满年限和候升问题。⑦ 五月，批准马尔泰奏请"添设广东嘉应州州同一员，连州、罗平州州判各一员"⑧。十二月，又连上四折，阐明官员病故后的调补问题。⑨

乾隆五年（1740）三月，马尔泰奏称：融怀"实为黔粤咽喉，两省扼要之区，须安设专营，改调大员驻扎"，并指出各营官兵数量及移驻情

---

① 详见《明清档案》第 95 册，A95—61/62/63/66/88/89/90 号。
② 《清高宗实录》卷 135，乾隆六年正月乙未条。
③ 《清高宗实录》卷 136，乾隆六年二月庚戌条；《清高宗实录》卷 137，乾隆六年二月己未条。
④ 《清高宗实录》卷 95，乾隆四年六月甲辰条。
⑤ 《清高宗实录》卷 139，乾隆六年三月甲午条。
⑥ 《清高宗实录》卷 83，乾隆三年十二月丁未条。
⑦ 《清高宗实录》卷 91，乾隆四年四月乙未条。
⑧ 《清高宗实录》卷 93，乾隆四年五月癸亥条。
⑨ 详见《明清档案》第 91 册，A91—93/94/95/96 号。

况。① 四月，马尔泰上疏议改粤省营制，提出右翼镇三营、左翼镇二营改守建议。兵部议准，渐次改易。②

（4）揭参及审理各类案件

两广总督在揭参、审理各类重大案件时，通常需要先上报中央，后再审理，"朝廷对重大案件或对高级官员的犯罪处理，皇帝常常要交给各地督抚提出具体意见，这表明清代的督抚在整个官僚系统中的重要地位"③。马尔泰任职期间曾参与一系列揭参和审理。

乾隆四年（1739）二月，马尔泰"揭报南海等县修桥用过银数并参承修迟延县官"，又揭参"都司怠玩营私"之事。④ 三月，马尔泰奏报"访挐私销私铸缘由"，乾隆赞曰："如此留心，不愧封疆之寄也。"⑤ 四月，马尔泰查审"浙江道御史霍备参奏鄂弥达、元展成一折"⑥。八月初，马尔泰上"清词讼严保甲以杜命盗之源"折，⑦ 十月，上奏审理总督鄂弥达、题参南宁府知府饶鸣镐贪婪一案及减免广西桂林、梧州、浔州、平乐四府关税之事。⑧

乾隆五年（1740）四月，马尔泰参奏："原任琼州府知府袁安煜，借帑营利，已在赦前，应邀免议，其赦后拷打良民，纵仆放债，应坐赃论罪。至前任总督鄂弥达，一任家人萧二，交结属员，霸占民利"之事，刑部议覆："鄂弥达著革职，袁安煜借帑营利，恣肆妄行，似此贪劣之员，鄂弥达曾在朕前奖以好语，以致袁安煜肆无忌惮，更属徇庇，袁安煜应赔赃银，著鄂弥达照数另赔一倍。"⑨

---

①　《清高宗实录》卷 112，乾隆五年三月壬子条。

②　《清高宗实录》卷 114，乾隆五年四月辛未条。

③　李洵：《清前期广东督抚及其对地区发展的影响》，《东北师大学报》1988 年第 1 期。

④　A88—14 "两广总督马尔泰揭报南海等县修桥用过银数并参承修迟延县官"、A88—15 "两广总督马尔泰揭参都司怠玩营私"，乾隆四年二月十二日，《明清档案》第 88 册，B49607—B49614，B49615—49618。

⑤　《清高宗实录》卷 89，乾隆四年三月丙子条。

⑥　《清高宗实录》卷 91，乾隆四年四月丁酉条。

⑦　A89—91 "两广总督马尔泰等奏议清词讼严保甲以杜命盗之源"，《明清档案》第 89 册，乾隆四年八月六日，B50617—B50618。

⑧　《清高宗实录》卷 102，乾隆四年十月癸卯条。

⑨　《清高宗实录》卷 114，乾隆五年四月乙酉条。

（5）处理民族矛盾

两广地区因地接湖南、贵州等省，民族成分复杂，矛盾亦较突出，马尔泰任内对于处理"苗猺"之乱多有参与。

乾隆五年（1740）六月，因广西"义宁等处凶猺，暗结楚苗，渐致恣横"，军机大臣议覆："应乘其与都垒等寨，尚未显肆纠结之时及早经理，即因现在会剿之兵威，令其震慑解散，无致蔓连楚地"。此时马尔泰正赴广西查边，遂"将此事交与马尔泰，就近会同抚提二臣，妥酌办理"。① 几天后，马尔泰奏报"楚粤顽苗不法，调兵剿捕情形"，义宁李天宝"妄言祸福，聚众敛钱"，抚臣安图捉拿敛钱之首黄顺、吴金银等，"提解楚省，竟被诸苗抢回"。湖南巡抚冯光裕密咨马尔泰"楚粤苗猺，内外勾连，请兵会剿"②。闰六月，亦因"苗猺蠢动"，而马尔泰正在广西太平府办事，令"速赴桂林省城，就近相机调度"。③ 两广及湖南等处民族矛盾愈加严重，且"广西桂林府义宁县属之桑江苗地与湖南城、绥二县之红苗两省勾结，劫掠滋事"，等等，面对此种情形，乾隆谴责正在广西的马尔泰不奏闻，再次传谕马尔泰"务须速为部署，妥协办理，毋得观望迟延，以致偾事，并目下如何情形，如何料理之处，令其速行详奏"④。后马尔泰驰赴桂林，署广东巡抚王謩"与司道密筹，豫备将卒及粮米船只，以便督臣拨发应用"⑤。七月，马尔泰又奏称："苗猺恣肆，群聚一处，原觉泼悍，然不过恃其穴险箐深，断不敢离巢远出，现在分路并进，相机剿抚，约在中秋前后，可以竣事。"⑥ 表达了对平定"苗猺"之乱的决心。

乾隆五年（1740）八月，马尔泰上奏在广西宜山县之剿抚情况，颇得赞誉。⑦ 然此折内并未阐明战争失利之处及个别将士的失责，反为他们邀赏，乾隆获悉后，极为不悦，言："如此赏罚倒置，何以鼓军士之气，而安靖边疆耶。……督抚身任封疆，平日既无料理，一经有事，又复玩

---

① 《清高宗实录》卷118，乾隆五年六月辛巳条。
② 《清高宗实录》卷119，乾隆五年六月戊戌条。
③ 《清高宗实录》卷120，乾隆五年闰六月甲辰条。
④ 《清高宗实录》卷120，乾隆五年闰六月癸丑条。
⑤ 《清高宗实录》卷121，乾隆五年闰六月戊辰条。
⑥ 《清高宗实录》卷123，乾隆五年七月戊戌条。
⑦ 《清高宗实录》卷124，乾隆五年八月己亥条。

忽，漫不经心，徒事揬饰，反若视为易事。纵使目前可以苟且完竣，将来酿成后患，伊谁之罪。"最终告诫他们应"洗涤肺肠，审思职守，实心努力，以赎前愆"。① 马尔泰奏称："粤境三路官兵，扫荡逆苗，大获全胜，现分派官兵前往楚省会剿。"然前事已大大损坏马尔泰等人在乾隆心中之形象，乾隆明确表态："汝等此奏，俱不可信"，并警告："若汝等复有嫉功掣肘之念，则罪益重矣。"② 九月，御史周人骥参奏马尔泰"奏报进剿逆苗，语多粉饰，止于降旨申饬，并未加以严谴"。乾隆答曰："朕因人材难得，故臣工遇有处分，每弃瑕录用，此实失之太宽之处。……马尔泰之事，功过尚在未定，日后自有进止。"③ 十月，钦差大臣、贵州总督张广泗奏报楚粤"苗猺"平定之事，并言"现在知名要犯不过数人，大约一月之内，可以告竣，此楚省现在之情形也""至粤省军务，现虽大势已定，并当吃紧办理之时，乃总督马尔泰忽遣将带兵三千名，前赴楚省驻扎，以备夹剿，置本省实事于不办，冀博协助邻封之虚名，当即飞咨该督，令其彻回。继又闻马尔泰有彻兵之议，复飞札劝阻，嗣接复札，知该督等久以桑江苗境荡平入告，故急欲彻兵。但查粤省情形，尚未可言荡平，急宜乘机妥办，庶能迅速成功，因复札致该督，其议遂止"。乾隆认为："所奏情形，俱系实在，如是，据所办理，亦可谓井井有条。但与马尔泰初次奏折中甚许之，今则忽变而为甚不足之之意，以为将来议处伏案，此意朕甚不解，若如此存心，以卿之才而未免拖泥带水，则可惜矣。"④ 诸臣几番谴责马尔泰，使得乾隆帝对其愈加不满。

乾隆六年（1741）三月，兵部议覆贵州总督张广泗所奏："楚粤两省，会剿逆苗，文武官弁，前后情罪，应分别降革。被害不屈者，应邀恤赏；有劳无过各员弁，应听本省督提臣分核送部议叙"，最终"马尔泰著降三级，从宽留任。又一案降级调用之处，著宽免"。⑤ 马尔泰最终因处理民族矛盾不利被降级处分，然其在整个平定动乱过程中的作用却不可低估。

---

① 《清高宗实录》卷125，乾隆五年八月乙卯条。
② 《清高宗实录》卷125，乾隆五年八月戊辰条。
③ 《清高宗实录》卷127，乾隆五年九月甲申条。
④ 《清高宗实录》卷129，乾隆五年十月丁卯条。
⑤ 《清高宗实录》卷138，乾隆六年三月戊寅条。

（6）巩固海防、处理外藩事务

两广地区是清代海疆要地，清政府在遴选督抚时格外慎重，其中任职的一个重要条件是具备巩固海防，处理涉外事务之能。"从北部湾到南海，沿广西、广东有几千里的海防线，对沿海的防御是两广督抚的首要任务。"① 关汉华先生亦曾指出："由于广东拥有漫长的海岸线，居民大多以海为生，或出海捕鱼，或越洋贸易。外国商船、商人亦云集广州，因而粤省历来是海防战略要区和海外贸易中心，乾隆以后，更成为涉外事务最多的省份。因而巩固海疆、发展海外贸易、管理好粤海关、妥善处理涉外事务等等，自然成为历任两广总督的重要职责。"② 海防巩固的前提是必须处理好外藩事务。马尔泰任两广总督期间，处理了大量与安南等国贸易、海难等事务，③ 维护和巩固了海疆的稳定。

乾隆四年（1739）七月，马尔泰上"发遣难番归国日期本"，对七起邻国进行商贸、采钓船只遇险搁置人员归国时间及方式进行了详细奏报。④ 九月，再次上报乾隆三年（1738）与邻国进行海上贸易时他国因风造成的事故及善后处理情况。⑤ 并奏谢皇帝对他的几次褒奖，乾隆复曰："卿在粤所办之事，实属可嘉，朕别无可谕，惟愿卿始终如一耳。"⑥ 十二月，令马尔泰前往广西省城驻扎，办理"安南禄平州土官兵破谅山府城一案""俟事竣仍回广东"⑦。次年（1739）正月，马尔泰针对此事密奏献策，他指出："原非犯我边疆，臣惟密加巡防，内俱布置，外示镇静"，为了防止"兵民以为边疆有警，转生疑虑"，建议"应于二三月间以巡阅两省沿边沿海各镇官兵为辞，先往左江地方料理此事"⑧。五月，奏报乾隆四年（1739）吕宋国船舶在广东附近的海难情况。⑨ 六月，安南国内

---

① 李洵：《清前期广东督抚及其对地区发展的影响》，《东北师大学报》1988 年第 1 期。

② 关汉华：《试论清代前期两广总督的选任与治绩》，《广东社会科学》1997 年第 6 期。

③ 关于清代中越关系的研究可参阅孙宏年《清代中越关系研究（1644—1885）》，黑龙江教育出版社 2014 年版。

④ 中山市档案局（馆）、中国第一历史档案馆编：《香山明清档案辑录》，乾隆四年七月二十五日条，上海古籍出版社 2006 年版，第 419—420 页。

⑤ 《清高宗实录》卷 101，乾隆四年九月庚申条。

⑥ 《清高宗实录》卷 11，乾隆四年九月癸酉条。

⑦ 《清高宗实录》卷 106，乾隆四年十二月乙亥。

⑧ 《清高宗实录》卷 109，乾隆五年正月辛未条。

⑨ 《清高宗实录》卷 116，乾隆五年五月庚子条。

乱，马尔泰奏称："现在该国既未请救，亦惟有巡我疆圉，严加防范而已。臣现在查阅边兵，密探交夷声息。"①

乾隆六年（1741）二月，又上奏安南国因国内"匪目韦福琯等逞逆弄兵，至今未息，"造成"贡道或实有梗塞之处"，且安南国"已新立有国王，是该国正在扰攘之际，修贡设或稍迟"，军机大臣等议奏，"令该督行文该国王，准其暂行宽假，俟道路开通，即修职贡，用示体恤外藩之意"。②

首次出任两广总督期间，马尔泰除负责处理上述诸事外，还就当地教育、兴建养济院，以及其他工程等事多次上奏。③乾隆六年（1741）四月，马尔泰丁母忧，"广东广西总督印务著云南总督庆复前往署理"④。首次出任两广总督由此结束。

3. 署理川陕总督

乾隆六年（1741）八月，令马尔泰署兵部侍郎。⑤乾隆七年（1742）四月，马尔泰补授镶黄旗汉军都统。⑥九月，川陕总督尹继善丁母忧，其缺著马尔泰前往署理。⑦十月，马尔泰奏请平粜事宜，颇得嘉许。并上奏"陕西粮价骤不能平"之原因，乃"富商大户藉以囤积生财"所致，应加以遏制。⑧十二月，上奏应惩处青海郭罗克部叛乱，并请四川提督郑文焕前往松潘妥办。因噶尔丹策零夷使赴藏熬茶途经郭罗克附近地方，应予以防范。⑨乾隆八年（1743）二月，针对前述事宜再次上奏，并提出具体

---

① 《清高宗实录》卷119，乾隆五年六月戊戌条。

② 《清高宗实录》卷137，乾隆六年二月乙丑条。

③ 《清高宗实录》卷99，乾隆四年八月己亥条；《清高宗实录》卷99，乾隆四年八月甲辰条；《清高宗实录》卷138，乾隆六年三月己巳条；《清高宗实录》卷138，乾隆六年三月戊寅条；《清高宗实录》卷142，乾隆六年五月丁丑条；《清高宗实录》卷142，乾隆六年五月戊寅条；《清高宗实录》卷143，乾隆六年五月己卯条；《清高宗实录》卷143，乾隆六年五月癸未条；《清高宗实录》卷143，乾隆六年五月甲申条；《清高宗实录》卷143，乾隆六年五月壬辰条；《清高宗实录》卷144，乾隆六年六月己亥条。

④ 《清高宗实录》卷140，乾隆六年四月戊申条。

⑤ 《清高宗实录》卷149，乾隆六年八月辛亥条。

⑥ 《清高宗实录》卷164，乾隆七年四月壬辰条。

⑦ 《清高宗实录》卷175，乾隆七年九月丁丑条。

⑧ 《清高宗实录》卷179，乾隆七年十一月乙酉条。

⑨ 《清高宗实录》卷181，乾隆七年十二月乙卯条。

对策。① 同月，上"为办理在肃州贸易事竣等事情奏折"②。三月，奏请应严格规范管理"陕省各督镇采买营马"之事，并应制定相应规章制度。兵部议覆："至远涉口外购马，不拘何处，祗令先期报明督提，即查给照票等语。恐地无一定，仍有私往驻兵蒙古地方者，应令该督先行报部备案，仍于年终汇报，以凭查核。如违例私往，加以重惩。"③ 四月，兵部议准乾隆七年（1742）十二月及当年二月所奏之事："酌派熟练守备一员，带马兵一百二十名，各部番兵五十名，于四月内前往驻防郭罗克之包利军营，会同该驻防守备，将夷使往回，必由贼番平昔出没之道，查明切紧隘口，相度情形，先行屯驻，禁阻顽番，不许出外。俟夷使有信，即带领番兵严密巡逻，并咨明管理青海夷情副都统莽古赉，转饬彼处蒙古番兵，协力查堵。再泰宁协属革赉土司，与郭罗克比邻，亦密迩蒙古地方，并檄令阜和营再派把总一员，马步兵三十名，并饬明正土司，拣派头目劳丁，随往革赉。督率附近土司，派土兵三十名，于相通径路，加谨巡查，不得祖纵顽番出口，均俟夷使熬茶事竣彻回。其行装银两驮载马匹，口粮盐菜等项，照例支给。"④ 闰四月，上奏在西北驻防之兵的撤回问题："驻防哈密兵丁设卡，原以侦探声息，保护回民，本非战兵可比，宜令彻回。查现在驻防兵共四千五百名内二千五百名于乾隆五年更换到防，上年已届彻换之期，应即彻回。其六年到防之二千名，虽未满二年，为日较浅，然现据准噶尔夷使进藏熬茶，于二月内起身，约计闰四月内，可抵哈济儿地方，将来即由东科尔贸易赴藏，亦不过再迟两三月之事，俟夷使过后，再行彻回。至赤靖、桥湾、布隆吉等处防兵，原议令于新兵到后，即行彻回，而防所马匹，亦令拨给安西新兵骑操之用，军器鸟枪，并令给交，以资操演，应即遵照通行彻回。再各标镇营备战马驼，安西一镇，为首先御侮之所，尤须挑拨健壮者充用，如不足额，于内地各镇标营孳生内拨补，如仍不敷用，即动帑买足。其肃镇备战兵丁，与安西相去不远，马驼亦属紧要，应将此二镇马驼豫备壮健，现饬

---

① 《清高宗实录》卷185，乾隆八年二月甲寅条。

② 《署川陕总督马尔泰等为办理在肃州贸易事竣等情奏折》，乾隆八年二月十二日，载叶志如编选中国第一历史档案馆藏《乾隆八至十五年准噶尔部在肃州等地贸易（上）》，《历史档案》1984年第2期。

③ 《清高宗实录》卷186，乾隆八年三月己巳条。

④ 《清高宗实录》卷189，乾隆八年四月乙巳条。

内地各提镇营分别办理。"① 五月，大学士等议准马尔泰所奏："前安西改设提督案内，所有驻防哈密兵二千名，分拨塔勒纳沁驻兵三百名，用游击一员统之。三堡驻兵三百名，用都司一员统之。赛巴什达里雅驻兵二百名，用守备一员统之。其余一千二百名，俱留驻哈密城。臣抵哈密以来，相度形势，知塔勒纳沁原非极冲，城内又无仓库钱粮，应行防守。而三堡一城实系哈密与准夷往来要路，又连接乌克尔等处各卡，居五堡之中，平时既可弹压，万一有警，又可收聚各卡塘兵，在一城防守，请将塔勒纳沁三百名兵，酌留更换卡塘之用，以千把总一员统之。其余俱并归三堡，即将驻塔勒纳沁游击移三堡驻防。其原设都司，徹回哈密办事。从之。"②

4. 二次出任两广总督

乾隆八年（1743）五月，由于马尔泰曾在两广总督任上颇有作为，以及在署理川陕总督期间事迹突出，再次被调任两广总督。③ 此次出任两广总督，共一年两个月，以乾隆九年（1744）七月调补闽浙总督而结束。此次两广总督任内马尔泰主要精力用于开矿④、兴建提标及左右两镇所辖协营。⑤ 任两广总督期间，因各种功绩，乾隆皇帝多次恩赏。⑥

5. 调补闽浙总督

因有治理两广地区之丰富经验，乾隆九年（1744）七月，马尔泰被调补闽浙总督，⑦ 任期长达两年两个月。在谕旨中，乾隆帝督促道："闽与粤俱边海要区，而闽之漳泉，风俗顽梗，尚须化导，是闽重于粤也，一切政务，不偏不倚，毋纵毋苛，勉力为之，以副朕望。"⑧ 马尔泰到任

---

① 《清高宗实录》卷191，乾隆八年闰四月壬午条。

② 《清高宗实录》卷192，乾隆八年五月庚寅条。

③ 《清高宗实录》卷193，乾隆八年五月戊申条。

④ 《清高宗实录》卷219，乾隆九年六月己巳条；《清高宗实录》卷219，乾隆九年六月辛未条；《清高宗实录》卷220，乾隆九年七月乙酉条。

⑤ 《清高宗实录》卷219，乾隆九年六月乙亥条。

⑥ 相关恩赏档案如中国第一历史档案馆藏：《宫中档案全宗·朱批奏折》，乾隆五年正月二十八日"奏为恩赏福字并奶酥饼等食物谢恩事"，档号：04-01-12-0018-026；乾隆五年四月初三日"奏为恩赏御书五岭阳春四字匾额谢恩事"，档号：04-01-12-0019-079；乾隆九年二月二十九日"奏为恩赏福字等物谢恩事"，档号：04-01-12-0039-001；乾隆九年六月初九日"奏为恩赏各种药锭谢恩事"，档号：04-01-12-0040-007。

⑦ 《清高宗实录》卷220，乾隆九年七月戊寅条。

⑧ 《清高宗实录》卷223，乾隆九年八月甲戌条。

后首要任务就是处理当地洪涝灾害，乾隆帝言："督臣马尔泰到任，亦应不时查察经理，以慰朕念。"① 八月，工部议覆，马尔泰奏报潮州府属之海阳县，因地势低洼，入夏后，东南本三堤坝被冲决，请"动生息银两，及时抢修坚固"②。准其所请。十月，马尔泰奏请暂委一员署理福建漳州府知府，并列举能堪当此任的五个人选，最终批准金溶任之。③ 十一月，马尔泰奏请"严协被灾汛兵，再行借给一月饷银，以度冬寒"④。十二月，马尔泰议奏福建按察使王廷诤关于闽民教化的奏折。⑤ 此年马尔泰主要处理当地自然灾害及善后赈灾等与民生密切相关的问题。⑥

乾隆十年（1745）正月，马尔泰同福建巡抚周学健上奏："福、兴、漳、泉四府粮食，向皆仰给台郡，所有八社仓谷，采买时每石定价银三钱六分，平粜时四钱。去岁台郡丰收，自应及时采买，而谷价较前已昂，请将本年应买之谷，准于四府平粜盈余银内，照时价加增，总不出八年奏定四钱五分之数，令及早买贮。"获准。⑦ 二月，马尔泰同浙江巡抚常安奏请奖黜在浙江赈灾中功臣及罪者。⑧ 三月，马尔泰疏报："福清县海口、牛口二场垦复盐地一顷九十五亩有奇。"⑨ 四月，马尔泰补授领侍卫内大臣，著佛伦署理总督缺。⑩ 同月，马尔泰奏请回京任职，言："年力就衰，难胜封疆重寄，请解任回京供职"；乾隆未允，并言："卿尚能宣力封疆，不必固辞，据鞍矍铄，正汝辈所宜为耳"⑪。七月，议准马尔泰所奏以盐规银拨补各州县办公之用的建议。⑫ 同月，福建巡抚周学健又上奏马尔泰"因年齿就衰，忽患中风之症，幸尚能受补，医治半月，稍觉痊可"。乾隆心存怀疑，并言："欣悦览之，若渐可痊愈，则并非中风，

① 《清高宗实录》卷225，乾隆九年九月辛丑条。
② 《清高宗实录》卷223，乾隆九年八月庚午条。
③ 《清高宗实录》卷227，乾隆九年十月癸酉条。
④ 《清高宗实录》卷229，乾隆九年十一月癸卯条。
⑤ 《清高宗实录》卷231，乾隆九年十二月壬申条。
⑥ 《清高宗实录》卷234，乾隆十年二月己酉条。
⑦ 《清高宗实录》卷232，乾隆十年正月戊寅条。
⑧ 《清高宗实录》卷235，乾隆十年二月壬申条。
⑨ 《清高宗实录》卷236，乾隆十年三月乙酉条。
⑩ 《清高宗实录》卷239，乾隆十年四月癸亥条。
⑪ 《清高宗实录》卷239，乾隆十年四月辛未条。
⑫ 《清高宗实录》卷244，乾隆十年七月乙亥条。

若果系中风，正难望其痊愈耳，目下光景何如，可据实奏闻。"① 八月，"派御医孙之焕驰驿前往诊视"马尔泰病情。② 不久，马尔泰"再以老病不胜封疆，奏请解任回京"。乾隆复曰："览奏顿增悬念，今已差良医赴闽诊视矣，卿其善为调摄，尚期速痊，以慰朕怀毋以解任为请也。"马尔泰又奏，"臣疾现在就痊，正需调摄，而总督事务殷繁，未能久任，请准臣来京就职"。"得旨。览奏欣慰之至，前奏即未准行，况今已痊可，岂有来京之理。"③ 其归京任职之念再次被打消。马尔泰后又处理与台湾及蠲免闽省钱粮、赈恤、修造城垣等事。④

乾隆十一年（1746）正月，乾隆帝谕军机大臣等曰："朕看近来福建督抚光景，诸事皆周学健主持，马尔泰不过依顺而已。周学健急公认真，固属可嘉，然诸事越俎，亦非所宜。若一省之事，悉听巡抚主持，则总督岂非虚设耶。从前那苏图与周学健大相水火，有碍公事，是以朕降旨，将二人俱行训饬。凡督抚原当和衷共济，然圣人云：'君子和而不同'。马尔泰一味顺从，则是流于同矣。可传旨与马尔泰、周学健当思国家设官体制，勿但博和衷之名，有乖中道，以那苏图从前较之，所谓过犹不及也。"⑤ 三月，马尔泰又负责整顿闽省营伍、拣选台湾总兵等事。⑥ 闰三月，又传谕马尔泰同周学健："转饬文武汛防，加意稽查，毋得疏纵，亦不得借端需索，致滋扰累"，以"保无有偷漏禁物及偷渡过水等弊"。⑦ 四月后，兵部和户部相继议准马尔泰关于闽省陆路副、参、游、都、守各员部推的奏请，及马尔泰议覆巡视台湾给事中六十七等所奏内地民人赴台之事，又议覆布政使高山条奏台地民番事宜。⑧ 五月，马尔泰上奏：

---

　　① 《清高宗实录》卷245，乾隆十年七月己亥条。

　　② 《清高宗实录》卷246，乾隆十年八月甲寅条。

　　③ 《清高宗实录》卷247，乾隆十年八月己巳条。

　　④ 《清高宗实录》卷247，乾隆十年八月壬戌条；《清高宗实录》卷249，乾隆十年九月己丑条；《清高宗实录》卷249，乾隆十年九月戊戌条；《清高宗实录》卷250，乾隆十年十月壬寅条；《清高宗实录》卷251，乾隆十年十月丁卯条；《清高宗实录》卷253，乾隆十年十一月丁酉条；《清高宗实录》卷255，乾隆十年十二月丁卯条。

　　⑤ 《清高宗实录》卷256，乾隆十一年正月甲戌条。

　　⑥ 《清高宗实录》卷261，乾隆十一年三月乙未条；《清高宗实录》卷263，乾隆十一年闰三月壬子条。

　　⑦ 《清高宗实录》卷263，乾隆十一年闰三月己未条。

　　⑧ 《清高宗实录》卷265，乾隆十一年四月辛巳条；《清高宗实录》卷265，乾隆十一年四月甲申条；《清高宗实录》卷266，乾隆十一年五月戊申条。

"浙东营制渐弛，宁郡营兵，甚至相率为盗，台协等处，亦多私贩。臣拟先往宁绍一带，查阅营伍，带便察看民情，再赴温台等府，分别操阅水陆营汛。"乾隆帝言："浙省采生一案，常安所办，甚觉过宽，闻其有勾通兵役，谋为不轨之事，卿宜留心细察，据实奏闻。"① 六月，传谕军机大臣等曰："朕阅马尔泰巡察浙东营伍折内奏称：俟六月中旬，天气稍凉，起程前往宁绍一带，查阅提标营伍等语。所奏含糊，其于何时回闽之处，折内未经声明，尔等可寄信询问之。浙江营兵伙劫，该管武弁，在都行贿一案，前有旨。因马尔泰甫自浙回闽，令其不必复来，交与崔纪、安宁前往查审。今看来马尔泰尚在浙省，著伊会同审理。此案从前虽系督抚会题，马尔泰不过列衔会稿，此次会审，务必秉公研讯，以得实情，不得稍为常安回护。再前次审理卢焞一案，办理未妥，以致物议纷纷，地方不能安静，此案事关武职多员，更宜详慎，已传谕崔纪等令其镇静妥协办理。马尔泰系该省总督，尤当加意弹压，勿致滋事。可一并传谕知之。"② 七月，马尔泰奏覆："浙江营兵伙劫，武弁在部行贿一案"，言："臣秉公会讯，并慎选弁员，往宁郡探听，该处人情悚惧怀疑，且官兵上下相徇，毫无钤束。提臣陈伦炯，实不能弹压，仰恳速简提臣，以肃戎行。至参将连英，伙同标弁，在部打点招摇。游击严雄，遣子入都，钻营行贿。今审出实情，一并严参。"乾隆帝怒曰："所见亦小矣，兵丁滋事，国法俱在，此皆地方大吏，向日怠缓。以致酿成此风耳。审如是，则一任兵民犯法，朝廷不得过而问之矣，成何政体，光天化日之下，彼即鼓噪，亦惟明正典刑而已矣。"③ 后再次传谕："据闽浙总督马尔泰奏称：营兵伙劫，武弁在部行贿一案，若俟会审定案，将陈伦炯题参，未免有稽时日，提督为专阃大臣，宁郡系海疆重地，仰恳速即遴简来宁等语。陈伦炯著解任候审，其浙江提督员缺，著江南提督吴进义调补，速赴新任。江南提督员缺，著山东登州镇总兵谭行义补授，登州镇总兵员缺，著胶州营副将马负书补授。"④ 同月，钦差江苏学政崔纪、布政使安宁上奏会审浙江营兵沈光耀等伙劫一案。他们指出此案"系该府同

---

① 《清高宗实录》卷267，乾隆十一年五月甲子条。
② 《清高宗实录》卷268，乾隆十一年六月癸酉条。
③ 《清高宗实录》卷271，乾隆十一年七月丁巳条。
④ 《清高宗实录》卷271，乾隆十一年七月戊午条。

参令倪知本访获，并非营员觉察拏送，乃提臣陈伦炯竟据营员捏饰自行访拏之词具题，又恐部驳，随差武弁到部行贿，冀免重处。再臣阅案内，倪知本先禀县获，后详营获，情节互异，据供系遵抚宪批示，文武和衷，不可贪功，视为秦越等语。因改禀具详，是抚臣常安，亦有代提臣及营弁开脱之意"。得旨，"所办甚公平而妥，照例具题可也。若以此案论，倪知本有功无过，其为何参革之处，令马尔泰秉公查奏"；浙江巡抚常安又奏："督臣马尔泰平日不能约束兵弁，办理伙劫一案，庇护营员，前既特参知县倪知本等，后见营员行贿败露，转左袒文员，并欲以臣之批禀，实臣以瞻顾之咎，希图诿卸。"乾隆帝极力为马尔泰辩护，并言："此奏甚愚而险，汝所指马尔泰之处，朕不能为之讳，实皆有之，然汝之过处，汝何不明言耶，将以巧辞欺朕，朕岂被汝等所欺之主哉，不思以国家政务为重，和衷办理，而为是先入之言，甚属无耻，以汝平日于地方尚属安静，故姑留之，知愧知改汝之福，遂非遂过汝之祸，慎之戒之。"① 后马尔泰奏覆："臣前于浙江营兵沈光耀等伙劫案内，将慈溪县知县倪知本参革，缘该县始则自踞访闻之名，继又为营员作开脱之计，且并未根究各盗来历，草率完案，是以照例题参"；乾隆帝指出："此所谓诬善之人其辞游也，朕所望于汝者，岂如是迁就自居无过之地而已乎。"②

　　同年九月，乾隆帝最终批准马尔泰回京供职的请求。谕曰："闽浙总督马尔泰自上年病后，精力不逮，难以办理总督事务，著来京供职。闽浙总督员缺著山东巡抚喀尔吉善补授。"③ 同月，马尔泰还上奏疏通浙省瑞安、平阳两县境内淤塞的大河，并"建造陡门四间，以三间安设江浒，御咸蓄淡，如遇山溪水大，可以宣洩。以一间放水入河，旁达支港，灌荫田畴"④。

　　乾隆十二年（1747）六月，革马尔泰领侍卫内大臣之职，谕曰："马尔泰在外多年，诸事取巧，未能尽力，令年老有疾，一切不能，且以旧臣自居，动止骄慢，昨令射箭，又托病推诿，著革去领侍卫内大臣，所

---

① 《清高宗实录》卷 271，乾隆十一年七月癸亥条。
② 《清高宗实录》卷 275，乾隆十一年九月丁巳条
③ 《清高宗实录》卷 275，乾隆十一年九月丁巳条
④ 《清高宗实录》卷 275，乾隆十一年九月壬戌条。

遗员缺，著伊勒慎补授。"① 不久，又令其署理热河副都统。② 此后再无大的作为，直至乾隆十三年（1748）去世。③

6. 马尔泰简评

马尔泰在雍、乾两朝任职二十余载，其中大部分时间身任安靖边疆的大吏，所处理的事务纷繁复杂，执掌范围十分广泛，任总督期间的所作所为即是明证。中国第一历史档案馆所藏700余件相关奏档更能充分展现马尔泰在出任封疆大吏期间事务的烦琐。任内，管辖地区政治、经济、社会、涉外、文教等诸方面事务多能顺理成章，有所推进，并得到乾隆皇帝"不愧封疆之寄"④ 的肯定，足见其身任封疆时所取得的成绩。

在处理繁杂事务的过程中，马尔泰又难免疏忽大意，欠缺思忖，与他人结怨，即使勋旧贵族之裔也难逃君主之训斥和惩戒。在任两广总督期间，马尔泰曾上"皇上亲往先臣费英东墓前祭奠谢恩事"折，⑤ 表达了历代君主对其家族恩宠和厚待之情，充分说明马尔泰之所以能够久任封疆，除本人之功勋外，与其先祖之勋劳密不可分。马尔泰与傅尔丹之子哈达哈为同代之人，在前述谢恩折中，马尔泰特提及族弟哈达哈，可见二人交往甚密以及家族间的互动往来。索尔果家族在雍、乾时期的迅速发展与他们所发挥之作用不可分割。

（十）　副都统——敦柱

敦柱，又作敦住，马尔萨亲弟之子，图赖四世孙，生年不详，乾隆三十九年（1774）阵亡，隶正黄旗满洲。乾隆初，袭其伯父马尔萨之爵。⑥ 乾隆二十四年（1759）七月，因"正蓝旗满洲副都统莽古赉员缺，著敦柱署理"⑦。九月，"以前锋参领敦柱为甘肃庄浪副都统"⑧。同月，"以三姓副都统噶隆阿，庄浪副都统敦柱对调"⑨。十二月，"以三姓副都

①《清高宗实录》卷292，乾隆十二年六月庚午条。

②《清高宗实录》卷292，乾隆十二年六月壬申条。

③《清史列传》卷18《马尔泰》，第1353页。

④《清高宗实录》卷89，乾隆四年三月丙子条。

⑤ 中国第一历史档案馆藏："宫中朱批奏折"，档号：04-01-14-0009-043，缩微号：04-01-14-001-2590。

⑥《清史稿》卷334《列传一百二十一·曹顺》，中华书局1977年版，第11007页。

⑦《清高宗实录》卷593，乾隆二十四年七月癸酉条。

⑧《清高宗实录》卷596，乾隆二十四年九月丁巳条。

⑨《清高宗实录》卷597，乾隆二十四年九月乙丑条。

统敦柱、阿勒楚喀副都统巴岱对调"①。乾隆二十七年（1762）闰五月，又将敦柱调回三姓副都统任，则"以吏部郎中绰克托为阿勒楚喀副都统"②。起降二十八年（1763）八月，敦柱患病，"言语不清，步履艰难""准其解任来京调理，书通阿著调补三姓副都统"③。乾隆三十四年（1769），迁头等侍卫。④ 从征金川，"三十九年（1774），令署总兵，攻宜喜，冒雨克达尔图、俄坡诸碉。十一月，攻日旁，自木克什进，短兵搏战，没于阵。"⑤ 恤赠三等轻车都尉，列定金川前五十功臣，图像紫光阁，入祀昭忠祠。⑥

（十一）副都统——盛桂

盛桂，又作盛贵，费英东七世孙，傅尔丹长子兆德子富锐从子安宁之子，生年不详，卒于咸丰四年（1854），隶镶黄旗满洲。嘉庆十五年（1810），袭三等信勇公爵。⑦ 嘉庆十八年（1813），任头等侍卫。⑧ 嘉庆二十三年（1818），盛桂由乾清门侍卫擢散秩大臣。⑨ 道光五年（1825），命管理满洲内火器营，任大臣。⑩ 道光十四年（1834）三月，任正白旗蒙古副都统。⑪ 四月，兼署正红旗蒙古副都统。⑫ 十二月，命盛桂在内大臣上行走。⑬ 道光十五年（1835）正月，署正白旗汉军副都统。⑭ 道光十七年（1837），任牧青副都统。⑮ 道光十八年（1838）正月，署正蓝旗护军统领。⑯ 九月，赏借一等信勇公盛桂俸银十年，修理坟茔。⑰ 可见，嘉庆

---

① 《清高宗实录》卷603，乾隆二十四年十二月己巳条。

② 《清高宗实录》卷662，乾隆二十七年闰五月乙亥条。

③ 《清高宗实录》卷692，乾隆二十八年八月庚寅条。

④ 同上。

⑤ 《清史稿》卷334《列传一百二十一·曹顺》，第11007页。

⑥ 《清高宗实录》卷990，乾隆四十年十二月条。

⑦ 《清仁宗实录》卷237，嘉庆十五年十二月丙申条，中华书局1986年版。

⑧ 台北"国立故宫博物院"图书文献处清国史馆传包，702002877号。

⑨ 《清仁宗实录》卷346，嘉庆二十三年九月壬寅条。

⑩ 台北"国立故宫博物院"图书文献处清国史馆传稿，701001427号。

⑪ 《清宣宗实录》卷250，道光十四年三月己丑条，中华书局1986年版。

⑫ 《清宣宗实录》卷251，道光十四年四月壬戌条。

⑬ 《清宣宗实录》卷261，道光十四年十二月辛亥条。

⑭ 《清宣宗实录》卷262，道光十五年正月丁亥条。

⑮ 台北"中央研究院"历史语言研究所内阁大库档案，134448号。

⑯ 《清宣宗实录》卷305，道光十八年正月己亥条。

⑰ 《清宣宗实录》卷314，道光十八年九月庚子条。

帝对其祖上的功勋始终感念于怀。^①十一月，任命为乌里雅苏台参赞大臣。^①道光二十三年（1843）闰七月，署镶蓝旗蒙古副都统。^②道光二十四年（1844），署右翼前锋统领，^③后任稽查坛庙大臣。^④道光二十五年（1845），管右翼保定等五处大臣。^⑤道光二十六年（1846）二月，署镶白旗护军统领，^⑥不久又兼署正红旗满洲副都统。^⑦闰五月，调任吉林副都统。^⑧咸丰元年（1851）十月，调察哈尔副都统。^⑨二年（1852）十二月，署察哈尔都统。^⑩咸丰三年（1853）九月，命来京。^⑪十月，任内阁学士兼礼部侍郎衔。^⑫咸丰四年（1854）正月，署正红旗满洲副都统。^⑬同年卒。子联绥袭爵。光绪四年（1878），联绥子定昌袭爵。光绪二十七年（1901），盛桂曾孙锡明袭爵。^⑭

盛桂堂弟盛筠亦知名。乾隆六十年（1795）生，道光三十年（1850）卒，隶镶黄旗满洲。嘉庆二十年（1815），任整仪尉。^⑮嘉庆二十三年（1818），任治仪正。^⑯嘉庆二十五年（1820），任云麾使。^⑰道光四年（1824），任总理堂务冠军使。^⑱道光八年（1828），命查看盛京存贮卤簿。^⑲道光九年（1829），随扈盛京，由銮仪卫冠军使加恩赏戴花翎，并

① 《清宣宗实录》卷315，道光十八年十一月庚寅条。
② 《清宣宗实录》卷395，道光二十三年闰七月乙未条。
③ 台北"国立故宫博物院"图书文献处清国史馆传稿，701001427号。
④ 台北"国立故宫博物院"图书文献处清国史馆传稿，701001427号。
⑤ 台北"国立故宫博物院"图书文献处清国史馆传稿，701001427号。
⑥ 《清宣宗实录》卷426，道光二十六年二月癸丑条。
⑦ 《清宣宗实录》卷426，道光二十六年二月甲寅条。
⑧ 《清宣宗实录》卷430，道光二十六年闰五月丁亥条。
⑨ 《清文宗实录》卷46，咸丰元年十月甲辰条，中华书局1986年版。
⑩ 《清文宗实录》卷78，咸丰二年十二月庚辰条。
⑪ 《清文宗实录》卷105，咸丰三年九月己酉条。
⑫ 《清文宗实录》卷108，咸丰三年十月癸酉条。
⑬ 《清文宗实录》卷118，咸丰四年正月乙卯条。
⑭ 《清史稿》卷168《表八·诸臣封爵世表一·三等信勇公》，第5415—5416页。
⑮ 台北"国立故宫博物院"图书文献处清国史馆传稿，702001848-7号。
⑯ 台北"国立故宫博物院"图书文献处清国史馆传稿，702001848-7号。
⑰ 台北"国立故宫博物院"图书文献处清国史馆传稿，702001848-7号。
⑱ 台北"国立故宫博物院"图书文献处清国史馆传稿，702001848-1号。
⑲ 台北"国立故宫博物院"图书文献处清国史馆传稿，702001848-4号。

赏穿黄马褂。① 道光十年（1830），任山西杀虎口协副将。② 道光十三年，署大同镇总兵官。③ 道光十五年（1835）至道光十七年（1837），丁母忧。④ 后任广西浔州协副将。⑤ 道光二十一年（1841），带兵出师广东剿办英夷，总理军营翼长。⑥ 道光二十二年（1842）七月，以浔州协副将转任广西左江镇总兵官。⑦ 道光二十四年（1844），署广西提督。⑧ 道光二十八年（1848）至道光二十九年（1849），仍署广西提督。⑨ 道光三十年（1850），因病奏请开缺回旗。⑩ 十一月，被革职。⑪ 同年，病故。⑫

第二节　卫齐支系

卫齐支系与费英东支系是索尔果家族中最为繁盛的两支，对整个家族兴衰成败具有关键性的作用，同时，两支的发展和对家族的影响又有极大不同。

一　三等轻车都尉——卫齐

卫齐，又作魏齐、伟齐，索尔果第九子，生年不详，天聪九年（1635）去世，隶镶黄旗满洲。⑬ 其子嗣在清朝前中期历史上，发挥了巨大作用，如其次子卓布泰（赵布泰），三子鳌拜，四子巴哈，六子穆里玛，孙苏勒达（苏尔达）、瓜尔察，曾孙达福等皆为清朝历史上具有较大

---

① 《清宣宗实录》卷160，道光九年九月戊午条。
② 台北"国立故宫博物院"图书文献处清国史馆传稿，702001848-7号。
③ 台北"国立故宫博物院"图书文献处清国史馆传稿，702001848-1号。
④ 台北"国立故宫博物院"图书文献处清国史馆传稿，702001848-5号。
⑤ 台北"国立故宫博物院"图书文献处清国史馆传稿，702001848-7号、1848-5号。
⑥ 台北"国立故宫博物院"图书文献处清国史馆传稿，702001848-7号。
⑦ 《清宣宗实录》卷377，道光二十二年七月辛亥条。
⑧ 台北"国立故宫博物院"图书文献处清国史馆传稿，702001848-4号。
⑨ 台北"国立故宫博物院"图书文献处清国史馆传稿，702001848-7号。
⑩ 台北"国立故宫博物院"图书文献处清国史馆传稿，702001848-7号。
⑪ 《清文宗实录》卷22，道光三十年十一月戊申条。
⑫ 台北"国立故宫博物院"图书文献处清国史馆传稿，702001848-7号。
⑬ 卫齐的旗分屡经变化，努尔哈齐时隶属于镶白旗满洲，皇太极时隶属于正黄旗满洲，天聪九年（1635）底，改隶镶黄旗满洲，此时卫齐已经去世，文中以其最后隶属旗分为准。详见杜家骥先生《清初旗人之旗籍及隶旗改变考》，《民族研究》2013年第4期的考证分析。

影响之人。他们功勋的获得离不开其父卫齐及其伯父费英东等人开创的世职勋爵。

卫齐事迹最早见于《内阁藏本满文老档》天命三年（1618）四月，即努尔哈齐公布"七大恨"，与明正式决裂不久，其文载："以伟齐虚伪急躁，拟虚伪之罪，未没其俘获。"① 正是努尔哈齐"立大功者重赏，立小功者轻赏，负伤者视伤势轻重酌情行赏，阵亡之甲兵重赏"奖赏原则的体现。② 天命六年（1621）二月，与其兄巴班（巴本）因审案不公，"以虚为实""以非为是"，各罚银十两。③ 闰二月，尚间崖之役中因"隋占、伟齐奸宄不法，降游击为办理田粮通判"④。天命八年（1623）七月，"因私分复州所获之财货而拟以罪"。卫齐等"各罚衣服五件、银十五两"⑤。天命十年（1625）八月，努尔哈齐命卫齐同侍卫博尔晋、扎努、塞纽克、钟诺、尼堪等"率兵二千征东海南路虎尔哈部，降其五百户而归，上闻之，出城迎至浑河，上御帐殿，出征诸将并招来头目朝见"。天命十一年（1626），念其父索尔果早年归附之功，卫齐与兄音达户齐次子杨善、四子吉荪兄弟皆被授予骑都尉世职。⑥ 后来蒙古济农额驸有十户逃亡，卫齐率兵追之，尽俘以归。⑦

《八旗满洲氏族通谱》载卫齐亦曾入十六大臣之列，⑧ 然考《清太宗实录》及涉及卫齐的各种传记，可知天命十一年（1626）任命的十六大

①　《内阁藏本满文老档》（太祖朝）汉文译文，第二函第六册，天命三年四月二十六日条，第21页。

②　《内阁藏本满文老档》（太祖朝）汉文译文，第二函第六册，天命三年四月二十日条，第20页。

③　《内阁藏本满文老档》（太祖朝）汉文译文，第二函第十七册，天命六年二月条，第57页。

④　《内阁藏本满文老档》（太祖朝）汉文译文，第三函第十八册，天命六年闰二月条，第60页。

⑤　《内阁藏本满文老档》（太祖朝）汉文译文，第七函第五十七册，天命八年七月初八日条，第201—202页。

⑥　《内阁藏本满文老档》（太祖朝）汉文译文，第九函第七十册，天命十年条，第253页；《满洲实录》卷8，中华书局1986年版，天命十年八月条丁丑条；《清太祖高皇帝实录》卷9，天命十年八月丁丑条；《满汉名臣传》卷5《伟齐列传》，《清史列传》卷4《伟齐》等书皆有记载。

⑦　《八旗通志初集》卷141《名臣列传一·卫齐》，第3699页；《钦定八旗通志》卷135《人物志十五·伟齐》，第8594页。

⑧　《八旗满洲氏族通谱》卷1《卫齐》，第33页。

臣中并无卫齐之名。索尔果家族中唯宜荪和杨善任之。①

　　天聪三年（1629），卫齐从皇太极征明，在遵化曾三次擒获明朝的哨卒，又击败敌兵五次，以功，加世职为三等轻车都尉。②《内阁藏本满文老档》对卫齐升任三等游击的缘由予以详尽说明，因"出兵瓦尔喀，解至俘杀我人而遁之男丁六十人，获被劫之马十三及甲五来献，身伤一处。杜棱额驸下蒙古人十户逃遁，追及，尽诛之，身伤一处，马伤三处。往宫图，伤一处。驻遵化时，明兵来战，败其哨卒三次、大营一次，获马百匹。敌兵复来战，又倡先进击，身伤二处。因其善战，是以擢升"③。天聪五年（1631）八月十三日，"阿济格台吉、墨尔根戴青遣伟齐，招降大凌河城东隅河岸之台。内有男丁三十五人、妇孺三十三口、牛十八、驴十七，即交丁副将养之"④。天聪六年（1632）六月二十九日，"将在张家口所得财物分为五份，一份赏土谢图额驸。其余四份及阿济格贝勒所得财物、沙河堡所获财物、俱赏与领兵诸将"。卫齐与其侄宜荪等二十六名游击各赐倭缎、缎一。⑤ 天聪八年（1634）十二月，皇太极分定专管牛录，卫齐与其侄费英东第六子索海各得半个牛录，其侄宜荪、吴赖各得一个牛录。⑥ 天聪九年（1635）正月，皇太极命人"免功臣徭役"，最后确定专管牛录数目。⑦ "卫齐与焉，并赠给佐领人户，使之专辖。"⑧ 此外，其弟察喀尼，亲侄宜荪、吴赖亦与焉，索海不在其列。⑨ 能够获得专管本家族牛录的权力对该家族而言是极大的荣耀，因为并非所有的世管

---

　　① 具体人员名单可参阅《清太宗实录》卷1，天命十一年九月丁丑条。

　　② 《八旗通志初集》卷141《名臣列传一·卫齐》，第3699页；《八旗满洲氏族通谱》卷1《卫齐》，第33页。

　　③ 《内阁藏本满文老档》（太宗朝）汉文译文，第五函第三十三册，天聪四年条，第559页。此处将卫齐译作"乌依齐"。

　　④ 《内阁藏本满文老档》（太宗朝）汉文译文，第七函第四十册，天聪五年八月十三日条，第582页。

　　⑤ 《内阁藏本满文老档》（太宗朝）汉文译文，第九函第五十六册，天聪六年六月二十九日条，第646—648页。

　　⑥ 中国第一历史档案馆译：《清初内国史院满文档案译编》（上）天聪朝、崇德朝，天聪八年十二月十四日条，第126页；《清太宗实录》卷21，天聪八年十二月丙申条。

　　⑦ 《清太宗实录》卷22，天聪九年正月癸酉条。

　　⑧ 《清史列传》卷4《伟齐》，第185页。

　　⑨ 《清太宗实录》卷22，天聪九年正月癸酉条；《清初内国史院满文档案译编》（上）天聪朝、崇德朝，天聪九年正月二十二日条，第142页。

牛录都是专管牛录，"只有建立功业后，或被汗视为是有大功者，才确定其世管牛录为专管牛录，以及专管牛录的数量"①。索尔果家族归附时带来的五百户编为五个佐领，这五个佐领分别由索尔果第五子吴尔汉、第九子卫齐、索尔果次子费英东第十子察喀尼、索尔果第四子音达户齐第三子宜苏、索尔果长兄尼堪曾孙席拉纳管理，② 其中仅有卫齐、察喀尼及吴尔汉之子吴赖分得专管牛录，这也带动了卫齐支系、费英东支系以及吴尔汉支系的迅速发展。同年，卫齐去世。③ 其墓位于"承德县城北十里"④。顺治十二年（1655）十月，"世祖章皇帝以伟齐历事两朝，忠诚素著，赐谥端勤，视一等大臣例，立碑墓道"⑤。卫齐有子七人，"赵布泰、鳌拜、穆里玛，并有传。巴哈累官至内大臣。巴哈子苏尔达，亦知名，见得谥名臣传"⑥。

二　辅政大臣——鳌拜

鳌拜，又作敖拜，卫齐第三子，生于明万历二十八年（1600），⑦ 卒

---

① 杜家骥：《八旗与清朝政治论稿》，人民出版社 2008 年版，第 55 页。

② 杜家骥先生认为费英东家族所带来的部众编为三个牛录，分别为察喀尼、卫齐及吴尔汉三人所管之牛录，未将宜苏及席拉纳所管之牛录计算在内。同时，杜先生据《天聪九年档》的记载指出："费英东五弟吴尔汉所管之牛录不在专管之列。"（《八旗与清朝政治论稿》，第 56 页）然查《清太宗实录》卷 22，天聪九年正月癸酉条及《清初内国史院满文档案译编》天聪九年正月二十二日条，却载吴赖分得半个专管牛录，再参考两部《八旗通志》的《旗分志》中皆有吴赖任佐领的记载，可知，吴赖是继其父吴尔汉之后任佐领的。杜先生注意的仅是吴尔汉本人是否分得专管牛录，而未看其子的情况，同时也是《天聪九年档》记载的疏忽所致。

③ 《八旗通志初集》卷 141《名臣列传一·镶黄旗满洲世职大臣一·卫齐》载卫齐天聪八年五月病故，通过与《清初内国史院满文档案译编》《清史列传》《满汉名臣传》等文献进行比勘，可知其应在天聪九年去世。

④ 《钦定盛京通志》卷 104《卫齐墓》，《文渊阁四库全书》第 503 册，第 190 页。

⑤ 《清史列传》卷 4《伟齐》；《钦定大清一统志》卷 41《奉天府四》；《清世祖实录》卷 94，顺治十二年十月戊寅条；《清朝通志》卷 53《谥略六·庶官谥》；（清）刘锦藻撰：《清朝续文献通考》卷 131《职官考十七》，《万有文库》第二集十通第十种《清朝续文献通考》第二册。

⑥ 《八旗通志初集》卷 141《名臣列传一·卫齐》，第 3699 页。考诸各种史料及族谱可知，卫齐仅有七子，唯有《初集》一书载为八子。

⑦ 《鳌拜等罪案残片》中载康熙八年（1669）鳌拜七十岁，可以推知其生于明万历二十八年（1600），《明清史料》丁编第 8 本，中央研究院历史语言研究所 1931 年铅印本，第 724 页。杨珍先生最早于《鳌拜罪案史料辩正——兼论清史研究中满汉史料的运用》（《故宫博物院院刊》2015 年第 6 期）一文中据此推断出鳌拜生年，后在其新著《清前期宫廷政治释疑》（中国社会科学出版社 2018 年版）再次予以阐发。

年不详，隶镶黄旗满洲。① 康熙朝四大辅臣之一，权倾朝野，是清朝历史上战功卓著又颇具争议的大人物。鳌拜本人政治势力的强大也带动了其家族，特别是索尔果家族中卫齐支系的壮大，其最终的获罪也严重影响了家族的发展走向。因关于鳌拜辅政期间的事迹及得罪经过等问题，前辈学者已有充分论证，② 故本部分仅简单介绍鳌拜的仕途历程，继而探讨鳌拜的成败对家族发展的影响。

（一）鳌拜征战及仕途

鳌拜最初以护军校从征，屡立战功。天聪六年（1632）正月，鳌拜同"刘哈、席特库、他哈布等自明界捉生还。获蒙古人五、汉人三十、牲畜三十二。上命即以所获，赏之"③。天聪八年（1634），袭骑都尉世职。④ 同年（1634）正月，命阿山、图鲁什、托克退、拖克拖会，率领鳌拜、何洛会、准塔等往略锦州。⑤ 六月，皇太极"命贝勒豪格、超品公杨古利、正黄旗固山额真纳穆泰、镶黄旗固山额真梅勒章京达尔哈，前往

---

① 鳌拜旗分的变化与其父卫齐相同，即皇太极时初隶正黄旗满洲，天聪九年（1635）底，改隶镶黄旗满洲，文中以其最后隶属旗分为准。详见杜家骥先生《清初旗人之旗籍及隶旗改变考》（《民族研究》2013 年第 4 期）的考证分析。

② 国内外相关研究极为丰富，仅举部分代表性论著。［美］R. B. 奥克斯曼：《〈马上治天下〉——鳌拜摄政时期（1662—1669）的满族政治》，美国芝加哥大学出版社 1975 年版，载《清史译文》1980 年第 1 期；［法］白晋《康熙皇帝》，赵晨译，黑龙江人民出版社 1981 年版；杨学琛、周远廉：《清代八旗王公贵族兴衰史》；孟昭信：《康熙皇帝大传》，吉林文史出版社 1987 年版；杨珍：《清前期宫廷政治释疑》；姚念慈：《定鼎中原之路：从皇太极入关到玄烨亲政》，生活·读书·新知三联书店 2018 年版；王思治：《鳌拜》，载《清代人物传稿》上编第五卷，中华书局 1986 年版，第 70—78 页；李林、王建学：《鳌拜论》，《辽宁大学学报》1981 年第 5 期；周远廉、赵世瑜：《论鳌拜辅政》，《民族研究》1984 年第 6 期；孟昭信：《试评康熙初年的四大臣辅政体制》，《史学集刊》1985 年第 3 期；王思治：《康熙帝继位与四大辅政的由来》，《史学月刊》1986 年第 6 期；徐凯：《关于康熙四辅臣的几个问题》，《史学集刊》1986 年第 1 期；徐凯：《清初摄政、辅政体制与皇权政治》，《史学集刊》2006 年第 4 期；杨珍：《索额图研究》，《清史论丛》1996 年号；姚念慈：《多尔衮与皇权政治》，《清史论丛》1996 年号；姚念慈：《康熙初年四大臣辅政刍议》，《清史论丛》2007 年号；杨珍：《鳌拜罪案史料辩证——兼论清史研究中满汉史料的运用》，《故宫博物院院刊》2015 年第 6 期；杨珍：《辅政大臣遏必隆、鳌拜满文奏疏研究》，《满语研究》2016 年第 1 期；杨珍：《康熙朝鳌拜罪案辨析》，《历史档案》2016 年第 3 期。

③ 《清太宗实录》卷 11，天聪六年正月丁卯条。

④ 《八旗通志初集》卷 141《名臣列传一·镶黄旗满洲世职大臣一·鳌拜》，第 3701 页。

⑤ 《清太宗实录》卷 17，天聪八年正月戊辰条。《八旗通志初集》卷 141《名臣列传一·镶黄旗满洲世职大臣一·鳌拜》记为二月，第 3701 页。

上方堡,拆毁边墙,攻台捉生"。又命鳌拜同护军统领谭泰、堂弟护军参领图赖等前往设伏,皇太极亲率大军继之。① 旋因"护军参领图赖、南褚、鳌拜、骑兵甲喇章京巴布泰出略时越指示往略之界,又不至约会之处,尽夺所获之物入官"②。

崇德二年(1637),鳌拜随征明皮岛。阿济格召集诸将领征求进取之策,鳌拜与参领准塔愿为前驱,并与王约曰:"我等若不得此岛,必不来见王面,誓必克岛而回。"遂与准塔连舟渡海,先众前往,"举火为号,以待后师。敌兵于堡上列阵拒战",鳌拜等奋勇径克之。皇太极认为此岛可比大城,"由牛录章京超擢尔为三等梅勒章京,赐号巴图鲁,加世袭六次,准再袭十二次"③。崇德四年(1639)三月,鳌拜同丹代等"率护军沿锦州城驰略,杀二十人,获马十四,羊一百七十"④。四月,因未遵旨修复泥泞之路而受罚。⑤

明清之间的松锦大战是关系到双方生死存亡的一次大决战。崇德六年(1641)七月,鳌拜随济尔哈朗围攻锦州。当大兵围困锦州时,洪承畴等率大军赴援,鳌拜率军以步战攻克洪承畴率领之步兵营,赏银四百两。⑥ 八月,"叙和硕郑亲王济尔哈朗克取锦州外城从征诸将功,并录从前劳绩,升三等梅勒章京鳌拜巴图鲁为一等梅勒章京"。对鳌拜的敕词曰:"尔鳌拜随和硕郑亲王初次围锦州时,领护军蠹击败杏山敌兵,及和硕郑亲王攻克锦州外城,尔见敌骑自松山出,又领护军蠹,败之。敌步兵列栅抗拒,不待王贝勒传令,徒步冲入,及我军合击松山敌兵。有城内敌兵来袭王贝勒后,尔又击败之。以功,由三等梅勒章京超擢为一等梅勒章京,准再袭十次。"⑦ 不久,皇太极亲率大军援锦,获明笔架山军粮,又修浚壕沟,断绝松山杏山路。皇太极还营后,谕诸将曰:"今夜敌兵必遁,左翼四旗护军统领鳌拜巴图鲁、阿济格、尼堪、韩岱、哈宁噶

① 《清太宗实录》卷19,天聪八年六月辛卯条。《八旗通志初集》卷141《名臣列传一·镶黄旗满洲世职大臣一·鳌拜》记为七月,第3701页。

② 《清太宗实录》卷19,天聪八年六月甲午条。

③ 《清太宗实录》卷37,崇德二年七月己巳条;《八旗通志初集》卷141《名臣列传一·镶黄旗满洲世职大臣一·鳌拜》,第3701页;《满汉名臣传》卷5《鳌拜列传》,第119页。

④ 《清太宗实录》卷45,崇德四年正月己卯条。

⑤ 《清太宗实录》卷46,崇德四年四月丙申条。

⑥ 《清太宗实录》卷56,崇德六年七月乙酉条。

⑦ 《清太宗实录》卷57,崇德六年八月甲辰条。

等，可各率本旗护军至右翼汛地排列。右翼四旗护军及骑兵、蒙古兵、前锋兵俱比翼排列，直抵海边，各固守汛地。敌兵之遁者，有百人则以百人追之，千人则以千人追之，如敌兵众多，则蹑后追击，直抵塔山。"是夜初更时，明总兵吴三桂、王朴、唐通等率马步兵等沿海突围。篇古、扎喀纳、鳌拜等，相继追击。"明兵窜走，弥山遍野，自杏山迤南沿海至塔山一路，赴海死者不可胜计。"① 此战明军损失过半，败局已定。崇德七年（1642）六月，"以鳌拜巴图鲁为护军统领"②。同月，多罗安平贝勒杜度薨，命图赖和鳌拜等往吊。③ 后赐图赖、鳌拜等官兵二百员，名马各一匹。④ 又赏图赖、鳌拜、谭布、遏必隆、巴哈等，驼各一只。⑤ 崇德八年（1643）正月，鳌拜随硕讬狩猎时，得罪，应论死，后宽之，鞭一百。⑥ 六月，以多罗饶余贝勒阿巴泰等征明大捷，"叙随征左翼满洲、蒙古、汉军十二旗功。赐护军统领鳌拜巴图鲁、梅勒章京讷尔特，各银五百，缎二十"⑦。十月，叙征锦州、松山、北京、山东等处军功，鳌拜由一等男加为三等子。⑧

崇德八年（1643）八月初九日，皇太极去世。满洲贵族之间因皇位继承问题出现尖锐冲突。鳌拜及其堂弟图赖参与了从欲立豪格到宣誓效忠福临的整个立君过程，并发挥关键作用。本章第一节关于图赖的内容中对此问题有过探讨，并可参考姚念慈先生《多尔衮与皇权政治》，以及台湾学者叶高树先生《满洲亲贵与清初政治：都英额地方赫舍里家族的个案研究》⑨ 两篇长文。

顺治元年（1644），鳌拜"随大兵定燕京"⑩。顺治二年（1645）正

---

① 《清太宗实录》卷57，崇德六年八月甲子条。
② 《清太宗实录》卷61，崇德七年六月甲辰条。
③ 《清太宗实录》卷61，崇德七年六月乙巳条。
④ 《清太宗实录》卷61，崇德七年六月丁卯条。
⑤ 《清太宗实录》卷61，崇德七年六月辛未条。
⑥ 《清初内国史院满文档案译编》（上）天聪朝、崇德朝，崇德八年正月十三日条，第506页。
⑦ 《清太宗实录》卷65，崇德八年六月甲戌条。
⑧ 《清世祖实录》卷2，崇德八年十月甲子条；《八旗通志初集》卷141《名臣列传一·镶黄旗满洲世职大臣一·鳌拜》，第3702页。
⑨ 叶高树：《满洲亲贵与清初政治：都英额地方赫舍里家族的个案研究》，《台湾师大历史学报》2010年第43期。
⑩ 《满汉名臣传》卷5《鳌拜列传》，第120页。

月，李自成被迫放弃西安，向湖广撤退，阿济格奉命追击大顺军，鳌拜等亦分翼出师，与大顺军展开十余场战争，重创大顺军。又"叙克明燕京、破流贼及克锦州、松山等处功"。"以三等昂邦章京鳌拜巴图鲁夙荷太宗皇帝宠眷，擢为一等昂邦章京。"① 八月，"鳌拜听信谭泰，不行集众传示谕辞"。罚银一百两。② 同月，因谭泰讦告索尼，鳌拜与其弟巴哈、伯父费英东之女巴雅喇之妻所生之巩阿岱、锡翰、德马护等被牵连入内，"本应依拟，姑免罪"③。鳌拜、图赖、索尼与谭泰之间的矛盾日渐加深和公开化。十月，鳌拜随靖远大将军阿济格进攻退守西安的李自成大顺军。顺治三年（1646）正月，鳌拜与图赖又告发谭泰在分路攻取西安时，为了获取军功曾对图赖言："我军道迂险，故后至。请留南京畀我军取之。"④ 鳌拜、图赖等众议将谭泰处死，但多尔衮庇护谭泰，反倒对鳌拜和图赖大加谴责。同年，鳌拜随豪格征四川张献忠大西军。"败贺珍兵于楚、湖。"⑤ 十一月，师抵西充县境，"随令护军统领鳌拜巴图鲁等分领八旗护军先发"，进攻张献忠，"鳌拜等奋击，大破之。斩献忠于阵"⑥。大西军余部四处溃散，鳌拜与李国翰等"分兵征剿遵义、夔州、茂州、荣昌、隆昌、富顺、内江、资阳等处"⑦。战果颇丰。孙可望、李定国等率领余部退入云贵坚持抗清。

鳌拜在与李自成、张献忠等农民军的战争中立下赫赫功绩，本应加官晋爵，然顺治五年（1648）二月，部臣论随征参将希尔艮冒功争赏罪时，因鳌拜等"不将希尔艮冒争情由勘实"，论应革职，罚银一百两，最终"鳌拜巴图鲁停其赏赉"⑧。三月，又因崇德八年（1643）与图赖、图尔格、锡翰、巩阿岱、索尼、谭泰六人欲立豪格及"共立盟誓"等事被贝子吞齐（屯齐）、尚善等讦告郑亲王济尔哈朗时一并揭出。其罪由是："鳌拜巴图鲁同谋立肃王为君，以上为太子。罪一。又与巩阿岱、索尼、

① 《清世祖实录》卷13，顺治二年正月壬子条。
② 《清世祖实录》卷20，顺治二年八月丁未条。
③ 《清世祖实录》卷20，顺治二年八月丁未条。
④ 《清史稿》卷235《列传二十二·图赖》，第9434页。
⑤ 《满汉名臣传》卷5《鳌拜列传》，第120页。
⑥ 《清世祖实录》卷29，顺治三年十一月甲申条。
⑦ 《清世祖实录》卷33，顺治四年八月乙酉条。
⑧ 《清世祖实录》卷36，顺治五年二月庚寅条。

锡翰、谭泰、图赖等共立盟誓，罪一；索尼奏阿里马事既回，鳌拜与锡翰、巩阿岱、谭泰往图赖家谋执阿里马以待闻，图赖、索尼悖言欺隐不奏，罪一。上迁都燕京时，听信郑王一任镶蓝旗、正蓝旗违令前行，又曲徇罪废之，肃王明系与郑王同谋，而又言与郑王并未商议，自盛京至燕京并不知其近上立营行走，鳌拜应论死。"后免死赎身。图赖免革公爵及籍没家产，革其子辉塞所袭之职，并夺其燕京所投汉人与因官所赏蒙古，籍没杨善、罗硕家产时所得之物，及幽禁肃王时嘉其言善所赏银二百两，玲珑鞍马一匹。其兄弟子侄为侍卫者，俱革退。塔瞻从宽免革公爵。锡翰革去公爵，保留男爵，并革议政大臣，赎身。国戚多尔济免革职，赎身。索尼免死，革去所有职衔，赎身，黜为民，徙居昭陵，夺其燕京所投汉人，与因官所赏蒙古及幽禁肃王时嘉其言善所赏银二百两并玲珑鞍马一匹，其兄弟子侄为侍卫者俱革退。图尔格免革公爵，革其子廓步梭（科普索）所袭之职，并夺其燕京所投汉人，因官所赏蒙古。阿济格、尼堪坐以应得之罪。① 此次事件中牵连多名索尔果族人，或有姻亲关系之人。同年（1648）四月，侍卫廓步梭讦告其祖母及父图尔格、叔遏必隆，事牵鳌拜等人。其讦告缘由是："护军统领鳌拜巴图鲁、公巩阿岱、锡翰偏听图尔格言擅拨兵丁守门，亦应俱论死。"命免鳌拜、巩阿岱、锡翰死。遏必隆母子亦著免死。仍下诸王贝勒大臣等会勘，诸王贝勒大臣等以遏必隆犯罪重大，仍应论死，其母免死，籍没。鳌拜革职为民，奏入。得旨，鳌拜免革职。遏必隆免死，革职，籍没，其母子家产一半仍拨隶伊尔登牛录下，夺其所属牛录人丁。②

顺治五年（1648）十一月，因"喀尔喀部落二楚虎尔行猎，向我边界"，遂遣鳌拜同和硕英亲王阿济格、多罗端重郡王博洛、多罗承泽郡王硕塞、固山贝子拜尹图、公傅勒赫、岳乐等统兵戍守大同。③ 十二月初三日，大同总兵官姜瓖举兵反清，"鳌拜率七骑败贼兵三百余"④。顺治六年（1649）三月，鳌拜与端重亲王博洛合攻大同。⑤ "鳌拜遣部将败贼兵之夺我炮者。贼将杨振威率兵万余犯正蓝旗营，鳌拜以右翼三旗兵大破其众。

① 《清世祖实录》卷37，顺治五年三月己亥条。
② 《清世祖实录》卷38，顺治五年四月癸酉条。
③ 《清世祖实录》卷41，顺治五年十一月癸未条。
④ 《满汉名臣传》卷5《鳌拜列传》，第120页。
⑤ 《清世祖实录》卷43，顺治六年三月丙戌条。

贼兵五千余由大同北山至，立两营，逼我军，鳌拜率精兵进剿，破其一营，乘胜逐北。璘闻北山援兵至，亦尽发城中兵，出拒我师，鳌拜纵击，斩获殆尽。贼将复以兵截战，败之于忻口，再败之于晋祠镇。攻汾州关，克孝义县。皆以捷闻。"① 顺治七年（1650）七月，摄政王多尔衮有疾，固山贝子锡翰等请皇上临幸其府第，多尔衮以"锡翰等违令擅请驾临"，罪之。又以鳌拜、巴哈等"目睹锡翰等罪状不即执鞫，因并治罪。于是众议以罪大莫比，论死，籍其家。鳌拜亦论死"。降一等侯鳌拜巴图鲁为一等男，赎身。巴哈则加倍罚以应得之罪。② 至此，鳌拜在多尔衮摄政期间已三次论死。十一月，摄政王多尔衮去世，顺治皇帝亲政。

顺治八年（1651）正月，鳌拜与其弟巴哈，及巩阿岱被委以议政大臣之职。③ 闰二月，"以军功升三等侯鳌拜巴图鲁为一等侯"④。八月，议谭泰之罪，谕曰："谭泰昔在部中，尚有忠君为国之意，及观迩来但知为已营私，凡部中一切事务朦胧奏请，或经朕察出，谕以事当如此，伊即厉色争胜。内任己意，外则矫旨而行。因佟图赖为伊妹夫，明知固山额真金砺驻防杭州，妄称缺出，遂越旗而用佟图赖。夫墨尔根侍卫李国翰、刘之源与金砺同时驻防，彼二人何尝出缺，岂非谭泰恣行已意乎。且谭泰所任者吏部也，乃于六部之事无不把持。凡此狂悖之行，诸王内外大臣或不知朕意，误以为谭泰有所奏请，朕辄听从，遂惧其威权，群起而附和之。朕虑迁延日久，则干连者必多，故执之，付廷臣议。"于是会讯，谭泰俱服。议未上，鳌拜又讦称："谭泰昔与公主争房园，图赖令塞尔特将告谭泰之状自西安府带来，谭泰差塞尔特之牛录章京希思汉于途中扯碎其状，弃之，嘱塞尔特诳言付与索尼。于是我等议将谭泰监禁，将希思汉处死，后谭泰为吏部尚书，因希思汉为伊而死，遂将希思汉牛录章京之职令其兄黑石痕承袭。又谭泰监禁时，睿王遣人送野雉、野豕肉，谭泰私谓使人曰：'王若拯我已死之身于监禁之中，吾当杀身报恩。'睿王遂将谭泰从监内取出优养，此事端重王可证。又上幸睿王第时，谭泰未曾随驾。次日，睿王斥责我等谭泰在王侧坐，云：'我死亦在此门，

---

① 《满汉名臣传》卷5《鳌拜列传》，第120—121页。
② 《清世祖实录》卷49，顺治七年七月辛酉条。
③ 《清世祖实录》卷52，顺治八年正月丁丑条。
④ 《清世祖实录》卷54，顺治八年闰二月己未条。

生亦在此门。'此语随驾大臣，并侍卫等皆知。又葬睿王时，谭泰言：'睿王救我出监，特加优养，此恩惟有誓告天地，图报王之子，王之臣尔。'谭泰之感激睿王如此。当太宗皇帝时，何尝不厚蒙恩养，独不思所以图报耶。谭泰素与何洛会无隙，以迎合睿王意，遂取何洛会兄弟家产。又诬无辜之巴图海将图尔格取去，寻即杀之。睿王将巴布海奴仆家产悉与谭泰。后谭泰被监禁时，我与图赖、锡翰、巩阿岱、索尼公议以巴布海无罪，其家产应给与其兄巴布泰，而谭泰擅自夺去，并将图尔格、图赖茔室，尽行拆毁。又诸王命谭泰往海子启奏陈泰、李率泰之罪，谭泰曰：'为何排挤我，若有我不犹愈乎？'竟不往。诸王、议政大臣皆知。又恭送孝端文皇后梓宫往昭陵，谭泰悍然不往。又上与诸王在南苑行猎，谭泰擅驰大群之马，端重王知之。又户部王大臣奉旨将给硕对、喀木图原领籍没之家产尽给与索尼，谭泰随差布兰谓索尼曰：'虽有旨汝不可受。'索尼不从。谭泰对众发怒，言：'上于硕对、喀木图欲养即宜养之，欲杀即宜杀之，如何将彼家产尽行夺去，令彼如何度日。'贝子锡翰、巩阿岱及席讷布库皆知之。"鳌拜所列九宗罪款，谭泰皆供认不讳。"谭泰著即正法，籍没家产，其子孙从宽免死。"[1] 鳌拜与谭泰的政治博弈，最终以鳌拜的胜利而结束。两天后，鳌拜又列款讦告护军统领伊尔德。"一，上避痘南苑时，擅令内直员役更番。一，私减守门护军额数。一，疾忌鳌拜、巴哈为上效力。下刑部审实，部议伊尔德应论死，籍没。上贷其死，削一世职，留任，准折赎。"[2]

　　顺治九年（1652），鳌拜"自陈劳绩，且以忤睿亲王意，致屈抑战功，讼于上前"[3]。吏部议覆，优升鳌拜为二等公。[4] 四月，以鳌拜总管侍卫，[5] 授领侍卫内大臣，"遏必隆管銮仪卫，与索尼并为内大臣，诸人成为福临所倚重的黄旗元老重臣"[6]，成为清朝统治阶层的核心人物，参与议政。顺治十三年（1656）八月，鳌拜等疏奏："大阅以讲武，典至重也。自太祖、太宗以来，举行已久。今请酌古准今，三年一次大阅，阅

① 《清世祖实录》卷59，顺治八年八月壬戌条。
② 《清世祖实录》卷59，顺治八年八月甲子条。
③ 《满汉名臣传》卷5《鳌拜列传》，第121页。
④ 《清世祖实录》卷63，顺治九年二月壬戌条。
⑤ 《清世祖实录》卷64，顺治九年四月乙卯条。
⑥ 王思治：《鳌拜》，载《清代人物传稿》上编第五卷，中华书局1986年版，第74页。

毕，传令大臣，并侍卫于御前较射，赐宴。次日，诸王贝勒率文武各官
上表称贺，以昭大典。"①"鳌拜意欲使八旗劲旅保持传统，常备不懈，以
确保统治，故深得顺治帝赏识应如所请。"②并著为令。十一月，"鳌拜创
发卧疾"，顺治亲视之。③顺治十四年（1657）冬，皇太后博尔济吉特氏
（孝庄文皇后）患病，鳌拜等"近侍卫护，昼夜勤劳，食息不暇"。顺治
亲眼所见，并言："鳌拜等同朕省侍，勤劳罔懈，深可嘉悦，宜分别加
升，以示鼓劝。"于是，鳌拜同弟巴哈，以及遏必隆、费扬古俱加少傅兼
太子太傅。④顺治十七年（1660）六月，"谕兵部，巴图鲁公鳌拜所教武
进士，学习骑射日久，俱娴熟可用。张国彦、刘秉礼、李登相、王肇春、
于昌祐、周于仁六员，留充侍卫。仍著再加肄习，候旨擢用，其余尔部
俱即照例选授"⑤。

顺治十八年（1661）正月初七，顺治帝驾崩，立第三子玄烨为君，
是为康熙。遗诏中特命索尼、苏克萨哈、遏必隆、鳌拜为辅政大臣，"辅
佐冲主"，⑥康熙初年（1662）四大臣辅政时期至此开始，鳌拜的事业由
此达到顶峰。康熙六年（1667）七月，议政王等会议加恩辅臣，"鳌拜于
所有二等公外授为一等公"⑦。后令"鳌拜原所有二等公命其子那摩佛袭
替"⑧。康熙七年（1668）正月，加鳌拜、遏必隆为太师。颇尔喷、法保、
彭春、那摩佛、戴寿、邬黑等为太子少师。⑨康熙八年（1669）五月，鳌
拜被擒，但念其效力年久，功勋卓著，且他请康熙帝"看了搭救清太宗
御驾时，在自己身上留下的伤疤"⑩。最终免除了他的死刑，被拘禁终生，
后死于囚所。关于鳌拜任辅政时期的事迹，及其被擒和审判的经过，已
有诸多研究。⑪而鳌拜当政时及被擒之后，对家族发展的影响则是下文所

① 《清世祖实录》卷103，顺治十三年八月辛丑条。

② 王思治：《鳌拜》，第74页。

③ 《清世祖实录》卷104，顺治十三年十一月戊申条。

④ 《清世祖实录》卷113，顺治十四年十二月丁酉条。

⑤ 《清世祖实录》卷136，顺治十七年六月甲申条。

⑥ 《清圣祖实录》卷1，顺治十八年正月丁巳条。

⑦ 《清圣祖实录》卷23，康熙六年七月癸亥条。

⑧ 《清圣祖实录》卷23，康熙六年七月戊寅条。

⑨ 《清圣祖实录》卷25，康熙七年正月戊午条。

⑩ ［法］白晋：《康熙皇帝》，赵晨译，刘耀武校，第5页。

⑪ 相关研究成果前文已有列举，兹不赘述。

要着重论述的。

（二）鳌拜罪案的牵连

鳌拜一人事业的兴颓是卫齐支系兴衰与否的风向标，更从一个侧面说明关键人物对一个家族所产生的作用是极其重要的。

鳌拜当政时期其家族人物得到了无上荣耀，更明显的是，鳌拜一系列活动中皆有其家族人物或姻亲参与，赏罚亦多同时。如其堂弟图赖，是其伯父费英东之子，清军入关前后，两黄旗中之翘楚，[①] 两人共同参与了多次战争，并在皇太极去世时皇位继承问题中起到了关键作用，二人始终站在同一条战线上，这种团结离不开二者的亲族关系。再如其兄赵布泰于顺治十七年（1660）因罪被革爵罢任，当他上任后，即康熙三年（1664），便依靠其权位恢复赵布泰原爵。鳌拜四弟内大臣巴哈，更是与鳌拜形影不离，从上述鳌拜的事迹中可以清晰得见，有鳌拜赏罚之处，必有巴哈身影，所以鳌拜成绩的取得，不仅仅是鳌拜个人钻营的结果，更离不开族人的拥护和辅佐。

索尔果家族的婚姻网络复杂百态。钮祜禄氏弘毅公额亦都是满洲开国时期的五大臣之一，地位与费英东相当，其家族与索尔果家族有着密切的婚姻往来。其第五子阿达海、十三子超哈尔分别与费英东之女成婚，第三子车尔格之子伯雅住娶费英东第七子图赖第三子费扬古之孙马尔萨之姑为妻；第十六子遏必隆第六子音德第六子阿里衮娶费扬古之孙马尔泰之妹为妻。可见两个满洲贵族之间的密切程度。因此在清朝一系列重大的政治、军事行动中皆能看到两大贵族之间的合作。而与鳌拜多有相关的是额亦都第八子、内大臣图尔格，虽然他们之间的亲属关系不如费英东一支与其密切，但毕竟要近于外人，且他们之间存在诸多共同利益，图尔格与鳌拜、图赖、巩阿岱、锡翰等共同参与了谋立豪格之事，以及顺治五年（1648）图尔格策划"变乱"之事，皆有鳌拜、巩阿岱、锡翰等人的参与，这都是有目共睹的。

索尔果家族与爱新觉罗家族之间的婚姻最为频繁。如巩阿岱、锡翰、德马护乃鳌拜伯父费英东之女巴雅喇之妻所生之子，所以他们之间也是姻亲关系，并有诸多的合作，比如在与谭泰的一系列政治斗争中，他们

---

① 姚念慈：《康熙初年四大臣辅政刍议》，载《清史论丛》2007 年号，亦见氏著《清初政治史探微》，第 448 页。

之间的合作体现得一览无余；巴布海是努尔哈齐第十一子，娶其伯父吴尔汉之女为妻。后因谭泰之事与其妻皆伏法，谭泰被监禁时鳌拜与图赖、锡翰、巩阿岱等公议以巴布海无罪，其家产应给与其兄巴布泰。① 以上诸例皆是鳌拜获罪之前与索尔果族人或姻亲之间合作的表现。

当鳌拜获罪时，除了相关异姓同党外，波及最大的就是卫齐支系，这场突来的灾难严重阻滞了卫齐支系的后续发展，此时鳌拜叔侄支系则极力撇开与他的牵连关系，体现了生死攸关之际，家族之间也出现了分崩离析之势。这在《康熙朝满文朱批奏折全译》及《清圣祖实录》所列之鳌拜罪状及后来的记述中，可见一斑。

在《清圣祖实录》所载鳌拜三十条罪状之末有对鳌拜与其家族的初议，"逆恶种种，所犯重大，应将鳌拜革职，立斩。其亲子兄弟，亦应斩。妻并孙为奴，家产籍没。其族人有官职，及在护军者，均应革退，各鞭一百，披甲当差"②。后经康熙皇帝审议判决多有减轻，下对具体判决进行介绍。

《康熙朝满文朱批奏折全译》所载《康熙帝钦定鳌拜等十二条罪状谕》中有如下记载：

> 一项，凡施政用人时，鳌拜欺朕，恃其权势，任意妄为，令文武各官撤出伊门，内、外皆用其党内奸宄之徒，果真大失天下众望。穆理玛、塞本德依、诺漠、佛伦、苏尔马、巴木布尔善、阿思哈、嘎楚哈、吉喜、塔毕图、迈音达、吴格色、布达里等结党，凡事先于家中商定，而后施行，更有甚者，凡遇部院来奏官员，均被其招往商议。此众所周知。鳌拜等人恃恶沮坏国政。凡与之善者，均行扶持；与之不睦者，即行陷害。③

其中所列"党内奸宄之徒"前五人皆为其弟侄。穆里玛是其六弟，塞本德依（塞本得）、诺漠（讷莫）、佛伦、苏尔马俱为鳌拜亲侄。随后

---

①《清太宗实录》卷59，顺治八年八月壬戌条。

②《清圣祖实录》卷29，康熙八年五月庚申条。

③ 中国第一历史档案馆编译：《康熙朝满文朱批奏折全译》，康熙八年五月十二日条，中国社会科学出版社1996年版，第2页。

下令"将彼等宗族尽行监禁，从重议罪具奏。至拘捕与否之处，再行具奏请旨"①。《清圣祖实录》中将鳌拜"引用内外奸党，致失天下人望"，列为第二条罪状，可见此条罪状之厉害程度。关于鳌拜用人上还有这样一条阐释，"明知马迩赛、光泰、噶达浑三族系太宗文皇帝世祖章皇帝时不用为侍卫之人，复擅行起用"②。其中噶达浑系其伯父音达户齐第三子宜荪之子。鳌拜侄子塞本得被列六宗罪状，如下：

　　　　鳌拜之侄塞本得，内廷行走，背负国恩，依附鳌拜，引用党恶。罪一。鳌拜更改制度，塞本得多为赞助。罪二。塞本得与穆里玛等结党，凡事至鳌拜家议定，然后启奏，为鳌拜羽翼，声扬威名。罪三。塞本得倚恃鳌拜之势，与附和者，即为荐引；不与附和者，即加陷害。罪四。塞本得违旨剥民之事，审问时，巧辩具供。罪五。据三等侍卫费耀色，首称塞本得以奉旨交付内库之整金丝飘领响铃，塞本得不遵旨意，令折毁收纳，藐视主上。罪六。③

　　对塞本得定位是"凡事首恶，情罪重大，应将塞本得革职，即行凌迟处死，其亲生未分家之子并妻为奴"。后"塞本得，著革职，理应依议凌迟处死，著改即行处斩"④。通过如此严厉的判处可以得知"塞本得是替鳌拜监视、控制侍卫处及内廷其他机构成员的关键性人物，而且还是鳌拜的谋士"⑤。

　　鳌拜六弟"都统穆里玛等助恶结党，背负国恩，情罪重大，均应革职、立斩。其亲生未分家之子并妻为奴"。后穆里玛亦被即行处斩⑥。"鳌拜之子那摩佛、侄讷莫、佛伦……均应立斩。"后那摩佛（纳穆福、纳穆富）革职、籍没，免死，被拘禁。佛伦从宽免死，鞭一百，并免籍没。讷莫被即行处斩。鳌拜兄赵布泰，本应立绞，后被革职、籍没，免死，

---

① 《康熙朝满文朱批奏折全译》，康熙八年五月十二日条，第2页。
② 《清圣祖实录》卷29，康熙八年五月庚申条。
③ 《清圣祖实录》卷29，康熙八年五月庚申条。
④ 《清圣祖实录》卷29，康熙八年五月庚申条。
⑤ 杨珍：《索额图研究》，载《清史论丛》1996年号，第116页。
⑥ 《清圣祖实录》卷29，康熙八年五月庚申条。

俱拘禁。①

康熙八年（1669）六月，又对鳌拜获罪时不在京内之族人进行审判。

鳌拜四弟内大臣巴哈，因"拏问鳌拜时，巴哈差往审理察哈尔阿布奈之事，今提到勘问，巴哈不据实吐供，隐庇巧饰是实，应将巴哈革职、立斩，家产籍没。其妻及未分家之子为奴"。康熙帝念巴哈"效力年久，免死，宽其籍没，著革职为民"②。巴哈之子讷尔杜曾娶顺治皇帝第二女为妻，亦因鳌拜事，被革职为民。

苏尔马，鳌拜亲侄，穆里玛第三子。和硕康亲王杰书等上奏："鳌拜案内，侍卫苏尔马系鳌拜亲侄，前拏问鳌拜时，苏尔马奉差往科尔沁。今提到勘问，苏尔马倚恃鳌拜，背负皇恩是实。应将苏尔马革职、立斩，家产籍没。其妻及未分家之子为奴。"苏尔马免死，宽其籍没，著革职，鞭一百。③

鳌拜一事牵连甚广，其姻亲也在惩处之列。

努尔哈齐第十三子辅国介直公赖慕布长子来祜（赖虎）三娶妻鳌拜之女。鳌拜获罪，其女婿来祜从宽免死，家产籍没，鞭一百。④褚英第三子尼堪长子和硕敬谨亲王兰布纳鳌拜之子那摩佛之女为妾，因此，被革去亲王，降为镇国公，革职原由乃"倚势得封，问以鳌拜恶迹，狡称不知"⑤。

对鳌拜姻亲的处理，除上述来祜、兰布外，还有理藩院左侍郎绰克托和议政大臣博博尔代两家。和硕康亲王杰书等奏："鳌拜案内，理藩院左侍郎绰克托，系鳌拜姻党。前拏问鳌拜时绰克托差往苏尼特编定扎萨克事务。其子侍卫布颜图系鳌拜之婿，拘禁候审。今提到绰克托，一并勘问。绰克托与鳌拜结党，谄媚往来是实，应将绰克托革职、立斩，家产籍没。其子布颜图，亦应革职，家产籍没。得旨，绰克托免死，宽其籍没。布颜图亦免籍没，俱著革职，鞭一百。"⑥ 七月，"和硕安亲王岳乐等遵旨会议，镶蓝旗奉国将军巴尔堪告称，康熙七年六月，被掌管简亲

<hr>

① 《清圣祖实录》卷29，康熙八年五月庚申条。
② 《清圣祖实录》卷30，康熙八年六月丙寅条。
③ 《清圣祖实录》卷30，康熙八年六月戊辰条。
④ 《清圣祖实录》卷29，康熙八年五月庚申条。
⑤ 《清圣祖实录》卷29，康熙八年五月庚申条。
⑥ 《清圣祖实录》卷30，康熙八年六月乙亥条。

王家务之博博尔代倚恃亲家鳌拜权势，诬陷捏控，以致降职。随讯两造，并传都统夸岱等历问前事，洵属冤抑，应给还原职。得旨，巴尔堪给还三等辅国将军。博博尔代情罪可恶，本当从重治罪，姑从宽免，著革去议政大臣并掌管简亲王家务，罚俸一年"①。

　　此番灾难严重阻碍了卫齐支系的后续发展，同时与鳌拜关系密切的索尔果家族其他支系也受到冲击。如其堂弟、费英东第十子察喀尼长子，时任内大臣的沃赫，"因与同族，部议革职。圣祖仁皇帝命留三等公爵，在骁骑营行走"②。鳌拜堂弟图赖曾与其生死患难，惜图赖早逝，其子颇尔喷承袭父业，鳌拜得势时亦与鳌拜共同得到封赏，依理，颇尔喷权势的获得除其父打下的基础外，与鳌拜亦应有一定的关系，然实录中却有如是记载："其鳌拜等族人坡尔喷等素不和睦，未经来往，均应释放。"③二人因何不睦，仍待考证。从上述两例不难看出，关键人物的个人得失对其家族会产生重大影响。

　　（三）公爵的恢复与停降

　　至于鳌拜功绩，康熙皇帝心知肚明。在其统治晚期有这样一段描述："我朝从征效力大臣中，莫过于鳌拜巴图鲁者。"可见康熙帝晚年有重新检讨鳌拜之意。继而又言："念伊效力之处，欲袭其官，但其子那摩佛所生达里善、达福俱言口剪劣，行止不端，勾引苏完之人在二阿哥处行走不绝。朕知之，至今未授官职。鳌拜功劳显著，应给世职，惟达里善兄弟，断不可袭。应于伊兄弟中另择承袭之人。"④随着康熙皇帝治国经验的日臻成熟，对被打击的部分鳌拜族人予以恢复公爵。康熙十六年（1677），念鳌拜之兄赵布泰"征云南有功"，恢复二等公爵。⑤成为其家族中首位复爵者。康熙五十二年（1713）十一月，恢复鳌拜一等男爵，以其弟巴哈之孙苏赫（苏褐）承袭。⑥康熙六十年（1721）十月，苏赫病故，由鳌拜之孙达福承袭。然前述因达福兄弟"言口剪劣，行止不端，

①　《清圣祖实录》卷30，康熙八年七月甲辰条。
②　《满汉名臣传》卷21《沃赫列传》，第604—605页。
③　《清圣祖实录》卷29，康熙八年五月庚申条。
④　《清圣祖实录》卷254，康熙五十二年四月戊申条。
⑤　《满汉名臣传》卷10《卓布泰列传》，第268页。
⑥　《清圣祖实录》卷257，康熙五十二年十一月甲午条。

勾引苏完之人在二阿哥处行走不绝。……断不可袭"①。今康熙帝又令达福承袭，自违前谕。此时康熙帝68岁，身体已大不如前，经过多年反思，对鳌拜及其家族的惩处不断予以修正。但在任用鳌拜族人时仍是十分谨慎的，心中仍存芥蒂。

雍正帝认为，康熙五十二年（1713）苏赫承袭一等男爵时康熙帝已宽宥鳌拜之罪。故"应将鳌拜效力所得一等公爵给达福承袭，世袭罔替，仍授为散秩大臣。鳌拜著致祭一次，至建立石碑加恩等处，交该部查例具奏"②。雍正六年（1728）三月，礼部遵旨议覆，鳌拜"应照例给与全葬，并致祭一次。从之"③。雍正九年（1731）三月，复鳌拜一等公，并加封号"超武"，世袭罔替。④"清廷重新评价鳌拜，亦即对康熙初年辅政体制及四辅臣于清朝发展所做贡献予以肯定"。⑤

乾隆四十五年（1780），"宣谕群臣，追核鳌拜功罪，命停袭公爵，仍袭一等男"⑥。并言："所有现袭鳌拜公爵之德生，本身既无过犯，且令承袭，俟出缺时，即行停袭公爵，仍照皇祖所降谕旨，给予一等男爵，世袭罔替，已足以示国家法外施恩旧勋之意矣"。⑦

康熙、雍正、乾隆三帝这一系列针对鳌拜及其族人的言行，意味着卫齐支系政治上衰落之势已无法挽回。后朝实录再鲜有对鳌拜族人官爵的记载，其家族与爱新觉罗家族的婚姻亦少有发生。总体来看，鳌拜罪案最终导致了卫齐支系在政治上走向没落，或如杨珍先生所言"康熙帝与鳌拜的冲突是权力斗争，双方在维护、巩固清朝统治这一根本宗旨上是一致的"。⑧

三　卫齐其他子嗣

卫齐支系活跃于清前期的人物不在少数，除权倾朝野的鳌拜外，卫

---

① 《清圣祖实录》卷254，康熙五十二年四月戊申条。
② 《清世宗实录》卷63，雍正五年十一月丁卯条。
③ 《清世宗实录》卷67，雍正六年三月甲寅条。
④ 《清世宗实录》卷104，雍正九年三月戊子条。
⑤ 杨珍：《清前期宫廷政治释疑》，第99页。
⑥ 《清史稿》卷249《列传三十六·鳌拜》，第9683页。
⑦ 《清高宗实录》卷1120，乾隆四十五年十二月庚戌条。
⑧ 杨珍：《清前期宫廷政治释疑》，第99页。

齐次子赵布泰、四子巴哈，孙苏勒达，曾孙达福皆官高爵显，对家族发展同样作出了不可磨灭的贡献。

（一）都统——赵布泰

赵布泰，又作卓布泰、卓普特、兆布泰，卫齐次子，生年不详，卒于康熙十七年（1678），隶镶黄旗满洲。① 历仕崇德、顺治、康熙三朝。皇太极时任佐领。崇德四年（1639），随族兄索海等征虎尔哈部，赵布泰与佐领萨弼图率领甲士九十人击败铎陈、阿萨津两城四百兵士，"斩级五十"。后又斩获丁壮六十余人，因功，授为骑都尉世职。崇德五年（1640），擢为参领。随大军征明之锦州，并于松山、杏山之战中颇有创获。崇德六年（1641），与济尔哈朗围攻锦州，大败明总督洪承畴之重兵。崇德七年（1642）十月，又与贝勒阿巴泰征明，在山东青州大败明总兵张登科和应荐率领的八镇兵马。崇德八年（1643）五月，师还，赏给白金，并命兼任兵部理事官。八月初九，皇太极去世，二十二日，赵布泰等随两黄旗大臣、侍卫等盟誓天地，表示效忠幼主福临。②

顺治元年（1644），赵布泰随参领沙尔虎达出征黑龙江，攻克图瑚勒禅城，俘获丁壮二百余人。同年冬，又从豫亲王多铎追击李自成至潼关，与都统恩格图等"迭战破敌"。顺治二年（1645），大军攻克西安，李自成败走湖广，与护军统领敦拜、阿尔津等追击，"歼敌骑三百。"继而从端重亲王博洛征浙江，"败敌众于杭州、松江、海宁、平湖诸郡邑"，斩杀数百人，获战舰百余艘。顺治三年（1646），复随博洛从征福建，并署副都统。师至延平，明唐王朱聿键走汀州，大军追击，赵布泰则率兵攻克福州。"前后连破贼兵二十余阵，降其伪总兵二十员，副将四十一员，参游七十二员，马步兵六万八千五百余名，福建悉平，获伪玺九颗，马骡辎重无算。"③ 叙功，晋世职骑都尉兼一云骑尉。次年，"以考满称职"，晋赵布泰为三等轻车都尉。④ 顺治五年（1648），随济尔哈朗征湖南。顺治六年（1649）四月，复署副都统，同都统佟图赖等自湘潭进攻，夺回被明桂王朱由榔部将所占据之衡州，并攻占明将胡一清所占据之城

---

① 赵布泰的旗分亦是不断变化的，即皇太极时与其父卫齐、弟鳌拜皆隶属正黄旗满洲，天聪九年（1635）底，改隶镶黄旗满洲，文中以其最后隶属旗分为准。

② 《清世祖实录》卷1，崇德八年八月癸未条。

③ 《清世祖实录》卷29，顺治三年十一月癸卯条。

④ 《清世祖实录》卷32，顺治四年五月甲戌条。

南山冈。后又攻占道州、靖州。顺治七年（1650），师还，得优赏。顺治八年（1651）三月，"加一等阿达哈哈番兼一拖沙喇哈番赵布泰为三等阿思哈尼哈番，以其自诉勋劳请叙也。"① 九月，赵布泰被授予刑部侍郎之职。② 顺治九年（1652）正月，"以镶黄旗满洲甲喇章京赵布泰、正黄旗汉军金维城俱为本旗梅勒章京"③。二月，以"梅勒章京赵布泰为护军统领。"④ 同月，赵布泰与遏必隆等被任命为议政大臣。⑤ 叙征湖南功，并先后遇恩诏，晋二等男爵，世袭罔替。顺治十一年（1654）十一月，"解赵布泰护军统领任为散秩大臣"⑥。顺治十三年（1656）二月，"以镶黄旗满洲内大臣赵布泰为本旗固山额真"⑦。

十四年（1657）十月，命"固山额真赵布泰、梅勒章京莽吉图、富喀等统领官属兵丁驻防江宁"⑧。十一月，命为征南将军，与安远靖寇大将军多罗信郡王多尼共同征讨。谕中有言："尔统领前去官兵，并提督线国安标下官兵及湖南调发官兵，由广西前往贵州，相机进取。凡事与提督线国安、梅勒章京富喀、莽吉图等会议而行，毋谓自知，不听众言；毋谓兵强，轻视逆寇。仍严侦探，勿致疏虞。抗拒不顺者戮之。"⑨ 顺治十五年（1658）五月，赵布泰奏报，其率大兵已抵贵州。"所过南丹州、那地州、抚宁司各土司兵民及独山州官民，俱来就抚。"得到嘉奖。⑩ 九月，赵布泰"次独山州，与信郡王多尼等约师期，遂率兵由都匀进盘江"⑪。李定国等扼守险要之地，军队难以渡河，此时"投诚土司、知府岑继鲁献策，从下流十里取所沉船，乘夜潜师而济"。大破之。李成爵屯兵万人于山谷口，"我军环山西四面夹击，大败贼众，斩获无算。时伪晋

① 《清世祖实录》卷55，顺治八年三月戊子条。
② 《清世祖实录》卷60，顺治八年九月丙戌条。
③ 《清世祖实录》卷62，顺治九年正月辛巳条。
④ 《清世祖实录》卷63，顺治九年二月己丑条。
⑤ 《清世祖实录》卷63，顺治九年二月癸巳条。
⑥ 《清世祖实录》卷87，顺治十一年十一月丁亥条。
⑦ 《清世祖实录》卷98，顺治十三年二月甲戌条。《满汉名臣传》卷10《卓布泰列传》载顺治十一年（1654），赵布泰被擢为内大臣，然《清世祖实录》中首见其任内大臣是在顺治十三年（1656）二月。
⑧ 《清世祖实录》卷112，顺治十四年十月癸酉条。
⑨ 《清世祖实录》卷113，顺治十四年十一月癸未条。
⑩ 《清世祖实录》卷117，顺治十五年五月甲子条。
⑪ 《满汉名臣传》卷10《卓布泰列传》，第268页。

王李定国全师据双河口山顶，赵布泰遣兵登山，夺其形势，贼列象阵来争山，我军合力奋击，大败之，获其象只。至陆格、定国复率三十营贼兵列栅拒守。赵布泰分兵为三队，张左右翼击之，再战俱捷，追至四十余里，获象、马甚众。时闻贼尚据铁锁桥，乃从普安州间道入云南，三路大师，俱入省城。李定国、白文选与伪永历奔永昌。至是捷闻，上嘉奖之，命所司察叙"①。顺治十六年（1659）二月，赵布泰同姻亲费扬武次子、贝勒尚善等进镇南州，破白文选于玉龙关。又渡澜沧江，攻取永昌。朱由榔逃往腾越，赵布泰追击，渡潞江，李定国带领六千兵潜伏在磨盘山，赵布泰分兵八队，击破之，并攻取腾越州。朱由榔又奔缅甸，赵布泰乘胜追击至孟卯而还。六月，赏赐征战将官。赵布泰等"各赐蟒袍一领，皮坐鞍辔马一匹"②。

十七年（1660）二月，"征南将军赵布泰班师，命内大臣迎劳之"③。然好景不长，六月，追论在军营时鞫勘将士功罪不实，和硕安亲王岳乐等所列赵布泰六宗罪如次：

> 虽称曾见巴喀败还，盔矢俱无，及问平西王吴三桂云："巴喀盔矢俱无，暴创扶掖而还，曾饮以茶，不知其败。"赵布泰乃以未败之巴喀误坐以败。罪一。赵布泰之侄穆成格云："见巴喀与战殁诸臣同行。"及问前锋参领索丹等七人乃云："战殁诸臣行在前，而巴喀在王与将军之后。"岂非赵布泰恐巴喀与战殁诸臣同行之言不实，致反坐伊侄穆成格乎？罪一。赵布泰身为将军，当两军对垒，何故不在阵前，虽称曾问于王，往收伊侄多婆罗尸，王固将军，伊亦将军，何以问为？罪一。穆成格回营收伊弟多婆罗尸，虽未告于赵布泰，然赵布泰，既见穆成格，理应遣还汛地，而乃知而故留。罪一。至遣穆成格送多婆罗尸还永昌一节，查穆成格非赵布泰所统之护军统领，乃竟私自遣还永昌。罪一。审事时，赵布泰将战败之人首出，及问诸臣情状于平西王，实皆争先破敌仓皇前进，以致阵殁，夫诸臣效力被陷，深为可悯，但未俟大军齐行耳，而赵布泰欲以其功，

① 《清世祖实录》卷123，顺治十六年正月庚子条。
② 《清世祖实录》卷126，顺治十六年六月庚寅条。
③ 《清世祖实录》卷132，顺治十七年二月戊子条。

专归伊侄多婆罗，遂诬同行之将士为战败。罪一。①

赵布泰最终被革爵罢任。康熙三年（1664），倚其弟——四大辅臣之一鳌拜的权位而得以复爵。康熙八年（1669），亦因鳌拜获罪，再次被革爵。康熙十六年（1677），康熙帝念其征云南有功，复二等男爵，世袭罔替。康熙十七年（1678），去世，赐祭葬如典礼，谥曰"武襄"。② 七月，以其子增寿袭爵。③

（二）领侍卫内大臣——巴哈

巴哈，卫齐第四子，④ 生卒年不详，隶镶黄旗满洲。⑤ 历仕崇德、顺治、康熙三朝。初任一等侍卫。崇德二年（1637）四月，皇太极在每旗新设议政大臣三员，巴哈入二十四位议政大臣之列。与其同列者皆为宗室觉罗及开国元勋之后，其堂兄图赖、杨善，及姻亲巩阿岱、锡翰、超哈尔等皆在其内。"这些议政大臣时任内大臣、护军统领、前锋统领、部院大臣、步军固山额真等职，在满洲最高统治者集团中位尊权重，堪称国家股肱。"⑥

顺治二年（1645）正月，以巴哈在太宗时效力年久，扈从有功，授骑都尉世职，其兄鳌拜同时被晋为一等子。⑦ 八月，都统谭泰讦告内大臣索尼诸罪，巴哈及鳌拜等受牵，后免罪。⑧ 顺治三年（1646），随豪格等征陕西、四川。四年（1647）五月，晋二等轻车都尉。⑨ 顺治五年（1648）六月，"叙征山西、陕西、山东、湖广、四川、江南及追杀流贼功"，晋一等轻车都尉。⑩ 顺治六年（1649）九月，多尔衮率军征讨姜瓖，

① 《清世祖实录》卷137，顺治十七年六月乙巳条。
② 《满汉名臣传》卷10《卓布泰列传》，第268页。
③ 《清圣祖实录》卷75，康熙十七年七月癸卯条。
④ 《八旗满洲氏族通谱》《佛满洲苏完瓜尔佳氏家谱》《满汉名臣传》《清史列传》等文献皆载巴哈为卫齐第四子，然《八旗通志初集》却载穆里玛为第四子，综合来看，巴哈应以第四子为确，穆里玛乃第六子。
⑤ 巴哈的旗分亦是不断变化的，即皇太极时与其父卫齐、兄、赵布泰、鳌拜皆隶属正黄旗满洲，天聪九年（1635）底，改隶镶黄旗满洲，文中以其最后隶属旗分为准。
⑥ 张晋藩、郭成康：《清入关前国家法律制度史》，第47—48页。
⑦ 《清世祖实录》卷13，顺治二年正月壬子条。
⑧ 《清世祖实录》卷20，顺治二年八月丁未条。
⑨ 《清世祖实录》卷32，顺治四年五月甲戌条。
⑩ 《清世祖实录》卷39，顺治五年六月丙申条。

巴哈请求随军出征效力，未许，巴哈再三请求随征。令锡翰、席讷布库传谕巴哈："或随明甲队，或随暗甲队，惟所自便。"①巴哈听后，大怒，"起归私宅，锡翰等匿不以闻，后巴哈自行请罪，锡翰等始言之。俱下诸大臣议，拟革锡翰内大臣贝子，席讷布库内大臣及其世职。俱赎身。巴哈论斩，王令从宽。罚锡翰、席讷布库各应得之罪，巴哈赎身"②。可见巴哈与锡翰等人的关系非同一般，亦表明多尔衮对皇太极去世后参与皇位之争中的两黄旗大臣一直耿耿于怀。顺治七年（1650）七月，锡翰等因擅请皇上临幸其府第，罪之。又以鳌拜、巴哈等目睹却不加执鞫而问罪。鳌拜被降爵，巴哈则加倍罚以应得之罪。③顺治八年（1651）正月，"以巩阿岱、鳌拜巴图鲁、巴哈为议政大臣"④。四月，冷僧机奏告两旗大臣"原誓立肃亲王为君"。事牵鳌拜、巴哈、巩阿岱、锡翰等，于是，他们立誓言："但云若换朝廷宫殿瓦色，变易旗帜，我等即死于此。于是部议誓立肃王之事既涉子虚。"冷僧机受到严厉惩处。⑤八月，增设刑部理事官十四员，巴哈与族侄古苏等与焉。⑥

顺治九年（1652）正月，命济尔哈朗、满达海、索尼等商议："谭泰于两次恩诏，任意滥升各官"去留问题，巴哈及兄鳌拜、赵布泰等官爵皆在商议之列，巴哈命留一等男，其兄官爵亦得以保留。⑦三月，议多尔衮摄政时拜尹图、巩阿岱、锡翰、席讷布库、冷僧机五人迎合之罪，并五人打击鳌拜、巴哈、图赖、索尼等罪状。最终拜尹图被禁锢狱中，巩阿岱、锡翰、席讷布库、冷僧机等被杀。⑧可见巩阿岱、锡翰与鳌拜、巴哈之间也只是貌合神离，两黄旗内部矛盾早已产生。据姚念慈先生推断，巩阿岱、锡翰等人至迟到顺治四年（1647）七月已彻底倒向多尔衮。造成两黄旗内部分化的原因归根结底是由于皇权基础发生了变化，加之多尔衮于顺治四年（1647）向顺治发动攻势，最终造成了两黄旗大臣分崩

---

① 《满汉名臣传》卷9《巴哈列传》，第228页；《清史列传》卷6《巴哈》，第357页。
② 《清世祖实录》卷46，顺治六年九月甲午条。
③ 《清世祖实录》卷49，顺治七年七月辛酉条。
④ 《清世祖实录》卷52，顺治八年正月丁丑条。
⑤ 《清世祖实录》卷56，顺治八年四月丁巳条。
⑥ 《清世祖实录》卷59，顺治八年八月乙卯条。
⑦ 参阅《清世祖实录》卷62，顺治九年正月戊戌条。
⑧ 《清世祖实录》卷63，顺治九年三月癸巳条。

离析，甚至不能组织一次有效反击。① 顺治十年（1653）二月，命巴哈同鳌拜、索尼议定侍卫坤巴图鲁罪状。② 顺治十一年（1654）八月，"议政大臣巴哈、篇古曩在太宗时宣劳有素，近复左右朕躬，勤慎罔替，益罄忠诚，并宜加秩示劝。巴哈、篇古俱著加太子太保"③。顺治十二年（1655）二月，谕吏部，"太子太保、议政大臣巴哈等，左右朕躬，恪勤职业，股肱竭力，各怀励翼之忱，密勿抒诚，共效赞襄之益，宜加恩宠，用示优隆"。遂巴哈又同篇古、宁完我等加少保兼太子太保。④ 顺治十四年（1657）十一月，因巴哈、鳌拜等在皇太后生病时"昼夜勤劳，食息不暇"。巴哈与鳌拜、遏必隆、费扬古俱加少傅兼太子太傅。⑤ 顺治十五年（1658）七月，巴哈等被任命为领侍卫内大臣。⑥

康熙三年（1664）三月，巴哈同明珠等被升为内务府总管。⑦ 康熙八年（1669），鳌拜获罪，事牵巴哈、讷尔杜父子，二人俱被革职为民。⑧ 后巴哈病逝。生十子，⑨ 其中次子苏勒达、八子瓜尔察官至领侍卫内大臣。族中任佐领者亦不在少数。⑩

巴哈子女也多与爱新觉罗家族有着频繁的婚姻往来。康熙六年（1667）二月，巴哈之子讷尔杜娶顺治第二女和硕恭悫长公主为妻。⑪ 清太宗皇太极第四子镇国将军叶布舒之子苏尔登的嫡妻是巴哈之女。乃至巴哈在众大臣面前公然动怒，其嚣张气焰亦可见巴哈一支地位之显赫。

（三）领侍卫内大臣——苏勒达

苏勒达，又作苏尔达，巴哈次子，生年不详，卒于康熙三十六年

---

① 姚念慈：《多尔衮与皇权政治》，《清史论丛》1996 年号，第 100 页；亦见《清初政治史探微》，第 294—295 页。

② 《清世祖实录》卷 72，顺治十年二月戊申条。

③ 《清世祖实录》卷 85，顺治十一年八月癸未条。

④ 《清世祖实录》卷 89，顺治十二年二月辛酉条。

⑤ 《清世祖实录》卷 113，顺治十四年十一月丁酉条。

⑥ 《满汉名臣传》卷 9《巴哈列传》《清史列传》卷 6《巴哈》等传记皆载为领侍卫内大臣；《清世祖实录》卷 119，顺治十五年七月甲子条，载为内大臣。

⑦ 《清圣祖实录》卷 11，康熙三年三月辛卯条。

⑧ 《清圣祖实录》卷 30，康熙八年六月丙寅条。

⑨ 《满汉名臣传》卷 9《巴哈列传》载为九子，《八旗满洲氏族通谱》卷 1《巴哈》载为十子。

⑩ 可参阅第三章具体分析。

⑪ 《清圣祖实录》卷 21，康熙六年正月壬午条。

（1697），隶镶黄旗满洲。初任侍卫，康熙二十一年（1682），授护军参领，兼佐领。[①] 康熙二十二年（1683）十一月，擢镶黄旗蒙古副都统。[②] 康熙二十三年（1684）九月，调满洲副都统。[③] 十二月，任护军统领。[④] 康熙二十五年（1686）九月，任左翼前锋统领。[⑤] 康熙二十六年（1687）五月，补授镶黄旗蒙古都统。本月，擢议政大臣。[⑥] 康熙二十八年（1689）九月，升任领侍卫内大臣，其镶黄旗蒙古都统之职由伯祖费英东之孙沃赫接任。[⑦]

　　康熙二十九年（1690）八月，清军与厄鲁特蒙古准噶尔军队发生了著名的乌兰布通之战。[⑧] 该次战役被认为是"清朝康乾盛世（1684—1795）前期发生的首次重大战役，也是清朝入关后，与准噶尔蒙古在漠南蒙古境内展开的唯一一次决战。这次战役在清廷与准噶尔部的关系中占有重要位置，并由此拉开清朝统一边疆进程的序幕"[⑨]。苏勒达全程参与。康熙二十九年（1690）六月，康熙亲征厄鲁特噶尔丹，"令内大臣苏勒达率将校乘驿前往纪尔他布驻防之地，预备援剿"[⑩]。六月三十日，苏勒达"至科尔沁见达尔汉亲王班第，驻图思噶尔图山，兵到者仅半；喀

---

① 《满汉名臣传》卷 13《苏勒达列传》，第 355 页。
② 《清圣祖实录》卷 113，康熙二十二年十一月己卯条。
③ 《清圣祖实录》卷 116，康熙二十三年九月戊辰条。
④ 《清圣祖实录》卷 118，康熙二十三年十二月癸巳条。
⑤ 《清圣祖实录》卷 127，康熙二十五年九月甲辰条。
⑥ 《八旗通志初集》卷 185《名臣列传四十五·镶黄旗满洲得谥大臣》，第 4400 页。
⑦ 《清圣祖实录》卷 142，康熙二十八年九月戊午条。
⑧ 关于乌兰布通之战的研究已有诸多成果。如孟昭信：《康熙皇帝大传》，吉林文史出版社 1987 年版；白新良等：《康熙皇帝传》、黑龙：《准噶尔蒙古与清朝关系史研究》，上海古籍出版社 2014 年版；杨珍：《清前期宫廷政治释疑》等专著。论文如：袁森坡：《乌兰布通之战考察》，《历史研究》1983 年第 4 期；洪用斌：《试论乌兰布通战争的结局》，《内蒙古社会科学》1984 年第 6 期；张羽新：《乌兰布通之战的胜败问题》，《历史研究》1986 年第 5 期；邢玉林：《乌兰布通之战》，《民族研究》1986 年第 4 期；王思治、吕元骢：《18 世纪前夜西北边疆局势述论》，《清史研究》1995 年第 1 期；黑龙：《乌兰布通之战再考》，《中央民族大学学报》2006 年第 4 期；华立：《从日本的"唐船风说书"看康熙二十九年的乌兰布通之战》，《中国边疆史地研究》2010 年第 3 期；杨珍：《康熙二十九年"亲往视师"再析》，《清史研究》2013 年第 3 期；杨珍：《从"获胜"到"败北"：乌兰布通之战史料研析》，载《纪念王锺翰先生百年诞辰学术文集》，第 436—444 页。
⑨ 杨珍：《从"获胜"到"败北"：乌兰布通之战史料研析》，第 436 页。
⑩ 《八旗通志初集》卷 185《名臣列传四十五·镶黄旗满洲得谥大臣》，第 4400 页；《清圣祖实录》卷 146，康熙二十九年六月戊寅条。

喇沁、阿霸垓、奈曼、两土默特兵亦未到"。苏勒达遂"俱移文及檄盛京兵，促其前来。俟到日，整饬军伍进发"①。七月，噶尔丹已深入乌朱穆秦（乌珠穆沁）奇尔萨布喇克之地，抚远大将军裕亲王福全出古北口，安北大将军恭亲王常宁出喜峰口，令苏勒达待蒙古诸部军队齐集，则"协力会剿"②。又令苏勒达、沙津、般第（班第）等率已到之土默特兵，俟盛京乌喇兵到全赴巴林，以会大军。③ 八月一日，双方军队于乌兰布通展开激烈交战。后噶尔丹遣使至裕亲王福全处"设誓归诚，"信之，遂令苏勒达所统诸路军勿进击。苏勒达看出噶尔丹欲逃跑，遣使羁縻之，噶尔丹不应，"乘间越营遁去"④。十一月，回师后，议噶尔丹逃跑之罪，苏勒达等应罚俸一年，"但此举已击败厄鲁特兵，噶尔丹远遁"。遂免罚俸。⑤ 康熙三十一年（1692）九月，康熙帝亲临玉泉山大阅八旗军，夸赞苏勒达练兵有方，其言曰："今观八旗官兵排列，放大炮、鸟枪，进退之时，队伍整齐娴熟，朕心甚悦"⑥。

乌兰布通之战后，噶尔丹复与清朝为敌，不断滋事。康熙三十四年（1695），特谕苏勒达等："闻噶尔丹将从嘉峪关外，过哈密之南昆都伦及额济内河，往投达赖喇嘛，应遣干员往探。若果噶尔丹于此取道，此机断不可失，应即行剿灭。著副都统阿南达作速前往，会同将军博霁、孙思克，提督李林隆等，公议确探，择便以行。"⑦ "至同年（1695）七月上旬为止，以昭武将军郎谈为首的甘肃兵、以宁夏将军觉罗舒恕为首的宁夏兵、以右卫将军兼归化城将军伯费扬古为首的右卫、归化城兵，以及以黑龙江将军萨布素为首的东三省及科尔沁兵，从西到东，形成了完整的防御体系。"⑧ 七月，康熙帝又同苏勒达商议："如噶尔丹不来，只在土喇左近窃伏，或发大兵今冬进剿，或肥秣马匹来春往征。"⑨ 康熙三十

---

① 《清圣祖实录》卷147，康熙二十九年七月丙申条。

② 《满汉名臣传》卷13《苏勒达列传》，第355页。

③ 《清圣祖实录》卷147，康熙二十九年七月丙午条。

④ 《满汉名臣传》卷13《苏勒达列传》，第355页。《清圣祖实录》卷149，康熙二十九年十一月己酉条有详细记载。

⑤ 《清圣祖实录》卷149，康熙二十九年十一月己酉条。

⑥ 《清圣祖实录》卷156，康熙三十一年九月壬申条。

⑦ 《清圣祖实录》卷167，康熙三十四年六月甲午条。

⑧ 孟昭信：《康熙大帝全传》，第236页。

⑨ 《清圣祖实录》卷167，康熙三十四年七月乙酉条。

五年（1696）五月，双方会战于昭莫多，清军取得了昭莫多之战的胜利，此战"是由康熙亲自领导和指挥的一次极为成功的围歼战。这一战，全歼噶尔丹主力，给噶尔丹以致命打击，对统一北方、稳定边疆局势意义十分重大"①。九月，"苏勒达复扈驾出居庸关，巡行塞北，经理军务"②。十月，赐苏勒达、阿兰泰、马齐、苏丹等马驹各一匹。③十一月，还京。康熙三十六年（1697）卒。赐祭葬如例，谥"恪僖"，并加赐银五百两。④

苏勒达作为继鳌拜、巴哈之后卫齐支系的杰出者，能够在鳌拜得罪后身勘重任，参与康熙早期对厄鲁特蒙古准噶尔部的多次战争，并立下赫赫战功，实属难得。

（四）议政大臣——达福

达福，那摩佛子，鳌拜孙，生年不详，雍正九年（1731）六月战殁，隶镶黄旗满洲。康熙六十年（1721）十二月，命袭鳌拜弟巴哈孙苏赫一等男爵。⑤雍正三年（1725），兼管佐领。雍正四年（1726），升任护军参领。雍正五年（1727）九月，补护军统领印务章京。十一月，赐还鳌拜一等公，令达福承袭，并授散秩大臣。⑥次日，授正蓝旗满洲副都统。⑦十二月，授左翼前锋统领。⑧雍正六年（1728），授议政大臣，署领侍卫内大臣。⑨雍正七年（1729），缘事革退前锋统领及领侍卫内大臣之职。三月，"命领侍卫内大臣、三等公傅尔丹为靖边大将军，北路出师；川陕总督、三等公岳钟琪为宁远大将军，西路出师，征讨准噶尔噶尔丹策零"⑩。后议政王大臣等议奏北路出征事宜，任命达福为参赞大臣。⑪此

① 孟昭信：《康熙大帝全传》，第 245 页。
② 《满汉名臣传》卷 13《苏勒达列传》，第 356 页。
③ 《清圣祖实录》卷 177，康熙三十五年十月甲申条。
④ 《清圣祖实录》卷 181，康熙三十六年三月癸丑条。
⑤ 《满汉名臣传》卷 31《达福列传》，第 900 页。康熙六年八月，那摩佛袭二等公。八年五月，鳌拜得罪，革爵。康熙五十二年十二月，追念鳌拜之功，赐一等男，由鳌拜弟巴哈孙苏赫承袭。苏赫卒，则由达福承袭。
⑥ 《清世宗实录》卷 63，雍正五年十一月丁卯条。
⑦ 《清世宗实录》卷 63，雍正五年十一月戊辰条。
⑧ 《清世宗实录》卷 64，雍正五年十二月壬午条
⑨ 《八旗通志初集》卷 141《名臣列传一·镶黄旗满洲世职大臣一》，第 3703 页。
⑩ 《清世宗实录》卷 79，雍正七年三月丙辰条。
⑪ 《清世宗实录》卷 79，雍正七年三月辛酉条。

间，"上召廷臣议，达福力谏。上问故，达福曰：'噶尔丹策零狡黠，能得诸酋心为捍御。主少则谏易，将强则制专。我数千里转饷，攻彼效死之士，臣未见其可。'辞益坚，上曰：'今使汝副傅尔丹以行，汝尚敢辞？'达福乃叩首出"①。可见达福对出征准噶尔心存疑虑，对准噶尔的实力颇为了解。六月，随堂叔、靖边大将军傅尔丹由北路进征准噶尔。②雍正八年（1730）十二月，据纪成斌奏折所述，准噶尔"扰喀尔喀游牧"。傅尔丹令前锋统领定寿以兵护阿济毕济卡伦，令达福领兵两千名，在库布可尔地方驻扎，以为应援。③雍正九年（1731）六月初九日，傅尔丹拣选京城各省兵一万名，分为三队，轻装由科布多河西路起程。达福等率领第一队；图赖曾孙、参赞马尔萨等率领第二队；傅尔丹统领大兵迎击。④丁寿、苏图、马尔齐俱自尽，常禄阵亡，西弥赖后亦自尽，后觉罗海兰、戴豪俱自尽。傅尔丹等率"余兵退归，步设方营，保护辎重"。并令"塔尔岱署前锋统领，达福、舒楞额殿后，承保统右翼，马尔萨统左翼"。二十七日，达福阵亡。⑤

同年十一月，令达福子岱屯承袭一等超武公。⑥雍正十年（1732）十二月，此时达福已经战殁一年有余，吏部议奏，达福等应授骑都尉。其祭葬银两，各按品级，照例恤赏。⑦长孙德成袭骑都尉。德成卒，弟德生袭。寻因岱屯卒，德生袭公爵，其骑都尉以弟德明袭。乾隆四十五年（1780）十二月，乾隆再追鳌拜之过，"令承袭俟出缺时，即行停袭公爵，仍照皇祖所降谕旨，给予一等男爵，世袭罔替，已足以示国家法外施恩旧勋之意矣"⑧。可见鳌拜之过，使康熙的后继者对鳌拜族人的任用仍存疑虑。

以上所列人物仅为卫齐支系中的部分代表，卫齐第六子穆里玛，康熙初年，曾任靖西将军率军征讨李来亨取得大胜，官至工部尚书兼任本

---

① 《清史稿》卷 298《列传八十五·达福》，第 10413 页。
② 《清世宗实录》卷 82，雍正七年六月乙未条。
③ 《清世宗实录》卷 101，雍正八年十二月甲子条。
④ 《清世宗实录》卷 107，雍正九年六月丙午条。
⑤ 《清世宗实录》卷 108，雍正九年七月甲申条。
⑥ 《清世宗实录》卷 112，雍正九年十一月乙酉条。
⑦ 《清世宗实录》卷 126，雍正十年十二月乙卯条。
⑧ 《清高宗实录》卷 1120，乾隆四十五年十二月庚戌条。

旗都统，晋一等男爵。鳌拜得罪，坐死。巴哈第八子瓜尔察官至领侍卫内大臣。此外有官爵者亦不在少数，可以参阅文后所附"索尔果家族封爵总表"。

第三节　音达户齐支系

音达户齐支系与费英东支系、卫齐支系同样是索尔果家族中比较突出的支系，人才辈出。其中音达户齐两个儿子杨善和宜荪入太宗时期十六大臣之列，吉荪和宜荪又分别任太宗时期的礼部承政和兵部承政；其孙罗硕仕至内国史院学士。清前期，子嗣有爵位者多达几十人，可见该支系一时之盛。

一　牛录章京——音达户齐

音达户齐，又作尹达祜齐，其名后多加墨尔根①之美称，索尔果第四子，② 生年不详，约卒于天聪七年（1633）之后，隶镶黄旗满洲，其子孙皆改隶镶白旗。音达户齐与其兄费英东，弟吴尔汉、郎格、卫齐，皆事太祖。③ 史书对他的记载比较零散稀落，《内阁藏本满文老档》《清史稿》等文献中有几条简要记载。先来看两条《内阁藏本满文老档》天命九年（1624）记载的关于音达户齐战死乌拉之条文，"音达呼齐章京死于乌拉，准折十五两之罪"④。"音达呼齐章京死于乌拉，列为十等，准折十五两之罪。"⑤ 由此可知，音达户齐死于征讨乌拉部的战争之中，也就是说音达户齐于万历四十一年（1613）战殁。然而《内阁藏本满文老档》中天命六年（1621）二月又有对他的记载，且比较详细。情况是音达户齐因隐匿户口被人告发挈问，情况属实，拟治其罪。同时"其弟巴班者仍行庇

---

① 墨尔根，或译作墨勒根，满文转写为 mergen，本为善射者之称，后引申为聪明之意。满洲人名后冠墨尔根者十分多见。多尔衮便有墨勒根王之号，可参见郑天挺《墨勒根王考》，载氏著《探微集》，第 123—127 页。

② 《八旗通志初集》卷 159《名臣列传十九·镶白旗满洲世职大臣一·杨善》，第 3980 页。

③ 《清史稿》卷 227《列传十四·杨善》，第 9283 页。

④ 《内阁藏本满文老档》（太祖朝）汉文译文，第八函第六十二册，天命九年条，第 222 页。

⑤ 《内阁藏本满文老档》（太祖朝）汉文译文，第八函第六十三册，天命九年条，第 226 页。

护，捏称已故诸贝勒大臣知此。经法司会审，拟音达呼齐以重罪，其弟巴班因包庇其兄，拟以死罪"。努尔哈齐闻之，"念其父祖及兄费英东之功，免音达呼齐之大罪。至巴班，宥其死，收养之"①。九月，又罚音达户齐三十两记功银。② 可知此处所记之音达户齐确为索尔果之子。然天聪三年（1629）十二月记载中又出现了关于音达户齐的记载，其文曰："汗以乌拜为一等参将，图赖、苏鲁麦为备御。音达胡齐，因攻遵化城阵亡，追授备御职。"③ 且《清史稿》珠玛喇传记中亦有相似记载，"天聪三年，从伐明，次遵化，击败明兵。后三日，太宗临视遵化，明兵自山海关至，将入城，珠玛喇以逻卒十人御之，所击杀甚众。薄明都，遇明总兵满桂、黑云龙、麻登云、孙祖寿诸军入大红门，与额驸扬古利、甲喇额真音达户齐击之明兵左次，旋克永平"④。天聪三年（1629），攻克遵化的战争，音达户齐次子宜苏也有参与，并因此役，晋三等轻车都尉世职。且音达户齐等进攻明兵左次，知其应为八旗之左翼，按其旗分，无论是镶黄旗还是镶白旗在皇太极时期皆属左翼，故此时之音达户齐亦应为索尔果之子。《清实录》中在天聪七年（1633）和顺治八年（1651）又出现两次关于音达户齐的记载，即天聪七年（1633），贝勒岳托、德格类自旅顺口派遣音达户齐等上奏俘获人、物之数。⑤ 顺治八年（1651），"以殷达虎齐著有勤劳，授拜他喇布勒哈番"⑥。综合来看，天聪七年（1633）的记载似有可能，而顺治八年（1651）的记载则未必是此音达户齐。同时，亦可明确战死于万历四十一年（1613）对乌拉战争中的音达户齐也并非索尔果之子，乃同名异人。参考其子多卒于崇德之后，可推知音达户齐应卒于天聪七年（1633）之后。

综合各种史料记载，可知音达户齐至少有八个儿子，其中杨善、宜苏、吉苏、吉赛、纳都祜皆知名。另有一女嫁给努尔哈齐第四子镇国将

① 《内阁藏本满文老档》（太祖朝）汉文译文，第三函第十七册，天命六年二月三十日条，第 57 页。

② 《内阁藏本满文老档》（太祖朝）汉文译文，第四函第二十六册，天命六年九月十一日条，第 86 页。

③ 《内阁藏本满文老档》（太宗朝）汉文译文，第三函第二十册，天聪三年十二月初九日条，第 226 页。

④ 《清史稿》卷 233《列传二十·珠玛喇》，第 9389 页。

⑤ 《清太宗实录》卷 14，天聪七年七月甲辰条。

⑥ 《清世祖实录》卷 55，顺治八年三月甲辰条。

军汤古代。

二　十六大臣——杨善

杨善，又作扬善，音达户齐次子，① 生年不详，顺治元年（1644）被处死，② 初隶镶黄旗满洲，崇德中改隶正蓝旗满洲，同年四月满洲贵族集团的内部斗争中被罚入镶白旗。③

（一）出任十六大臣

努尔哈齐统治时期，杨善以其祖父索尔果归附之功，授骑都尉世职。天命十一年（1626）八月，努尔哈齐去世，皇太极继承汗位，开始了继位初期的"八王共治"时期。九月，皇太极与诸贝勒定议，"设八大臣。正黄旗以纳穆泰、镶黄旗以额驸达尔哈、正红旗以额驸和硕图、镶红旗以侍卫博尔晋、镶蓝旗以顾三台、正蓝旗以拖博辉、镶白旗以车尔格、正白旗以喀克笃礼为八固山额真"。其职责是"总理一切事务，凡议政处，与诸贝勒偕坐，共议之。出猎行师，各领本旗兵行，凡事皆听稽察"。又设"佐理国政，审断狱讼，不令出兵驻防"的十六大臣和"出兵驻防，以时调遣，所属词讼，仍令审理"的十六大臣。前者名单为："正黄旗以拜尹图、楞额礼，镶黄旗以伊孙、达朱户，正红旗以布尔吉、叶克书，镶红旗以吴善、绰和诺，镶蓝旗以舒赛、康喀赖，正蓝旗以屯布禄、萨璧翰，镶白旗以吴拜、萨穆什喀，正白旗以孟阿图、阿山为之。"后者名单为："正黄旗以巴布泰、霸奇兰，镶黄旗以多内、杨善，正红旗以汤古代、察哈喇，镶红旗以哈哈纳、叶臣，镶蓝旗以孟坦额、孟格，正蓝旗以昂阿喇、色勒，镶白旗以图尔格、伊尔登，正白旗以康古礼、阿达海为之。"④ 八大臣与十六大臣共四十人。杨善入管理八旗驻防的十六大臣之列，其弟宜苏则入"佐理国政，审断狱讼"十六大臣之列，二

---

　　① 唯《八旗满洲氏族通谱》卷1《杨善》载其为音达户齐长子，《满汉名臣传》《清史列传》《八旗通志初集》《清史稿》等文献皆载其为次子。另《八旗满洲氏族通谱》亦载宜苏为音达户齐次子，吉苏为第三子，吉赛为第五子，考查诸书，可知宜苏为第三子，吉苏为第四子。

　　② 《八旗通志初集》卷159《名臣列传十九·镶白旗满洲世职大臣一·杨善》载杨善与其子于顺治五年（1648）被处死，乃误，据《清世祖实录》卷4，顺治元年四月戊午条，及《满汉名臣传》卷3《杨善列传》《国朝耆献类征初编》卷236《杨善传》等文献皆载为顺治元年（1644）。

　　③ 白新良：《论皇太极继位初的一次改旗》，载《清史考辨》，第67页。

　　④ 《清太宗实录》卷1，天命十一年九月丁丑条。

人之得势进一步壮大了家族势力。八大臣与十六大臣的设立，"使八旗之管理统辖各守其职，对牛录的控制也更严密，八旗之管理较天命年间也更系统化了"①。天聪初年（1627），六部二院即是在积累上述政权治理经验的基础上建立，也是天聪年间贵族政治向官僚政治演变的体现。② 陈文石先生对此次任命的四十位大臣的家族背景进行了分析统计。"从他们所属的家族姓氏分析，除去七人是宗室与觉罗之外，其余分散在十四个（原书为十五个，作者统计有误）姓族之中。这十四个姓族是：瓜尔佳氏五人，伊尔根觉罗氏四人，那木都鲁氏四人，钮祜禄氏三人，佟佳氏二人，纳喇氏三人，董鄂氏二人，郭洛罗氏二人，完颜氏二人，兆佳氏二人。其余戴佳氏、辉和氏、萨克达氏、虎尔哈氏各一人。这些都是当时较大、分布地区较广的族群。有六个是后来所说的与皇室通婚的八大家，共计十八人。八个是五大臣的家属，三个是札尔固齐的家属，五个有姻亲关系。"并进一步指出："太宗的增加各旗大臣人数，固然是由于旗下事务日繁，事实发展上的需要，但也可说是扩大了各族姓的参政权力，给予爱新觉罗族姓以外人的更多参加政权的机会。……因为这些强有力的族姓参与政权的机会增多，即是巩固及团结他们与中央的关系，也是太宗为了进行中央集权所面临的情势的要求。"③ 至于八大臣与十六大臣的具体问题可以参阅刘小萌、张晋藩、郭成康等先生的研究。

（二）奔波征战

天聪三年（1629），杨善随大军征明北京，冲锋陷阵，所至有功。天聪五年（1631）八月，与明军战于大凌河城，皇太极以方略授护军主帅，曰："杨善、巩阿岱、苏达喇等可立壕边，遇敌人过壕，即接战。图赖、南褚、哈克萨哈等立两旗之间，遇敌人逐我樵采者，即邀击之。"④ 堂兄图赖首先入城。⑤ 后杨善"与明监军道张春战，冒矢石先众入阵，击败敌兵，胸腕中创各一"⑥。天聪六年（1632）正月，杨善与谭泰、巩阿岱、

---

① 张佳生：《八旗制度与八旗社会之整合》，《满语研究》2011 年第 2 期。

② 具体分析可参阅张晋藩、郭成康《清入关前国家法律制度史》，第 71—79 页。

③ 陈文石：《清太宗时代的重要政治措施》，载氏著《明清政治社会史论》，学生书局 1991 年版，第 438 页。

④ 《清太宗实录》卷 9，天聪五年八月癸丑条。

⑤ 可参见前述图赖部分。

⑥ 《满汉名臣传》卷 3《杨善列传》，第 52 页。

沙尔虎达等七备御，均擢为游击。擢升缘由为："击败北京城北满总兵官兵时，不违所授方略，率甲喇进击。战蓟州步兵时，不离杨古利额驸右翼，额驸前无纛，杨善即收纛进击，因其善战，赐马二。战张道台兵之时，杨善位于左翼之尾。见左翼五旗兵退避，彼不退缩，即率甲喇进击，手伤一处，琵琶骨伤一处，马伤五处而死。见左翼退缩，杨善率末甲喇进战，故擢为游击"①，后又擢升内大臣。②

天聪六年（1632），皇太极统大军亲征察哈尔，杨善从征。六月初一日，"往略明杀虎口一带，蒙古拜兴地方之达雅齐塔布囊、科尔沁部乌克善、满珠习礼等遣人奏报称，该处蒙古人已逃入明境内杀虎口城等语"。"遂遣纛额真杨善游击率御前护军六十人，偕察哈尔汗属下通事顾鲁古，赍书往乌克善、满珠习礼、达雅齐塔布囊处，命招降之。书曰：'金国汗致书沙河堡各官：我北征察哈尔，追一个月又十一日，获哨卒讯之，言已昼夜兼程遁去等语。我欲取其重镇拜兴地方，遂还兵，克其归化城驻营，以待我往征黄河岸军。曾闻我未收尽之人畜财物为尔等容留。我未收尽者，当尽还我。该拜兴地方人众，原属格根汗，时察哈尔取之，则归察哈尔所有；我取之，即为我所有，以我所有而尔等取之，不可也。我边外之事，尔等不宜干预。此非尔帝所知之事，乃尔等边塞官员之职责也。尔等又非辽东官员，辽东官员干预我边外叶赫之事，已自受其苦。尔如不给还，与辽东官员有何异哉。况且，我此来乃为两国和好，故遍谕尔守边各官也。'遂赍书往。"③ 初四日，"国舅吴克善及杨善还。奏言：'明沙河堡官得皇上书，知兵至，大惊。凡逃入堡中蒙古及赏察哈尔汗财物，俱送出，尽归于我。计还男妇三百二十，牲畜一千四百四十，并所赏缎布帛、六千四百九十。'俱携之还"④。六月二十九日，"将在张家口所得财物分为五份，一份赏土谢图额驸，其余四份及阿济格贝勒所得财物、沙河堡所获财物，俱赏与领兵诸将"。杨善与图赖等六十人，各

---

　　① 《内阁藏本满文老档》（太宗朝）汉文译文，第八函第四十六册，天聪六年正月条，第607页。

　　② 《八旗通志初集》卷159《名臣列传十九·镶白旗满洲世职大臣一·杨善》，第3980页。

　　③ 《内阁藏本满文老档》（太宗朝）汉文译文，第九函第五十四册，天聪六年六月初一日条，第639页。《清太宗实录》卷12，天聪六年六月丁卯条，有类似记载。

　　④ 《清太宗实录》卷12，天聪六年六月庚午条。《内阁藏本满文老档》（太宗朝）汉文译文，第九函第五十四册，天聪六年六月初四日条，第639—640页，有类似记载。

得蟒缎一、水獭皮一。①

崇德二年（1637），征略大同，"突前克敌，悉夺所掳诸蒙古以还"②。旋擢议政大臣。崇德六年（1641）三月，随睿亲王多尔衮、肃亲王豪格攻锦州，"多尔衮等离城三十里而营，又私遣甲士更番还家，致敌刍粮樵采出入无忌"③。皇太极大怒，诸王贝勒大臣等被议罪，索海、宜苏罚银二百两，杨善罚银五十两。④复命郑亲王济尔哈朗征锦州，杨善亦从之。期间，蒙古吴巴什台吉、诺木齐塔布囊等率部众朝见将至，命杨善等至广城迎接，并设宴款待。⑤次日，抵达，皇太极率诸王贝勒及文武各官出怀远门迎至演武亭。⑥后杨善与大学士刚林赴朝鲜参与会审。⑦崇德七年（1642）七月，部议诸王贝勒大臣围攻锦州时徇隐之罪，杨善与族人图赖、宜苏、罗硕均被议处罚银，皇太极念他们"久劳于外，悉予宽免"⑧。

（三）父子被处死

关于顺治继位问题，在论述图赖时已有涉及。皇太极去世后，图赖等人欲立豪格为君，后两黄旗大臣转向拥立福临，豪格在斗争中被淘汰，但仍有一些大臣效忠于豪格，时为议政大臣的杨善便是其一，豪格对于那些转向的两黄旗大臣一直耿耿于怀，并一直在培养自己的依附势力。此事在顺治元年（1644）四月正蓝旗固山额真何洛会讦告豪格的言辞中得到充分印证，并牵连杨善及其子学士罗硕等人，足见杨善等人与豪格的关系非同一般。据何洛会所言，豪格曾向杨善、伊成格、罗硕等言："固山额真谭泰、护军统领图赖、启心郎索尼向皆附我，今伊等乃率二旗附和硕睿亲王。夫睿亲王素善病，岂能终摄政之事，能者彼既收用，则无能者我当收之。"可见豪格之气愤和不满。随之杨善与豪格进行一番对话，以表忠心。杨善首先阐明对堂兄图赖的不满，言语激烈凶狠，其言：

---

① 《内阁藏本满文老档》（太宗朝）汉文译文，第九函第五十六册，天聪六年六月二十九日条，第646—647页。

② 《八旗通志初集》卷159《名臣列传十九·镶白旗满洲世职大臣一·杨善》，第3980页。

③ （清）魏源著，韩锡铎、孙文良点校：《圣武记》（上），中华书局1984年版，第29页。

④ 《清太宗实录》卷55，崇德六年三月丁酉条。

⑤ 《清太宗实录》卷55，崇德六年三月癸卯条。

⑥ 《清太宗实录》卷55，崇德六年三月甲辰条。

⑦ 《清太宗实录》卷58，崇德六年十二月壬子条。

⑧ 《清太宗实录》卷61，崇德七年七月乙酉条。

"此皆图赖诡计也，若得亲视其寸磔死，亦无恨。"家族内部、八旗内部的矛盾显而易见，天聪年间二人一同征战，一同封赏，原因是此时之二人皆隶两黄旗，且为堂兄弟，政治目标一致。崇德之后，杨善由镶黄旗改拨正蓝旗，旗主则为豪格，"在具有家族制性质的八旗制度中，各旗成员与本主的联系远胜于对国君的关系"①。此时以血缘为纽带的家族观念已次于对本旗旗主的效忠。豪格的对言表明他对杨善的恩惠，"尔等受我之恩当为我效力，可善伺其动静"。杨善对曰："我等务致之死，以一身抵之，王岂不宴然处乎。"可见其对豪格的忠诚。二人的矛盾应产生于杨善隶属关系变化后，政治立场随之迁转，进而造成二人产生隔阂，最终上升为仇恨，其间具体细节已无从考证。后何洛会又叙述了豪格对杨善等人的几次对话，皆表明对多尔衮等人的不满，杨善皆附之，最终酿成杀身之祸。豪格被"夺所属七牛录人员，罚银五千两，废为庶人。俄莫克图、杨善、伊成格坐附王为乱，不行出首弃市。罗硕以乱法诡谀，曾禁止不许近王，后复往来王所，私相计议，亦弃市"。杨善、罗硕被籍没，其家产给予图赖。此次事件，多尔衮达到了沉重打击豪格势力的目的。多尔衮在何洛会的诸多抱怨中，获悉谭泰、图赖、索尼与豪格疏远，遂有意拉拢，"以谭泰、图赖、索尼为国尽忠，致为恶党所仇怨，乃集众于笃恭殿，宣示之。各赏以全副玲珑鞍辔，马一匹，银二百两"②。最终谭泰表示效忠于多尔衮，成为他对付两黄旗的工具。③顺治八年（1651），顺治亲政后，恢复杨善、罗硕等人原职。④杨善之三等轻车都尉由其孙霍罗承袭，后晋一等。⑤

三 十六大臣——宜荪

宜荪，又作伊逊、伊孙、伊荪，音达户齐第三子，生年不详，卒于崇德七年（1642），初隶镶黄旗满洲，后改镶白旗满洲。宜荪少从太祖征伐，屡立战功。天命十一年（1626），皇太极继位后，与诸贝勒定议，设

---

① 姚念慈：《定鼎中原之路：从皇太极入关到玄烨亲政》，第166页。

② 《清世祖实录》卷4，顺治元年四月戊午条。

③ 叶高树：《满洲亲贵与清初政治：都英额地方赫舍里家族的个案研究》，《台湾师大历史学报》2010年第43期。

④ 《清世祖实录》卷54，顺治八年闰二月壬子条。

⑤ 《八旗通志初集》卷159《名臣列传十九·镶白旗满洲世职大臣一·杨善》，第3980页。

立八大臣及十六大臣，宜苏入"佐理国政，审断狱讼"十六大臣之列，其兄杨善入管理八旗驻防的十六大臣之列。①

天聪三年（1629）九月，随大军征明北京，率二十人潜攻边城，与五人相继而登。十一月，攻遵化城，宜苏先登，中炮伤臂，"汗闻伊孙攻城时炮伤其手，甚重，亲往视之"②。天聪四年（1630），因攻遵化城时负伤残废，加之"从前戮力行间"，擢升为三等轻车都尉。③天聪六年（1632）六月，"将在张家口所得财物分为五份，一份赏土谢图额驸，其余四份及阿济格贝勒所得财物、沙河堡所获财物，俱赏与领兵诸将"。宜苏与卫齐等二十六游击各赐倭缎、缎一。④天聪七年（1633）八月，"遣英俄尔岱、伊孙赍书往朝鲜互市，并以扎尔达库地方所获朝鲜盗参二人令之携往"⑤。所带信函之内容多为互市贸易的相关请求。十月，宜苏与英俄尔岱自朝鲜归来，并携朝鲜国王的两封复函，信中婉拒两国互市贸易的请求。⑥天聪八年（1634）十二月，皇太极分定专管牛录，宜苏得一个牛录，其叔卫齐与堂兄索海各得半个牛录。⑦天聪九年（1635）正月，免功臣徭役，并最终确定专管牛录数目，宜苏与亲叔卫齐、察喀尼，堂弟吴赖予之。⑧

---

①《清太宗实录》卷1，天命十一年九月丁丑条。

②《内阁藏本满文老档》（太宗朝）汉文译文，第三函第十八册，天聪三年十一月初七日条，第509页。

③《内阁藏本满文老档》（太宗朝）汉文译文，第五函第三十三册，天聪四年二月条，第558页。

④《内阁藏本满文老档》（太宗朝）汉文译文，第九函第五十六册，天聪六年六月二十九日条，第646—647页。

⑤《清太宗实录》卷15，天聪七年八月癸卯条。所带信函内容详见此条。

⑥《清太宗实录》卷16，天聪七年十月乙酉条。《清初内国史院满文档案译编》（上）天聪朝、崇德朝，天聪七年十月二十六日条，第43页。信函具体内容详见此条。

⑦《清初内国史院满文档案译编》（上）天聪朝、崇德朝，天聪八年十二月十四日条，第126页；《清太宗实录》卷22，天聪八年十二月丙申条。

⑧《清太宗实录》卷22，天聪九年正月癸酉条；《清初内国史院满文档案译编》（上）天聪朝、崇德朝，天聪九年正月二十二日条，第142页；《清初内国史院满文档案译编》天聪八年十二月十四日条记载了宜苏分得一个专管牛录，天聪九年正月二十二日条中未有宜苏相关记载；然《清太宗实录》天聪八年十二月丙申条中并未记载宜苏分得专管牛录，而是在天聪九年正月癸酉条中加以记载，两书记载却相反，今考《八旗通志初集》《钦定八旗通志》之《旗分志》可知宜苏确实分得专管牛录，并任镶白旗满洲第五参领第四佐领首任佐领，所以可以确定《清初内国史院满文档案译编》天聪九年正月二十二日条中漏掉了宜苏。

　　崇德元年（1636）九月十九日，伊勒慎、列列珲等奏："我等五人往追来犯之敌，窥视娘娘宫渡口，彼岸有敌兵立营，此岸亦有敌兵立营。敌船横截辽河，观其大概，有百余艘，而我等乘舟兵少，若欲逼近，恐难以脱身，因此后撤。""是日，据伊勒慎等所报消息，命伊孙率各旗大臣一员、兵一百四十名，往援伊勒慎等。"① 十月初六日，因渡口明船兵已退，遂"伊孙等自娘娘宫渡口还"②。崇德二年（1637）八月，"会都统都类获罪，逮系兵部。参政穆尔泰虑潦暑蒸郁，躯囚出系所，遣使为都类设幕次，且为拂蝇。囚诉其状，伊逊坐同官隐匿不奏"③。宜苏被革职，罚银一百两，夺其所管人丁。④

　　崇德三年（1638）六月二十一日，"硕托贝子旗蒙古桑噶尔吉射硕托贝子，执之日久。以伊孙等违旨，囚禁多日，送法司审实。以执之日久，拟兵部承政伊孙、古尔布希、都赖坐以应得之罪，又以囚禁多日，兵部承政孟库禄、韦齐应各鞭一百，贯耳鼻，奏闻，上命伊孙、古尔布希、都赖免罪，孟库禄、韦齐禁二日"⑤。同年（1638）七月，更定部院官制，宜苏被任命为兵部承政。这是皇太极继天聪五年（1631）七月初定官制之后的又一次重要调整，体现了崇德以后满洲统治集团的权力进一步集中于满洲官员手中，承政名额的变化就是一个突出的表现。关于宜苏出任承政的次数及时间问题值得进一步探讨。据《满汉名臣传》《国朝耆献类征初编》等文献载，宜苏两次出任兵部承政，且皆未说明具体时间。考察《清太宗实录》可知天聪五年（1631）七月任命的两名兵部满承政分别为纳穆泰和叶克书，其中纳穆泰于天聪九年（1635）十月去世，⑥ 而叶克书则于崇德三年（1638）七月官制改革中被任命为兵部右参政，后

　　① 《内阁藏本满文老档》（太宗朝）汉文译文，第十五函第二十八册，崇德元年九月十九日条，第756页。亦见《清太宗实录》卷31，崇德元年九月庚申条。

　　② 《内阁藏本满文老档》（太宗朝）汉文译文，第十五函第二十九册，崇德元年十月初六日条，第761页。亦见《清太宗实录》卷31，崇德元年十月丁丑条。

　　③ 《满汉名臣传》卷3《伊逊列传》，第55页。事件经过详见《清太宗实录》卷38，崇德二年八月己丑条。

　　④ 《清太宗实录》卷38，崇德二年八月己丑条。

　　⑤ 《清初内国史院满文档案译编》（上）天聪朝、崇德朝，崇德三年六月二十一日条，第321页。

　　⑥ 《清太宗实录》卷25，天聪九年十月辛卯条。

于顺治十五年（1658）去世。① 通过《清太宗实录》的记载可知宜苏与车尔格于天聪九年九月便以兵部承政的身份出现在《清太宗实录》中，② 其原因可能是此时的纳穆泰已经病重，不能堪当承政之重任，遂命宜苏代之。至于车尔格，当时应任刑部承政，为何以兵部承政冠之，其原因待查。至崇德三年（1638）七月再次更定官制期间，宜苏等以兵部承政的身份参与了一系列事件，③ 可以说明宜苏确实两任兵部承政，正是基于第一次积累的经验才能在第二次更定官制时继续担当此职。同时，经过比勘各种文献亦可发现，崇德三年（1638）更定官制后上任的官员，在之前一系列活动中，即以委任后的身份出现在第二次更定官制之前，此类现象比比皆是，说明两次官制更定是有一个适应过程的，最终以政令形式公之于世则相对滞后一些。

崇德四年（1639）六月，因功，赐宜苏、索海等珊瑚、数珠各一。④ 几日后，宜苏与参政叶克书"以公屯齐随和硕郑亲王济尔哈朗出征被创，奏请赏赉，上命于定例外加赐屯齐银百两。嗣后凡公等被创俱照此赏赉，若宗室被伤加赏二等，觉罗被伤加赏一等。著为令"⑤。十月，楚虎尔贝勒令宜苏、穆成格、詹霸应将图尔格下三牛录护军并入镶黄旗差遣上奏，然三人"未行奏闻，而擅将士三牛录置于公中牛录"。其堂兄刑部承政索海等审理此案，部议应革职，各罚银百两。最终"俱宥之"⑥。十一月，以承政兼正蓝旗梅勒章京。同月，遣宜苏与索海、萨穆什喀、穆成格、叶克书、雍舜、拜等，率官属兵丁往征索伦部。左翼主将以萨穆什喀、副将以宜苏，右翼主将以索海、副将以叶克书，两翼分行。⑦ 崇德五年（1640）三月，至虎尔哈部，"时有达尔布尼、阿恰尔都户、白库都、汉必尔代四人聚七屯之人于兀库尔城，萨穆什喀、伊孙、穆成格、拜令众

---

① 《满汉名臣传》卷4《叶克舒列传》，第103页。

② 《清太宗实录》卷25，天聪九年九月辛卯条。

③ 《内阁藏本满文老档》（太宗朝）汉文译文，第十一函第四册，崇德元年二月十三日条，第679页；《清太宗实录》卷35，崇德二年闰四月庚子条；《清太宗实录》卷41，崇德三年三月己巳条；

④ 《清太宗实录》卷47，崇德四年六月戊子条。

⑤ 同上书，崇德四年六月戊戌条。

⑥ 《盛京刑部原档》二二六号，崇德四年十月初六日，第174页。

⑦ 《清太宗实录》卷49，崇德四年十一月辛酉条。《清初内国史院满文档案译编》（上）天聪朝、崇德朝，崇德四年十一月初八日条，第441—442页。

军乘旦攻城。嘉隆噶汛地举火至，晚克之。"后进攻铎陈未下，又博穆博果尔率兵来援，遂还。已而，佐领萨必图、卓布退等率兵九十人，往助萨穆什喀，时有铎陈、阿撒津二城兵四百人阻截，击败之，斩五十人。"萨穆什喀又令伊孙率章京五员，兵一百三十人于铎陈地方设伏，斩敌七十人。"①当萨穆什喀率师还时，"博穆博果尔以兵袭我辎重，甲士厮卒多阵亡者"②。而宜苏见此状却"不急入援，坐待叶克书至，以致本旗甲士厮卒，共四十六人，为敌所杀。伊孙应革职，籍其家产之半"。诏"伊孙免革职，免籍家产，罚赎银三百六十两，所属人口入官"③。

崇德六年（1641）三月，随睿亲王多尔衮、肃亲王豪格攻锦州，"多尔衮等离城三十里而营，又私遣甲士更番还家，致敌刍粮樵采出入无忌"④。皇太极大怒，诸王贝勒大臣等被议罪，宜苏与索海等被罚银二百两，兄杨善罚银五十两。⑤崇德七年（1642），卒。⑥其正蓝旗梅勒章京由鄂罗塞代替，兵部承政由韩岱代替。其子噶达浑袭职，顺治二年（1645），特恩加为二等轻车都尉，世袭罔替。顺治十二年（1655）十月，追谥"襄壮"，建碑纪绩。⑦康熙二十一年（1682）三月，康熙帝遣学士库勒纳至宜苏墓祭奠。⑧

四　内国史院学士——罗硕

罗硕，杨善之子，生年不详，顺治元年（1644）被处死，隶镶白旗满洲。官至内国史院学士。罗硕兼通满、蒙、汉等语言，是皇太极统治时期重要的文职官员，与刚林、范文程等人共同参与了此时期一系列内外事务，地位显赫。同时他也是索尔果家族中少有的文职高官。然而学

---

① 《清太宗实录》卷51，崇德五年三月己丑条。

② 《满汉名臣传》卷3《伊逊列传》，第55页。

③ 《清太宗实录》卷52，崇德五年六月癸未条。

④ （清）魏源著，韩锡铎、孙文良点校：《圣武记》（上），第29页。

⑤ 《清太宗实录》卷55，崇德六年三月丁酉条。

⑥ 《满汉名臣传》卷3《伊逊列传》《国朝耆献类征初编》卷41《贰卿一·伊逊》载崇德八年（1643）卒，乃误，考察《清初内国史院满文档案译编》《八旗通志初集》卷159《名臣列传十九·镶白旗满洲世职大臣一·宜苏》《钦定八旗通志》卷286《世职表九》等文献可知宜苏应于崇德七年（1642）去世。

⑦ 《清世祖实录》卷94，顺治十二年十月戊寅条。

⑧ 《清圣祖实录》卷101，康熙二十一年三月丙辰条。

术界对罗硕的研究却十分匮乏，史书也没有一个完整的罗硕传记，学界多在论述清入关前文馆、内三院问题时对罗硕予以简单提及。① 本部分试对罗硕的事迹作一梳理，以表明其在皇太极时期的重要地位。

（一）任职文馆

天聪三年（1629）四月，制定文馆职司，然此时文馆并无正式官职，仅有巴克什、笔帖式等称号，此外还有一些满洲文士供职于此。因文馆主要职能是翻译汉籍、记注当朝政事，所以任职者必须具备相应的才能。罗硕则因其"能通满洲、蒙古、汉语"②，方被皇太极擢居文馆。关于罗硕被擢居文馆的具体时间史书记载尚不明确。

天聪六年（1632）六月初二日，罗硕被派至正白及镶黄两旗宣读俘获所得之人口及财物的分配细则。③ 十三日，又命罗硕同库尔禅巴克什、卫寨桑"执书七函送往德胜堡，命德胜堡官员转致大同、阳和城各官，并命每营遣大臣一员率每旗护军纛额真一员、护军五十人、每营兵五十人偕往"④。十四日，罗硕至德胜堡送信还，并"偕德胜堡官员下千总一员率十五人来叩见汗，并献牛二、缎三、馒头一筐箩、烧饼一筐箩、枣一金斗、烧酒一大瓶、黄酒一大瓶，不纳，悉却之。汗赐来献牛千总牛一，遣还"⑤。二十六日，又"遣库尔禅巴克什、罗硕往张家口，是日申时还。……是日，复遣库尔禅巴克什、罗硕赴张家口"。次日，罗硕等同宣府都堂、总兵官所遣之张家口黄官寿等二通官、二守备及所率之十一人，携带"牛二、羊二十、梨一金斗、李子一金斗、枣一金斗、茶二篓、

---

① 关于清入关前文馆、内三院的研究可以参阅［日］神田信夫《论清初的文馆》（载氏著《清朝史论考》，山川出版社 2005 年版）；张晋藩、郭成康《清入关前国家法律制度史》第二章第三节；刘小萌《满族从部落到国家的发展》第四章；邸永君《清代翰林院制度》，社会科学文献出版社 2007 年版，第二章第二、第三节；邸永君《清代满蒙翰林群体研究》，黑龙江人民出版社 2005 年版，第二章第二、第三节；邱雪静《清入关前文馆、内三院述论》，博士学位论文，中央民族大学，2007 年。

② 《满汉名臣传》卷 3《杨善列传》，第 52 页。

③ 《内阁藏本满文老档》（太宗朝）汉文译文，第九函第五十四册，天聪六年六月初二日条，第 639 页。

④ 《内阁藏本满文老档》（太宗朝）汉文译文，第九函第五十五册，天聪六年六月十三日条，第 642 页。

⑤ 《内阁藏本满文老档》（太宗朝）汉文译文，第九函第五十五册，天聪六年六月十四日条，第 643 页。

稻米十斗、麦面十斗、烧酒一大瓶、黄酒一大瓶献礼"①。三十日，罗硕等自张家口来报信，言已与明国盟誓和好。② 十二月初七日，罗硕向皇太极奏请"正黄旗冉色惠因无粮、未按官员品级给银，且无院门"之事，遂"命按相公品级给银、粮，并给造院门"。同日，又上奏自大凌河逃来之刘中津，没有衣服之事，遂命赐衣一袭。③

天聪七年（1633）五月，罗硕同范文程、刚林负责安插新归附之"元帅孔有德、总兵官耿仲明等"。并传谕曰："孔有德、耿仲明可令统领旧部，驻扎东京。号令、鼓吹、仪从俱仍其旧。惟用刑出兵二事，当来奏闻。所属人民，俱住盖州、鞍山。如或不愿，令住东京邻近地方。"④

天聪八年（1634）二月，车驾至避痘所，皇太极遂命罗硕前往代善养病之温泉，询问病情，并送去食物。⑤ 三月，罗硕同喀木图往谕副将尚可喜，"将军跋涉劳顿，朕意欲于初到时即行召见，适以他事，暂居别所，料将军亦必详闻。朕愿见之怀，匪朝伊多矣。待事毕，即当遣使召见。恐将军念切，故此敕谕"⑥。五月二十二日，皇太极亲率大军征明。⑦闰八月，"前锋将领图鲁什、侍卫扈什布、胡沙喇、都虎、罗硕、穆彻讷、萨哈连、车克等击败祖大弼等兵二百五十人，斩首三十四级，生擒把总一员，兵三名，获马三十八匹"⑧。

天聪九年（1635）二月，皇太极谕刑部承政、梅勒章京高鸿中，文馆觉罗龙什、甲喇章京宁完我、范文程、罗硕、刚林、詹霸等，酌议汉

---

① 《内阁藏本满文老档》（太宗朝）汉文译文，第九函第五十五册，天聪六年六月二十七日条，第645页；亦见《清太宗实录》卷12，天聪六年六月癸巳条。

② 《内阁藏本满文老档》（太宗朝）汉文译文，第九函第五十六册，天聪六年六月三十日条，第648页。

③ 《内阁藏本满文老档》（太宗朝）汉文译文，第十函第六十册，天聪六年十二月初七日条，第664页。

④ 《清太宗实录》卷14，天聪七年五月庚子条。

⑤ 《清太宗实录》卷17，天聪八年二月丁卯条。

⑥ 《清太宗实录》卷18，天聪八年三月癸巳条；相似记载亦见《清初内国史院满文档案译编》（上）天聪朝、崇德朝，天聪八年三月初七日条，第69页。

⑦ 《清初内国史院满文档案译编》（上）天聪朝、崇德朝，天聪八年五月二十二日条，第83页。

⑧ 《清太宗实录》卷20，天聪八年闰八月庚寅条。

官及书生等上奏应速兴师，勿杀敌人等事。① 九月，遣"刚林、罗硕、阿尔萨兰、席唐阿、布丹、胡巴孙、巴雅、木富、喀尔噶齐、科课诣凯旋诸贝勒军，约相见日期"②。十月，皇太极对文馆儒臣希福、刚林、罗硕、詹霸等谈论"夜梦河水微涨，比往视，见二獭缩项而行，朕急索又刺杀之，后又捕得大鱼甚多。朕记往时凡梦此等事，出兵必大有所获"③。十二月，莽古尔泰贝勒与其妹莽古济格格及莽古济之夫敖汉部落琐诺木杜棱三人当着德格类贝勒、屯布禄、爱巴礼、冷僧机等人之面，对佛跪焚誓词言："我莽古尔泰已结怨于汗，尔等助我，事成之后，若待尔等不如我身者，天必鉴之。"琐诺木及其妻莽古济誓云："我等阳事汗而阴助尔，若不践言，天其鉴之。"不久莽古尔泰及德格类皆死去。冷僧机将此事首告于刑部和济尔哈朗。皇太极获悉后，命人告知诸贝勒，诸贝勒争执不下，遂遣人召文馆儒臣罗硕、刚林、詹霸等至，皇太极将此事告之于儒臣，曰："召集三馆满、汉儒臣，此事应作何处分，可议定奏我知。"④ 诸儒臣遂议奏曰："莽古尔泰等负恩怀逆，倾危宗社，罪无可贷。莽古济虽妇人，闻此乱谋，理应为国忧愤，从中力阻，乃反从逆，同谋犯上，危国不可逭诛。按律两贝勒妻子皆应论斩。若皇上必欲宽宥，亦当幽禁终身，否则何以惩叛逆，而昭国法。至首告者予赏，庶使效尤者不得逞志。今若以冷僧机为无功，则人皆容隐，遇此等事，谁复首告，为后日计，则冷僧机宜叙其功。臣等又按琐诺木曾伴醉痛哭而言曰：'皇上何故惟兄弟是信？皇上在，则我蒙古得遂其生，不则，我蒙古不知作何状矣。'皇上亦微喻其意。彼时皇上于莽古尔泰、莽古济宠眷，方隆德格类亦被恩遇。琐诺木虽欲直言，岂容轻出诸口。今琐诺木先行举首，其心迹似有可原，应否免罪伏，候上裁。至屯布禄、爱巴礼罪应族诛，法无可贷。若莽古尔泰等人口财产分给七旗，虽属推恩臣下之意，臣等以为必宜全归皇上，盖古人云：'都城过百雉国之患也。'都邑者贝勒也，邦国者朝

---

① 《清初内国史院满文档案译编》（上）天聪朝、崇德朝，天聪九年二月初七日条，第148页；《清太宗实录》卷22，天聪九年二月戊子条。

② 《清太宗实录》卷25，天聪九年九月辛亥条。

③ 《清太宗实录》卷25，天聪九年十月癸巳条；《清初内国史院满文档案译编》（上）天聪朝、崇德朝，天聪九年十月十六日条，第206页。

④ 《清初内国史院满文档案译编》（上）天聪朝、崇德朝，天聪九年十二月初五日条，第213页。

廷也，国寡都众，患之阶也。伏惟皇上，国之至尊，上下之间，自有差等。如今二贝勒之属人户口，宜归皇上，欲赐何人，惟皇上命之疏上。"后诸贝勒复议，莽古济被杀，莽古尔泰、德格类之子皆被降为民，二人之妻亦被岳托和阿济格娶之。① 十二月二十八日，皇太极对记注儒臣曰："蒙古掌旗贝勒往来迎送、献酬赠答，俱行记载，凡小民进献之物，勿再记载。"早前，贝勒、大臣们曾令希福、刚林、罗硕等两次上奏，请皇太极"早正尊号，以承大统"。当晚，皇太极命希福、刚林、罗硕等传谕汉儒臣曰："诸贝勒皆劝朕早正尊号，朕以土宇尚未统一，未审天意所属，大号不宜轻受，尔等以为何如？"汉官鲍承先、宁完我、范文程、罗绣锦、梁正大、齐国儒、杨方兴等对曰："人当顺天而行，天之欲皇上受此尊号也，岂必谆谆然命之乎。玉玺既得，诸国皆附，人心效顺，是即天意所在也。今上宜顺天应人，早正尊号，以承大统。"二十八日，诸贝勒更定誓词，焚香跪读盟誓。此时，外藩诸贝勒也来到盛京，要求皇太极上尊号。最终皇太极同意了他们的请求。②

天聪十年（1636）正月，诸贝勒挖出莽古尔泰、德格类二人随葬金银器皿，皇太极获悉后，恼羞成怒，命希福、刚林、罗硕等传谕诸贝勒"复葬之"③。又遣希福、刚林、罗硕前去看望久病的萨哈廉贝勒。④

同年四月，皇太极接受"宽温仁圣皇帝"尊号，建国号曰大清，改元崇德。遣罗硕同超品公额驸杨古利、固山额真谭泰、宗室拜尹图、叶克书、叶臣、阿山、尹尔登、宗室篇古、达尔哈、石廷柱、马光远及外藩贝勒下官员卜库台吉、德格类扎尔固齐、孟库孙、杭哈尔、阿尔珠海、泥堪、内院官希福、刚林等捧祝文，以营建太庙事，祭告太祖山陵。其文曰："孝子嗣皇帝皇太极敢昭告于皇考神位前曰：'臣敬遵典礼，表扬皇考、皇妣功德，肇建太庙，谨择吉于四月十二日，安设神位，以昭上祀之礼。又仰体皇考孝心，稽之禘尝钜典，追尊始祖、高祖、曾祖、祖以王号，安设四代祖考、祖妣神位。又设伯祖礼敦巴图鲁配位，伏祈皇考神灵，鉴兹诚悃。又设功臣费英东、额亦都配位，从祀皇考左右。惟

---

① 《清太宗实录》卷26，天聪九年十二月辛巳条。
② 《清太宗实录》卷26，天聪九年十二月甲辰条。
③ 《清太宗实录》卷27，天聪十年正月庚申条。
④ 《清太宗实录》卷27，天聪十年正月癸亥条。

望皇考垂慈，来格来歆读毕，行三跪九叩头礼，焚祝文.'"① 罗硕亲历了皇太极即皇帝位的全过程。

（二）任职内国史院

天聪十年（1636）三月，"改文馆为内三院：一名内国史院，一名内秘书院，一名内弘文院。分任执掌"②。"内三院是辅佐汗（皇帝）处理国家中枢政务的机构，不设贝勒掌院。最初依六部之制，设承政为长官，不久提高长官的品级，改设大学士，下设学士、举人、生员，名称无不取仿明制，但组织结构又有别于明之内阁与翰林院，同样体现着沿于明而不同于明的特点。"③ 五月初三日，"吏部睿亲王考试文人，奏汗裁定。三等甲喇章京希福，原系国史院承政，升为二等甲喇章京，授为弘文院大学士；三等甲喇章京范文程，原系秘书院承政，升为二等甲喇章京，仍为秘书院大学士；升二等甲喇章京鲍承先为秘书院大学士；举人刚林，原系国史院承政，升为牛录章京，仍为国史院大学士，彼等顶戴服色及随从人役，俱与梅勒章京同。授罗硕、罗绣锦为国史院学士，其詹巴仍为秘书院学士；授胡球、王文奎为弘文院学士，彼等顶戴服色及随从人役，俱与甲喇章京同。恩格德依原系秘书院举人，著同此九人出入办事"④。由此，罗硕供职于内国史院，与罗绣锦共同辅佐大学士刚林办理相关事务。内国史院的职责是："记注汗之诏令。收藏御制文书；凡汗起居、用兵、行政事宜，编纂史书；撰拟祭天祝文，升殿宣读之表文，祭祀总免之祭文；编修历代祖宗史书，墓碑铭文，一切机密文移，官员升降文册及诸臣奏章会纂史书；撰拟追封诸贝勒册文，六部所办事宜，可入史册者，选录记载之；撰拟功臣母妻诰命、印文；凡外国、邻邦来往文书，俱编为史册。"⑤ 其具体职能尚不及此，在日常事务中能够充分显现。内三院的设置，意味着"文官地位的上升，是金国已逐步摆脱早期

---

① 《清太宗实录》卷28，天聪十年四月乙酉条。

② 《清太宗实录》卷28，天聪十年三月辛亥条。

③ 刘小萌：《满族从部落到国家的发展》，第260页。

④ 《内阁藏本满文老档》（太宗朝）汉文译文，第十二函第十册，崇德元年五月初三日条，第700页；《清太宗实录》卷29，崇德元年五月丙午条。

⑤ 《内阁藏本满文老档》（太宗朝）汉文译文，第十一函第五册，崇德元年三月初六日条，第683页。

军政不分、执掌不明落后状况的重要标志"①。

崇德元年（1636）五月初八日，萨哈廉贝勒病重，郑亲王、豫亲王、肃亲王及诸大臣等商议，恐皇太极前去探视，遂遣弘文院大学士希福及内国史院学士罗硕上奏劝阻。皇太极答应黑夜不去探望，天明方去探视。次日，皇太极前去看望萨哈廉，"入座顷刻，萨哈廉贝勒薨"。初十日，有以新樱桃献汗者，命遣秘书院大学士范文程、国史院学士罗硕、弘文院学士胡球、办理内府事务大臣宁塔海、礼部启心郎祁充格先享太庙，并谕曰："嗣后，凡得新果品、新粮谷，先享太庙，然后进食，着为定例。"② 二十六日，皇太极命"文馆大学士范文程、希福、刚林及学士罗硕，并詹霸、罗绣锦至和硕亲王、多罗郡王、多罗贝勒府门外立桩，以示乘马坐车之人到此下马、下车。和硕亲王府门各四十根，多罗郡王府门各三十根，多罗贝勒府门各二十根"。同日，"奉圣汗谕旨，文馆大学士希福、范文程、刚林、罗硕以及詹霸通报，以大凌河各官为七部承政：张存仁为都察院承政、祖泽洪为吏部承政、韩大勋为户部承政、姜新为礼部承政、祖泽润为兵部承政、李云为刑部承政、裴国珍为工部承政"③。七月十九日，出征明朝的阿济格、阿巴泰遣罗硕等向皇太极汇报战争进展及斩获情况。④ 二十四日，"罗硕、扎苏喀等前来报信时，多罗武英郡王、多罗饶馀贝勒自出征处捎来一骡驮苹果及沙果进圣汗。以其为异国之新果，圣汗未食之，先遣人供于太庙"⑤。恰好印证了五月初十日之定例。九月二十八日，征明之多罗武英郡王、多罗饶馀贝勒、超品公杨古利及诸贝子、大臣还，皇太极午刻出盛京城地载门十里外相迎。内国史院大学士刚林、学士罗硕，秘书院大学士范文程奉命跪读多罗武英郡王

---

① 刘小萌：《满族从部落到国家的发展》，第 260 页。

② 《内阁藏本满文老档》（太宗朝）汉文译文，第十二函第十一册，崇德元年五月初八、初九、初十日条，第 702—703 页。

③ 《内阁藏本满文老档》（太宗朝）汉文译文，第十三函第五册，崇德元年五月二十六日条，第 712 页。

④ 《内阁藏本满文老档》（太宗朝）汉文译文，第十四函第二十二册，崇德元年七月十九日条，第 735—737 页。

⑤ 《内阁藏本满文老档》（太宗朝）汉文译文，第十四函第二十三册，崇德元年七月二十四日条，第 739 页。

所献捷表文，后设大宴款待出征将士。① 十一月，罗硕同范文程等前往册封恭顺王之母、妻，及怀顺王之妻，智顺王之妻。"礼毕，进内府，演戏，大宴，赏往封大臣、笔帖式等银一百一十两、缎十四。至册封怀顺王之妻、智顺王之妻等，皆仪如册封恭顺王之妻。三王所赏之银，悉却之，仅取其缎而归。"② 同月二十五日，冬至，皇太极率"诸和硕亲王、多罗郡王、多罗贝勒，固山贝子及文武各官斋戒三日，刑乌牛祭天。卯刻，圣汗出德盛门，至天坛"③。罗硕与范文程、希福等大学士全程参与了祭天，可见内三院在祭祀过程中起到主导作用，是其职责的充分彰显。

崇德二年（1637）正月，多尔衮自江华岛遣罗硕、胡球向皇太极奏报："所获江华岛城内缎疋、小珠、东珠、金银、玉、珊瑚、貂皮、猞狸狲皮等物甚多。"④ 闰四月，阿济格率从征皮岛的贝子、大臣至崇政殿捧表跪。罗硕、胡球跪读表文："多罗武英郡王阿济格奉宽温仁圣皇帝命，率兵征明皮岛，蒙天眷佑，仗皇上威福，攻克明国皮岛，杀其主帅总兵沈世奎及将士万余，奏凯而归。"读毕。又命罗硕、胡球立左侧宣读圣旨："宽温仁圣皇帝谕多罗武英郡王及诸大臣等，是皆尔等克承，天眷戮力同心之所致也。"宣谕毕，行叩头礼而退。⑤ 八月，罗硕同希福、王文奎、詹霸等奉命诰封外藩蒙古诸部首领之妻，并宣读诰命文，以此进一步拉拢外藩蒙古诸部。⑥

崇德三年（1638）正月，罗硕同范文程、刚林、索尼等奉命传谕，答复都察院大臣祖可法、张存仁等为考试秀才之事的奏章。⑦ 七月初一日，罗硕等又同希福、刚林传谕和硕亲王、多罗郡王、多罗贝勒、固山

---

① 《内阁藏本满文老档》（太宗朝）汉文译文，第十五函第二十八册，崇德元年九月二十八日条，第758—759页。

② 《内阁藏本满文老档》（太宗朝）汉文译文，第十六函第三十六册，崇德元年十一月条，第758—759页。

③ 《内阁藏本满文老档》（太宗朝）汉文译文，第十六函第三十七册，崇德元年十一月二十五日条，第797—798页。

④ 《清太宗实录》卷33，崇德二年正月乙丑条。所获之物具体数量可参阅《清初内国史院满文档案译编》（上）天聪朝、崇德朝，崇德二年正月二十五日条，第239—240页。

⑤ 《清太宗实录》卷36，崇德二年闰四月癸丑条。

⑥ 《清太宗实录》卷38，崇德二年八月乙酉条。

⑦ 《清太宗实录》卷40，崇德三年正月己卯条；《清初内国史院满文档案译编》（上）天聪朝、崇德朝，崇德三年正月十五日条，第266—267页。

贝子及群臣，因宗族姻戚"等级名号皆有定制，昭然不紊，乃竟不遵成宪，僭忒妄行"，皇太极严厉谴责和训斥，①"为了强调军权独尊，崇德以后所建立的新爵秩，打破了原来八王共治时大贝勒、和硕贝勒和议政贝勒的划分，改定和硕亲王、多罗郡王、多罗贝勒、固山贝子……凡九等，从而使大清宗室的等级制度更为严格化"②。初七日，罗硕、胡球传谕沈志祥及其属下众民，表达皇太极对沈志祥属下频繁逃亡的不满。③ 十六日，皇太极"召内弘文院大学士希福、内国史院大学士刚林、学士罗硕等谕之曰：'朕从来不喜以空言文饰，要取虚誉。昔汉文帝欲建一台，计费百金，以为百金乃中人十家之产，遂止而弗建。朕以为此亦空言取誉，殊不足取。朕蒙天垂佑，各国臣服，财用饶裕。当此之际，我国新旧人等，有穷困无妻奴马匹者，若不急加恩养，更于何时养之？人君宵旰勤劳，以修治道，国计民生，最为要务，理财裕国，亦为民而已。今养此穷困之人，财物牲畜，何物不有，若吝惜而不肯养人，留之何用耶？'"④三人奏曰："圣主之谕，诚万民之福也。先世之君，积聚财畜至今，现今众人，有称羡之者乎？供养之名，实为上也。"⑤ 八月，赏赐罗硕、常鼐、胡球、王文奎、苏弘祖、杨方兴等十名中试举人"妆缎蒙肩彭缎朝衣各一件、援半个牛录章京品级、各免人丁四名"⑥。

崇德四年（1639）六月初二日，已故贝勒岳托"部下蒙古阿兰柴、桑噶尔寨发岳托阴事"，并向谭泰、图赖及罗硕举报，三人将此事奏报皇太极，后赦免其罪。⑦ 初四日，皇太极集汉官于笃恭殿，命范文程、希

---

① 《清太宗实录》卷42，崇德三年七月壬戌条；《清初内国史院满文档案译编》（上）天聪朝、崇德朝，崇德三年七月初一日条，第324—325页。

② 姚念慈：《清初政治史探微》，第193—194页。

③ 《清太宗实录》卷42，崇德三年七月戊辰条；《清初内国史院满文档案译编》（上）天聪朝、崇德朝，崇德三年七月初七日条，第327页。

④ 《清太宗实录》卷42，崇德三年七月丁丑条。

⑤ 《清初内国史院满文档案译编》（上）天聪朝、崇德朝，崇德三年七月十六日条，第333页。

⑥ 《清初内国史院满文档案译编》（上）天聪朝、崇德朝，崇德三年八月十八日条，第358页；季永海、刘景宪译：《崇德三年满文档案译编》，辽沈书社1988年版，第188页；《清太宗实录》卷43，崇德三年八月戊申条。然《清史稿》卷279《列传六十六·杨方兴》第10109页载："崇德元年，试中举人，授牛录额真衔，擢内秘书院学士。"可知此处记载有误，应为崇德三年八月中试。

⑦ 《清太宗实录》卷47，崇德四年六月戊子条。

福、刚林、罗硕及索海等宣谕固山额真石廷柱、马光远等"在松山时诡称铅药已罄，不尽力攻城诸罪"，罢任罚银，寻命赦罪。① 二十一日，罗硕又同刚林、索海等"传集觉罗布尔吉、萨璧翰、色勒、奥塔、姚塔、郎球等至刑部"。议宗室汤古代、觉罗布尔吉、巴布赖、阿尔海等人对明战争中的各种罪责。② 二十五日，令大学士希福、范文程、刚林，学士罗硕、胡球、额色黑等将明廷赐予"哈达、叶赫、乌喇、辉发、蒙古诸国"的敕书"焚于笃恭殿前"，以示"教令统一"及归附诚意。③ 七月，罗硕等宣谕，"自公以及固山额真，下逮披甲、兵卒，不论满洲、蒙古、汉人，有愿冲锋破敌，先登拔城为国效力者准给马匹。"④

崇德五年（1640）四月初八日，皇太极命罗硕等"谕往义州屯田、修城和硕郑亲王济尔哈朗、多罗贝勒多铎曰：朕本欲四月十三日前往，今暂停止，至二十日始行。尔等捉生，务宜尽心，以副朕命。"⑤ 十五日，罗硕自义州奏报："我军修城筑室，俱已完备，义州东西四十里田地，皆已开垦。又有明国蒙古名达蓝泰者诣营投诚。又追锦州侦卒，擒获汉人一名。"⑥ 五月，命罗硕"率八家八人及从役八人，以捷音宣谕留守盛京和硕礼亲王代善、和硕睿亲王多尔衮、和硕肃亲王豪格、多罗武英郡王阿济格、多罗饶余贝勒阿巴泰、多罗安平贝勒杜度等"⑦。六月，皇太极遣罗硕谕朝鲜总兵林庆业等："准其由陆路前运，止许率副将五员、游击三员、备御五员、兵一千、厮卒五百同来，其余兵丁，俱付该管官带回本国，其米用我国车辆，运至盖州、耀州。其陆路兵，令于海州驻扎以候马匹。"⑧

崇德六年（1641）三月，议睿亲王多尔衮、肃亲王豪格等攻锦州时之罪责，罗硕等则往来传谕。诸王贝勒大臣等被议罪，其父杨善及索海、

---

① 《满汉名臣传》卷7《石廷柱列传》，第180页；《清太宗实录》卷47，崇德四年六月庚寅条。
② 《清太宗实录》卷47，崇德四年六月丁未条。
③ 《清太宗实录》卷47，崇德四年六月辛亥条。
④ 《清太宗实录》卷47，崇德四年七月乙亥条。
⑤ 《清太宗实录》卷51，崇德五年四月己未条。
⑥ 《清太宗实录》卷51，崇德五年四月丙寅条。
⑦ 《清太宗实录》卷51，崇德五年五月辛丑条。
⑧ 《清太宗实录》卷52，崇德五年六月戊辰条。

宜苏皆被罚银。① 四月，多尔衮、豪格、杜度、阿巴泰、罗托、阿山、谭泰、叶克书等向范文程、希福、刚林、罗硕、额色黑等曰："我等获罪甚重，蒙皇上深恩，从轻处分，我等愚诚，既不敢亲奏于上，若缄默不言，皇上必不召见我等。有罪之人，自当哀恳，上必宥而见焉，然心中惶惑莫定，未审如何乃善，烦为我等议之。"罗硕同希福、范文程、刚林等将此言上奏皇太极，"又命希福、范文程、刚林、罗硕等传谕诸王贝勒大臣，令照旧各赴朝会之所，其在各部办事大臣，有事仍照常来奏"②。六月，遣罗硕"往赴围明锦州多罗睿郡王多尔衮、多罗肃郡王豪格军营，并附大凌河新附官员，公与祖大寿书一函"③。七月，皇太极命内大臣图尔格、英俄尔岱、范文程、希福、刚林等同兵部各官，"察议和硕郑亲王济尔哈朗等围困锦州时，败明援兵，及乘夜攻击，接应锦州东关来降蒙古，一切功罪"。图尔格回奏："兵部多罗贝勒多铎将武英郡王首先招徕锦州之蒙古，冒称己所招降。罪一。又将鳌拜击败步兵之功，冒为己功。罪二。敌攻山营时，武英郡王遣兵助战，击败敌兵，多铎冒称为己所遣。罪三。多铎应革贝勒爵，解部任，罚银五千两。多铎欲辨，不服罪，及遣人往问，又拒不纳。奏闻。上命诸王以下梅勒章京，及参政以上集于笃恭殿会审，亦如前。多铎仍不服罪，覆议多铎情罪允当，犹执不服应加倍罚银一万两，革贝勒爵，解部任，夺五牛录户口。奏闻。"于是又命希福、刚林、范文程、罗硕、索尼、巴哈纳、吴达海等，"以多铎罪恶，明谕之，从宽罚银三千两"④。八月十八日，皇太极率大军进攻松山、杏山。将抵松山时，在戚家堡驻营，遣刚林、罗硕往谕多尔衮、豪格等，"令前遣之固山额真宗室拜尹图、多罗额驸英俄尔岱兵，及科尔沁土谢图亲王兵，察哈尔琐诺木卫寨桑等兵，先在高桥驻营"。待其到时，合围松山、杏山。于是刚林等往谕："王、贝勒、大臣及满洲、蒙古、汉人，众兵闻之，无不忻跃，恭候车驾于路。"多尔衮、豪格、拜尹图、谭泰、英俄尔岱等复令刚林、罗硕奏言："臣等仰藉皇上天威，岂敢畏敌，心有所怯，第军中形势，不得不以奏闻。今圣驾亲临，臣等勇气增倍，惟务进

---

①　《清太宗实录》卷55，崇德六年三月丁酉条。

②　《清太宗实录》卷55，崇德六年四月壬戌条。

③　《清太宗实录》卷56，崇德六年六月丙寅条。

④　《清太宗实录》卷56，崇德六年七月乙酉条。

攻，但为国图功，敢陈一得。观明兵甚众，臣等先率兵围锦州，累经攻战，微有损伤，如再速战，恐力不及。顷皇上令屯营高桥，倘敌兵为我所迫，约锦州松山兵内外夹攻，协力死战，万一有失，为之奈何。皇上即欲自高桥来援，亦必待胜负少分之后。今如暂驻松山、杏山之间，则臣等大有益矣。"奏闻，上允之。既而又遣刚林、罗硕谕多尔衮、豪格曰："朕今于松山、杏山间驻营，敌人必速遁，恐不能多所斩获也。""于是仍率大军进发，诸王贝勒大臣及诸将士，遥见御前仪仗，及前队旗纛移营，皆踊跃欢呼。上率大军先至松山。继于松山、杏山之间，自乌欣河南山至海，横截大路，绵亘驻营。"① 次日，通过挖壕的方式，断绝了明军的粮饷供应，明军内乱，清军趁乱追杀。二十五日，遣罗硕和笔帖式石图返回盛京，宣布捷音。② 十二月，因前锋统领沙尔虎达在杏山兵败时，未袭击，将其囚禁。皇太极命刚林、希福、罗硕勘问云："尔更有何辞以对？"沙尔虎达奏曰："诛臣，惟有一死。宥臣，当效力疆场。"后"赦其罪，革前锋统领职"③。

崇德七年（1642）正月初七日，皇太极命希福、刚林、罗硕等"召和硕亲王以下，牛录章京以上，俱集笃恭殿"。传谕严格遵行和硕亲王、多罗郡王、多罗贝勒、固山贝子及公等所封之名号，以示区别，如若违制将判罪。④ 三月初四日，罗硕、额色黑等奏报明十三站夏百总率所属男子一百名，及妇女幼稚来归。⑤ 五月初五日，"命擒获明国总督洪承畴、总兵祖大寿、董协、祖大乐，革职总兵祖大弼、副将夏承德、高勋、祖泽远等朝见"。他们各陈己罪，后献礼，皇太极不纳，遂命罗硕等谕承畴、大寿曰："朕今日未服视朝衣冠，又不躬亲赐宴，非有所慢于尔等也，盖因关睢宫敏惠恭和元妃之丧，未过期，故耳。"承畴、大寿等叩首奏曰："圣恩优异，臣等何以克当，虽死亦无憾矣。"⑥ 十四日，明使至盛京，住在馆驿，皇太极命满达尔汉、阿哈尼堪、范文程、刚林、罗硕至

① 《清太宗实录》卷57，崇德六年八月壬戌条。
② 《清太宗实录》卷57，崇德六年八月戊辰条。
③ 《清太宗实录》卷58，崇德六年十二月庚午条。
④ 《清太宗实录》卷59，崇德七年正月丁丑条。
⑤ 《清太宗实录》卷59，崇德七年三月癸酉条。
⑥ 《清太宗实录》卷60，崇德七年五月癸酉条。

馆驿，宴请明国议和使臣。① 六月，皇太极召见范文程、刚林、罗硕等，询问行兵巡幸时可有军士践踏田禾者，并言明农业之重要性，范文程奉命将此谕向诸王、贝勒、大臣宣示。② 七月十七日，部议诸王贝勒大臣围攻锦州时徇隐之罪，罗硕与其父杨善，及亲叔宜苏、堂伯图赖皆被议罚银，皇太极念他们"久劳于外，悉予宽免"③。八月，内秘书院学士杨方兴、内弘文院学士王文奎、工部副理事官蔡永年在礼部参政张良弼家醉酒乘马，不避皇太极行猎回銮之仪仗，被擒拿问罪，交付希福、刚林、罗硕、额色黑处羁押。次日，问罪，皇太极言："杨方兴、王文奎系内院近侍之人，素知典礼，今偶错耳，著姑免罪，此后毋得饮酒，致有错误。"④ 可见皇太极对内三院文臣的重视。九月，因在松山之战时，科尔沁土谢图亲王巴达礼违命退缩，不赴汛地。奈曼达尔汉郡王衮出斯临阵不战，被议罪，"应革亲王、郡王爵。巴达礼夺所属人员，衮出斯夺所属人员之半"。皇太极命图尔格、阿山、英俄尔岱、图赖、希福、刚林、罗硕、额色黑等往谕诸王，令宽免其罪，仅以警告和罚马惩之。⑤ 十月，因朝鲜国王李倧"密奏阁臣崔鸣吉、兵使林庆业等，潜通明国，私书往来。明国船至，曾馈送银币、人参、米谷，且彼此交相贸易"。皇太极"遣多罗额驸英俄尔岱、户部承政车尔格、内院大学士刚林、学士罗硕等，偕其世子李澄，往凤凰城，逮崔鸣吉等鞫讯"，并颁敕谕给李倧。"英俄尔岱、车尔格、刚林、罗硕等令人赍敕先往朝鲜，随至凤凰城。遣朝鲜国人往逮人犯，兵使林庆业惧罪，中途潜逃，阁臣崔鸣吉及诸犯俱解至。"后又遣罗硕等前往朝鲜捉拏林庆业，"如不获，即执庆业之妻及兄弟与其兄之子、并家口一同拘解。再问李倧不候朕旨，擅杀宣川守李裔久情事"。并将"至与明登州宁远乘船往来之高调文、舍木岁、钦木格力岁、吴多尔岁、祁吗克退、希埋克色力、钦木道赖、脑岁八人，尔等还时，可执至凤凰城边外，即行正法"。罗硕等至朝鲜，"问无旨擅杀宣川守李裔久之故，朝鲜王及诸臣对言：李裔久曾执送凤凰城问罪，后发回时，以为有罪可杀，故误杀之，擅杀之罪，甘受无辞，林庆业潜逃，屡捕无

① 《清太宗实录》卷60，崇德七年五月壬午条。
② 《清太宗实录》卷61，崇德七年六月癸卯条。
③ 《清太宗实录》卷61，崇德七年七月乙酉条。
④ 《清太宗实录》卷62，崇德七年八月甲子条。
⑤ 《清太宗实录》卷62，崇德七年九月辛巳条。

获，遂执其妻及兄弟与其兄子二人，并籍其家，同沈玉盛、沈玉全、李名翰、倪杰英、霍杰等俱解至凤凰城"，将"私通明国之八人"正法，"余俱械系至京"①。

顺治元年（1644）四月，与其父杨善一同被处死。② 顺治八年（1651），追复原职。③

罗硕亲历了皇太极统治的整个时期，见证了大清王朝由八王共治制向君主集权制的转变过程。其先后任职于文馆及内国史院，与当时的知名儒士共同参与了翻译汉字古籍，记注本朝政事并编纂史册，撰写各种祭文、祝文、诰文，以及宣读各种庆贺表文等基本职责。此外，罗硕等文臣在出纳章奏、传宣各种谕令之时频繁出现，且经常派遣罗硕等处理与明朝、蒙古、朝鲜等相关事务，甚至皇上之梦亦诏之解答，事无巨细，皇太极皆令其执行，可见当时文臣职能之广泛、作用之巨大，更从一个侧面说明皇权的加强也带动了文臣地位的提高。罗硕作为索尔果家族少有的文官，与其父杨善一同供职于后金时期，对家族的发展，特别是音达户齐支系的兴盛，发挥了至关重要的作用。在政治斗争不断的封建时代，家族之间的血缘关系有时也被束之高阁，甚至反目成仇，杨善、罗硕父子与图赖的矛盾，并最终酿成父子丧命，未得善终，就是最好的证明。

音达户齐第四子吉荪，天聪五年（1631）七月，初定六部二院官制时，被委以礼部满承政兼佐领。音达户齐第五子季塞，初任佐领。顺治二年（1645），以军功授云骑尉。任上驷院大臣。音达户齐第八子纳都祜亦知名，为顺治朝著名将领，历任护军参领、正白旗满洲副都统、都察院副都御史等职，爵至一等男兼一云骑尉。季赛之子卢博赫，顺治九年（1652），袭骑都尉，后分袭叔父纳都祜之二等轻车都尉，并为一等又一云骑尉。官至镶黄旗满洲都统。宜荪之子噶达浑，崇德七年（1642），袭三等轻车都尉。顺治二年（1645），特恩加至二等。吉荪第五子吴丹，康熙十四年（1675），以军功授骑都尉又一云骑尉。仕至副都统。音达户齐支系其他成员的简况，可参阅文后所附"索尔果家族谱系图"。

---

① 《清太宗实录》卷63，崇德七年十月癸卯条。
② 《清世祖实录》卷4，顺治元年四月戊午条。具体情节可参看其父"杨善"部分。
③ 《清世祖实录》卷54，顺治八年闰二月壬子条。

第四节　吴尔汉、郎格支系

　　吴尔汉与郎格乃索尔果第五子和第七子，相较于前述三个支系，这两个支系的发展略有差距，史料记载的知名族人较少，遂将两支系合为一节加以论述。

　　吴尔汉，又作吴尔翰、吴尔堪、乌尔汉等，其名有时亦与满语"墨尔根"一词连写，索尔果第五子，生卒年无考，隶镶黄旗满洲。史书对吴尔汉事迹的记载颇为匮乏，据《八旗通志初集》《钦定八旗通志》可知，索尔果归附带来的五百户，后被编为五个佐领，吴尔汉被任命为镶黄旗满洲第二参领第七佐领的首任佐领。其子嗣中杰出者较多，特别是其子吴赖及其后人，吴赖本人官至都统，其第二子喇哈官至副都统，第三子顾德任护军参领，第四子绰尔门官至銮仪卫冠军使；顾德长子布尔塞仕至都统。此外，吴赖兄之子霸赛、喀赛亦有作为。吴尔汉支系的婚姻往来也多在满洲贵族之间进行，如吴尔汉有四个女儿嫁与爱新觉罗家族，还有一个女儿嫁给钮祜禄氏额亦都家族，可见满洲贵族间的联姻较为频繁。

　　郎格，又作朗格，索尔果第七子，生卒年亦无考，初隶镶黄旗满洲，后改隶镶白旗满洲。[①]"历任尚书、议政大臣"，其生平事迹各类文献中鲜有记载，无从考证。从其任过的官职来看，此人应有一定作为。"其子颜岱原任陵寝翼长，鄂多辉原任协领"[②]，孙席卜臣曾任都统、镇西将军、太子少傅等职。又郎格曾孙哈秦原任主事，雅柱原任三等侍卫，赛弼汉原任头等护卫，等等。

一　都统——吴赖

　　吴赖，又作武赖、乌赖，吴尔汉子，明万历十七年（1589）生，顺治九年（1652）卒，隶镶黄旗满洲。[③]官至都统。

---

①　《清史稿》卷227《扬善》，第9238页。
②　《八旗满洲氏族通谱》卷1，第33页。
③　吴赖的旗分变化大致是初隶镶黄旗，后隶正蓝旗，天聪九年（1635）底，改隶镶黄旗满洲。

天聪元年（1627），吴赖从大军出征朝鲜。① 天聪四年（1630）二月
十三日，皇太极命布尔堪、吴赖等率精兵百人，赴明境捉生，俘获甚
众。② 二十日，正在镇守永平的贝勒阿巴泰等遣吴赖率十六人具疏奏言：
"我兵往略丰润县界巴克什吴讷格兵，并蒙古兵，马匹俱瘦，又恐城中亦
需防御，因令之还，吴讷格将至永平，会明马步兵共四千人来攻大安口，
吴讷格、察哈喇兵夺击，尽歼之。又臣等未到时吴讷格、察哈喇兵于樵
采处，用伏兵击敌兵，获马二百三十。"③ 天聪六年（1632）九月，蒙古
科尔沁部落土谢图额驸奥巴去世，奥巴曾于天命十一年（1626）娶舒尔
哈齐四福晋索尔果之女所生第四子图伦次女敦哲为妻，是首位与后金联
姻的科尔沁蒙古领袖，倍受恩崇，故"命宗室篇古与额驸杨古利为正使，
率车尔格、阿什达尔汉、吴善、韩岱、吴赖、图赖、俄罗塞臣等往焚楮
帛，以太牢奠之"④。其中吴赖、图赖乃敦哲堂伯或堂叔，亦以家人身份
参与祭奠。天聪七年（1633）三月，皇太极命吴赖同范文程等"率每旗
亲军一名及驻防东京、鞍山、海州、牛庄、耀州等城诸将每城一员，每
甲喇兵三名，以书往谕旅顺口官员。曰：'朕前闻尔等有归朕之意，尚未
深信，近游击张文焕、都司杨谨乘舟至盖州，言尔等已至，故特遣人往
探焉。'"⑤ 五月，吴赖等"收抚沿海众岛家口时，因降人家口，溃散无
主，遂取其衣物，分给众兵。法司执而缚之"。皇太极得知后，言："我
国诸臣，即获死罪，安肯逃亡，何用缚为，命释之，照常定罪。"⑥ 六月，
判处"吴赖应鞭责，以银百两折赎"⑦。十二月，吴赖等二十五人，"往
祭贝勒莽古尔泰于墓所"⑧。天聪八年（1634）十二月，分定专管牛录，
共四十八个，吴赖分得半个牛录，亲叔卫齐，堂兄索海亦分得半个牛录，

---

① 《八旗通志初集》卷141《名臣列传一·镶黄旗满洲世职大臣一》，第3696页。
② 《清太宗实录》卷6，天聪四年二月癸亥条。
③ 《清太宗实录》卷6，天聪四年二月庚午条。
④ 《清太宗实录》卷12，天聪六年九月庚子条。
⑤ 《清太宗实录》卷13，天聪七年三月戊午条；《清初内国史院满文档案译编》（上）天
聪朝、崇德朝，天聪七年三月二十七日条，第9页。
⑥ 《清太宗实录》卷14，天聪七年五月辛亥条；《清初内国史院满文档案译编》（上）天
聪朝、崇德朝，天聪七年五月二十日条，第15页。
⑦ 《清太宗实录》卷14，天聪七年六月丁亥条；《清初内国史院满文档案译编》（上）天
聪朝、崇德朝，天聪七年六月月二十七日条，第23页。
⑧ 《清太宗实录》卷17，天聪八年正月丙辰条。

堂兄宜荪分得一个牛录。① 次年（1635）正月，又"免功臣徭役，并命专管各牛录"②。实际上是最后确定专管牛录的数目，"第二次专管牛录是在第一次分定专管牛录的基础上重新作了调整，其中大部分一仍其旧，少部分专管牛录数略有增减，还增加了几个人的专管牛录，因此，可以认为第二次是基本确定下来的专管牛录数目"③。吴赖仍是半个牛录，不过其家族中分得的牛录略有变化，索海被察喀尼取代，与卫齐皆由第一次的半个牛录增加到一个牛录。二月，"编审内外喀喇沁蒙古壮丁，共一万六千九百五十三名，分为十一旗""正蓝旗什喇祁他特、喀喇祁他特、考祁他特等之壮丁，及在内旧喀喇沁壮丁，共八百六十名，合旧蒙古为一旗，命吴赖为固山额真，其下设梅勒章京，甲喇章京各二员。"④

崇德元年（1636）七月，随武英郡王阿济格等征伐明朝，还军时，令阿山、谭泰、吴赖、恩格图等率每牛录甲士四人，埋伏军后，有明遵化三屯营守备一员，率兵来探，吴赖、谭泰等尽歼焉，获马六十六匹。⑤ 十月，吴赖同征明归来之郡王、贝勒及固山额真等官向皇太极进献所获之物，颇得嘉赏。⑥ 师还，坐出边不收后队，诳言阿济格逼胁，临阵败走，罚白金四百。十一月，"议往征明国昌平等处王、贝勒、公、固山额真等罪"。吴赖等因出边不收后队，诳言阿济格逼胁，临阵败走，罚银四百两，并夺其俘获。⑦ 十二月，皇太极亲率大军征讨朝鲜，吴赖从征，"随豫亲王多铎击败其援兵"⑧。复同谭泰、阿代、拜尹图等"率兵竖梯，登朝鲜王京城，城上兵不敢拒，悉奔窜，尽收其财物牲畜"⑨。崇德三年（1638）八月二十一日，"库鲁克达尔汉阿赖牛录下席达奏称：托讷挟住谁，离散我妻，配与伊牛录下巴达什"。皇太极命吴赖审理此案，而"吴

① 《清太宗实录》卷21，天聪八年十二月丙申条；《清初内国史院满文档案译编》（上）天聪朝、崇德朝，天聪八年十二月十四日条，第126页。

② 《清太宗实录》卷22，天聪九年正月癸酉条；《清初内国史院满文档案译编》（上）天聪朝、崇德朝，天聪九年正月二十二日条，第142页。

③ 张晋藩、郭成康：《清人关前国家法律制度史》，第195—196页。

④ 《清太宗实录》卷22，天聪九年二月丁亥条。

⑤ 《清太宗实录》卷31，崇德元年九月壬戌条。

⑥ 《清太宗实录》卷31，崇德元年十月丙子条。

⑦ 《清太宗实录》卷32，崇德元年十一月甲辰条。

⑧ 《满汉名臣传》卷2《武赖列传》，第42页。

⑨ 《清太宗实录》卷32，崇德元年十二月庚子条。

赖私受托讪骆驼一",议"吴赖应革固山额真任,籍其家"。最终吴赖所受之驼马准给席达,以盗窃罪令吴赖"饿禁三日"①。同月,吴赖从扬威大将军贝勒岳托征讨明朝,在山东击败明朝太监冯永盛、总兵侯永禄等。不久前往董家口汛地,有明朝步兵千余人,沿山列阵,同准塔进战。又总兵复率马步兵三千余人抢夺后金军辎重,吴赖与准塔击破之,并乘胜往略其地。②次年(1639)四月,赏赉征明归来功臣,吴赖被赏银三百两,其族人图赖、宜荪、卫齐、杨善等亦被封赏,③以功,授骑都尉世职。④崇德五年(1640),"从睿亲王多尔衮伐明,刘禾锦州,明兵出拒,武赖追击,迫使入城,遂略松山"⑤。崇德七年(1642)三月,拜尹图、何洛会、吴赖等驻扎杏山。⑥四月,因其调补蒙古旗,恐其事务繁多,耽误牛录之事,遂命其侄霸赛署理半个牛录章京。⑦九月,多罗贝勒罗洛宏弟喀勒查浑娶朱孔格妹为妻,吴赖同堂弟图赖等奉命各率侍从一名,协同多罗贝勒罗洛宏,集朱孔格加,共杀牲三九之数,治席宴筵。⑧崇德八年(1643),从贝勒阿巴泰征明。在浑河与明军展开激战,同副都统纳尔特败之。还师途经密云时,明兵以火炮截路,吴赖与堂弟、固山额真鳌拜奋勇冲击,"明兵溃走"。大军出边时,明军"来犯镶蓝旗,武赖击却之"⑨。又有明兵来追,仍击败之,"旋往略地,克取一城"⑩。六月十一日,阿巴泰、图尔格等班师还盛京,济尔哈朗、多尔衮、阿济格等出迎

①《清太宗实录》卷43,崇德三年八月辛亥条;《清初内国史院满文档案译编》(上)天聪朝、崇德朝,崇德三年八月二十一日条,第361页。

②《八旗通志初集》卷141《名臣列传一·吴赖》,第3696页;《满汉名臣传》卷2《武赖列传》,第42—43页。

③《清初内国史院满文档案译编》(上)天聪朝、崇德朝,崇德四年四月二十五日条,第415页。

④《八旗通志初集》卷141《名臣列传一·吴赖》,第3696页;《满汉名臣传》卷2《武赖列传》,第42—43页。

⑤《清史稿》卷227《列传十四·武赖》,第9240页。

⑥《清太宗实录》卷59,崇德七年三月乙未条。

⑦《清初内国史院满文档案译编》(上)天聪朝、崇德朝,崇德七年四月十四日条,第469页。

⑧《清初内国史院满文档案译编》(上)天聪朝、崇德朝,崇德七年九月十四日条,第488页。

⑨《满汉名臣传》卷2《武赖列传》,第43页。

⑩《八旗通志初集》卷141《名臣列传一·吴赖》,第3696页。

三十里，吴赖等与之行抱见礼。① 次日，进行封赏，吴赖等都统被赏银三百两，缎十匹。② 八月初九，皇太极去世，二十二日，吴赖同旗族人鳌拜、图赖、纳海、赵布泰等两黄旗大臣等盟誓天地，表示效忠顺治。③ 十月，以功，由骑都尉世职又加一云骑尉。④

顺治元年（1644），吴赖随多尔衮等率大军入山海关，击溃李自成兵。十一月，又从阿济格征四川，"凡败敌十五次，克取三城"。顺治二年（1645），叙功，晋二等轻车都尉。⑤ 顺治三年（1646），随靖远大将军豪格往西安追剿李自成大军。⑥ 顺治七年（1650）、顺治九年（1652），三遇恩诏，加至二等男。⑦ 寻以老乞休，不久病逝，终年 64 岁。赐谥"康毅"，勒石纪功。⑧ 其子顾德于顺治十年（1653）十月承袭吴赖二等男爵。⑨ 十一月，遣人致祭一次。⑩

吴赖戎马一生，主要任职于皇太极统治时期，并随大军入山海关，所历战争无数，功勋卓著，是皇太极一朝主要见证者，也是索尔果家族以武功腾达的代表者之一。吴赖子嗣有作为者颇多，其子多敏继其侄霸赛任镶黄旗满洲第二参领第七佐领；喇哈于康熙二十五年（1686），因军功授云骑尉，官至副都统；绰尔门康熙十六年（1677），袭二等男，官至銮仪卫冠军使；孙布尔塞仕至都统，吴克登任头等侍卫兼佐领，多金任佐领。有官爵者不再兹举，可参阅文后所附"索尔果家族封爵总表"。

爬梳史料可知，吴尔汉至少有五个女儿，且这五人皆嫁入爱新觉罗家族及满洲异姓贵族。一女嫁与努尔哈齐第十一子巴布海；一女嫁与清

---

① 《清太宗实录》卷 65，崇德八年六月癸酉条。

② 《清太宗实录》卷 65，崇德八年六月甲戌条。

③ 《清世祖实录》卷 1，崇德八年八月癸未条。

④ 《满汉名臣传》卷 2《武赖列传》，第 43 页。

⑤ 《八旗通志初集》卷 141《名臣列传一·吴赖》，第 3697 页；《满汉名臣传》卷 2《武赖列传》，第 43 页。

⑥ 《清世祖实录》卷 28，顺治三年九月壬子条。

⑦ 《八旗通志初集》卷 141《名臣列传一·吴赖》，第 3697 页；《满汉名臣传》卷 2《武赖列传》，第 43 页。《清史稿》卷 227《列传十四·武赖》第 9240 页载"进至一等阿思哈尼哈番"，考察上述三书及《清世祖实录》卷 62，顺治九年正月戊戌条；《清世祖实录》卷 78，顺治十年十月己卯条，可知其爵至二等男，《清史稿》记载错误。

⑧ 《满汉名臣传》卷 2《武赖列传》，第 43 页。

⑨ 《清世祖实录》卷 78，顺治十年十月己卯条。

⑩ 《清世祖实录》卷 79，顺治十年十一月辛酉条。

兴祖直皇帝第三子索长阿第四子龙敦长子珠巴礼第二子温泰诸；一女嫁与清兴祖直皇帝第三子索长阿之孙萨哈尔察长子华善；一女嫁与清兴祖直皇帝第三子索长阿第四子龙敦之子铎弼第八子巴布赖；一女嫁与钮祜禄氏额亦都第六子达隆霭。吴尔汉支系的婚姻网络也带动了该支系的发展。

二　都统——席卜臣

　　席卜臣，又作锡卜臣、席伯臣，郎格之孙，生年不详，约卒于康熙二十二年（1683），隶镶白旗满洲。官至都统。

　　天聪五年（1631），授席卜臣为前锋侍卫。崇德元年（1636），随皇太极征朝鲜。天聪三年（1638），又随多尔衮征明，由青山口毁边墙入至通州。席卜臣与前锋参领素尔德与高起潜率领的明军展开激战，败之。天聪五年（1640）七月，后金军围攻明锦州，席卜臣同前锋统领武拜击败明自杏山来援的骑兵，又击败锦州出城割草的马步兵。天聪六年（1641），后金军再围攻锦州，击败洪承畴三营步兵。席卜臣同前锋统领努山追击明朝自宁远前来窥探之骑兵至连山，颇有斩获。[1]

　　顺治元年（1644），随大军入山海关与李自成农民军作战，击败唐通，取得一片石之战的胜利，追击李自成军于安肃、庆都。后进征山西，在太原取得胜利。顺治二年（1645），随阿济格征讨陕西，席卜臣同兵部理事官鄂摩克图击败李自成军。李自成败走湖广，又同前锋参领锡特库追至安陆，击败李自成的船队。[2] 同年（1645）九月，被擢为前锋参领。[3] 顺治三年（1646）四月，叙征山东、山西、陕西、河南及武昌、庆都、山海、九江等处军功，授席卜臣云骑尉世职。[4] 同年（1646），随靖边大将军豪格征四川，遇何进马步兵，席卜臣督兵冲击，破其众，复败何进兵于高川地方。又率兵四十持书信前往张献忠处送信，路遇马步兵来截，皆突围。将至张献忠军营时，张献忠率马步兵出战，后金大兵继至，大败献忠兵，献忠亦被杀。"是日也，连败贼六次，席卜臣俱在事有

---

① 《满汉名臣传》卷15《锡卜臣列传》，第434页。
② 《满汉名臣传》卷15《锡卜臣列传》，第435页。
③ 《清世祖实录》卷20，顺治二年九月乙卯条。
④ 《清世祖实录》卷25，顺治三年四月丁丑条。

功。"① 还京后，改任护军参领。② 顺治五年（1648），"从征大同叛镇姜瓖，有贼来犯正白镶白二旗汛地，同矗章京苏拜击败之"③。复随端重亲王博洛击败刘迁，解代州之围。顺治七年（1650）、顺治九年（1652），三遇恩诏，加至三等轻车都尉。顺治十一年（1654），升为护军统领。④ 顺治十二年（1655）八月，命都统阿尔津为宁南靖寇大将军，同都统卓罗等统八旗官兵驻防荆州，征讨孙可望等。赐之敕曰："今逆贼孙可望等煽乱湖南，骚扰地方，兹命尔阿尔津为宁南靖寇大将军，同固山额真卓罗、祖泽润、护军统领席卜臣、梅勒章京祷喇、太什喀、觉罗斡尔马等统率大军前赴南楚。"⑤ 席卜臣分兵进攻姚黄，攻破其营。顺治十三年（1656），席卜臣同卓洛由沣州、常德进军辰州府，孙可望军弃城而逃，驻扎永定卫，"所属把总率兵千余叛去，遣官兵击之，悉歼其众"。后以席卜臣未奉旨擅自发兵，部议治罪，顺治皇帝宽宥之。⑥ 顺治十五年（1658）十二月，命都统明安达理为安南将军，同都统俄罗塞臣、赛音达理等统官兵驻防贵州，席卜臣等随征。⑦ 顺治十六年（1659），郑成功犯江宁，席卜臣同安南将军明安达理自荆州赴援，击败杨文英等于扬子江港口，获关防一，船七十支。因功，加世职为二等轻车都尉。⑧

康熙初年席卜臣的具体事迹记载不详。康熙九年（1670）六月，席卜臣由护军统领升任镶白旗蒙古都统。⑨ 康熙十二年（1673）五月，谕兵部："勤劳匪懈，臣子尽职之心，爵秩攸加，国家酬庸之典。"席卜臣等加太子少傅。⑩

---

① 《八旗通志初集》卷 159《名臣列传十九·镶白旗满洲世职大臣一》，第 3983 页。

② 《满汉名臣传》卷 15《锡卜臣列传》，第 435 页。

③ 《八旗通志初集》卷 159《名臣列传十九·镶白旗满洲世职大臣一》，第 3983 页。

④ 《八旗通志初集》卷 159《名臣列传十九·镶白旗满洲世职大臣一》，第 3984 页。

⑤ 《清世祖实录》卷 93，顺治十二年八月癸亥条。

⑥ 《八旗通志初集》卷 159《名臣列传十九·镶白旗满洲世职大臣一》，第 3984 页。

⑦ 《清世祖实录》卷 122，顺治十五年十二月戊子条。

⑧ 《八旗通志初集》卷 159《名臣列传十九·镶白旗满洲世职大臣一》，第 3984 页。《满汉名臣传》卷 15《锡卜臣列传》等文献未书明授其二等轻车都尉的具体时间，皆载在顺治五年后至十一年之间，《清史稿》卷 254《列传四十一·席卜臣》第 9765 页则载为"世职至二等拜他喇布勒哈番"，今考其事迹，认为《八旗通志初集》所载十六年授二等轻车都尉较为可信，《清史稿》所载二等骑都尉乃误载。

⑨ 《清圣祖实录》卷 33，康熙九年六月丙戌条。

⑩ 《清圣祖实录》卷 42，康熙十二年五月戊戌条。

　　康熙十三年（1674）正月，因"巡抚罗森、提督郑蛟鳞，总兵谭弘、吴之茂等叛应逆藩吴三桂"①，遂命席卜臣为镇西将军，"与副都统巴喀、德业立同往保守西安，接应进川大兵"②。二月，席卜臣率师至西安。③六月，"又遣扬威将军阿密达、镇西将军席卜臣、安南将军华善、镇东将军喇哈达等各统领大兵，驻扎江南京口等处"，以调度征剿耿精忠。④ 九月，经略莫洛疏言："臣于本月十一日由秦州进川，贝勒等到西安时，养马继发。请命四川总督周有德、巡抚张德地、副都统扩尔坤等，固守朝天广元诸处，转运大兵粮糗，并敕将军等，拒守保宁，以待大兵之至。"上谕："经略莫洛，身在地方，军机缓急，自有确见。可与将军席卜臣，前往广元，进取昭化，疏通粮运，平定四川。总督周有德、巡抚张德地、副都统扩尔坤等，于经略未到之先，将广元所有粮米，运送军前。又广元兵少，甚属可虞，或令席卜臣兵先赴广元，秣马以待。或候经略同发。俱令莫洛酌行。"又谕曰："郎岭、大二郎、小二郎诸处，俱系险要，周有德、张德地、扩尔坤等，酌拨官兵固守，勿俾贼兵，断我后路。若广元兵单，未便分拨，即移会莫洛、席卜臣，酌量调度。"⑤ 十一月，"将军席卜臣、都统赫业、总督周有德等，进取保宁，扎营于蟠龙山，分兵驻槐树驿、郎岭，接应粮运，为贼所劫，粮运阻绝"⑥。"上命莫洛率兵速赴七盘朝天等处，会同将军席卜臣，剿灭贼寇，疏通饷道，进取昭化，与大兵协力克复保宁。"不久，总督哈占上疏言："蜀中水陆贼阻，粮运难继，且逆贼窥伺阳平诸处。"康熙帝复谕："大兵徂征，惟饷是赖。今既粮运难继，我师未便久驻。令大将军贝勒董额、经略莫洛、四川总督周有德、巡抚张德地等撤保宁兵回广元。经略等亲身殿后，调广元兵回汉中，固守阳平等处，歼除宁羌诸贼，整顿士马，再图恢复。"⑦ 十二月，"保宁大兵，粮饷阻绝，困乏已极"。康熙帝再次下谕："大兵粮饷，关系甚重。令陕西总督哈占、巡抚杭爱，多发官兵，水陆防护，以次相继，

---

① 《满汉名臣传》卷15《锡卜臣列传》，第435页。
② 《清圣祖实录》卷45，康熙十三年正月庚寅条。
③ 《清圣祖实录》卷46，康熙十三年二月甲辰条。
④ 《清圣祖实录》卷48，康熙十三年六月甲午条。
⑤ 《清圣祖实录》卷49，康熙十三年九月己巳条。
⑥ 《清圣祖实录》卷52，康熙十四年正月乙亥条。
⑦ 《清圣祖实录》卷50，康熙十三年十一月庚申条。

勿误军需，运至广元，将军席卜臣、副都统扩尔坤、四川总督周有德、巡抚张德地等，转运军前，毋得怠忽误事。"① 同月，陕西提督王辅臣叛。

康熙十四年（1675）正月，席卜臣已抵汉中。② "但席卜臣、赫业等兵，劳苦已极，马匹铠仗，不能自办。"康熙帝得知后言："马匹铠仗，行军要需。今席卜臣等兵，既极劳劳苦，见驻西安诸将帅，酌量每人给马二三匹。其铠仗，著动正项钱粮修办。"③ 二月，仍谕席卜臣等"坚守汉中，相机进剿"④。六月，收复秦州关山，遂"著大将军贝勒董额，酌拨每佐领下兵一名或二名，令大臣一人率往，应援席卜臣等兵"。寻董额奏："拨兵一千五百名，付将军佛尼勒，同副都统德业立、拉布忠等开栈道以援汉中。"⑤ 九月，席卜臣上疏言："本年二月兵粮匮竭，臣等取食贼麦，以至七月，食已罄尽。计欲保全大兵，乃于七月十七日，自汉中出，沿路击贼，以八月初六日至西安，见在官兵，俱无马匹器械，难以前进。"康熙帝复言："席卜臣等兵自汉中出，沿途击贼，马匹器械俱尽。著陕西督抚，动正项钱粮买马，人给一匹，并整顿器械，令其镇守西安。"⑥ 可见席卜臣军中之艰辛。

康熙十五年（1676）正月，"将军侯张勇，请赴宁夏、秦州诸处，兵力甚单，大将军贝勒董额、将军席卜臣、总督哈占等，视地方缓急，将西安近地之兵，应撤者速行撤回，发往秦陇，听将军佛尼勒、提督王进宝等，酌量调遣，以裨战守"⑦。二月，定西大将军多罗贝勒董额上疏奏报："闻逆贼声言，将断关山道，臣拟遣兵往守，但见在之兵甚少，难以分发。"谕曰："关山险要之地，将军席卜臣、总督哈占，宜相地方缓急，调各隘官兵守关山。"⑧ 次日，陕西提督王进宝等疏言："贼薄秦州，屯踞北山，阻断临巩之路，秦州之兵，无从觅饷，且兵力单弱，战守皆难。"康熙帝谕："大将军贝勒董额及将军席卜臣、佛尼勒、都统赫业、总督哈

---

①《清圣祖实录》卷51，康熙十三年十二月丙申条。
②《清圣祖实录》卷52，康熙十四年正月壬戌条。
③《清圣祖实录》卷52，康熙十四年正月乙亥条。
④《清圣祖实录》卷53，康熙十四年二月甲午条。
⑤《清圣祖实录》卷56，康熙十四年六月己卯条。
⑥《清圣祖实录》卷57，康熙十四年九月丁亥条。
⑦《清圣祖实录》卷59，康熙十五年正月戊申条。
⑧《清圣祖实录》卷59，康熙十五年二月辛巳条。

占、巡抚杭爱、花善、提督王进宝等，逆贼来犯秦巩，如何堵剿，大兵
粮饷，如何挽运不绝，著公同商酌以行。至席卜臣既遣夸兰大聂勒库率
兵三百赴陇州，陇州所有副都统希福，亦宜酌量分兵，应援秦州。"① 四
月，陕西总督哈占疏言："逆贼盘踞龙驹砦及资峪铺，阻塞商州、商南之
路。商南县知县卢英遇害。"上谕："将军吴丹、席卜臣及总督哈占等，
会商剿贼，毋致蔓延。商南与河南接壤，河南巡抚、总兵官等，亦酌调
官兵，分守边隘，以备不虞。"②

康熙十七年（1678）二月，抚远大将军、都统、大学士图海上奏，
欲分三路"进取汉中、兴安"，但"在秦之兵，若留守诸处要害，则仅可
进发一路"。故"请自京增遣大兵"。上谕："在陕满兵，为数不少，将军
侯张勇、将军王进宝、王辅臣、提督孙思克、赵良栋、总兵官高孟，部
兵尤多，可与张勇等公同详议以闻。"详议后，图海上疏："以将军席卜
臣、西安副都统翁爱、陕西巡抚杭爱领兵镇守省城。将军毕力克图、副
都统恰塔，领兵守陇州、宝鸡、关山诸路。内大臣坤巴图鲁侍卫、副都
统马一豹领兵守潼关。甘肃巡抚鄂善领标兵，同副都统席第、郎中拉笃
祜等领蒙古兵守秦州。将军侯张勇驻庄浪以防边。四川巡抚张得地仍留
延安镇守。延绥总兵官高孟统标兵备栈道诸隘贼寇。臣亲率将军佛尼勒、
署副都统吴丹、鄂克济哈、都统海尔图、西安副都统木成额、副都统佟
世德、将军王进宝、王辅臣、陕西总督哈占以满洲、汉军、绿旗兵一万
三千余人为一路。将军阿密达率护军统领杰殷、副都统觉和托、觉罗夸
代、四川总督周有德、副都统吴国桢、署副都统张所养、凉州提督孙思
克、汉中总兵官费雅达以满洲、汉军、绿旗兵一万三千余人为一路。克
期前进。提督赵良栋统标兵继大兵之后，镇守西和醴县。"③

康熙十九年（1680），诏席卜臣还京，仍任都统。康熙二十二年
（1683）四月，"议政王大臣追论蟠龙山战败罪，应罢任，革世职，籍
没"④。康熙帝曰："席卜臣尚有劳绩。翁爱因大兵平云南，亦有微劳。俱
革职，免籍没家产。"⑤ 清朝这种战后奖惩出征将领的方式随处可见，康

① 《清圣祖实录》卷59，康熙十五年二月壬午条。
② 《清圣祖实录》卷60，康熙十五年四月戊寅条。
③ 《清圣祖实录》卷71，康熙十七年二月己未条。
④ 《满汉名臣传》卷15《锡卜臣列传》，第435页。
⑤ 《清圣祖实录》卷109，康熙二十二年四月戊寅条。

熙十八年（1679）给户部的上谕中即表达了他对席卜臣等人护送粮草被劫的不满。① 席卜臣后卒于家。

　　席卜臣历仕天聪、崇德、顺治、康熙四个时期，参与了各时期重要战争，并任主要将领，所立功劳之大，是索尔果家族郎格支系之佼佼者。

　　此外，郎格之子颜岱曾任陵寝翼长，鄂多辉任协领；曾孙哈秦任主事，赛弼汉任头等护卫，雅柱任三等护卫，华色任步军校；元孙五十八任三等护卫，郎贵任骁骑校。

　　总览前述几个支系的发展情况，不难看出吴尔汉、郎格支系较费英东、卫齐、音达户齐支系略显逊色，官高爵显者更是屈指可数，这与各支系前几代人打下的基础有着莫大关系。

　　索尔果家族涌现出大批精英人物，特别是在清军入关前及清朝前中期历史上，家族成员中官高爵显者不在少数。然而索尔果家族各大支系的发展程度却又不尽相同，从上述费英东、卫齐、音达户齐、吴尔汉和郎格五大支系的发展即可看出，费英东支系的发展最为持久；卫齐支系的发展则最为迅速；音达户齐支系突出者虽然不乏，但仅局限于康熙朝之前；吴尔汉、郎格两支势力的发展则较其他几支逊色，知名者屈指可数，不过关于吴尔汉支系族女婚姻的记载却较丰富。索尔果共有十子，然其他几子及后代事迹的记载却极为有限，也说明各支系发展中存在较大差距。

　　费英东支系所兹举的人物最多，共有十二人，其中费英东次子纳海、六子索海、七子图赖、十子察喀尼、孙沃赫、曾孙傅尔丹、元孙哈达哈、五世孙马尔萨、马尔泰、六世孙敦柱、七世孙盛桂、盛筠，一直延续至光绪年间未有间断。特别是图赖的一等雄勇公直至宣统二年（1910）松年承袭为止，共袭十次；再费英东三等信勇公共承袭十六次，直到光绪二十七年（1901）十二月锡明承袭之后，方告停止；此外，索海之子多颜罗始授一等轻车都尉，其后人共承袭了六次；纳海始授之三等轻车都尉，其后人又承袭了八次，等等。爵位的承袭也从另一个侧面说明了家族的繁盛程度和发展状况。基于费英东之功勋，其后代之爵位屡被提升，如顺治十六年（1659），吏部议，"功臣费英东，开创佐命，功绩独伟，

----

① 《清圣祖实录》卷86，康熙十八年十一月辛丑条。

应从优议叙，将其孙袭一等精奇尼哈番者，特升为三等公"①。乾隆四十三年（1778），又优升费英东后裔为一等公。② 可见后代帝王对该支系的恩典。费英东支系的人物多以武功而著称，特别是入关前，官制尚不成熟，职责尚不明晰的情况下，即使是文官，亦要出征作战，如索海、图赖等人便是此等文武兼备之才。此外，家族中先后有六人出任领侍卫内大臣之职。③

　　卫齐支系的发展因鳌拜势力的崛起而变得迅猛，这是其他支系无法堪比的。鳌拜的崛起使其兄弟子侄得以加官晋爵，其兄赵布泰官至都统，爵至二等男；弟巴哈任少傅兼太子少傅，又任领侍卫内大臣；其子那摩佛官至领侍卫内大臣；侄苏勒达任蒙古都统、议政大臣、领侍卫内大臣等职；孙达福任副都统、议政大臣，署领侍卫内大臣；孙达礼善官至副都统。任侍卫，有爵位者不乏其数，其中任领侍卫内大臣者即达五人。④ 鳌拜之一等超武公共承袭十一次，直至同治四年（1865）十二月锡惠最后一次承袭；其父卫齐的三等轻车都尉承袭至乾隆末年；其弟巴哈、穆里玛的爵位被削后再无恢复。可见鳌拜罪案对卫齐支系的发展是有较大影响的。

　　音达户齐支系的发展在清军入关之前至康熙前中期是十分突出的。如音达户齐诸子，杨善曾予皇太极时期之十六大臣，并先后任内大臣、议政大臣等要职；宜苏亦入十六大臣之列，后又出任兵部承政；吉苏任礼部承政兼佐领；季塞官至上驷院大臣；纳都祜官至副都统，爵至一等男兼一云骑尉。杨善之子罗硕以能通满、蒙、汉等语言先后任职于文馆及内国史院，并任学士，成为家族中少有的文才；吉苏第五子吴丹仕至副都统；季赛之子卢博赫官至都统；杨善之孙霍洛第三子穆赛官至都统。该支系在康熙朝之后有官爵者亦不乏人，但到乾隆末年爵位多已停袭，从当时爵位承袭情况来看，该支系人口亦较充盈。

　　吴尔汉是索尔果率众归附后所编五个牛录之一个牛录的佐领，故吴尔汉子孙有作为者多任过该牛录之佐领，也由此加官晋爵。吴尔汉之子

---

① 《清世祖实录》卷1236，顺治十六年正月癸丑条。
② 《清高宗实录》卷1480，乾隆四十三年正月己巳条。
③ 沃赫、傅尔丹、哈达哈、颜尔喷、马尔萨、马尔泰。
④ 巴哈、那摩佛、达福、苏勒达、瓜尔察。

吴赖官至都统，爵至二等男；多敏任佐领。吴赖第二子喇哈官至副都统，第三子顾德署护军参领，第四子绰尔门官至銮仪卫冠军使。顾德子布尔塞仕至都统，吴克登任佐领，头等侍卫，绰尔门子多金任佐领。吴赖兄多干之子霸赛任佐领、兵部库官，爵至三等轻车都尉。霸赛子勒赫德任护军参领兼佐领，赛尔图浑任二等侍卫兼佐领。此外，吴尔汉的五个女儿亦与满洲贵族进行了联姻，进一步带动该支系发展。乾隆末期该支系的爵位基本停袭，更少出现位高权重之人，但从家族世袭佐领的承袭来看，支系仍处在有条不紊的发展中。

郎格支系的发展则较薄弱一些。郎格之子颜岱任陵寝翼长，鄂多辉任协领。郎格之孙席卜臣是该支系中最为杰出者，历任前锋侍卫、前锋参领、护军统领、镶白旗蒙古都统、太子少傅、镇西将军等职。郎格曾孙哈秦任主事，雅柱任三等护卫，赛弼汉任头等护卫，华色任步军校；元孙五十八任三等护卫，郎贵任骁骑校。有爵位者亦不多，该支系没落于上述几支，清晰可见。

索尔果家族从归附之日起便与努尔哈齐南征北战，可以说从努尔哈齐起兵至乾隆之前的各种重要战争，索尔果族人多有参与。入关前，后金与明之间的两次大决战——萨尔浒之战和松锦之战，与朝鲜的战争等，其族人皆一马当先，冲锋陷阵。入关后，清军与农民军、与南明、与准噶尔，以及平定三藩之叛等重要战役中索尔果族人亦无懈怠，立下不朽功勋，为国捐躯者亦不在少数，如音达户齐、纳海、费扬古、多颜罗、苏尔玛、达福、哲尔布、马尔萨、敦柱、南泰、迈图、伊成格等族人皆为大清王朝而战殁沙场，充分体现了满洲八旗军的战斗力和尚武精神。从各支系的发展来看，家族中武重文轻现象极为明显，像罗硕一样专门从事文职的人少之又少，这主要受到满洲提倡"国语骑射"和家族传统的影响，也是满洲勋旧贵族间的普遍现象。

索尔果族人作为八旗勋旧贵族还参与了一系列重要政治活动，如费英东出任努尔哈齐统治时期的五大臣，与诸贝勒参与中央决策；图赖作为两黄旗大臣参与了皇太极去世后的皇位继承之争；鳌拜更是位高权重，出任康熙初年四大辅臣，把持朝政。此外，皇太极统治时期，索海任刑部承政，宜苏任十六大臣及兵部承政，杨善任十六大臣及议政大臣，吉苏任礼部承政，皆具有较高地位。罗硕任内国史院学士，参与了皇太极时期内外文件的起草和宣传，发挥了不可低估的作用。

索尔果家族中最初编设的五个佐领中有四个于天聪九年（1635）命为专管牛录，在享有世袭管理权的基础上，又附加给他们免除国家徭役的特权，进而专管牛录领有者可以利用免除徭役的这些人取得经济收入，这也是专管牛录区别于一般世管牛录的显著特征。杜家骥先生认为这种分予功臣专管牛录的行为属于八旗内的异姓分封。① 这四个专管牛录分别由吴尔汉支系、卫齐支系、费英东支系、音达户齐支系管理，世代承袭，但并非由专管牛录首任领有者的嫡系后人一直承袭，亦有其兄弟子侄承袭者，如吴赖为吴尔汉支系首任专管牛录领有者，其后则由其侄巴赛管理，之后管理权又回归吴赖之子手中，后又有由巴赛后人掌管的情况出现；再如费英东支系中专管牛录的首任领有者是察喀尼，继其后由其兄索海之子多颇罗承管，其后权力则回归到察喀尼嫡系后人的手中；卫齐及音达户齐支系的情况是继首任专管牛录领有者之后由其子或兄弟承管，后又多有变化。综合四个专管牛录的承袭情况来看，皆未越出各支系的范围之内。这种私领性在一定程度上保证了各支系的后续发展，特别是特权所提供的经济收入。五大支系中唯郎格支系未分得专管牛录，其日后衰落即是明证。

索尔果家族除上述五大支系外，索尔果之子阿都巴颜、巴本、雅尔巴支系中亦有突显者，但远不及前述五大支系，可以参阅文后所附"索尔果家族封爵总表""索尔果家族谱系图"。

---

① 杜家骥：《八旗与清朝政治论稿》，第50—60页。

第三章

索尔果家族的佐领、旗分及人丁

本章第一节主要分析索尔果家族在八旗编制内的佐领种类、数目及滋生情况，同时，统计其家族中任佐领一职的人物，展现清代八旗社会中佐领对家族发展壮大的影响；第二节探讨了索尔果家族旗分的变更情况，继而探讨旗分变化是如何改变家族发展轨迹的；第三节据相关文献统计索尔果家族中有名可查的一些族人情况，以及所任官爵，说明家族各支系政治势力的发展存在明显不均衡。

第一节　索尔果家族的佐领

佐领，是八旗基层组织之核心要素，既是八旗编制单位的名称，亦为八旗一级官职称谓，且他们同样具有八旗制度集行政、经济、军事于一体的特点，所以作为管理佐领的官员，其地位不言而喻，对此雍正皇帝曾有精辟概括："八旗人员，乃国家根本，所关甚重，养育教诲，不可少懈。佐领者乃统辖一佐领之人，俾佐领下人等皆不失生计，不染恶俗，养之教之，使趋于善，莫要于佐领。"[1] 索尔果家族中任佐领者较多，对个人发展及所在支系皆有较大影响，同时不同时期的佐领类型也是家族兴颓的重要标志。迄今，学界对索尔果家族佐领的研究极为有限，[2] 故本节拟就索尔果家族佐领相关问题进行探讨。

---

[1] 《清世宗实录》卷60，雍正五年八月庚戌条；雍正《大清会典》卷111《兵部一·铨选》。

[2] 学术界就此问题的专文研究迄今未见，该家族之相关论著有：滕绍箴：《努尔哈齐评传》（辽宁人民出版社1985年版）；张晋藩、郭成康：《清入关前国家法律制度史》；杜家骥：《清皇族与国政关系研究》（五南图书出版有限公司1998年版）；雷炳炎：《清代八旗世爵世职研究》；刘小萌：《满族从部落到国家的发展》；杜家骥：《八旗与清朝政治论稿》；姚念慈：《清初政

一　"佐领"释名

佐领（满文为 niru，或音译作"牛录"）作为八旗组织的基层单位，在不同时期有着不同类型，甚至同一类佐领亦名目繁多。"从早期直至雍正初，佐领名称虽各自有异，但都没有超出于世管、专管、公中这三种佐领之外。"[①]雍正五年（1727）八月公布的"佐领三分法"又明确了佐领之名目，三类佐领分别为"世佐领""袭佐领"和"公佐领"。"世佐领者，太祖、太宗时，乃祖或率所部众来归，编为佐领者；或战阵有功，赏赐人口，编为佐领者，是虽尔等世守统辖之人。……袭佐领者，亦以乃祖曾宣力国家，人材服众，俾管佐领，遂世世相传，以至于尔身。……公佐领者，特以其能理佐领之事，能惠佐领之人，是以简用。"[②]其中世佐领即《清世宗实录》中之原管佐领[③]或勋旧佐领，袭佐领即世管佐领，公佐领即公中佐领。《皇朝通志》则将佐领概括为世袭、公中两大类，其中世袭佐领便是"世佐领"与"袭佐领"之总称，而世袭佐领又被分为四等，即勋旧佐领、优异世管佐领、世管佐领、互管佐领。"国初各部落长率其属来归，授之佐领，以统其众，爰及苗裔，曰勋旧佐领；其率众归诚，功在旗常，得赐户口者，曰优异世管佐领；其仅同弟兄族里来归，因授之以职，奕叶相承者，曰世管佐领；其户少丁稀，合编佐领，两姓三姓迭为是官者，曰互管佐领。皆以应袭者引见除授。公中佐

（接上页）治史探微》；滕绍箴：《明代女真与满洲文史论集》（辽宁民族出版社 2012 年版）；徐凯：《燕园明清史论稿》（辽宁民族出版社 2014 年版）；徐凯：《满洲认同"法典"与部族双重构建——十六世纪以来满洲民族的历史嬗变》；杜家骥：《清代八旗官制与行政》；雷炳炎：《清代社会八旗贵族世家势力研究》；关嘉禄：《清朝开国勋臣费英东简论》；常越男：《清初政治中的瓜尔佳氏费英东家族》。日文著作，如：〔日〕三田村泰助：《清朝前史の研究》（同朋舍 1965年版）；〔日〕阿南惟敬：《清初軍事史論考》（甲陽書房 1980 年版）；〔日〕安部健夫：《清代史の研究》（創文社 1981 年版）；承志：《ダイチン・グルンとその時代：帝国の形成と八旗社会》（名古屋大学出版社 2009 年版）；〔日〕杉山清彦：《大清帝国の形成と八旗制》（名古屋大学出版会2015 年版）；〔日〕谷井陽子：《八旗制度の研究》（京都大学学術出版会 2015 年版）。等等。

①　傅克东、陈佳华：《佐领述略》，载王锺翰主编《满族史研究集》，第 314 页。

②　（清）允禄等监修：雍正朝《大清会典》卷 111《兵部·铨选》，《近代中国史料丛刊三编》第七十八辑，文海出版社 1994 年版，第 7334—7335 页。关于"佐领三分法"的研究可以参阅绵贯哲郎：《八旗汉军"勋旧"佐领考——雍正朝"佐领三分法"与勋旧名称》，载中国社会科学院近代史所政治研究室编《清代满汉关系研究》，社会科学文献出版社 2011 年版，第 274—286 页。

③　《清世宗实录》卷 60，雍正五年八月庚戌条。

领则因八旗户口繁衍，于康熙十三年以各佐领拨出余丁增编佐领，使旗员统之。"① 若从《钦定拣放佐领则例》中补放佐领的规则来看，佐领似可分作两大类："一类为世袭佐领（jalan sirara niru），雍正年间称为'世佐领'和'袭佐领'，以后分别称为勋旧佐领（fujuri niru）、优异世管佐领（enculebuhe jalan halame bošoho niru）、世管佐领（jalan halame bošoho niru）三等；另一类为公中佐领。"② 至于轮管、滋生、包衣等佐领则指佐领来源，或归于世职佐领，或归于公中佐领。③

综上可知，八旗佐领是否具有承袭性是其分类的首要标准，不可世袭的佐领称作公中佐领（siden i niru），可世袭之佐领则包括勋旧佐领（fujuri niru）、世管佐领（jalan halame bošori niru）、互管佐领（teodenjehe niru）、族中承袭佐领（mukūn i dorgi sirara niru）。其中世管佐领又分为优异世管佐领（enculebuhe jalan halame bošori niru）和世管佐领两类。④

---

① 《皇朝通志》卷 68《职官略五·官制五·八旗官制》，乾隆三十二年（1767）敕撰，《文渊阁四库全书》第 644—645 册，上海古籍出版社 1987 年版。《大清会典》《皇朝通典》《养吉斋丛录》等文献中亦有类似记述。《御制增订清文鉴》卷 3《设官部一·旗分佐领类第一》亦对勋旧佐领加以解释："开基之时将所属人丁编为佐领，令功臣永管者，谓之勋旧佐领。"其定义范围较前述勋旧佐领广泛一些，不仅仅局限于各部落长，而延及有功之臣。关于勋旧佐领的考证亦可参考关康《勋旧佐领与世家——以额亦都家族为例》，《满族研究》2014 年第 4 期。

② ［日］细谷良夫、赵令志：《〈钦定拣放佐领则例〉研究》，载《纪念王锺翰先生百年诞辰学术文集》，第 607 页。

③ 同上。

④ 关于佐领根源及分类学术界已有深入研究。可参考：承志：《八旗ニル佐領の根源とニル分類について》，《東洋史研究》第 65 卷第 1 号，2006 年 6 月，第 1—34 页；后收入氏著：《ダイチン・グルンとその時代：帝国の形成と八旗社会》第 7 章"八旗社会の根幹：ニル分類と佐領の承襲"；［日］增井寛也：《清初ニル類別考》，《立命館文学：松本英紀教授退職記念論集》第 608 号，2008 年，第 370—348 页；陈文石：《满洲八旗牛录的构成》（上），《大陆杂志史学丛书》第三辑第四册，台湾大陆杂志社印行 1970 年版，第 126 页；后收入氏著《明清政治社会史论》，第 528 页；傅克东、陈佳华：《清代前期的佐领》《佐领述略》，两文皆载王锺翰主编《满族史研究集》；郭成康：《清初牛录的类别》，《史学集刊》1985 年第 4 期；王彬：《八旗的基层组织——牛录》，《中央民族学院学报》1991 年第 3 期；［日］细谷良夫、赵令志：《〈钦定拣放佐领则例〉研究》，载《纪念王锺翰百年诞辰学术文集》；关康：《清代优异世管佐领考——以阿什达尔汉家族佐领为中心》，《民族研究》2017 年第 2 期；等等。关于"六条例"的研究可参阅：［日］石桥崇雄：《"六條例"をめぐって——清朝八旗制度研究の一環として》，载《神田信夫先生古稀記念論集：清朝と東アジア》，山川出版社 1992 年版，第 85—96 页；［日］绵貫哲郎：《「六条例」の成立——乾隆朝八旗政策の一断面》，《社会文化史学》第 45 号，2003 年；等等。

二　清入关前家族佐领的初编

索尔果率族众五百户于万历十六年（1588）归附努尔哈齐，若以当时每户平均五口，每户平均一兵为计算标准，故带来二千五百口人，其中五百名兵将①，这在努尔哈齐起兵之初不算一个小数目，因"一直到戊子年（万历十六年，1588）三部长来归以前，他的兵力从未超过500人"②。在初编牛录时，这五百户被编为五个牛录（佐领），分别由索尔果子孙及其兄尼堪的子孙管理，但他们被编牛录的时间学界仍存争议。虽然此时建州女真内部已有牛录组织，仍与1601年努尔哈齐改造之后的牛录在性质和规模上有本质区别，但可以明确的是："努尔哈齐起兵之初，人丁稀少，由于军事活动趋于频繁，部落内的牛录由狩猎生产的临时性组织逐步向军事活动中的常设组织转化是可能的。"③ 索尔果带来的属下五百户，或有传统社会组织的可能。直到万历二十九年（1601），努尔哈齐对原有的临时性生产组织——牛录进行了改造，使其成为真正意义上的军事组织，此时索尔果之五百户被分编为五个牛录（佐领）。此后牛录组织在军事、行政及经济等方面的职能日渐完备，最终发展成为八旗组织的基层单位。索尔果家族所编设的五个牛录（佐领）由此壮大起来。

中国第一历史档案馆所藏《勋旧佐领兴禄之世系根源册》内，该族人报呈，其中三个牛录（佐领）的情况为："我等曾祖索尔果本苏完地方之人，姓瓜尔佳，于太祖高皇帝举事之前，带十子，率五百户满洲来归。因功以索尔果长子费英东为头等大臣，初编佐领之时，以五百户编为五个佐领。一佐领以费英东扎尔固齐之子察喀尼④管理，一佐领以索尔果之子吴尔汉管理，一佐领以索尔果之子卫齐管理。"⑤

① 陈佳华、傅克东：《八旗建立前满洲牛录和人口初探》，《中央民族学院学报》1981年第1期，后收入王锺翰主编《满族史研究集》，第277页。
② 刘小萌：《满族从部落到国家的发展》，第125页。
③ 同上。
④ 察喀尼在"根源册"中满文转写为canai（察鼐），汉文文献多译为察喀尼、查喀尼、察哈尼等，兹从《清太宗实录》"察喀尼"写法。
⑤ 中国第一历史档案馆藏：《勋旧佐领兴禄之世系根源册》（满文），此满文档案由吉林师范大学楠木贤道教授提供，业师赵令志教授协助翻译，特此感谢！

　　据《根源册》可知，五个佐领中三个佐领分别由察喀尼、吴尔汉、卫齐初次掌管，综合《八旗通志初集》和《钦定八旗通志》中《旗分志》的记载，可知这五个佐领分别是：镶黄旗满洲第二参领之第七、八、十二佐领；镶白旗满洲第四参领第二佐领；镶白旗满洲第五参领第四佐领。① 其中唯有镶白旗满洲第四参领第二佐领由索尔果之兄尼堪一支掌管，② 其余四个佐领皆由索尔果嫡系族人管理。这五个佐领在嘉庆以前的承续情况如下：

表 3—1　　　　　　　　镶黄旗满洲第二参领第七佐领承续表③

姓名	家族辈分	承袭次数
吴尔汉	索尔果第五子	初次
吴赖	吴尔汉次子	二次
巴赛	吴赖兄多干子	三次
多敏	吴赖子	四次
古德	吴赖子	五次
勒和德	巴赛子	六次
色尔图珲	勒和德子	七次
布尔赛	古德子	八次
吴克登	古德子	九次
多进	绰尔门子	十次
南泰	勒和德孙	十一次
贵山	南泰子	十二次
永宁	巴赛曾孙札尔赛子	十三次
双禄	永宁子	十四次
兴禄	双禄弟	十五次

------

　　① 《钦定八旗通志》卷 2《旗分志二·八旗佐领二·镶黄旗满洲佐领上》，第 1189—1192 页、第 1196—1197 页；卷 11《旗分志十一·八旗佐领十一·镶白旗满洲佐领下》，第 1746—1747 页、第 1766—1768 页；《八旗通志初集》卷 3《旗分志三·八旗佐领·镶黄旗满洲佐领》、卷 7《旗分志七·八旗佐领·镶白旗满洲佐领》，第 29—31 页、第 26、29 页。

　　② 关于尼堪世系可参阅李林主编《满族家谱选编（一）》中《盛京开原关氏宗谱》，辽宁民族出版社 1988 年版，第 271—277 页。

　　③ 中国第一历史档案馆藏：《勋旧佐领兴禄之世系根源册》（满文）；《钦定八旗通志》卷 2《旗分志二·八旗佐领二·镶黄旗满洲佐领上》，第 1189—1191 页。

该佐领最初由索尔果第五子吴尔汉管辖，续由其子吴赖及多干子巴赛后人交替承管。截至《钦定八旗通志》修竣，除原立佐领吴尔汉本人承管一次外，其次子吴赖支共承管六次，其长子多干支承管八次，共十五次。后续承管情况不明。前引《勋旧佐领兴禄之世系根源册》之文末记载："苏完地方之主子索尔果，带领其属诸申人等前来后，以其子费英东为头等大臣，编为察喀尼一佐领、卫齐一佐领、吴赖半个佐领，被议作勋旧佐领。"同时对乾隆后期该佐领的拟正、拟陪问题予以详细记载："佐领双禄出缺，以兴禄拟正，福贵拟陪，松吉纳、福兴阿列名，特以兴禄年幼，以绿头牌呈进福贵，于乾隆四十九年九月二十九日带领引见，奉上谕：著以兴禄补放勋旧佐领。钦此。乾隆四十九年。"①《钦定八旗通志》中记载镶黄旗满洲内并无勋旧佐领，然《根源册》却记为勋旧佐领，具体缘由尚待新史料加以佐证。

表3—2　　　　　　　　　　镶黄旗满洲第二参领第八佐领承续表②

姓名	家族辈分	承袭次数
卫齐	索尔果第九子	初次
赵布泰	卫齐次子	二次
巴哈	卫齐四子	三次
拜思哈	巴哈子	四次
官保	拜思哈子	五次
瓜尔察	巴哈子	六次
喜昌	瓜尔察之兄苏尔德之子	七次
明良	喜昌子	八次
傅定	明良伯父之孙	九次
他克尚阿	傅定子	十次
希喇布	明良子	十一次
巴彦布	希喇布子	十二次

① 中国第一历史档案馆藏：《勋旧佐领兴禄之世系根源册》（满文）。
② 中国第一历史档案馆藏：《勋旧佐领兴禄之世系根源册》（满文）；《钦定八旗通志》卷2《旗分志二·八旗佐领二·镶黄旗满洲佐领上》，第1191—1192页。

若据前文《勋旧佐领兴禄之世系根源册》记载，此佐领亦在勋旧佐领之列；同时，《根源册》又载："除在我傅定、兆明二佐领富裕出半个佐领之人外，皆为我系之人，为勋旧佐领。"① 若据《钦定八旗通志》记载该佐领前述镶黄旗满洲第二参领第七佐领皆属镶黄旗满洲佐领，故其佐领类型是否为勋旧佐领仍待考证。

表3—3　　　　　　　　镶黄旗满洲第二参领第十二佐领承续表②

姓名	家族辈分	承袭次数
察喀尼	费英东第十子	初次
多颇罗	索海子	二次
沃赫	察喀尼长子	三次
札秦	察喀尼次子	四次
雅图	札秦子	五次
雅尔赛	雅图弟	六次
关宁	雅尔赛子	七次
瑞和	关宁子	八次

此佐领亦与前述佐领相同，为天聪九年（1635）费英东第十子察喀尼分得的一个专管牛录，具有免除国家徭役的特权。察喀尼卸任后，由费英东第六子索海之子多颇罗承管，此后本佐领皆由察喀尼后人承管。其佐领类型亦如前述两佐领，是否属于勋旧佐领尚需进一步考证。

表3—4　　　　　　　　镶白旗满洲第四参领第二佐领承续表③

姓名	家族辈分	承袭次数
席拉纳	索尔果长兄尼堪曾孙	初次
车克	席拉纳子	二次
佛保	车克子	三次

---

① 中国第一历史档案馆藏：《勋旧佐领兴禄之世系根源册》（满文）。

② 《钦定八旗通志》卷2《旗分志二·八旗佐领二·镶黄旗满洲佐领上》，第1196—1197页。

③ 《钦定八旗通志》卷11《旗分志十一·八旗佐领十一·镶白旗满洲佐领下》，第1746—1747页。此佐领乃索尔果之兄尼堪支系所掌管，因与本书关系不大，故后文不再列举此佐领的滋生情况。

续表

姓名	家族辈分	承袭次数
卓尔塔	佛保兄	四次
额穆丕	卓卓尔塔弟	五次
穆克德里	额穆丕子	六次
柏赍	穆克德里弟	七次
吉当阿	柏赍子	八次
哲敏	吉当阿子	九次
松堂	车克曾孙	十次

本佐领由索尔果之兄尼堪一支相继承管，因皆由索尔果归附时所带领之五百户人丁编设，故亦将该佐领及其后来滋生的两个佐领列在其中。其佐领类型是否属于勋旧佐领亦待考证。

表 3—5　　　　　镶白旗满洲第五参领第四佐领承续表①

姓名	家族辈分	承袭次数
宜荪	音达户齐第三子	初次
吉荪	音达户齐第四子	二次
纳都祜	音达户齐第八子	三次
福喀	纳都祜侄	四次
苏伯赫	福喀兄	五次
郭色	苏伯赫子	六次
福元	郭色弟	七次
达翰	福元叔祖杨善四世孙	八次
鄂萧	达翰弟	九次
查伦太	吉荪三世孙	十次
景福	查伦太高叔祖杨善四世孙	十一次
恒禄	景福子	十二次

此佐领与前述镶黄旗满洲第二参领第八佐领、第十二佐领同属天聪九年（1635）分得的专管牛录。初任佐领为索尔果第四子音达户齐第三

---

①　《钦定八旗通志》卷 11《旗分志十一·八旗佐领十一·镶白旗满洲佐领下》，第 1766—1768 页。

子宜苏，后由音达户齐第四子吉苏、第八子纳都祜、长子杨善三支交替承管。此佐领是否属于镶白旗中的勋旧佐领，需要参照《世袭谱档》等满文档案的进一步论证。

上列五个佐领由索尔果归附时带来的五百户编设而成，乃家族佐领之初编。这五个佐领除镶白旗满洲第四参领第二佐领外，其余四个佐领之初管人皆为索尔果嫡系子孙。若据《钦定八旗通志》的《旗分志·镶黄旗满洲佐领》中记载："镶黄旗满洲参领所属世管佐领六十九员，公中佐领十七员，兼管一员。"① 可知镶黄旗满洲中并无勋旧佐领，徐凯先生认为："镶黄旗第二参领第七、第八、第十二，正黄旗第一参领第六佐领，镶白旗第五参领第四佐领，均为勋旧佐领。"② 关康考证与费英东家族情况相似的钮祜禄氏额亦都家族则有十个勋旧佐领。③ 杜家骥先生认为镶黄旗满洲佐领内并无勋旧佐领。④ 满文《勋旧佐领兴禄之世系根源册》的记载虽不能充分证实索尔果家族最初编设五个佐领皆为勋旧佐领，但可说明这五个佐领为勋旧佐领的可能性较大。《宣统政纪》中对索尔果后人锡明所管佐领类型亦有记载，"三等侍卫、委散秩大臣、分献大臣、世袭一等信勇公兼勋旧佐领锡明著赏挑乾清门"⑤，锡明乃察喀尼嫡系后人，并于光绪二十七年（1901）袭一等公爵，故锡明应为镶黄旗满洲第二参领第十二佐领之佐领，进一步说明家族佐领为勋旧佐领的可能性较大。锡明的承袭又表明勋旧佐领在家族内部承袭的牢固。正如《勋旧佐领兴禄之世系根源册》所载："拣放我等管理之勋旧佐领，当于我等支系谋选，原管佐领人之后嗣子孙有份，未管佐领另外支系之后嗣子孙无份。另支内，即便为原管佐领之后嗣子孙，亦于相应支系有份，别支无份。"⑥ 上述五个佐领中又有三个佐领属于皇太极为奖励功勋，特令一些功臣世袭管理的专管牛录（佐领），赋予他们免除国家徭役等特权。此时索尔果家族之佐领承袭较为稳定，基本保持了家族内部的运行。综合来看，这

---

①　《钦定八旗通志》卷2《旗分志二·八旗佐领二·镶黄旗满洲佐领下》，第1268页。

②　徐凯：《满洲认同"法典"与部族双重构建——十六世纪以来满洲民族的历史嬗变》，第119页。

③　关康：《勋旧佐领与世家——以额亦都家族为例》，《满族研究》2014年第4期。

④　杜家骥：《清代八旗官制与行政》，第137页。

⑤　《宣统政纪》卷21，宣统元年九月丁巳条，中华书局1987年版。

⑥　中国第一历史档案馆藏：《勋旧佐领兴禄之世系根源册》（满文）。

五个佐领为勋旧佐领的可能性较大，限于资料尚不充分，暂且存疑，留待新史料的进一步验证。

这五个佐领中四个佐领由索尔果家族的四大支系承管，分别为费英东支系、音达户齐支系、吴尔汉支系、卫齐支系；随着家族支系繁衍及佐领滋生，家族势力也得到进一步壮大。

三　康熙年间佐领的滋生

随着索尔果家族佐领中人丁的不断滋生，康熙年间从索尔果家族四个佐领当中又滋生出四个佐领。分别为：

镶黄旗满洲第二参领第九佐领，原系第八、第十佐领内人丁。康熙二十三年（1684），官保、苏勒达管佐领时将二佐领内余丁另编一佐领。初由赵布泰之孙西图管理，后由其子官福管理，继而又由官福之子兆岱管理。兆岱故，又以其兄兆明管理。兆明因事革职，又以赵布泰三世孙色楞管理。色楞故，以其子宁禄管理。宁禄被革职，以其伯曾祖石图之孙兆全管理。兆全故，则以其兄色楞次子宁安管理。《佐领盛贵所管勋旧佐领根源册》载："除在我傅定、兆明二佐领富裕出半个佐领之人外，皆为我系之人，为勋旧佐领。"[1] 此条记载尚不能充分证明此佐领为勋旧佐领，可将其暂归入世管佐领之列。

镶黄旗满洲第二参领第十佐领，原系第八佐领内人丁，康熙七年（1668），拜思哈管佐领时因人丁滋生分出一佐领，由穆里玛之子苏尔玛管理。苏尔玛缘事革退，相继以左都御史富察氏尼满（呢满）和侍郎博尔济吉特氏班第管理，后又以苏尔玛伯父之子苏勒达管理。苏勒达故，又以其子苏尔住管理。苏尔住因病退职，又以其弟哈禄管理。哈禄告退，又以其伯穆里玛二世孙诺伦管理。诺伦升任山西参将，又以其曾伯祖巴哈三世孙富尔敦管理。后富尔敦升任云南游击，则以穆里玛三世孙善德管理。善德故，以其弟兴德管理。兴德升任云南游击，以其弟灵德管理。此佐领曾因康熙初年鳌拜罪案之牵连转为公中佐领，十几年后，又由索尔果家族承管，说明"若佐领官出缺时该家庭一时无合适人选，而由其他姓人充任，以后仍须归还原管家庭。"[2] 此佐领应为世管佐领，体现了

---

① 中国第一历史档案馆藏：《佐领盛贵所管勋旧佐领根源册》（满文）。
② 杜家骥：《清代八旗官制与行政》，第139页。

佐领承袭过程中私家垄断性的牢固。鳌拜罪案对家族佐领发展的负面影响也由此体现。

镶黄旗满洲第二参领第十一佐领，系康熙三十四年（1695），由瓜尔察、苏勒达、西图三佐领内余丁编立。始以索尔果第八子雅尔巴二世孙法色管理。法色故，以卫齐之二世孙唐喀管理。唐喀缘事革退，以雅尔巴之四世孙马楞岱管理。马楞岱故，以其子厄棱特管理。厄棱特故，以其子兆亮管理。兆亮故，以其弟傅森布管理。① 此佐领为初次滋生佐领，初管人为雅尔巴后人法色，法色去世后则转由卫齐后人管理，后再次转由雅尔巴后人管理，可见承管过程虽有支系变动，可始终遵循了"若出缺，以出缺之后嗣子孙拟正，以现未管理佐领之后嗣子孙拟陪"② 的原则。该佐领应属世管佐领。

镶白旗满洲第五参领第五佐领，即由第五参领第四佐领内滋生人丁编设而成。康熙二十三年（1684），郭色管佐领时分编一佐领，以其伯父苏色海之子常德管理。常德故，以其子克星额管理。克星额故，以其族祖吉赛之孙七格管理。七格告退，以其伯祖钟音之四世孙金贵管理。金贵故，以其高叔祖苏伯赫之二世孙成廉管理。成廉故，以其子成善管理。③ 该佐领亦为初次滋生佐领，当属世管佐领。

以上是康熙年间从索尔果家族最初编设四个佐领中滋生而来的四个佐领。这四个初次滋生佐领承管过程表明："佐领下人口繁衍，增编为新佐领，仍由该家族世代任佐领官。"④ 佐领承管虽出现同一佐领不同房系承管的现象，但拣选范围未超越最初编设四个佐领的后人。从这些滋生佐领构成人员看，仍限于本家族内佐领滋生人丁编设而成，并无外族佐领滋生人员。

四　清入关前及顺康时期佐领的新编及分拨

索尔果家族还有一些佐领并非从最初编设的四个佐领中滋生而来，而是于入关前及顺治、康熙年间编设或从中分拨出来的，且由其族人一

① 《钦定八旗通志》卷2《旗分志二·八旗佐领二·镶黄旗满洲佐领上》，第1195—1196页。
② 中国第一历史档案馆藏：《佐领盛贵所管勋旧佐领根源册》（满文）。
③ 《钦定八旗通志》卷11《旗分志十一·八旗佐领十一·镶白旗满洲佐领下》，第1768—1769页。
④ 杜家骥：《清代八旗官制与行政》，第136页。

直管理或中途参与管理的佐领。此类佐领主要有：

1. 镶黄旗满洲都统第一参领第十二佐领，亦系国初编设。初由天聪年间来归的蓳悠城地方富察氏爱通噶（艾通阿）[①] 家族管理。爱通噶故，以其弟奇喇管理。奇喇故，以其弟俄木索科管理，然其家族自俄木索科去世后开始衰落，而此时的鳌拜为二等公，并任领侍卫内大臣等职，参与议政，已成为统治集团的重要人物，故此佐领于顺治九年（1652），改令鳌拜管理，续以其子那摩佛管理，但鳌拜获罪后，其族人受牵连者颇多，其子那摩佛时任佐领，亦难逃此劫，遭革职籍没，以觉罗他达管理。他达年老辞退，复以那摩佛之子三等侍卫达礼善管理。达礼善故，以其叔父之子一等男苏合管理。苏合故，以达礼善之弟一等男达福管理。达福阵亡，以其子一等超武公岱屯管理。岱屯故，以其子德胜管理，[②] 后续承管情况不甚明了。此乃鳌拜罪案对家族产生负面影响的又一体现。此佐领应属世管佐领。

2. 镶黄旗满洲第二参领第二佐领，系康熙七年（1668）编立。初令察喀尼长子沃赫管理，续以其子傅尔丹管理，再由其子兆德管理。兆德缘事革退，以其弟哈达哈管理。哈达哈缘事革退，仍以其兄兆德管理。兆德故，以其子克升额管理。克升额缘事革退，以其弟复兴管理。复兴故，以其弟富锐管理。[③] 嘉庆四年（1799）六月，安宁补放勋旧佐领。[④] 此前，乾隆元年（1736），哈达哈亦曾被授为勋旧佐领。[⑤] 亦如前述，此佐领列为勋旧佐领仍需进一步论证，暂列世管佐领。

3. 正黄旗满洲第一参领第六佐领，系顺治八年（1651）编立。始以纳海子古苏管理，续以图赖子颇尔喷管理。颇尔喷故，以其子永泰管理。永泰缘事革退，以其弟永谦管理。永谦告病，以其子景惠管理。景惠革职，以其弟景恒管理。[⑥] 徐凯先生据《养吉斋丛录》等文献对佐领的分

①　《八旗满洲氏族通谱》卷25《蓳悠城地方富察氏·艾通阿》，第334页。

②　《钦定八旗通志》卷2《旗分志二·八旗佐领二·镶黄旗满洲佐领上》，第1174—1175页。

③　同上书，第1188页。

④　中国第一历史档案馆藏：《佐领盛贵所管勋旧佐领根源册》（满文）。

⑤　《钦定八旗通志》卷141《哈达哈》，第9039页；《满汉名臣传》卷45《哈达哈列传》，第1328页。

⑥　《钦定八旗通志》卷4《旗分志五·八旗佐领五·正黄旗满洲佐领下》，第1301页。

类，认为此佐领为勋旧佐领。① 不过尚无直接证据证明此佐领为勋旧佐领，故亦列在世管佐领之列。

4. 正黄旗满洲第一参领第七佐领，系第六佐领内滋生人丁。康熙二十三年（1684），颇尔喷管佐领时分编一佐领，以其弟之子马哈达管理。马哈达调任盛京员外郎，以马哈达之子马尔萨管理。马尔萨缘事革退，以颇尔喷之孙德山管理。德山缘事革退，以马尔萨之弟永庆管理。永庆故，以其兄之子敦柱管理。敦柱阵亡，以其子格瑸额管理。② 此佐领据前所述，仍为初次滋生的世管佐领。

5. 镶白旗满洲都统第五参领第二佐领，系以苏伯赫、和洛、韩除哈、赫硕色四佐领余丁于康熙十三年（1674）编立。初以尚书吉荪之子副都统吴丹管理。吴丹故，以其子华善管理。华善故，以其子齐民管理。齐民故，以其子伊成额管理。伊成额战殁，以其兄之子苏冲阿管理。苏冲阿故，以苏丹之孙关太管理。关太故，以随哈之曾孙德尔太管理。德尔太休致，以其子德备管理。③ "此佐领原系无根源公中佐领，乾隆四十三年，定为族中承袭佐领。"④ 自此由索尔果家族音达户齐支系相继掌管。虽属族中承袭佐领，但从承袭性来看仍属世管佐领之列。

6. 镶白旗满洲都统第五参领第三佐领，系第二佐领内滋生人丁。华善管佐领时，分编一佐领，以七十管理。七十升任盛京郎中，以其兄六十管理。六十故，以其族兄都喀禅管理。都喀禅升任盛京郎中，以都统禄百赫管理。禄百赫缘事革退，以左都御史舒禄管理。舒禄缘事革退，以大学士西哈纳管理。西哈纳革退，以副都统巴尔呼达管理。巴尔呼达缘事革退，以副都统富达礼管理。富达礼告退，以前锋参领兼司钥都喀产管理。都喀产故，以护军参领武神保管理。武神保故，以户部员外郎六十一管理。六十一升任，以云骑尉长青管理。长青升任云南副将，以印务章京兼云骑尉讷苏肯管理。讷苏肯故，以御使崇太管理。崇太革退，

---

① 徐凯：《满洲认同"法典"与部族双重构建——十六世纪以来满洲民族的历史嬗变》，第119页。

② 《钦定八旗通志》卷4《旗分志五·八旗佐领五·正黄旗满洲佐领下》，第1301—1302。

③ 《钦定八旗通志》卷11《旗分志十一·八旗佐领十一·镶白旗满洲佐领下》，第1763—1764页。

④ 同上书，第1764页。

以护军参领霍隆武管理。① 此佐领由镶白旗满洲都统第五参领第二佐领滋生的人丁编设而成，但其承管人并非索尔果家族之人，而改由当时文武大臣兼管，故性质转为公中佐领。

7. 镶白旗满洲都统第五参领第六佐领，系国初编立。始以章三管理。章三因疾辞退，以其子札克旦管理。札克旦缘事革退，以其伯父谭通阿之子图尔哈管理。图尔哈革退，以内大臣杨善管理。杨善缘事革退，以其弟吉赛管理。寻复以章三兄之孙布兰代管理。后因杨善事白，将布兰代调管第二参领第十六佐领，以杨善之孙和洛管理。和洛年老乞休，以其次子拖颜管理。拖颜故，以其子法保管理。法保故，以其子巴颜住管理。巴颜住缘事革退，以其子格通额管理。格通额缘事革退，以吉赛之三世孙那朗阿管理。② 此佐领与前述镶黄旗满洲都统第一参领第十二佐领的承管方式颇为相似。起初由他族管理，因杨善移肃亲王豪格属下，将异姓图尔哈佐领予以杨善管理。③ 后杨善父子被杀，以其弟吉赛承管，继而又转由初管人之后人承管。顺治八年（1651），恢复杨善等原职，④ 将现任之佐领调管其他佐领，而由杨善后人陆续承管。应为世管佐领。

8. 镶白旗满洲都统第五参领第七佐领，由第六佐领内滋生人丁组成。康熙二十三年（1684），和洛管佐领时，分编一佐领，以其长子鄂奇管理。鄂奇升任甘肃按察使，以其弟都统穆赛管理。穆赛缘事革退，以其兄之孙员外郎长福管理。长福休致，以其子常隆安管理。⑤ 此佐领据前所述，亦为初次滋生的世管佐领。

以上八个佐领有清军入关前编设，有顺治、康熙年间编设，还有一些是从这些编设佐领中分拨而来。佐领类型除镶白旗满洲都统第五参领第三佐领为公中佐领外，其余佐领皆为世管佐领。镶黄旗满洲都统第一参领第十二佐领、镶白旗满洲都统第五参领第六佐领的首任佐领并非索尔果族人，且中途曾为异族人承管，但这两个佐领皆为"国初"编设，

---

① 《钦定八旗通志》卷11《旗分志十一·八旗佐领十一·镶白旗满洲佐领下》，第1765—1766页。

② 同上书，第1769—1770页。

③ 同上书，第1770页。

④ 《清世祖实录》卷54，顺治八年闰二月壬子条。

⑤ 《钦定八旗通志》卷11《旗分志十一·八旗佐领十一·镶白旗满洲佐领下》，第1770—1771页。

后被索尔果族人连续管理五世以上，遂亦应属于世管佐领。从镶黄旗满洲都统第一参领第十二佐领的承袭过程，也能看出鳌拜获罪对家族佐领承袭的负面影响。从此时期索尔果家族管理的佐领类型来看，世管佐领和公中佐领皆有，尤其是世管佐领具有严格的世袭性，保证了索尔果家族对佐领的世代承管，是索尔果家族发展壮大及人丁旺盛的集中体现。此时索尔果家族的旗分已不仅仅局限于镶黄旗、镶白旗之内，以图赖为首的正黄旗佐领也在壮大，这也意味着其家族旗分在多种因素影响下不断发生变化。

五　康熙年间余丁的分拨

由于康熙年间人丁的滋生，一些佐领内出现大量余丁，便将这些余丁拨入其他佐领。索尔果家族所属佐领内同样分出一些人员编入新的佐领，由非索尔果族人管理，成为公中佐领。如正黄旗满洲都统第四参领所属之第六和第十七佐领。

正黄旗满洲都统第四参领第六佐领，系康熙三十四年（1695）分编佐领时，于伊尔格图、马尔萨、颇尔喷、尚德、鄂克济哈、诺尔浑六佐领内分出。初以副都统布喇管理。布喇故，以其子塔奇拉管理。塔奇拉故，以侍读学士花塞管理。花塞缘事革退，以给事中常住管理。常住故，以喜兰泰管理，喜兰泰故，以副都统和硕额驸富僧额管理。富僧额故，以通政司少卿那罕管理。那罕故，以三等伯鄂尔齐达逊管理。鄂尔齐达逊故，以侯安林管理。安林革退，以头等侍卫雅尔瑚达管理。雅尔瑚达故，以骑都尉成禄管理。成禄升授霸州防守御，以副都统春宁管理。春宁升任伊犁领队大臣，以吏部员外郎珠隆阿管理。[①]

正黄旗满洲都统第四参领第十七佐领，系康熙十三年（1674）于坤巴图鲁、颇尔喷、阿什图、图海、穆哈连五佐领内分出。初以副都统根特伊巴图鲁管理。根特伊殁于军前，以公福善管理。福善调任，以护军参领法保管理。法保因病告退，以侍郎来道管理。来道缘事革退，以郎中殷达礼管理。殷达礼因病辞退，以副都统禅布管理。禅布缘事革退，以副都统敖岱管理。敖岱故，以副都统偏图管理。偏图故，以步军总尉

---

① 《钦定八旗通志》卷 5《旗分志五·八旗佐领五·正黄旗满洲佐领下》，第 1367—1368 页。

伊什泰管理。伊什泰升任归化城副都统，以骑都尉苏尔禅管理。苏尔禅故，以一等公副都统德禄管理。德禄出差，以副都统达清阿管理。达清阿出差，以公西明管理。西明袭世管佐领，以印务章京德克登布管理。德克登布升任都司，以印务参领韦陀保管理。[①]

六　家族佐领的特点

索尔果家族先后编设、滋生十七个佐领[②]，这些佐领的编设过程充分反映了家族与佐领的密切关联，以及旗人内部的隶属关系。

第一，勋旧佐领的承袭基本遵循"奕叶相承"之规则。索尔果家族最初编设的五个佐领，在承管过程中始终遵循"管过佐领人员子孙有分，未管过佐领亲兄弟子孙亦无分"[③]。此原则一直被严格遵行，即使鳌拜获罪也没有产生过大影响。可见入关前后这五个佐领在家族内部传承的稳定性，"这无疑使清朝皇帝为保护开国勋臣及子孙的利益、缓和内部矛盾、巩固其统治基础所采取的措施"[④]。

第二，家族关键人物对家族佐领的影响。如康熙七年（1668），滋生的镶黄旗满洲第二参领第十佐领，顺治九年（1652）接管的镶黄旗满洲第一参领第十二佐领皆受到鳌拜事件的不利影响，改由其他家族承管，不过在他族承管一两任后，佐领之承管权又重新回到索尔果家族手中，而且基本仍由家族初管房系后人承管。这两件案例也说明家族重要人物的政治沉浮对佐领承管顺利与否具有直接影响。

第三，家族倚势霸占他族佐领。索尔果家族，特别是卫齐支系在鳌拜政治地位显赫时，开始霸占他族佐领，如，镶黄旗满洲第一参领第十二佐领，在顺治九年（1652）改令时任领侍卫内大臣的鳌拜进行管理，虽然康熙初年，鳌拜获罪，中间承管中断，不过最终还是由鳌拜后裔承管，体现了勋旧贵族的特权。

第四，滋生佐领来源不一。滋生的世管佐领多数是由本家族掌管的

---

① 《钦定八旗通志》卷5《旗分志五·八旗佐领五·正黄旗满洲佐领下》，第1380—1381页。

② 包括最初由索尔果之兄尼堪支系管理的镶白旗满洲第四参领第二佐领，该佐领此后滋生佐领未列入。正黄旗满洲都统第四参领第六和第十七佐领亦未列入。

③ ［日］细谷良夫、赵令志：《〈钦定拣放佐领则例〉研究》，第600页。

④ 王彬：《八旗的基层组织——牛录》，《中央民族学院学报》1991年第3期。

佐领中分拨而出，而且这些滋生佐领不仅仅来自初编的五个佐领，亦有来自初次滋生的佐领，或者同时来自家族初编佐领和初次滋生佐领，甚至还有来自其他佐领滋生的人丁，可见滋生佐领来源不一，成分复杂，也是造成佐领内部矛盾的重要因素。

第五，滋生佐领反映了家族各支系的发展。入关后，家族佐领在原有五个佐领及康熙年间滋生的六个佐领基础上，佐领数额又有所增加，这些佐领或承自其他家族，或于顺治、康熙年间新编。其中音达户齐支系掌管四个佐领，费英东支系掌管三个佐领，卫齐支系掌管一个佐领，这些佐领多为世管佐领，后来随着佐领内人丁的滋生，则被编入其他佐领。这种现象也是家族内部各支系政治势力不均衡的体现。

可见，"只有那些遵从统治、积极合作并符合统治者意愿的家族才能保有所分得的一杯羹，这是世袭罔替的前提"[1]。通观索尔果家族中各类佐领的承袭过程，表明血缘关系始终是承袭的首要因素。其中对初编佐领的规定最为严格，后来滋生的世管佐领在承袭过程中偶有变故，不过也基本遵循了以血缘为纽带的承袭性。佐领数量[2]在一定程度上反映了这个家族拥有入仕机会的大小，亦如徐凯先生所言："掌管佐领的数量多，越能彰显他们显要身份。"[3] 早期佐领的编设是索尔果家族立功、入仕的关键因素，使家族中涌现出大批军政要员，在满洲及清前期历史上功勋显赫。不过随着家族人丁的滋生，承袭和管理的严格规范，佐领之竞争愈加激烈，无缘承管佐领之人则要另谋出路，或靠军功腾达，或靠联姻起家，最终造就了索尔果家族的显赫地位。

综合来看，这些佐领管理者以费英东支系、卫齐支系、音达户齐支系、吴尔汉支系为主，这从各支系之婚姻、仕进情况同样可以得到印证。囿于两部《八旗通志》记载的时间下限，目前所知索尔果家族佐领的承管材料止于嘉庆年间，进一步的研究有待于新史料的整理公布。

---

① 杨海英：《对十份世管佐领承袭宗谱的研究》，《满学研究》第七辑，民族出版社2002年版，第419页。

② 关于各类佐领的数量，杜家骥《清代八旗官制与行政》第六章"清代八旗选官制中的世官制"依据《钦定八旗通志·旗分志》以所属旗分为类做了统计，可作参照，第137—138页。

③ 徐凯：《满洲认同"法典"与部族双重构建——十六世纪以来满洲民族的历史嬗变》，第133页。

第二节　索尔果家族的旗分

八旗制度乃清朝立国之本，执政之基，其内容涉及广泛，是满族史、清史研究者不可回避的核心问题，自孟森先生发表《八旗制度考实》以来，一直为学术界所重视。旗人的旗分（亦称旗籍、族籍、旗属）是旗人在八旗社会中身份的象征和隶属关系的证明，"关系到该旗主与领主的政治关系、政治派别的归属及对各次斗争的理解与分析，亦影响对籍隶某旗旗人政治行为的研究与其评价"[①]。对于一个家族来说，旗分的变更对家族发展、政治参与，乃至家族内部关系皆有十分重要的影响。出于种种原因，常有个人或全家被改隶他旗，甚至整个佐领全部被改旗换色，这种现象在八旗肇建之初及整个后金时期，表现得最为突出，直至顺治八年（1651）才基本确定下来。本节将围绕不同时期索尔果家族个别人物旗分的变化作一探讨，以期展现各支系的旗分变更。

一　努尔哈齐统治时期索尔果家族旗分的初定

万历二十九年（1601）至四十三年（1615）的十四年间是八旗制度形成的关键时期。[②] 刘小萌先生认为："1601 年前后厘定牛录制度，1607年以前初建固山（旗）之制，至 1615 年八旗定制，基本完成了由牛录向固山制的过渡。"[③] 就在这个过程中，索尔果带来的五百户被纳入牛录组织，万历四十三年（1615）之后索尔果家族人物便以旗人身份活跃于后

---

① 杜家骥：《清初旗人之旗籍及隶旗改变考》，《民族研究》2013 年第 4 期。

② 关于八旗制度形成过程，学术界的讨论历年持久，几乎涉及八旗制度的研究成果皆对此问题予以介绍，或进行专门讨论。因相关论著较多，仅列举几部代表性论著：孟森：《八旗制度考实》，载《明清史论著集刊》，中华书局 1959 年版，第 218—310 页；莫东寅：《八旗制度》，载《满族史论丛》，人民出版社 1958 年版，第 95—174 页；李旭：《论八旗制度》，《中华文史论丛》1964 年第 5 期；周远廉：《关于八旗制度的几个问题》，载《清史论丛》第三辑，中华书局1982 年版；张晋藩、郭成康：《清入关前国家法律制度史》；王景泽：《清朝开国时期八旗研究（一五八三～一六六一）》，吉林文史出版社 2002 年版；刘小萌：《满族从部落到国家的发展》；姚念慈：《清初政治史探微》；杜家骥：《八旗与清朝政治论稿》；杜家骥：《清代八旗官制与行政》；［日］杉山清彦：《大清帝国の形成と八旗制》；［日］谷井陽子：《八旗制度の研究》，等等。

③ 刘小萌：《满族从部落到国家的发展》，第 146 页。

金及清朝历史之中。据《八旗满洲氏族通谱》《清史稿》等文献记载，可知索尔果诸子的旗分分别是：阿都巴颜不详，① 费英东隶镶黄旗，② 音达户齐隶镶黄旗，③ 吴尔汉隶镶黄旗，④ 巴本隶正黄旗，⑤ 郎格隶镶黄旗，⑥ 雅尔巴隶镶黄旗，⑦ 卫齐隶镶黄旗，⑧ 然而这些旗分"都是顺治八年以后固定后的隶旗"，⑨ 其本人及其子孙在这前后的旗分又多有变化。

这种变化要从八旗肇建之前的四旗谈起，此四旗旗主（或称主旗贝勒）的改换是变化之主线。据姚念慈先生考证，努尔哈齐同母弟舒尔哈齐在万历三十五年（1607）以前晋封贝勒，而努尔哈齐之子褚英和代善约在万历二十六（1598）、万历二十七年（1599）晋封贝勒，加之努尔哈齐本人共四个贝勒。这四个贝勒成为万历二十九年之后划分国人的标准，在万历三十五年（1607）以前是四个人平均瓜分的，这种现象成为创建四旗的前提。⑩ 故万历二十九年（1601）组建黄、蓝、白、红四旗，旗主分别为努尔哈齐、舒尔哈齐、褚英及代善。万历三十七年（1609），舒尔哈齐被圈禁，两年后去世，其子阿敏接管蓝旗。⑪ 万历四十一年（1613），褚英也被幽禁高墙，万历四十三年（1615）被处死，则由皇太极接管白旗，此时褚英长子杜度亦被封入该旗。经过十余年过渡，终于在万历四十三年（1615）正式创建八旗，旗主分别是：努尔哈齐（两黄旗）、代善（两红旗）、阿敏（镶蓝旗）、莽古尔泰（正蓝旗）、皇太极（正白旗）、杜度（镶白旗）。如此一来，索尔果子孙则明确了他们各自的旗主。

---

① 其孙希福隶镶白旗。（《八旗满洲氏族通谱》卷1《希福》，第36页）

② 《八旗满洲氏族通谱》卷1《费英东扎尔固齐》，第31页；《清史稿》卷225《费英东传》，第9179页；《清史稿》卷227《扬善》，第9238页；

③ 《清史稿》卷227《扬善》，第9238页。

④ 《清史稿》卷227《扬善》，第9238页。

⑤ 《八旗满洲氏族通谱》卷1《巴本》，第33页。

⑥ 《八旗满洲氏族通谱》卷1《郎格》，第33页；《清史稿》卷227《扬善》，第9238页。

⑦ 《八旗满洲氏族通谱》卷1《雅尔巴》，第33页。

⑧ 《满汉名臣传》卷5《伟齐列传》，第106页；《八旗满洲氏族通谱》卷1《卫齐》，第33页。

⑨ 杜家骥：《清初旗人之旗籍及隶旗改变考》，《民族研究》2013年第4期。

⑩ 姚念慈：《清初政治史探微》，第54—55页。

⑪ 详细过程可参阅杜家骥《八旗与清朝政治论稿》，第11—12页；姚念慈《清初政治史探微》，第56—58页。

据《内阁藏本满文老档》载，天命八年（1623）二月，八旗设都堂八人，每旗设审事官两人，同时，又设为贝勒挂文启示者四人。其中费英东之子索海入镶黄旗审事官，音达户齐之子杨善、吉苏入镶黄旗挂文启示之列，由此可知索海、杨善、吉苏三人此时皆隶镶黄旗，[1] 但此后也发生了一些变动：如同年九月，努尔哈齐"调整在外诸贝勒之牛录"，令"汗旗下之索海、伊苏之二牛录，给四贝勒"，以"苏完之乌赖牛录"给莽古尔泰贝勒。[2] 这意味着索海、宜苏所掌管的牛录被拨入皇太极的正白旗，吴赖的牛录则被拨入莽古尔泰所领的正蓝旗。这表明索海、宜苏、吴赖原属努尔哈齐所领之镶黄旗。虽索海被拨入正蓝旗，但在天命十一年（1625）给功臣的敕书中，仍将索海列入镶黄旗之列，[3] 出现这种现象可能是由于努尔哈齐仅将牛录之人丁分给两个贝勒，而牛录之长官并未拨出，仍隶镶黄旗，而吉苏、杨善，以及卫齐三人却被列入两白旗之列。[4] 白新良先生将太祖朝《满文老档》和《八旗通志初集》中《旗分志》进行比较，认为吉苏、杨善、卫齐这三人在太祖朝应隶属于镶白旗，皇太极继位后始改镶黄旗和正黄旗。[5] 杜家骥先生亦持此说。[6] 此论断仍不够准确，如前所述，笔者认为吉苏、杨善应在天命八年（1623）九月之后被改隶镶白旗，吴赖改为正蓝旗，之前皆隶镶黄旗。可见，索尔果族人在八旗肇建之初，多隶镶黄旗，由此推知，努尔哈齐时期索尔果诸子应多隶镶黄旗。综合对努尔哈齐时期索尔果个别子孙旗分的考证，费英东支系此时应隶镶黄旗；音达户齐支系先隶镶黄旗，后改隶镶白旗；吴尔汉支系初隶镶黄旗，后改隶正蓝旗；卫齐支系暂列镶白旗，[7] 其他支系旗分尚不明确，从其兄弟子侄及后代旗分变化来看，隶两黄旗可能性

[1] 《内阁藏本满文老档》（太祖朝）汉文译文，第六函第四十五册，天命八年二月初七日条，第 154 页。

[2] 《内阁藏本满文老档》（太祖朝）汉文译文，第七函第五十九册，天命八年九月条，第 206 页。

[3] 《内阁藏本满文老档》（太祖朝）汉文译文，第九函第六十七册，天命十年条，第 242 页。原档载为天命十年（1624），后经译者考证应为天命十一年（1625）。

[4] 《内阁藏本满文老档》（太祖朝）汉文译文，第九函第七十册，天命十年条，第 253 页。

[5] 白新良：《论皇太极继位初的一次改旗》，《南开史学》1981 年第 2 期；后收入《清史考辨》，第 66—67 页。

[6] 杜家骥：《清初旗人之旗籍及隶旗改变考》，《民族研究》2013 年第 4 期。

[7] 卫齐支系是否初隶镶黄旗，后来改隶镶白旗，这个过程尚待考证。

较大。

二　皇太极统治时期索尔果家族旗分的变更

由上可知，索尔果家族最晚在天命八年（1623）以前多隶两黄旗，特别是八旗建立后，以两黄旗中之镶黄旗居多，且天命八年（1623）之前由努尔哈齐直接领属。皇太极统治时期是八旗内部不断调整，并逐渐走向成熟稳定的关键时期。自皇太极继位之后，索尔果家族的旗分又多有变化，有人甚至不止一次变换旗分。

努尔哈齐去世后，皇太极打破了努尔哈齐时期部署的八旗格局，导致天命年间本已确定的各旗旗分又发生了改变，这就是皇太极嗣位后至天聪九年（1635）间所策划的改旗行动：天命时期的正白旗、镶白旗被改为天聪初期的正黄旗、镶黄旗，镶黄旗、正黄旗被改为正白旗和镶白旗。1981 年白新良先生发表了《论皇太极继位初的一次改旗》① 一文，使此问题开始引起学术界广泛重视，并引发诸多讨论。姚念慈先生的《皇太极独挟两黄旗考辨》② 针对白文中关于镶白旗改为镶黄旗的论断进行了商榷；随后杜家骥先生又发表了一系列相关文章予以论述。③ 以上探讨使得这次改旗的真相逐步显露，最终导致"黄、白各旗在满洲政权中地位和作用的变化，构成了长期存在的黄、白矛盾和斗争的特殊历史根源"④。同时通过此次改旗，"皇太极所领之旗，序列于符合他国主身份的最前端位置，这对于削弱与其并坐的其他三大贝勒的地位、突出乃至提高至尊地位，都是有利的政治因素"⑤。而索尔果家族作为八旗成员，也牵涉其中，各支系的后续发展也受到了影响。

不过索尔果家族旗分的变化并未完全遵循皇太极时期的改旗规则，而自有其变化轨迹，如音达户齐后人最初隶属于镶黄旗，中间屡有改隶，

---

① 白新良：《论皇太极继位初的一次改旗》，《南开史学》1981 年第 2 期；《清史考辨》，第 56—113 页。

② 姚念慈：《皇太极独挟两黄旗考辨》，载王锺翰主编《满学朝鲜学论集》，第 75—98 页。

③ 相关文章后皆收入作者《八旗与清朝政治论稿》一书的第六章"清初八旗领属关系的多次改变及其政治影响"，可兹参照。

④ 白新良：《论皇太极继位初的一次改旗》，《南开史学》1981 年第 2 期；《清史考辨》，第 56 页。

⑤ 杜家骥：《八旗与清朝政治论稿》，第 150 页。

直至顺治年间才归于镶白旗；费英东之子纳海、图赖、苏完颜及其后人也曾自镶黄旗改隶正黄旗，等等。这次旗分变化，直接决定了索尔果家族成员在顺治年间属上三旗还是下五旗。换言之，这意味着家族地位的上升或下降，以及各支系的隶属关系。若从整个后金和清初政治的历史发展来看，则是统治者加强中央集权的重要途径或手段。因此，旗分变化也是八旗制度发展史上一个极为重要的过程。

《国朝耆献类征初编》《满汉名臣传》《清史稿》等文献中对某些有旗分变化的旗人记载往往为某人初隶某旗，后改隶某旗。如《国朝耆献类征初编》载宜荪"初隶满洲镶黄旗，后改隶镶白旗"①。《满汉名臣传》中的记载更为详尽：宜荪"初与兄杨善、弟吉赛、纳都祜、吉荪等，并隶满洲镶黄旗，后改隶镶白旗"②。此类现象非常普遍。然而这些记载多是记述他们顺治八年（1651）以后的旗分变化，以及最后的旗分，之前，乃至其间的变换过程却未申明。《清史稿》在杨善传记中记载了其父、伯叔，及其兄弟的旗分，"费英东诸弟：音达户齐、吴尔汉、郎格、卫齐，皆事太祖，隶镶黄旗；而音达户齐诸子：杨善、伊逊、钟金、吉赛、纳都祜、吉荪，改隶镶白旗"③。这些记载皆为顺治八年（1651）旗分确定后的记述，遗憾的是皆未详载之前的改隶情况。但从前述皇太极改旗行动中可以窥见其改旗的具体过程。音达户齐支系的情况大致是天命八年（1623）之前隶属于镶黄旗，后被改隶镶白旗，皇太极将天命年间的镶白旗改旗色为镶黄旗时，又隶属于镶黄旗。皇太极继位之初设立的两种功能不同的十六大臣中，宜荪和杨善皆以镶黄旗的身份列入。④ 崇德四年（1639）六月，宜荪又以承政之职兼任正蓝旗副都统，⑤ 直至崇德七年（1642）去世，一直兼任此职。其间宜荪于崇德二年（1637）被革职，其所领镶白旗佐领由其弟吉荪管理，⑥ 说明此时吉荪隶属于镶白旗，而宜荪也只是兼管正蓝旗事而已，旗分仍是镶白旗。杨善应在天命八年（1623）后隶属于镶黄旗，崇德中期改正蓝旗，顺治元年（1644）四月，满洲贵

---

① 《国朝耆献类征初编》卷41《卿贰一·伊逊》，第527页。
② 《满汉名臣传》卷3《伊逊列传》，第54页。
③ 《清史稿》卷227《扬善》，第9238页。
④ 《清太宗实录》卷1，天命十一年九月丁丑条。
⑤ 《盛京刑部原档》二〇六号，崇德四年六月条，第116页。
⑥ 《八旗通志初集》卷7《旗分志七·八旗佐领·镶白旗满洲佐领》，第119页。

族集团内部斗争中被罚入镶白旗。[①] 音达户齐支系后嗣子孙从此以镶白旗身份活跃于八旗社会，鲜有变化。

费英东支系旗分非常稳定，即便是皇太极在天聪初年的改旗，也未对其产生大的影响，旗分仍以两黄旗为主。索海所领之镶黄旗一直没有变化。这可能与费英东的地位和功勋有极大的关系。也就是说，从费英东开始，其子孙后代的旗分往往与最高统治者所直接掌管的旗分相一致，对其家族而言则是无上的荣耀。白新良先生曾言："努尔哈齐并没有把自己的两黄旗交给皇太极，而是交给了阿济格、多尔衮、多铎；皇太极并没有继承努尔哈齐的两黄旗，而是将努尔哈齐时期的两白旗改为两黄旗了。努尔哈齐时期的两黄旗和皇太极时期的两黄旗虽然旗色相同，但其基本部众，却大不相同。"[②] 通过费英东支系的旗分变化可以看出，这次改旗并非是努尔哈齐时期的两黄旗全部编入皇太极时期的两白旗，也有旗色和人员都未改变的状况存在。

卫齐支系的旗分也经历了一个简单的变化过程。最初编设八旗时，卫齐被编入镶黄旗。天命十一年（1626）在给功臣的敕书中，卫齐又被列入镶白旗。[③] 天聪九年（1635），皇太极编设专管牛录，因其父之功，卫齐以正黄旗身份获得一个专管牛录。[④] 天聪九年（1635）底，改隶镶黄旗，此时，卫齐已经去世，但此后该支系旗分未变。

吴尔汉支系的记载较为匮乏。天命八年（1623）九月，努尔哈齐将吴尔汉之子吴赖所属之牛录拨给了莽古尔泰贝勒领有的正蓝旗。[⑤] 天聪九年（1625）正月，皇太极分定专管牛录，吴赖分得半个。二月，吴赖被任命为新编正蓝旗蒙古都统。[⑥] 天聪九年（1625）底，吴赖又以

①　白新良：《论皇太极继位初的一次改旗》，《南开史学》1981 年第 2 期；《清史考辨》，第 67 页。

②　白新良：《论皇太极继位初的一次改旗》，《南开史学》1981 年第 2 期；《清史考辨》，第 68 页。

③　《内阁藏本满文老档》（太祖朝）汉文译文，第九函第六十七册，天命十一年条，第 253 页。

④　《天聪九年档》，天聪九年正月条，第 20 页。

⑤　《内阁藏本满文老档》（太祖朝）汉文译文，第七函第五十九册，天命八年九月条，第 206 页。

⑥　《天聪九年档》，天聪九年二月初六日条，第 28 页；《清太宗实录》卷 22，天聪九年二月丁亥条。

镶黄旗都统身份出现在文献之中,① 其镶黄旗旗分至此确定,其子孙后代沿袭之。

至于阿都巴颜、巴本、郎格、雅尔巴四个支系旗分的演变详情,已难稽考,但从其兄弟,及后嗣子孙所隶旗分来看,无外乎两黄旗和镶白旗三种旗分。

综观前述索尔果家族旗分的变化,可知,努尔哈齐时期家族旗分处于初定阶段,而皇太极时期则是旗分不断变更并走向成熟的阶段,直至顺治初年,其家族旗分才基本固定。但是八旗满洲与八旗蒙古之间、八旗蒙古与八旗汉军之间官员的互调却时有发生。正如杜家骥先生所言:"清初八旗领主分封制下,本旗人任本旗官,某人不可能越旗到其他旗主的领旗中任都统(固山额真)、副都统(梅勒额真、梅勒章京),只有在帝系所统旗中,如皇太极、顺治帝所领旗与皇太极之子豪格(及豪格子富寿)所领旗之间,有个别的越旗充任现象。"② 随着时代的变迁,这种所统旗分的变更也具有社会地位升与降之别,也就是顺治年间区别开来的上三旗和下五旗问题。镶黄、正黄、正白旗被称为上三旗,余为下五旗,因上三旗乃君主自辖之旗,故其地位高于其他五旗,成为当时身份地位的象征,故而下五旗的旗人想方设法升入上三旗,或在立有军功之时,或在成为皇亲国戚之时,他们便向皇帝奏请将其抬入上三旗之列。③ 这种现象不仅发生在索尔果家族,而是整个旗人社会普遍存在的现象。这在图赖曾孙正黄旗满洲都统马尔萨等奏请抬为上旗之家族编并佐领的奏折中得到了充分验证。④

三 清朝旗分变更的原因

结合清朝八旗制度及索尔果家族旗分的变化情况,可知影响旗分变更的原因主要有如下几点:

---

① 《内阁藏本满文老档》(太宗朝)汉文译文,第十六函第三十八册,天聪九年十二月二十九日条,第804页。

② 杜家骥:《清初旗人之旗籍及隶旗改变考》,《民族研究》2013年第4期。

③ 《正黄旗满洲旗都统马尔萨等奏请抬为上旗之家族编并佐领折》,雍正元年四月,载中国第一历史档案馆编译:《雍正朝满文朱批奏折全译》上册,第114页。

④ 同上。

（一）加强皇权的策略

从后金至清亡近三百年间，历代帝王皆在努力巩固自身统治，加强皇权。入关前的满洲统治者通过变换旗分，巩固自身统治地位，前述皇太极时期的改旗活动就是最典型的例子。而八旗组织内的成员则不由自主地参与其中。

（二）统治八旗的需要

八旗军队是清朝得以立足的根本保障。出于对军队的有效统治和管辖，清朝统治者经常调换各旗的都统或佐领，以达到更有效地统治。旗人旗分的变更，有些是平级之间的调动，有些则由上三旗降入下五旗。这种改旗也存在两种情况，一是被改旗者由原来之旗分变为另一旗分；二是不改变这个人原来的旗分，仅将其调入他旗，具有领导和管辖该旗的权力。第一种情况，如索尔果家族的图赖、纳海、苏完颜兄弟三人则是由原来的镶黄旗改隶正黄旗。当然此时并无上三旗与下五旗之别，而后其子孙则全部隶属新隶之旗；第二种情况，如沃赫在康熙初年承管镶黄旗满洲都统第二参领第二佐领，后来出于军事上的需要，先后被调任镶黄旗蒙古副都统、镶黄旗满洲副都统、镶黄旗蒙古都统，这可以说明，八旗满洲、八旗蒙古之间在同一旗分内正副都统的互换比较频繁，而且地位是平等的，沃赫从镶黄旗满洲副都统调任镶黄旗蒙古都统，则是其官职和地位提升的表现。这种不改变自身旗分而任他旗都统的现象极为普遍，索尔果家族亦如此。这一切的变化皆源自统治者掌控八旗军队之需。

（三）奖掖功勋的手段

在八旗组织中帝王奖励有功之人的一种手段就是为其"抬旗"。① 因此清朝统治者充分利用这种鼓励机制，在军人立功、大臣效力的情况下，便对这些立功者予以抬旗。正如杜家骥先生所言："抬旗被视为'殊荣'，为一般旗人所企望、艳羡，皇帝正是利用旗人的这种心理，把抬旗作为

---

① 关于清代"抬旗"问题学界的相关研究主要有：杜家骥：《八旗与清朝政治论稿》；刘小萌：《清代北京旗人社会》；杜家骥：《清代八旗制度中的"抬旗"》，《史学集刊》1991 年第 4 期；李云霞：《从改旗和抬旗看八旗中民族成分的变化》，《满族研究》1999 年第 3 期；孙静：《清代佐领抬旗现象》，《史林》2012 年第 2 期；杨珍：《史实在清代传记中的变异——佟国纲、华善奏请改隶满洲考辨》，载《清史论丛》2013 年号，中国广播电视出版社 2013 年版；杨珍：《清朝后妃母家的抬旗》，载《清史论丛》2014 年号，中国广播电视出版社 2014 年版。

一种奖赏和表彰形式，以之为手段，笼络、吸引旗人官员、兵将为其统治而忘身报国、忠心事君、克勤尽职。"① 相反，降低旗分则是一种严厉的惩罚手段。如索尔果之子音达户齐的后代因政治斗争的失败，最终由镶黄旗被降入镶白旗。所属旗分的不同正是造成镶白旗杨善与正黄旗图赖矛盾的症结所在。

（四）促进婚姻往来的动力

清朝旗人旗分的变化普遍存在于皇亲国戚当中。之所以改变他们的旗分，目的是抬高他们的社会政治地位，彰显皇族的至高无上。这种抬旗主要表现在：皇帝为其生母家族抬旗；皇后家族的抬旗；受宠的皇妃娘家人的抬旗；再就是前朝皇帝之妃子，因其子受到新朝皇帝的重视而被抬旗。据杨珍先生考证，清朝后妃母家主要有六种类型的"抬旗"：由内务府包衣抬入上三旗满洲；由内管领抬入本旗包衣佐领；由满洲镶蓝旗包衣抬入正黄旗满洲；由下五旗满洲抬入上三旗满洲；由正蓝旗蒙古抬入镶黄旗满洲；由正蓝旗汉军抬入镶黄旗汉军。② 虽然索尔果家族与爱新觉罗家族的婚姻往来亦较频繁，尚未发现此类抬旗事例，但是这种现象在八旗社会中却是普遍存在的。

（五）调节八旗内部民族矛盾的机制

清代民族关系十分复杂，仅八旗组织中就包括满族、蒙古族、汉族、朝鲜族等多个民族。清朝统治者也意识到了八旗社会中民族关系的复杂，因而他们利用变化旗分来调节或缓和这些潜在的矛盾，进而维护八旗内部的稳定。

总体而言，索尔果家族各支系旗分的变化大致集中于后金时期。由于旗分的不同，政治立场随之变化，前述杨善与图赖的矛盾即是力证。顺治年间，家族旗分确定后，基本以镶黄旗、正黄旗及镶白旗三旗为主。因各支系所属旗分的不同，在后续发展中，政治势力上出现了不均衡现象，一些支系开始没落。费英东支系、卫齐支系明显优于索尔果家族其他支系的发展，这不能说与其支系所属旗分没有关系。

---

① 杜家骥：《八旗与清朝政治论稿》，第 333—334 页。
② 杨珍：《清朝后妃母家的抬旗》，载《清史论丛》2014 年号，第 75—76 页。

第三节　索尔果家族的人丁及官爵

一　家族的人丁

家族人丁兴旺与否在传统的封建社会至关重要，正常情况下，一个家族如果没有遭受重大打击，其人口往往是不断增加的，而索尔果家族囿于资料记载缺乏、居住地分散等多重因素，最终造成家族人口统计困难。兹据笔者对清代文献中索尔果家族人丁的粗略统计，管窥其家族在清代的人口繁衍情况。然因史料记载的缺失，仅对家族中的知名者，或知名者的后人进行粗略统计，可想而知这些人只是家族人口的一小部分，不被记载的无名者应为家族人口的主体。此统计以索尔果为该家族之始祖，其后按代分组，因各支后人年纪相差较大，所以生活年代的跨度也比较大，仅能依据有生卒年或任职时间的个别人物来确定某一代的大致生活年代，进而统计出明末至清末家族中人口的粗略数字，故统计具有极大的片面性和孤立性。此统计主要依据《八旗满洲氏族通谱》《清史列传》《满汉名臣传》、两部《八旗通志》《国朝耆献类征初编》《清史稿》，以及部分家谱等文献记载予以列表说明。

表3—6　　　　　　索尔果家族人口粗略统计表①

辈分	人物（所属支系）	合计（人）	大致年代	备注
始祖	索尔果	1	嘉靖末年至万历中后期	以索尔果为始祖
二世	阿都巴颜、费英东、不详、音达户齐、吴尔汉、巴本、郎格、雅尔巴、卫齐、不详	10	万历中后期至天聪末年	史书记索尔果有十子，另两子不详其名。此代以后开始分出支系，以"（）"标明所属支系。

① 此表等文献参考了修订于光绪三十三年（1907）的《镶黄旗瓜尔佳费英东支宗谱书》，故该支系人口较多，又因该支系康熙年间被调往辽宁营口熊月镇驻防，故从该家谱人物的命名又可看出明显的汉化倾向。

辈分	人物（所属支系）	合计（人）	大致年代	备注
三世	南钦、纳海、那卡布、托海、色海、索海、图赖、所吉、苏瓦颜、察喀尼；（费英东） 杨善、宜苏、锺金、吉苏、吉赛、纳都祜；（音达户齐） 多干、吴赖；（吴尔汉） 噶浑德；（巴本） 颜岱、鄂多辉；（郎格） 赵布泰、鳌拜、巴哈、萨哈、穆里玛、索山。（卫齐）	27	天命至康熙前期	音达户齐至少有八子，有两子不详其名，未列入； 雅尔巴至少有两子，因不详其名，未列入； 卫齐有七子，长子不详。 由于各支系在后来的发展中，政治上呈现出明显的不均衡性，一些支系的知名者逐渐减少，所以不被记载，甚至出现了缺嗣现象，现实中并非如此，乃鲜于记载之故。
四世	希福、萨岱、巴浑；（阿都巴颜） 那山、顾尔汉、古苏、忙七你、图尔海、图尔会、乌尔会、噶达浑、七太、多颇罗、辉塞、颇尔喷、费扬古、桑图、马尔都、沃赫、乌尔瑚、扎秦；（费英东） 罗硕、噶达浑、苏丹、吴丹、吴博赫、库堪、卢博赫；（音达户齐） 多敏、喇哈、顾德、绰尔门、巴赛、喀赛；（吴尔汉） 萨穆哈、华色；（巴本） 席卜臣；（郎格） 喀帕；（雅尔巴） 增寿、那摩佛、塞本得、塔哈、苏勒达、拜思哈、能图、拜音图、讷尔杜、瓜尔察、郭罗、开保、诺莫、苏尔玛、穆尔泰、佛伦、沙鲁哈什。（卫齐）	55	天聪至雍正末年	其中个别支系在第三世时出现了缺嗣现象，而第四世时又出现了后嗣，是因为在记载中不详其父的名称，故未载入。

辈分	人物（所属支系）	合计（人）	大致年代	备注
五世	海青、德柱、松柱、讷勒、喀柱、黑色、七十、达海、福保、硕海、巴格；（阿都巴颜） 南都、公图、郎图、图色、乌尔敦、萨马哈、忙牛、金牛、大各、多禅、吉拉布、永谦、永泰、马哈达、马德、明太、傅尔丹、福岱、雅图、雅尔赛；（费英东） 霍洛、沙尔布、迈图、七格、贵钦；（音达户齐） 多金、布尔塞、吴克登、索尔察、拉寨、勒赫德、赛尔图浑、福什；（吴尔汉） 席汉、布都瑚、席特库；（巴本） 哈秦、雅柱、赛弼汉、华色；（郎格） 官达理、雅思哈、罗密、罗达色；（雅尔巴） 锡图、达福、达礼善、苏赫、阿尔珠、苏尔珠、哈禄、希常、观音保、那泰、台敏、郭明、库泰、颜禄、噶尔萨。（卫齐）	70	顺治至乾隆中期	
六世	舒德、兆第、尚德、索尔喷、齐佳保、福尔敦、官泰；（阿都巴颜） 和色、洪太、关保、拉锡泰、妈什太、萨力布、依力布、哲尔布、五各、瓦拉卡、和尚、拨京、老各、绰祺、多尔泰、端乌落、万珠、拉巴、景惠、景恒、马尔萨、永庆、马尔泰、兆德、哈达哈、关宁、福勒赫；（费英东） 鄂奇、穆赛、穆腾、花善、马代、齐敏、那丹珠、关太、贵秦、穆赛；（音达户齐）	62	康熙中期至乾隆末年	

续表

辈分	人物（所属支系）	合计（人）	大致年代	备注
六世	查尔达、南太、那尔赛、索岱、穆特布、努尔布；（吴尔汉） 永长、奇尔赛；（巴本） 五十八、郎贵；（郎格） 玛楞岱、拉锡泰；（雅尔巴） 关福、岱吞、和尚、福绶、希占、察克慎。（卫齐）			
七世	阿尔精阿、伊灵阿、伊东阿、伊昌阿、哲楞额、四十二、天德、六十五、六十九、七十一、六十七、令桂、令德、准提保、德宁、德恩、英海、敦住、克升额、富兴、富锐、哈宁阿、瑞和；（费英东） 伊泰、迈禄、塞克图、六十三、伊成格、八十、那郎阿、查伦泰、常福；（音达户齐） 伊敦、阿尔赛、海喇图、贵善；（吴尔汉） 兆岱、兆明、兆全、德成、德胜、德明、德清、富定、福隆阿、福通阿。（卫齐）	46	雍正初年至嘉庆初年	
八世	伊勒通额、伊桑阿、永禄、高亮、关青、关洪、德云、德勋、福贤、格瑝额、安英、安宁、关谟、勒尔精额；（费英东） 关宁、苏冲阿、达汉、常隆安、查伦泰；（音达户齐） 达哈泰、爱兴阿；（吴尔汉） 塞楞、庆玉。（卫齐）	23	乾隆末年至嘉庆中期	

辈分	人物（所属支系）	合计（人）	大致年代	备注
九世	成会、成仁、成连、成得、成喜、成明、成公、成贤、成发、成富、福明阿、复昌、盛筠、盛桂、盛林、盛恒；（费英东） 玉贵；（音达户齐） 朱保、富保；（吴尔汉） 宁禄、贵麟、锺灵、锺寿。（卫齐）	23	嘉庆初年至咸丰初年	
十世	关凤、关同、关恺、关有、关祥、关金、关玉、金艮布、关和、关奎、关生、关印、关住、关恒、关俊、关荣、奎生、奎元、奎兴、奎旺、符珍、连魁、联绶、联康、联丰、联璧；（费英东） 宁太；（吴尔汉） 达冲阿、鹤龄。（卫齐）	29	咸丰初年至宣统时期	
十一世	松年、定昌、俊保、俊财、俊发、八十七、八十八、八十、俊增、俊永、俊达、俊德、俊开、俊升、俊钢、俊错、俊安、俊蒲、俊祥；（费英东） 太山保；（吴尔汉） 锡惠。（卫齐）	21	同治初年至清亡	
十二世	锡明。（费英东）	1	光绪初年至清亡	
总计		368		

　　此表数据仅是一个粗略的统计，不能代表整个家族人口的繁衍情况。虽然如此，但却能看出索尔果家族各支系在整个清代（后金）的发展特点，即政治上呈现出非常明显的不均衡性。因为所依据之文献较具代表性，基本囊括了后金至清代各类有所作为的家族成员，而索尔果家族中

的突出者亦皆被载入，故能大致体现家族各支系的发展情况，特别是在清代的政治地位。从表3—6可以清晰看出费英东和卫齐支系的发展最为突出和迅速，知名者最多，而音达户齐和吴尔汉等其他支系的知名者却主要集中在清朝前期，特别是顺治以前，之后则渐趋没落，突出者凤毛麟角。出现这种现象的原因，与康熙之前各支系前几代人打下的基础关系密切，功勋卓著者后世荣光绵长，被官方记载者也就远远多于那些平平之人，历经年久，平平者便很少被史书记载，个别支系也就消失在史书记载之中，难以稽考。

二　家族的官爵

清代官制多沿于明。"其改革上之显著表现为既沿袭汉制，兼参用满俗，两种制度交相混合掺杂，有因有革，损益参半，具有一代独创之特点。"[1] 在清代这种满汉杂糅的特殊官制中索尔果家族中亦不乏高官显爵之人。下面对家族的任职情况作一粗略统计。

表3—7　　　　　　　　　　　索尔果家族武官汇总表[2]

官职	官阶	人次
领侍卫内大臣	正一品	11
内大臣	从一品	10
都统	从一品	16
提督	从一品	1
副都统	正二品	10
总兵	正二品	1
上驷院大臣	正二品	2
散秩大臣	从二品	2

---

① 王锺翰：《清代官制简述》，载《清史续考》，华世出版社1993年版，第321页。

② 表3—7和表3—8依据相关族谱及清代各类传记编制而成，因有一人历任或同时兼任多职，所以统计的结果是任某职位的总次数，并不是仅以某人的一个职位进行统计。特此说明。

官职	官阶	人次
护军参领	正三品	6
冠军使	正三品	1
陵寝翼长	正三品	1
云麾使	正四品	2
佐领	正四品	145
防御	正五品	1
步军校	正五品	2
治仪正	正五品	1
护军校	正六品	2
前锋校	正六品	1
整仪卫	正六品	1
骁骑校	正六品	1
蓝翎侍卫	正六品	1
一二三等侍卫	正三品、正四品、正五品不等	31
一二三等护卫	从三品、从四品、从五品不等	3
驻防将军	从一品	1
合计		253

表3—8　　　　　　索尔果家族文官汇总表

官职	官阶	人次
五大臣、扎尔固齐		1
十六大臣		2
议政大臣		10
辅政大臣		1

续表

官职	官阶	人次
各省总督	正一品	1
巡抚	从一品	1
部院承政或尚书	从一品	6
各部院侍郎	正二品	1
学士	从二品	1
太仆寺卿	从三品	1
知府	从四品	1
翰林院检讨	从五品	1
员外郎	从五品	5
洗马	从五品	1
郎中	正五品	2
博士	品阶不一	1
主事	正六品	1
笔帖式	品阶不一	5
合计		42

　　从上述两个表格的统计结果可以看出，索尔果家族任武官的次数明显多于文官的次数，族人中共十一次曾实授或署理领侍卫内大臣一职，任都统的次数达十六次，特别是任一、二、三等侍卫的人数之多，侍卫的特征是："由皇帝直属的上三旗中遴选侍卫随侍皇帝左右，负责皇帝的安全、谕旨的传宣，章奏的出纳、或为皇帝的使者、或为间谍，或服务于官僚机构，为清朝皇帝集权化及强化统御的要角。"[1] 之所以有如此多的族人出任侍卫，与其家族中任统御全侍卫的领侍卫内大臣之多有着莫大的关系。亦可看出，其家族中任佐领者将近一百五十人，这也成为家

---

[1]　［日］内田直文：《钮祜禄氏额亦都家族与清初内廷侍卫》，台湾《成大历史学报》2009年6月第36号，第21页。关于清代侍卫的研究，可参阅陈文石、陈金陵、常江、黄圆晴、陈章、马安怡，以及日本学者佐伯富、杉山清彦、增井宽也等先生的文章。

族军事实力雄厚的象征，以及晋升的重要途径，印证了索尔果家族军功家族的特色。同时，傅尔丹、哈达哈、赵布泰、席卜臣等又被钦命为将军，率领八旗大军南征北战。任领侍卫内大臣的十一人次中有六人是费英东支系的后人，① 另五人则全部来自卫齐支系，② 这与费英东开国时期所建立的功勋，以及鳌拜在康熙初年的地位是有密切关联的，也成为推动这两个支系快速发展的动力。再从所任文职的情况来看，费英东被任命为五大臣之一及扎尔固齐，鳌拜更是位高爵显，担任康熙初年的辅政大臣，其族人任议政大臣及各部院承政或尚书的各有六次，还有在地方上担任督抚等要职的封疆大吏。从出任文职大员的族人所属支系来看，亦以费英东支系、卫齐支系及音达户齐支系为主，再次证明了索尔果家族各支系政治上发展的不均衡。

按照八旗世爵世职的等级来看，索尔果家族中有爵位者不在少数。其中费英东之子图赖因功于顺治年间晋一等公爵，共承袭十次，直至清朝灭亡方告终止；卫齐之子鳌拜所得之一等公爵在承袭过程中多有变故，在第六次承袭时被降为一等男爵，共承袭十一次，同治年间方告停袭；费英东之三等公爵最终被晋一等，共承袭十六次，光绪末年停袭。加之其他各级爵位共有一百余人先后承袭，中间或有被停袭之爵，或有被降级之爵，仅上述三个爵位一直承袭至清末，其他较低级别的爵位多在乾隆中后期停袭。从爵位承袭的时间来看，费英东支系和卫齐支系最为持久，但卫齐支系因鳌拜罪案，在爵位上亦深受牵连，承袭的过程中亦不稳定。正如《清朝文献通考》所言："以佐命元臣如费英东者，则擢其子孙为一等公；以辅政大臣如鳌拜者，则降其子孙为一等男，一陟一黜，莫不有至当不易之权衡。"③ 可见后代帝王对鳌拜之事始终难以释怀，铭记于心，故对其后人也不加信任，多以反面教材示众。关于索尔果家族的爵位承袭情况可参阅文后所附"索尔果家族封爵总表"。

本章主要探讨了八旗制度中至关重要的佐领、旗分问题，以及家族

---

① 费英东支系出任领侍卫内大臣的 6 人分别为：沃赫、傅尔丹、哈达哈、颇尔喷、马尔萨、马尔泰。

② 卫齐支系出任领侍卫内大臣的 5 人分别为：那摩佛、达福、巴哈、苏勒达、瓜尔察。

③ 《清朝文献通考》卷250《封建考五·异姓封爵一》，王云五主编：《万有文库》第二集十通第九种《清朝文献通考》第二册，第7098页。

人丁和世爵世职情况。首先概述了佐领发展演变的过程，特别是佐领类型；继而以索尔果家族的佐领为线索，梳理其家族佐领的类型、数目，可知其家族佐领多为世管佐领，承袭有严格的血缘要求，随着人口的滋生，佐领数目亦在不断增加，这就保证了家族佐领的稳定性。其家族中部分人物借助所任佐领之职飞黄腾达，掌管佐领数目的多少也反映了家族势力的强弱。索尔果家族从最初的五个佐领，经过不断滋生、分拨发展成为十七个佐领，政治势力得到充分发展。至于最初编设的五个佐领的类型则需在新史料的基础上加以深入探讨，本书认为勋旧佐领可能性较大。还需说明的是："即使异姓功臣勋戚及其专管牛录，也在宗室旗主、管主的领辖范围之内，二者之间有主属关系。"[1]

　　八旗制度研究中，旗分问题同样不可忽视。清代旗人之旗分在一定时期是身份地位的象征，这种身份认同标准在皇太极时期改旗，及顺治年间上三旗、下五旗划定之后，得到了进一步加强。改旗后果是部分家族在顺治年间升为上三旗，反之则落入下五旗之列，因此抬旗、改旗等一系列相关问题也随之出现。从各种传记来看，索尔果家族作为最早一批编入八旗组织的成员，其族人集中分隶于镶黄、正黄、镶白三旗，但最初的隶属旗分多经变化，顺治年间才确定下来。后金时期八旗组织中旗分变化最为活跃，也是索尔果家族旗分变化的主要阶段，这些变化奠定了家族各支系兴衰之格局。随着上三旗的出现，隶属镶黄旗和正黄旗中的索尔果族人在清代政治、军事舞台上格外活跃，持续至清末；而其他隶镶白旗之索尔果族人，多在清军入关之前至乾隆朝之前这段时期有所作为，之后则鲜有知名者。可见，旗分等级之划分亦对家族发展有深远影响。

　　家族发展离不开人丁兴盛，但对各时期家族人丁的数量进行统计却操作难度较大。本章分时段对索尔果家族人物的数量进行了粗略统计，统计结果在精确性上尚有不足，与实际情况定有较大差距；限于资料匮乏，仅能通过此粗略统计一窥各支系在政治参与上的表现。统计结果表明费英东支系、卫齐支系人口的繁盛，与其他支系形成较明显的反差。索尔果族人获得官爵的情况同样表明费英东支系和卫齐支系的仕途成就要远远优越于其他支系，支系间政治势力的不均衡体现得一览无余。

---

[1]　杜家骥：《清皇族与国政关系研究》，第86页。

第四章

索尔果家族的婚姻关系

清代（后金）的婚姻以及满族的婚姻问题学术界已有一些总体性或专题性研究，如定宜庄先生《满族的妇女生活与婚姻制度研究》，[①] 郭松义先生《伦理与生活——清代的婚姻关系》，[②] 张晓蓓先生《清代婚姻制度研究》，[③] 杜家骥先生《清朝满蒙联姻研究》，[④] 王跃生先生《清代中期婚姻冲突透析》，[⑤] 郭松义、定宜庄两位先生合著《清代民间婚书研究》，[⑥] 雷炳炎先生《清代社会八旗贵族世家势力研究》[⑦] 等著作，以及李晓莉《满族皇室婚姻制度研究》、[⑧] 孙萌《清入关前八旗婚姻问题研究》[⑨] 等硕士学位论文。美国扬斯敦州立大学黄培教授的两篇文章《清初的满洲贵族：婚姻与开国（一五八三——一六六一）》[⑩] 和《清初的满洲贵族：婚姻与政治》[⑪] 亦对本章的写作具有启发意义。索尔果家族婚姻问题

---

① 定宜庄：《满族的妇女生活与婚姻制度研究》，北京大学出版社 1999 年版。
② 郭松义：《伦理与生活——清代的婚姻关系》，商务印书馆 2000 年版。
③ 张晓蓓：《清代婚姻制度研究》，四川大学出版社 2001 年版。
④ 杜家骥：《清朝满蒙联姻研究》，人民出版社 2003 年版。
⑤ 王跃生：《清代中期婚姻冲突透析》，社会科学文献出版社 2003 年版。
⑥ 郭松义、定宜庄：《清代民间婚书研究》，人民出版社 2005 年版。
⑦ 雷炳炎：《清代社会八旗贵族世家势力研究》，中国社会科学出版社 2016 年版。
⑧ 李晓莉：《满族皇室婚姻制度研究》，硕士学位论文，西南政法大学，2008 年。
⑨ 孙萌：《清入关前八旗婚姻问题研究》，硕士学位论文，黑龙江大学，2012 年。
⑩ ［美］黄培：《清初的满洲贵族：婚姻与开国（一五八三——一六六一）》，载陶希圣先生九秩荣庆祝寿论文集编委会编《国史释论：陶希圣先生九秩荣庆祝寿论文集》，食货出版社 1988 年版。
⑪ ［美］黄培：《清初的满洲贵族：婚姻与政治》，载《庆祝王锺翰先生八十寿辰学术论文集》，辽宁大学出版社 1993 年版。

的深入研究不仅是一个个案，更能体现整个八旗贵族①间婚姻的特色及这些家族婚姻间的共性，上述论著皆从不同角度对清代婚姻和满族婚姻的相关问题进行了探索，其中尚无索尔果家族婚姻情况的系统论述，提及者亦不够全面，故本章主要围绕索尔果家族与爱新觉罗家族、与八旗贵族间的婚姻展开探讨，展现八旗社会复杂而又特色鲜明的婚姻关系，进而揭示婚姻缔结过程中"贵"与"亲"的双重特性。

第一节　索尔果家族与爱新觉罗家族的婚姻

清代自努尔哈齐统治时期始就非常重视婚姻的政治作用，表现最为突出的就是推行满蒙联姻政策。但这并不是联姻的唯一形式，爱新觉罗家族与八旗贵族间的联姻亦为清朝巩固统治的重要手段。如郑天挺先生所言："清初广与他部通婚，盖为一代国策。"② 这里的"他部"自然也包括八旗贵族在内。

八旗贵族涵盖面较为广泛，既包括入关前的勋旧贵族，亦囊括入关后发展起来的各大新贵。"清初的满洲贵族，是以原有的女真氏族为基础，发展而成的一个集团，具有社会和政治的双重性格和作用。"③ 在这些满洲贵族当中爱新觉罗家族处于至高无上的地位。因此清军入关前，满洲统治者利用他们的权势试图通过婚姻的手段招徕女真各部首领，而这些首领也想通过婚姻这座桥梁找到依附的靠山，进而壮大本家族势力。"贵族既崇尚阀阅，因而把婚姻当作延续世系，维持门第，巩固和扩展权势的一种手段。"④ "在满洲家族中，除皇族爱新觉罗氏外，最著名的有八大家……由于他们的祖先在协助努尔哈齐、皇太极打天下中功勋卓著，分别得到高官厚爵，并荫及后世。"⑤ 索尔果家族即为兴起于入关前的八旗勋旧贵族。"满洲统治者将氏族政治的模式，亦即以血缘亲属关系作为

---

① 因索尔果家族不仅与爱新觉罗家族通婚，亦与满洲异姓贵族，以及八旗内其他民族的贵族世家通婚，故文中所指"八旗贵族"是满洲异姓贵族和八旗内其他民族之贵族及世家的统称，特此说明。

② 郑天挺：《清代皇室之氏族与血系》，载《探微集》，第 59 页。

③ ［美］黄培：《清初的满洲贵族：婚姻与开国（一五八三——一六六一）》，第 601 页。

④ 同上书，第 602 页。

⑤ 郭松义：《伦理与生活——清代的婚姻关系》，第 65 页。

权力分配的依据，扩大运用在维系异姓重臣家族对政权的向心力与认同感，使其兼具'贵'与'亲'的双重身份，以为拱卫政权的羽翼。"① 郑天挺先生精辟地概括了后金时的婚姻情况："太祖时，若哈达部……苏完部……其部长莫不与太祖近属相婚嫁；而一时亲近大臣，若额亦都（娶太祖妹，继娶太祖女）……费英东（娶太祖孙女）……既崇之以爵秩，复申之以婚姻，其汉人初降者亦间及焉。"② 索尔果家族与爱新觉罗家族之间的婚姻往来就是在这种背景下发生并渐趋频繁的。

一　索尔果家族与皇女及宗室女的婚姻

索尔果家族与爱新觉罗家族之间的婚姻往来首先应从索尔果嫁女为起点，此节第二部分将着重论述。索尔果家族男性与爱新觉罗家族女性之间的婚姻则从努尔哈齐将褚英之女指配费英东为起点。

首先需要厘清褚英之女指配费英东为妻的时间，多数论著将费英东归附与娶褚英之女为妻连同介绍，鲜有具体时间。《清皇室四谱》载褚英生于万历八年（1580），③ 据此推断，万历十六年（1588）费英东归附时，褚英年仅9岁，尚未结婚生子，然《清太祖武皇帝实录》《满洲实录》《清太祖高皇帝实录》皆在费英东去世条中载努尔哈齐以皇子阿儿刚兔土们（褚英）贝勒女妻之，④《内阁藏本满文老档》在记述费英东被处罚时，努尔哈齐曾言："且我（努尔哈齐）小孙女又将泣之也"⑤，可以肯定褚英之女确与费英东婚配。这里要推算一下费英东娶褚英之女的大致时间，倘若褚英再过六年娶妻生女，应该是在万历二十一年（1593），虽说满洲妇女有早婚习俗，但"清初的皇女，大都在十二、三、四岁间出嫁"⑥。这里以13岁出嫁来算，一共需要十九年的时间，约在万历三十

---

① 叶高树：《满洲亲贵与清初政治：都英额地方赫舍里家族的个案研究》，《台湾师大历史学报》2010年第43期。

② 郑天挺：《清代皇室之氏族与血系》，第59页。

③ 唐邦治辑：《清皇室四谱》卷3《皇子》，上海聚珍仿宋印书局聚珍铅印本1923年版。

④ 《清太祖武皇帝实录》卷3，天命五年三月初八条；《满洲实录》卷6，天命五年三月初八条；《清太祖高皇帝实录》卷7，天命五年三月丙戌条。

⑤ 《内阁藏本满文老档》（太祖朝）汉文译文，第二函第十一册，天命四年七月条，第37页。

⑥ ［美］黄培：《清初的满洲贵族：婚姻与开国（一五八三——六六一）》，载《国史释论：陶希圣先生九秩荣庆祝寿论文集》，第606页。

四年（1606），此时费英东 43 岁，故费英东娶褚英之女当在 1606 年前后。三部实录皆将费英东归附与何和礼归附连载，且何和礼之后载太祖以长公主①妻之（何和礼），易令人将长公主与褚英之女混淆。② 故知，费英东并非归顺时与褚英之女成婚，应在十九年后。

索尔果家族与褚英一支的婚姻还有一例，即费英东第十子察喀尼娶褚英长子杜度之女为妻。《天聪九年档》载："苏完额驸之子察喀尼来聘杜度台吉之女，仪礼献驮有盔甲之上等良马十。汗览毕，受驮有盔甲之马一。"③ 天聪二年（1628）二月，擢总兵官。④

索尔果家族男性迎娶的第一个皇女是清太宗位下第十女。此女天聪九年（1635）十月二十一日由清太宗庶妃纳喇氏英格布之女所生。顺治八年（1651）八月，指配辉塞，是月出嫁，封为县君，辉塞被封为县君额驸，县君时年 17 岁。辉塞乃图赖长子，顺治四年（1647），图赖暴卒，辉塞于六月袭父一等公爵，顺治五年（1648）三月，因"贝子吞齐等诬告图赉党徇肃亲王、郑亲王，又与谭泰等私相盟誓，睿亲王追论之，夺辉塞爵，并没其家"⑤。顺治八年（1651）闰二月，顺治帝"以公图赖子回色无辜夺爵，复为一等公"⑥，并"还其资产"⑦。辉塞恢复公爵六个月后，顺治帝便将长自己两岁的姐姐指配辉塞为妻。但辉塞于同年十月既卒，二人成婚不足两个月。这桩婚姻充分显现了当政者对索尔果家族，尤其是费英东后裔的重视。辉塞死后，皇女是否改嫁不得而知，史料记

---

① 《清太武皇帝实录》《满洲实录》《清太祖高皇帝实录》皆载太祖将长公主嫩哲（嫩姐）嫁给何和礼，一些著作依其载而述，然考《清皇室四谱》及《清史列传》《清史稿》等文献，可知上述三部实录乃误载，其长女被封为固伦公主，即东果格格；努尔哈齐次女被封为和硕公主，即嫩哲格格或称沾河公主。其中长女嫁给栋鄂氏何和礼，次女嫁给郭络罗氏达尔汉。故嫩哲公主并非嫁给何和礼，更不是费英东。

② 一些著作认为费英东娶的是努尔哈齐之女，此乃误读史料之结果。如杨学琛、周远廉《清代八旗王公贵族兴衰史》，第 156 页。

③ 关嘉录、佟永功、关照宏译：《天聪九年档》，天聪九年正月十三日条，第 5 页。

④ 《内阁藏本满文老档》（太宗朝）汉文译文，第二函第九册，天聪二年二月初二条，第 480 页。

⑤ 《清史列传》卷 4《图赉》，第 202 页。

⑥ 《清世祖实录》卷 54，顺治八年闰二月壬子条。然《八旗通志初集》卷 148《名臣列传八·正黄旗满洲世职大臣三》；《满汉名臣传》卷 2《图赉列传》；《清史稿》卷 168《表八·一等雄勇公》；《爱新觉罗宗谱》皆载其复爵时间为顺治九年正月，兹以实录为准。

⑦ 《满汉名臣传》卷 2《图赉列传》，第 27 页。

载其于顺治十八年（1661）八月卒，终年 27 岁。①

顺治第二女，康熙同父姐姐和硕恭悫长公主于康熙六年（1667）二月适鳌拜侄讷尔杜为妻。鳌拜身为四大辅臣，在促成其侄讷尔杜与顺治第二女和硕恭悫公主的联姻中发挥了举足轻重的作用。此女为年长康熙不到一岁的同父异母姐姐，康熙六年（1667）二月，"以内大臣巴哈子讷尔杜尚和硕公主，授为和硕额驸"②。公主时年 15 岁。此举或如白新良先生所言："这位和硕公主便成了皇室笼络鳌拜一家的牺牲品。"③ 和硕恭悫长公主，顺治十年（1653）十二月初二日子时生，庶妃杨氏出，初封和硕公主，康熙八年（1669）五月遭家难。康熙二十四年（1685）十月卒，终年 33 岁。④

讷尔杜，巴哈第七子，时任太师、辅政大臣鳌拜的亲侄。生卒年不详。康熙八年（1669）五月鳌拜获罪，讷尔杜与父巴哈俱革职为民。《清圣祖实录》载："鳌拜案内，内大臣巴哈系鳌拜胞弟，前拿问鳌拜时，巴哈差往审理察哈尔阿布奈之事，今提到勘问，巴哈不据实吐供，隐庇巧饰是实。应将巴哈革职、立斩，家产籍没，其妻及未分家之子为奴。得旨，巴哈效力年久，免死，宽其籍没，著革职为民。"⑤ 康熙十五年（1676）正月，讷尔杜被赐予太子少师之衔，⑥ 然讷尔杜此后再无作为。

符珍，原名瑞煜，图赖八世孙，清太宗十额驸辉塞之后，袭封一等雄勇公。同治五年（1866）九月，奉两宫皇太后懿旨，将咸丰皇帝之女荣安固伦公主指配符珍为妻，并"谕内阁，荣安固伦公主额驸瑞煜，著更名符珍"⑦，授散秩大臣。同治十一年（1872）二月，擢汉军副都统。同治十二年（1873）八月，正式下嫁。光绪六年（1880）九月，署护军统领。光绪十年（1884）十月，累迁御前大臣。光绪十六年（1890）二

---

① 《爱新觉罗宗谱》，第 598 页。

② 《清圣祖实录》卷 21，康熙六年正月壬午条。

③ 白新良等：《康熙皇帝传》，第 684 页。

④ 唐邦治辑：清皇室四谱》卷 4《皇女》；《清圣祖实录》卷 123，康熙二十四年十一月丁巳条载："下嫁镶黄旗讷尔杜和硕恭悫长公主薨，遣官致祭。"

⑤ 《清圣祖实录》卷 30，康熙八年六月丙寅条。

⑥ 《清圣祖实录》卷 59，康熙十五年正月庚戌条。

⑦ 《清穆宗实录》卷 184，同治五年九月壬戌条。

月，授都统。光绪十八年（1892）闰六月，授内大臣。光绪二十年
（1894）正月，赐用紫缰。光绪二十六年（1900）七月，未随扈行在，八
月，命留京办理旗务。宣统元年（1909）十二月，卒。荣安固伦公主于
同治十三年（1874）十二月二十九日巳时去世，终年20岁。

　　通过上述五桩婚姻可知，索尔果家族男性与皇女或宗室女的婚姻多
集中在清朝初年（含后金），清中期以后，婚姻往来大为减少。《爱新觉
罗宗谱》所载多为爱新觉罗家族男性的妻妾情况，对家族女性的婚姻几
乎没有记载，《星源集庆》《清皇室四谱》等文献对皇女及宗室女的婚配
情况有所记录。这五桩婚姻中有四桩是索尔果次子费英东嫡支，其中辉
塞和符珍皆是费英东第七子图赖后裔，另外一桩是索尔果第九子卫齐一
支的后裔，这两个支系在索尔果家族中地位最为显赫，这种婚姻关系的
形成与当时的政治形势有着极大关系，或为拉拢团结，或为攀附权贵，
终究皆为不同利益所驱使。

表4—1　　　　　　　　索尔果族人娶皇女及宗室女一览表

男方姓名及生卒年	女方姓名及生卒年	男方身份及官爵	女方身份及封号	指配与出嫁时间
费英东 嘉靖四十三年（1564）—天命五年（1620）三月	俱不详	苏完部长索尔果次子 历任一等大臣、扎尔固齐、左翼固山额真、一等总兵官等职 去世后，先后被追封为三等公、一等公	褚英长女	约在万历三十四年（1606）出嫁
察喀尼 ？—崇德八年（1643）十二月	俱不详	费英东第十子 三等子	褚英长子杜度女	约在天聪九年（1635）出嫁
辉塞 ？—顺治八年（1651）十月	名字不详 天聪九年（1635）十月—顺治十八年（1661）八月（27岁）	图赖长子 一等公	清太宗皇太极第十女 封县君	顺治八年（1651）八月指配，是月出嫁

续表

男方姓名及生卒年	女方姓名及生卒年	男方身份及官爵	女方身份及封号	指配与下嫁时间
讷尔杜	名字不详 顺治十年（1653）十二月——顺治二十四年（1667）十月（33岁）	少傅、领侍卫内大臣巴哈七子，辅政大臣鳌拜亲侄 康熙十五年（1676）正月，讷尔杜被赐予太子少师衔	清世祖福临第二女 封和硕恭悫长公主	顺治六年（1649）二月指配，是月出嫁
符珍 ？—宣统元年（1909）十二月	名字不详 咸丰五年（1855）五月——同治十三年（1874）十二月（20岁）	辉塞后人 任都统，内大臣等 一等公	清文宗奕詝长女 封荣安固伦公主	同治五年（1866）九月指配，同治十二年（1873）八月出嫁

二　索尔果家族与爱新觉罗家族男性的婚姻

索尔果家族与爱新觉罗家族的婚姻往来应从嫁女开始，且早于费英东娶褚英之女。通过检索《爱新觉罗宗谱》，共统计出 25 位索尔果家族女性与 24 位爱新觉罗家族男性成婚。下面对这 25 桩婚姻予以介绍。

（一）索尔果两女与舒尔哈齐的婚姻

努尔哈齐同母弟舒尔哈齐（号达尔汉巴图鲁）① 的四继福晋和七继福晋皆为索尔果之女。舒尔哈齐，嘉靖四十三年（1564）生，万历三十九年（1611）卒，终年 48 岁。据《爱新觉罗宗谱》所载，舒尔哈齐有九子，然《清太祖武皇帝实录》《满洲实录》《清太祖高皇帝实录》皆载：

---

① 关于舒尔哈齐相关问题的研究，可参考孟森《清太祖杀弟事考实》，《明清史论著集刊》（上册），第 174—182 页；冯年臻：《舒尔哈齐》，《清代人物传稿》上编第 2 卷，第 1—8 页；《舒尔哈齐》，[美] A. W. 恒慕义主编：《清代名人传略》（上），第 82 页。李凤民：《关于舒尔哈齐的几个问题》，《东北地方史研究》1985 年第 2 期；冯年臻：《舒尔哈齐死因新探》，《社会科学辑刊》1985 年第 3 期；刘德鸿：《论舒尔哈齐》，《满族研究》2000 年第 1 期；单玲：《舒尔哈齐述评》，《满族研究》2000 年第 3 期；陈永祥：《舒尔哈齐死因考》，《满族研究》2009 年第 2 期；刁书仁：《舒尔哈齐史事考实》，《云南师范大学学报》2009 年第 3 期，等等。

舒尔哈齐"生六子，长曰阿敏，次曰扎撒革吐，三曰土龙，四曰债桑孤，五曰吉儿刚郎，六曰非扬古"①。考察《内阁藏本满文老档》记载，可知三书记载不实，或为有意避之。如天命十年"五月二十九日，太祖英明汗之弟达尔汉巴图鲁贝勒之第五子斋桑古台吉去世，享年二十八岁"②。可知舒尔哈齐第五子为斋桑古，非吉儿刚郎（济尔哈朗）。据《爱新觉罗宗谱》所载他的九个儿子依次为：阿尔通阿、阿敏、扎萨克图、图伦、寨桑武、济尔哈朗、诺穆岱、费扬武、瑙岱。考诸史料，可知未载之阿尔通阿、诺穆岱、瑙岱三人或因事被杀，或早亡，或因政治斗争被罢黜宗室。扎萨克图与阿尔通阿同样被处死，但仍将其列入，原因尚待考证。

若从索尔果1588年归附努尔哈齐算起，此时舒尔哈齐已25岁，他已是两子三女的父亲；同时他已拥有较强的政治势力和军事实力，地位仅次于努尔哈齐。而此时的索尔果家族刚刚归附，无论是在军中的地位，还是在政治上的势力皆较薄弱。可索尔果家族归附时带来的五百户对于壮大努尔哈齐的势力非同一般，因此在双方相互依赖的情势下促成了舒尔哈齐与索尔果之女的婚姻。舒尔哈齐第三子扎萨克图，乃四继福晋万历十七年（1589）七月所生，据此推知，他们应在索尔果率众归附前后（1588年）成婚，此女为索尔果第几女已无从考证。

据《爱新觉罗宗谱》记载，四继福晋为舒尔哈齐生了三个儿子，六个女儿。其中三个儿子分别是第三子扎萨克图、第四子图伦、第七子诺穆岱。第三子扎萨克图于万历三十八年（1610）十月被处死；第四子图伦19岁既卒，图伦次女敦哲于天命十一年（1626）五月指配蒙古科尔沁部落台吉奥巴为妻，③"这是努尔哈齐家族第一次以女出嫁科尔沁蒙古"④，"开清皇室女外嫁蒙古藩王先河"⑤。敦哲公主出嫁的成功，"使皇太极惊喜地看到满族公主在蒙古部落地位不断提高，成为满蒙联盟的重

① 《清太祖武皇帝实录》卷2，辛亥年八月十九日条；《满洲实录》卷3，辛亥年八月十九日条；《清太祖高皇帝实录》卷3，辛亥年八月丙戌条。

② 《内阁藏本满文老档》（太祖朝）汉文译文，第八函第六十五册，天命十年五月二十九日条，第234页。

③ 《清太祖高皇帝实录》卷10，天命十一年五月壬戌条。

④ 杜家骥：《清朝满蒙联姻研究》，第7页。

⑤ 张汉杰：《第一位外嫁蒙古藩王的敦哲公主》，载《满学研究》第五辑，民族出版社2000年版，第243页。

要纽带，而蒙古额驸的骁勇善战、忠心不二极大加强了后金国的军事力量，这使清太宗将皇女下嫁蒙古诸部纳为加强满蒙联盟的一项重要国策"[①]。第七子诺穆岱 13 岁既卒，事迹无考。四继福晋所生六个女儿分别是：第四女苏岱、第六、第七、第八、第九、第十女，名多不详。其中第四女苏岱，"岁庚寅六月生，顺治六年四月薨，年六十"[②]。苏岱于天命二年（1617）下嫁旧喀尔喀五部之一巴岳特部博尔济吉特氏巴雅图塔谈之子恩格德尔。《内阁藏本满文老档》载："二月，以大英明汗弟之女妻蒙古国喀尔喀恩格德尔台吉为妻。"[③] 第十女于天命七年（1622）亦嫁喀尔喀部巴拜为妻。[④] 除了这两个女儿下嫁蒙古外，其他四女的事迹已难考证。

　　舒尔哈齐七继福晋，应为四继福晋之妹，根据舒尔哈齐第八子费扬武（又称作费扬古、芬古、篇古）[⑤] 的出生年月可以推知，二人结婚应在万历三十二年（1604）或更早。此女仅生一子，即费扬武，其事迹后文再述。

表 4—2　　　　　　　　　舒尔哈齐四福晋、七福晋所生子女表

子序	姓名	生卒年	生母	官爵
3	扎萨克图	万历十七年（1589）— 万历三十八年（1610）（22 岁）	四继福晋	
4	图伦	万历二十四年（1596）— 万历四十二年（1614）（19 岁）	四继福晋	追封恪僖贝勒
7	诺穆岱	万历二十九年（1601）— 万历四十一年（1613）（13 岁）	四继福晋	

---

① 张汉杰：《第一位外嫁蒙古藩王的敦哲公主》，载《满学研究》第五辑，第 249 页。
② 《清史稿》卷 166《表六》，第 5268 页。
③ 《内阁藏本满文老档》（太祖朝）汉文译文，第二函第五册，天命二年二月条，第 17页。另杜家骥《清朝满蒙联姻研究》第 596 页附录一《满蒙联姻总表》据《玉牒》28 号 2 页。
④ 据《玉牒》，见庄吉发《清太祖太宗时期满蒙联姻的过程及其意义》，载《清史论集》（二），文史哲出版社 1997 年版，第 284 页。
⑤ 杜家骥：《正蓝旗主德格类又名费扬古及其史事考》，《满族研究》2000 年第 4 期。该文通过分析比勘各类档案推知一些史料中记载的费扬古、费扬武，或篇古、偏古、偏和的相关史事，乃德格类所为。

续表

子序	姓名	生卒年	生母	官爵
8	费扬武	万历三十三年（1605）—崇德八年（1643）（39岁）	七继福晋	追封和硕简亲王

女序	姓名	生卒年	生母	事迹
4	苏岱	万历十八年—顺治六年（60岁）	四继福晋	下嫁喀尔喀五部之一巴岳特部博尔济吉特氏巴雅图塔谈之子恩格德尔
6	未详	不详	四继福晋	
7	未详	不详	四继福晋	
8	未详	不详	四继福晋	
9	未详	不详	四继福晋	
10	未详	不详	四继福晋	下嫁喀尔喀部巴拜为妻

（二）费英东诸女与爱新觉罗家族男性的婚姻

巴雅喇是努尔哈齐的异母弟，万历十年（1582）塔克世次妃哈达纳喇氏所生，嫡夫人为费英东之女。据其长子拜松武出生年月推断，二人结婚应在万历二十五年（1597）或稍早。万历二十六年（1598）正月，"太祖命幼弟把牙喇台吉、长子出燕台吉、与刚盖、非英冻扎儿胡七等，领兵一千，征按褚拉库。星夜驰至，取其屯寨二十处，其余尽招服之，获人畜万余而回"[1]。因战事有功，巴雅喇被赐予著里革兔称号。著里革兔又作着里革兔、卓礼克图，"笃义"之意。[2]万历三十五年（1607）五月，"太祖令幼弟着里革兔贝勒、大将厄一都、非英冻、虎儿憨虾等，率兵一千，往征东海兀吉部，取黑十黑、敖莫和、所罗佛内黑三处，获人畜二千而回"[3]。这是实录中所见巴雅喇两处征战事迹。这两次征战中皆与其岳父费英东等人一同出战，也表明此时的巴雅喇尚较年轻，作战经

---

[1] 《清太祖武皇帝实录》卷1，戊戌年正月条，第319页。
[2] 《清史稿》卷215《列传二·笃义刚果贝勒巴雅喇》，第8963页。
[3] 《清太祖武皇帝实录》卷2，丁未年五月条，第324页。

验还不丰富，费英东等人可给予帮助和指点，体现了二人非同一般的关系。[①] 此外，在其子拜音图的事迹中，可以见到其与舅舅图赖于顺治元年（1644）进攻扬州、南京的合作场景。[②] 这些共同作战的经历皆为其家族与巴雅喇关系密切的表现。天命九年（1624）二月十六日，巴雅喇去世，享年 43 岁。[③] 顺治十年（1653）五月，追封贝勒，谥"刚勇"。子九人。[④] 其中除第七子外，其余八子皆为瓜尔佳氏所生，分别为：拜松武、拜音图、塞伊图、巩阿岱、锡翰、济玛祜、德马护、穆臣。

表 4—3　　　　　　　　　　　　瓜尔佳氏所生诸子表

子序	姓名	生卒年	官爵
1	拜松武	万历二十六年（1598）—天聪四年（1630）（33 岁）	不详
2	拜音图	万历二十七年（1599）—顺治十年（1653）（55 岁）	崇德八年（1643），任吏部承政。顺治元年（1644），改任吏部尚书。顺治二年（1645），封一等镇国将军。顺治四年（1647），晋镇国公。五年（1648），晋贝子。六年（1649），晋贝勒。九年（1652），以罪削爵，黜宗室。嘉庆四年（1799），复入宗室
3	塞伊图	万历二十九年（1601）—万历三十六年（1608）（8 岁）	不详
4	巩阿岱	万历三十四年（1606）—顺治九年（1652）（47 岁）	初任护军统领，崇德二年（1637），任议政大臣，后又任辅国将军、吏部丞政、辅国公。顺治六（1649），晋固山贝子。七年（1650），晋镇国公。八年（1651），复加固山贝子。九年（1652），因党附之罪被杀，后代俱被废黜宗室资格。康熙五十二年（1713），给予其子孙红带子，附入玉牒之末

①《清史稿》卷 225《列传十二·费英东》，第 9179 页。
②《清史稿》卷 235《列传二十二·图赖》，第 9433 页。
③《清太祖武皇帝实录》卷 4，天命九年二月十六日条。
④《清皇室四谱》卷 3《皇子》。

子序	姓名	生卒年	官爵
5	锡翰	万历三十八年（1610）—顺治九年（1652）（43岁）	崇德二年（1637），任议政大臣。五年（1640），任工部承政。顺治四年（1647），晋辅国公。顺治五年（1648），复任议政大臣。六年（1649），晋固山贝子。七年（1650），降镇国公。八年（1651），复加固山贝子。九年（1652），因党附之罪黜宗室，处死，子孙黜为庶人。康熙五十二年（1713），给予其子孙红带子，附入玉牒之末
6	济玛祜	万历四十一年（1613）—崇德四年（1639）（27岁）	侍卫
8	德马护	天命元年（1616）—不详	初任侍卫，后晋奉国将军。顺治六年（1649），晋镇国公。顺治九年（1652），因罪革镇国公，黜为庶人。康熙五十二年（1713），给予其子孙红带子，附入玉牒之末
9	穆臣	天命六年（1621）—天聪元年（1627）（7岁）	不详

布尔吉，清兴祖直皇帝第三子索长阿第四子龙敦之子铎弼长子。万历十四年（1586）生，顺治五年（1548）卒，终年63岁。官至副都统。嫡妻费英东之女。此女为布尔吉生育五子，详见表4—4：

表4—4　　　　　　　　　　布尔吉嫡妻所生子

子序	姓名	生卒年	官爵
1	罗硕	万历三十三年（1650）—顺治十五年（1658）（54岁）	三等轻车都尉
2	握赫	万历三十七年（1607）—顺治十五年（1646）（50岁）	骑都尉
3	罗萨	万历三十八年（1608）—顺治三年（1646）（37岁）	三等侍卫
4	天达	天命元年（1616）—顺治元年（1644）（29岁）	不详
5	杜尔霸	天命九年（1624）—康熙四年（1665）（52岁）	副都统

雅玛兰，清兴祖直皇帝第一子德世库长子素赫臣第二子光度第二子。万历十二年（1584）生，天聪五年（1631）卒，终年48岁。嫡妻费英东

之女。此女共生育五子，详见表4—5：

表4—5　　　　　　　　　　雅玛兰嫡妻所生子

子序	姓名	生卒年	官爵
1	洛岱	万历三十一年（1603）— 康熙元年（1662）（60岁）	三等轻车都尉
2	扎齐哈	万历三十六年（1608）— 康熙九年（1670）（63岁）	三等轻车都尉
3	察翰	万历三十七年（1609）— 康熙二十二年（1683）（75岁）	三等轻车都尉
4	喇哈岱	万历三十九年（1611）— 康熙二十五年（1686）（76岁）	原任三等轻车都尉，缘事革去
5	塔哈泰	万历四十三年（1615）— 康熙二十年（1681）（67岁）	三等轻车都尉

　　寨桑武（斋桑古），舒尔哈齐第五子，万历二十六年（1598）生，天命十年（1625）五月二十九日卒①，终年28岁。《内阁藏本满文老档》中对他有这样的描述："身形矫健，阵前骁勇，善于狩猎，临崖捕兽，如履平地，武艺兼备，深蒙太祖英明汗之宠爱。"② 其妻为费英东之女，二人所生之女于天聪二年（1628）下嫁巴林博尔济吉特氏塞腾礼贝勒为妻。③

　　费扬武，舒尔哈齐第八子，七继福晋索尔果之女所生，明万历三十三年（1605）三月三十日生。娶舅舅费英东之女为妻。天聪五年（1631），费扬武27岁，即被授为镶蓝旗固山额真，率领八旗兵将参与对明作战，先后领导和参加了大凌河之役，以及进攻锦州等战役；"八年，再从伐明，师进独石口，克长安岭，攻赤城，克其郛"。天聪九年（1635），进军山西，"命费扬武等攻宁、锦，缓明师，大寿军大凌河西，

---

　　① 《内阁藏本满文老档》（太祖朝）汉文译文，第八函第六十五册，天命十年五月二十九日条，第234页。

　　② 《内阁藏本满文老档》（太祖朝）汉文译文，第八函第六十五册，页下注4，第234页。

　　③ 据《玉牒》28号12页，转引自杜家骥《清朝满蒙联姻研究》附录一《满蒙联姻总表》，第598页。

击败之"。崇德元年（1636），再次率军征讨明朝，"克城十"。同年（1636）冬天，征伐朝鲜。"叙功，封固山贝子。"崇德四年（1639），因收受外藩蒙古贿赂，被削爵。不久又复封辅国公。"七年，伐明，败明总兵白腾蛟等于蓟州，克其城。八年，代戍锦州。"同年（1643）十二月，卒，终年39岁。[①] 顺治十年（1653），"追封贝勒，谥曰靖定。乾隆十五年（1750），因曾孙德沛袭简亲王，复追封简亲王"[②]。

费扬武与其同父之兄寨桑武同娶费英东之女，而费英东为费扬武的亲舅舅。刘潞先生认为费扬武娶费英东之女，"应是在扎氏去世前后不久。努尔哈齐为费扬古娶扎女作嫡福晋，是对扎氏格外重视的体现"[③]。费英东于天命五年（1620）三月初八日去世，此时费扬武16岁，按其长子松舜出生年月来算，二人应在费英东去世之前结婚，精确些说，应在天命五年（1620）二月之前结婚。此女共生七子，依次为：松舜、尚善、济尔度、傅喇塔、洛硕、努赛、未有名。其中有爵位者三人，分别为尚善、傅喇塔、努赛。尚善、傅喇塔知名。

费扬武的继福晋是恩格德尔的女儿，娶她的时间与娶嫡福晋的时间不会相差太远，从前述舒尔哈齐第四女苏岱嫁与恩格德尔为妻可知，费扬武与苏岱为同父异母的姐弟，形成姐弟嫁娶父女的情况。

表4—6　　　　　　　　　　费扬武诸子表

子序	姓名	生卒年	官爵
1	松舜	天命五年（1620）—天聪六年（1632）（13 岁）	
2	尚善	天命六年（1621）—康熙十七年（1678）（58 岁）	多罗贝勒
3	济尔度	天命九年（1624）—崇德六年（1641）（18 岁）	
4	傅喇塔	天命十年（1625）—康熙十五年（1676）（52 岁）	和硕惠献简亲王
5	洛硕	天命十一年（1626）—天聪四年（1639）（5 岁）	
6	努赛	天聪二年（1628）—顺治七年（1650）（23 岁）	固山悼哀贝子
7	未有名	崇德七年（1642）—顺治八年（1651）（10 岁）	

---

① 《清史稿》卷215《列传二·诸王一·显祖诸子·庄亲王舒尔哈齐》，第8955—8956页。

② 《清史稿》卷161《表一》，第4799页。

③ 刘潞：《清太祖太宗时满蒙婚姻考》，《故宫博物院院刊》1995年第3期。

　　杜尔祜，努尔哈齐长子褚英长子杜度长子。万历四十三年（1615）生，顺治十二年（1655）卒，终年41岁。嫡夫人费英东之女。杜尔祜初封辅国公。崇德六年（1641）随皇太极征明。顺治七年（1642），随大军围攻锦州，六月，袭父镇国公，十月，因罪革爵，黜宗室。顺治元年（1644）十一月，随定国大将军豫亲王南征有功，顺治二年（1645）二月，复入宗室，封辅国公。顺治七年（1650）四月，随郑亲王平定广西。顺治八年（1651）二月，晋封多罗贝勒。九年（1652）十月，升任议政大臣。谥号"悫厚"。其侄尼堪长子兰布娶鳌拜孙女为妻。

表4—7　　　　　　　　　　　杜尔祜嫡夫人所生诸子表

子序	姓名	生卒年	官爵	备注
1	喇弼（纳弼）	天聪五年（1631）— 顺治元年（1644）（14岁）		
2	喀璧	天聪六年（1632）— 顺治四年（1647）（16岁）		
3	喀穆璧	天聪八年（1634）— 顺治六年（1649）（16岁）		
4	旁达	崇德五年（1640）— 顺治六年（1674）（10岁）		
5	敦达	崇德八年（1643）— 康熙十三年（1651）（32岁）	固山恪恭贝子	嫡夫人为图赖之女， 图赖乃其舅也
6	度锡	顺治元年（1644）— 顺治八年（1726）（8岁）		
8	准达	顺治十年（1653）— 雍正四年（74岁）	固山温恪贝子	

表4—8　　　　　　　　　费英东诸女与爱新觉罗家族婚姻表

序号	姓名	生卒年	辈分	官爵
1	巴雅喇	万历十年（1582）— 天命九年（1624）（43岁）	努尔哈齐异母弟	贝勒
2	布尔吉	万历十四年（1586）— 顺治五年（1648）（63岁）	兴祖直皇帝第三子索长阿 第四子龙敦之子铎弼长子	副都统

续表

序号	姓名	生卒年	辈分	官爵
3	雅玛兰	万历十二年（1584）—天聪五年（1631）（48 岁）	兴祖直皇帝位下第一子德世库长子素赫臣第二子光度第二子	不详
4	寨桑武	万历二十六年（1598）—天命十年（1625）（28 岁）	舒尔哈齐第五子	不详
5	费扬武	万历三十三年（1605）—崇德八年（1643）（39 岁）	舒尔哈齐第八子	追封贝勒
6	杜尔祜	万历四十三年（1615）—顺治十二年（1655）（41 岁）	努尔哈齐长子褚英长子杜度长子	多罗贝勒，议政大臣

（三）索尔果其他孙女与爱新觉罗家族的婚姻

索尔果孙女辈与爱新觉罗族人的婚姻全部发生在清军入关之前，特别是皇太极统治时期。此时期共有索尔果五位孙女与爱新觉罗家族男性进行婚姻。下面分别予以介绍。

汤古代，努尔哈齐第四子，万历十三年（1585）十一月，钮祜禄氏庶妃所生，崇德五年（1640）卒，终年 56 岁。继妻为索尔果第四子音达户齐之女。汤古代初事太宗，与其岳父音达户齐之子杨善同授十六大臣，后因功被授为固山额真。天聪四年（1630），在守滦州时失利，被"革职，夺所属人口，籍其家"[1]。崇德四年（1639）八月，封三等镇国将军。[2] 崇德五年（1640）十月，"汤古代病故，以其子穆尔察袭职"[3]。穆尔察是汤古代第二子，万历三十九年（1611）八月初八日未时音达户齐之女所生，初封三等奉国将军，崇德五年（1640）袭爵，晋二等镇国将军。顺治六年（1649）七月卒，终年 39 岁，谥号"恪恭"，爵位由其兄聂克塞承袭。[4]

温泰诸，清兴祖直皇帝第三子索长阿第四子龙敦长子珠巴礼第二子，

---

① 《清太宗实录》卷 7，天聪四年五月乙卯条。
② 《清史稿》卷 126《表二·皇子世表二·太祖系》，第 4936 页。
③ 《清太宗实录》卷 53，崇德五年十一月戊戌条。《清皇室四谱》载汤古代卒于崇德五年（1640）九月二十九日，兹从实录。
④ 《清史稿》卷 217《列传四·诸王三·太祖诸子二》，第 8998 页。

万历十八年（1590）生，崇德七年（1642）卒，终年53岁。嫡妻索尔果第五子吴尔汉之女，此女共生二子：塔布笃礼，万历三十三年（1605）生，顺治十一年（1654）卒，终年50岁，爵至三等轻车都尉。铎郎阿，万历三十九年（1611）生，顺治六年（1649）卒，终年39岁，爵至骑都尉。

巴布海，努尔哈齐第十一子，万历二十四年（1596）十一月庶妃嘉穆瑚觉罗氏生，崇德八年（1643）被处死，终年48岁。嫡妻吴尔汉之女。崇德四年（1639），晋男爵，封镇国将军。"崇德七年八月，以怨望削爵，除宗籍。"① 崇德八年（1643）八月二十三日，坐造匿名帖陷害都统谭泰，事发，与其妻子皆伏法。"籍没巴布海家，一半入官，一半给固山额真谭泰。"② 顺治八年（1651），谭泰被监禁时，鳌拜与图赖、锡翰、巩阿岱、索尼公议以巴布海无罪，其家产应给与其兄巴布泰。③ 吴尔汉之女生有一子名曰阿喀喇，天命十年（1625）八月生，崇德八年（1643）与其父母一并被处死，终年19岁。

华善，清兴祖直皇帝第三子索长阿之孙萨哈尔察长子，万历三十五年（1607）九月初九日生，崇德元年（1636）二月初三日卒，终年30岁。嫡妻吴尔汉之女。此女共生二子：长子贵和铎，万历四十三年（1615）四月初七日生，顺治四年（1647）七月二十四日卒，终年33岁，爵至云骑尉；次子跨察，天命七年（1622）二月十七日生，顺治二年（1645）七月二十二日卒，终年24岁。

巴布赖，清兴祖直皇帝第三子索长阿第四子龙敦之子铎弼第八子，前述布尔吉八弟。万历二十八年（1600）五月十三日生，崇德七年（1642）十二月十八日卒，终年43岁。妾吴尔汉之女。此女育有一子，名曰阿燕，天聪二年（1628）生，顺治十四年（1657）卒，终年30岁，官至护军参领。

此部分共有五桩婚姻，多集中在索尔果第四子和第五子之女当中，且婚配对象多为宗室索长阿一支。

---

① 《清皇室四谱》卷3《皇子》。
② 《清世祖实录》卷1，崇德八年八月甲申条。
③ 《清太宗实录》卷59，顺治八年八月壬戌条。

表4—9　　　　　　　爱新觉罗家族与索尔果其他孙女婚姻表

序号	姓名	生卒年	辈分	妻子	官爵
1	汤古代	万历十三年（1585）—崇德五年（1640）（56岁）	努尔哈齐第四子	继妻索尔果第四子音达户齐之女	三等镇国将军
2	温泰诸	万历十八年（1590）—崇德七年（1642）（53岁）	清兴祖直皇帝第三子索长阿第四子龙敦长子珠巴礼第二子	嫡妻索尔果第五子吴尔汉之女	
3	巴布海	万历二十四年（1596）—崇德八年（1643）（48岁）	努尔哈齐第十一子	嫡妻吴尔汉之女	镇国将军
4	华善	万历三十五年（1607）—崇德元年（1636）（30岁）	清兴祖直皇帝第三子索长阿之孙萨哈尔察长子	嫡妻吴尔汉之女	
5	巴布赖	万历二十八年（1600）—崇德七年（1642）（43岁）	清兴祖直皇帝第三子索长阿第四子龙敦之子铎弼第八子，布尔吉八弟	妾吴尔汉之女	

（四）索尔果曾孙女辈与爱新觉罗家族的婚姻

敦达，杜尔祜嫡夫人费英东之女所生第五子，崇德八年（1643）五月生，康熙十三年（1674）九月卒，终年32岁。嫡夫人费英东第七子图赖之女，图赖乃敦达亲舅舅。顺治十二年（1655）八月，袭固山贝子爵。谥曰"恪恭"。此女生五子。

钟特，兴祖直皇帝第三子索长阿后裔，与贵和铎、跨察同辈。天聪元年（1627）九月十二日生，康熙三十二年（1693）九月初九日卒，终年67岁。继妻图赖之女。爵至三等轻车都尉。

克布图，兴祖直皇帝第三子索长阿第四子龙敦长子珠巴礼第三子克锡图之子，温泰诸亲侄。万历三十九年（1611）生，顺治三年（1646）卒，终年36岁。妻费英东次子纳海之女。生一子。

达祜礼，努尔哈齐异母弟穆尔哈齐玄孙，胤字辈。康熙三十二年（1693）正月生，雍正十二年（1734）四月卒，终年42岁。嫡妻纳海之女，生一子。

来祜，又作赖虎，努尔哈齐第十三子辅国介直公赖慕布长子。天命十年（1625）六月生，康熙三十三年（1694）三月卒，终年70岁。三娶妻鳌拜之女。生五子：类达，顺治十七年（1660）生，康熙五年卒，终年7岁；爱珠，康熙二年（1663）生，康熙三十七年（1698），授三等侍卫，康熙四十年（1701）三月缘事革，雍正元年（1723）十一月卒，终年61岁；来舒，康熙五年（1666）生，康熙六年卒，终年2岁；爱都，康熙六年（1667）生，康熙三十七年（1698）卒，终年32岁；爱绥，康熙八年（1669）生，康熙二十五年（1686）卒，终年18岁。

兰布，褚英第三子尼堪长子，崇德七年（1642）生，康熙十七年（1678）二月卒，终年37岁。妾鳌拜之子那摩佛之女。尼堪战殁，以次子尼思哈袭封敬谨亲王爵。顺治十七年（1660），尼思哈卒，乃封兰布为多罗贝勒。圣祖念尼堪阵亡可悯，又晋封为敬谨郡王。康熙七年（1668），以其父之功，晋封其为和硕敬谨亲王。康熙八年（1669），因鳌拜得罪，革去亲王，降为镇国公。其理由是"倚势得封。问以鳌拜恶迹，狡称不知"[1]。康熙十二年（1673）十二月，吴三桂叛乱。康熙十三年（1674），随尚善率兵征讨，因功，康熙帝亲赐甲胄、鞍马、腰刀。康熙十七年（1678）二月，卒于军。第四子赖士承袭为辅国公爵。康熙十九年（1680），因追论当年退缩之罪，被削爵。

苏尔登，清太宗皇太极第四子叶布舒独子，顺治十八年（1661）正月生，康熙五十七年（1718）四月卒，终年58岁。任散秩大臣，袭镇国将军爵。嫡妻鳌拜四弟巴哈之女。此女生二子：佛尔奇，康熙三十一年（1692）四月生，康熙五十年（1711）二月袭三等辅国将军爵，雍正二年（1724）五月卒，终年32岁；纳尔奇，康熙三十三年（1694）闰五月生，雍正四年（1726）五月授佐领，七年（1729）三月缘事革，乾隆二十五年（1760）十一月卒，终年67岁。

扎坤泰，来祜第五子爱珠之子，康熙五十一年（1712）十一月生，乾隆二十二年（1757）三月卒，终年46岁。乾隆元年（1736）五月，恩授奉恩将军。乾隆十四年（1749）十二月，授宗学总管。嫡妻鳌拜孙达福之女，生二子：永武，雍正八年（1730）生，乾隆二十二年（1757）袭奉恩将军，乾隆二十八年（1763）十月卒，终年34岁；纳泰，雍正十

年（1732）生，雍正十一年（1733）卒，终年 2 岁。

弘康，康熙第二十四子和硕诚恪亲王胤祕第三子。乾隆十二年（1747）八月生，嘉庆十九年（1814）四月卒，终年 68 岁。嫡妻费英东曾孙傅尔丹之女。乾隆三十五年（1770）十二月，"弘康授为二等镇国将军"①。乾隆三十七年（1772）十月，授头等侍卫。乾隆五十八年（1793）二月，授复州城守尉。嘉庆六年（1801）十二月，"以复州城守尉弘康为镶蓝旗汉军副都统"②。嘉庆七年（1802）二月，管理火器营。本年（1802）十月，为和阗办事大臣。③ 嘉庆十年（1805）三月，"以和阗办事大臣弘康为广州将军"④。十月，转江宁将军。嘉庆十四年（1809）九月，加弘康不入八分辅国公品级。⑤ 嘉庆十七年（1812）十二月，解将军任，授散秩大臣。嘉庆十八年（1813）十二月，告退散秩大臣。嫡妻瓜尔佳氏生二子。

顺德，努尔哈齐第十二子阿济格五世孙九成第七子。乾隆十九年（1754）三月生，嘉庆五年（1800）十二月卒，终年 47 岁。嫡妻傅尔丹长子兆德之女。乾隆三十二年（1767）六月，"以故镇国将军谦德弟顺德照例袭封奉恩将军"⑥。乾隆四十二年（1777）六月，授副护军参领。乾隆四十三年（1778）三月，授护军参领。乾隆五十七年（1792）五月，授凤凰城守尉。乾隆五十九年（1794）二月，因病告退。十一月，病痊，补授前锋参领。乾隆六十年（1795）三月，调护军参领。十月，授奉陵总管。嘉庆元年（1796）十月，因病原品休致。此女未生育。

绵彩，绵字辈，乾隆十七年（1752）生，嫡妻瓜尔佳氏信勇公兆德之女。

颙琰，清仁宗睿皇帝，乾隆第十五子。乾隆二十五年（1760）生，嘉庆二十五年（1820）卒，终年 61 岁。安嫔，兆德之孙安英之女，盛筠之姐或妹。生年不详，道光十七年（1837）六月二十七日卒。未生育。安嫔，嘉庆时充常在，嘉庆二十五年（1820）十二月，"命内阁学士毛

① 《清高宗实录》卷 874，乾隆三十五年十二月癸未条。
② 《清仁宗实录》卷 92，嘉庆六年十二月壬戌条。
③ 《清仁宗实录》卷 104，嘉庆七年十月己酉条。
④ 《清仁宗实录》卷 141，嘉庆十年三月甲辰条。
⑤ 《清仁宗实录》卷 218，嘉庆十四年九月辛未条。
⑥ 《清高宗实录》卷 787，乾隆三十二年六月庚戌条。

谟、恭赍金册,晋封安常在苏完尼瓜尔佳氏为安嫔"。册文曰:

> 星枢表瑞,翊德教于紫庭。缃牒摅芬,增芳华于彤史。载稽茂
> 典,用贲鸿章。皇考安常在苏完尼瓜尔佳氏,毓质柔嘉,褆躬敬慎,
> 言功兼饬,履绳矩以无愆,温惠交修,奉典型而有恪,宜膺显号。
> 式著芳规,谨以金册尊为皇考安嫔。于戏,辉腾象管,庆锡羡之骈
> 臻,范著翟衣,欣蕃厘之懋集。①

此部分共介绍了二十五桩索尔果家族女性与爱新觉罗家族男性的婚
姻。时间跨度从清入关前到嘉庆、道光年间。参与婚姻的女性主要是索
尔果家族中费英东和卫齐两支。这些婚姻关系的形成最终也影响了婚姻
参与者的命运。尤其是鳌拜获罪后,其族人及其姻亲皆受到不同程度的
打击。

表 4—10　　　　　爱新觉罗家族与索尔果曾孙女辈婚姻表

序号	姓名	生卒年	辈分	妻子	官爵
1	敦达	崇德八年(1643)—康熙十三年(1674)(32岁)	努尔哈齐长子褚英长子杜度长子杜尔祜嫡夫人费英东之女所生第五子	嫡夫人费英东第七子图赖之女	固山贝子
2	钟特	天聪元年(1627)—康熙三十二年(1693)(67岁)	清兴祖直皇帝三子索长阿后裔,与贵和铎、跨察同辈	继妻图赖之女	三等轻车都尉
3	克布图	万历三十九年(1611)—顺治三年(1646)(36岁)	清兴祖直皇帝第三子索长阿第四子龙敦长子珠巴礼第三子克锡图之子,温泰诸亲侄	妻费英东次子纳海之女	不详

---

① 《清宣宗实录》卷11,嘉庆二十五年十二月丙午条。《清朝续文献通考》卷177《王礼考八》,第9260页。《清皇室四谱》卷2《后妃》。

续表

序号	姓名	生卒年	辈分	妻子	官爵
4	达祜礼	康熙三十二年（1693）—雍正十二年（1734）（42岁）	努尔哈齐异母弟穆尔哈齐第四子务达海第六子托克托慧第四子当格第四子，胤字辈	嫡妻纳海之女	不详
5	来祜	天命十年（1625）—康熙三十三年（1694）（70岁）	努尔哈齐第十三子辅国介直公赖慕布长子	三娶妻索尔果第九子卫齐第三子鳌拜之女	不详
6	兰布	崇德七年（1642）—康熙十七年（1678）（37岁）	褚英第三子尼堪长子	妾鳌拜之子纳穆富之女	和硕敬谨亲王
7	苏尔登	顺治十八年（1661）—康熙五十七年（1718）（58岁）	皇太极第四子叶布舒独子	嫡妻卫齐第四子巴哈之女	散秩大臣、镇国将军
8	扎坤泰	康熙五十一年（1712）—乾隆二十二年（1683）（46岁）	来祜子第五子爱珠之子	嫡妻鳌拜孙达福之女	宗学总管、奉恩将军
9	弘康	乾隆十二年（1747）—嘉庆十九年（1814）（68岁）	康熙第二十四子胤祕第三子	嫡妻费英东第十子察喀尼长子沃赫第二子傅尔丹之女	辅国公
10	顺德	乾隆十九年（1754）—嘉庆五年（1800）（47岁）	努尔哈齐第十二子阿济格五世孙九成第七子	嫡妻傅尔丹长子兆德之女	奉恩将军
11	绵彩	乾隆十七年（1752）生	绵字辈	嫡妻兆德之女	不详
12	颙琰	乾隆二十五年（1760）—嘉庆二十五年（1820）（61岁）	乾隆第十五子	兆德之孙安英之女，册封安嫔	清仁宗睿皇帝

第二节　索尔果家族与八旗贵族间的婚姻

　　清朝前期，八旗内部的婚姻极为复杂，其表现形式大多是强强联合，或地位略低的贵族攀附实力雄厚的贵族，或实力相当的贵族之间联姻，罕有贵族与地位低下之家族联姻的情况。索尔果家族作为八旗满洲之一部分，其婚姻对象不仅仅局限于爱新觉罗家族，与其他八旗贵族的婚姻往来亦较频繁。此节主要考察索尔果家族与钮祜禄氏额亦都家族、纳喇氏明珠家族、西林觉罗氏鄂尔泰家族、纳喇氏苏克萨哈家族、赫舍里氏索尼家族、完颜氏阿什坦家族、汉军旗人李恒忠家族的婚配情况，从而彰显八旗贵族间婚姻的对等性及浓郁的政治色彩。

一　与额亦都家族的婚姻

　　钮祜禄氏额亦都家族①是与瓜尔佳氏索尔果家族有着极大相似点的八旗勋旧贵族。这些相似点主要表现在：第一，都是满洲八大家和八大著姓之一，即使后来记载多变，但两大家族皆在此列。正如徐凯先生所言："'八著姓'为满洲大家望族，均有各自杰出人物。他们在后金和清初军事、政治、文化等方面皆发挥了重要作用。"② 第二，两家族的开拓者地位显赫。额亦都位列入关前五大臣之列，索尔果次子费英东亦是如此，

---

　　① 关于额亦都家族的研究，可以参阅专著如徐凯《满洲认同"法典"与部族双重构建——十六世纪以来满洲民族的历史嬗变》第二章"满洲'乃国家之根本'"。论文如李凤民：《额亦都史事钩补——读〈衍庆录〉札记》，《社会科学战线》1983 年第 1 期；［美］黄培：《清初的满洲贵族（1583—1795）——钮祜禄族》，载许倬云等主编《中国历史论文集》，台湾商务印书馆 1986 年版；王凤美：《钮祜禄氏额宜都一门的兴与衰——以其与清皇室联姻为中心》，《郑州航空工业管理学院学报》（社会科学版）2007 年第 4 期；［日］内田直文：《钮祜禄氏额亦都家族与清初内廷侍卫》，《成大历史学报》2009 年第 36 号；赵兴元：《清代开国勋臣额亦都》，《东北史地》2010 年第 5 期；叶高树：《满洲军事家族与清初政治：长白山钮祜禄家族的个案研究》，《台湾师大历史学报》2011 年第 46 期；常越男：《满洲额亦都家族的忠主忠君传统》，载《满学论丛》第一辑，辽宁民族出版社 2011 年版、《清代额亦都家族军功考》，《满族研究》2011 年第 2 期、《额亦都家族与清前期政治演进》，《满族研究》2015 年第 2 期；关康：《勋旧佐领与世家——以额亦都家族为例》，《满族研究》2014 年第 4 期；郑玉芝：《清入关前五大臣研究》，硕士学位论文，东北师范大学，2012 年，等等。

　　② 徐凯：《满洲认同"法典"与部族双重构建——十六世纪以来满洲民族的历史嬗变》，第 160—161 页。

且皆以军功起家，成为清朝开国时期具有举足轻重地位的军事家族；第三，两家族第二代、第三代政治地位突出。皇太极统治时期，位列十六大臣者，如索尔果后人杨善、宜荪、索海等；额亦都后人则有图尔格、益尔登等。在皇太极逝世后发生的皇权之争中，额亦都第八子、时任两黄旗内大臣图尔格，费英东第七子议政大臣图赖，卫齐第三子、时任巴牙喇纛章京鳌拜等人发挥了重大作用；第四，康熙初年瓜尔佳氏鳌拜和钮祜禄氏遏必隆入四大辅臣之列，对时局影响巨大；第五，两大家族皆与爱新觉罗家族通婚密切，成为家族晋升之要途。可以看出，两大军事家族之间存在诸多的利益关系，势必会因之而发生各种合作，也会产生各种冲突，而婚姻则成为他们之间合作的主要途径；他们的冲突则体现在各种政治斗争当中。

额亦都与费英东皆曾出任努尔哈齐统治时期位高权重的五大臣，他们协助努尔哈齐统一女真诸部，率领部众与明作战，备受努尔哈齐重视。为了拉拢这些异姓贵族，努尔哈齐将自己的女儿或族女嫁给这些满洲异姓贵族，与此同时，满洲异姓贵族之间也通过各种联姻而日渐密切。一夫多妻（妾）在满洲历史上极为多见。额亦都一生共娶五位妻子，生育十七子、十二女。① 其子嗣的婚姻亦集中在满洲各大贵族之间。第五子阿达海、十三子超哈尔皆娶费英东之女为妻；第六子达隆霭娶吴尔汉之女为妻；第三子车尔格之子伯雅住娶图赖孙女为妻；曾孙阿里衮则娶图赖曾孙女为妻。

阿达海，额亦都第五子，万历十九年（1591）佟佳氏所生，天命二年（1617）阵亡，终年 27 岁，隶正黄旗满洲。② 幼时努尔哈齐将其抚养于宫中。尝云："此子英异，必能继续其父。稍长，即从征伐，授为二等侍卫、侍卫什长官、勋旧佐领。天命二年，随征五城于商颜哈达地方，奋勇力战，中流矢没于阵，时年二十七岁，太祖闻之深为悼惜。遣王大

---

① 《镶黄旗满洲钮祜禄氏弘毅公家谱》。《清史稿》卷 225《列传十二·额亦都》载额亦都有十六子，乃误。

② 据白新良先生考证，其父额亦都隶属正黄旗满洲，而非镶黄旗满洲（白新良、李宪庆：《后金五大臣旗籍辨正》，《南开学报》1982 年第 5 期）。后杜家骥先生亦对其子嗣进一步考证，认为其子图尔格、超哈尔等人的旗分变化为：初隶正黄旗满洲，皇太极即位后改为镶白旗满洲，崇德四年九月后改入镶黄旗满洲，所以阿达海应隶属于正黄旗满洲。后文涉及额亦都子嗣的旗分皆为最后隶属旗分，不再标注。

臣迎其灵厚葬之。"① 葬于盛京城北蒲湖岭之阳山里红屯父茔之西。雍正十三年（1735），奉旨崇祀昭忠祠。娶同旗费英东之女为妻。该女生于万历十七年（1589），卒于康熙九年（1670），终年 82 岁。后追封一品夫人。葬于安定门北里八台。生子二人：长子阿哈尼堪，次子达达海。②

超哈尔，又作朝哈尔，额亦都第十三子，万历三十年（1602）生，隶镶黄旗满洲。自少从努尔哈齐征伐，管勋旧佐领。天聪八年（1634），授骑都尉。天聪九年（1635），因功擢护军参领。崇德二年（1637），授议政大臣。崇德三年（1638）七月，授礼部参政。后又进攻山东，攻克济南府。崇德五年（1640），转兵部参政。崇德六年（1641），围攻锦州时，战殁于阵，终年 40 岁。皇太极闻之，深为痛惜，赐一骑都尉，晋世职为二等轻车都尉，由其子承袭。娶费英东之女为妻，生卒年不详，去世后葬于安定门北小营村。此女共生五子：格和礼，天命二年（1617）生，顺治三年（1646）卒，终年 30 岁。任头等侍卫，爵至一等轻车都尉。额赫里，天命六年（1621）生，康熙十二年（1673）卒，终年 53岁。任参领、工部尚书、都察院理事官、兵部侍郎等职，一等男爵。珠麻拉，天命十年（1625）生，顺治十一年（1654）三月卒，终年 30 岁。札拜，天聪元年（1627）生，康熙三十五年（1696）卒，终年 70 岁。袭勋旧佐领，任上驷院大臣。端多和，生卒年不详。袭勋旧佐领，兼养狗处拜唐阿头等职。③

达隆霭，额亦都第六子，万历十九年（1591）生，天命十年（1625）卒，终年 35 岁，隶镶黄旗满洲。达隆霭体弱多病，未入仕。去世后葬于"盛京城北蒲湖岭之阳，山里红屯父茔之西，母佟佳氏夫人墓之昭"④。娶吴尔汉之女为妻。此女年长达隆霭 11 岁，万历八年（1580）生，顺治九年（1652）七月卒，终年 73 岁。葬于"安定门北南湖渠村"⑤。共生四子，分别是：达拜，生卒年不详；多拜，生卒年不详，生一子一女；约拜，天命四年（1619）生，康熙二十三年（1684）卒，官至头等侍卫，

---

① （清）特成额、福朗纂修：《开国佐运功臣弘毅公家谱》，清乾隆年间钞本，收录《北京图书馆藏家谱丛刊·民族卷》第 41 册，第 333 页。

② 二人事迹可参阅《开国佐运功臣弘毅公家谱》，第 333—335 页。

③ 《开国佐运功臣弘毅公家谱》，第 609—611 页。

④ 《开国佐运功臣弘毅公家谱》，第 351 页。

⑤ 同上。

生二子一女；科拜，天命九年（1624）生，康熙六年（1667）卒，官至头等侍卫兼侍卫什长，生有四子四女。

伯雅住，额亦都第三子车尔格第七子，康熙六年（1667）八月十四日生，康熙五十年（1715）四月十四日卒，终年49岁，隶镶黄旗满洲。康熙四十四年（1705）袭父之骑都尉兼一云骑尉。继娶图赖第三子费扬古之孙、都统、内大臣马尔萨①之姑为妻。该女生于康熙十年（1671）十二月二十一日，卒于康熙四十三年（1704）十二月二十六日，终年34岁。生育情况不详。②

阿里衮，额亦都第十六子遏必隆第六子音德第六子，康熙五十一年（1712）生，乾隆三十四年（1769）卒，隶镶黄旗满洲。阿里衮，少选亲军。自乾隆元年（1736）选为三等侍卫，至乾隆五年（1740），历任镶红旗满洲副都统、兵部侍郎、户部侍郎。从乾隆八年（1743）起，又先后迁任山西巡抚、山东巡抚、湖广总督、两广总督等要职。乾隆十八年（1753），丁母忧回京，百日服满，授领侍卫内大臣职衔，总管内务府大臣，在御前行走。后又历任户部右侍郎，镶黄旗满洲副都统、步军统领、刑部尚书、工部尚书、镶白旗汉军都统、户部侍郎、吏部尚书、议政大臣、户部尚书等职。乾隆二十一年（1756）四月，奉旨在军机处行走。五月，奉旨差往军营在领队大臣上行走。乾隆二十二年（1757）十一月，袭二等果毅公。乾隆二十四年（1759），因功，授一云骑尉，兼本身二等公，合并为一等果毅公，世袭罔替。乾隆二十五年（1760）十月，授正黄旗领侍卫内大臣。乾隆二十八年（1763）十月，加太子太保。乾隆三十二年（1767）正月十八日，授为参赞大臣，出师云南。二月，署理云贵总督，旋授为定边右副将军。乾隆三十四年（1769），在军营染疾，十月十九日卒，终年58岁，赐谥"襄壮"。娶图赖第三子费扬古之孙川陕总督马尔泰之妹为妻，即费英东元孙女。此女康熙五十五年（1716）三月十六日生，乾隆四十五年（1780）二月二十八日卒，终年65岁。二人合葬一墓。此女共生四子："长丰升额、次倭星额、三色克精额、四布颜达赉。"生女七人，婚配情况如下："三适正红旗宗室镇国将军谟云之子、

①　《开国佐运功臣弘毅公家谱》载马尔萨为领侍卫内大臣，查诸史料知其于雍正元年曾署理领侍卫内大臣之职，未见实授之记载。（《清世宗实录》卷4，雍正元年二月癸丑条）

②　《开国佐运功臣弘毅公家谱》，第214—215页。

奉国将军崇敏；四适正蓝旗宗室贝勒弘曒之子、闲散永曼；六适图默特扎萨克贝子哈穆噶巴雅思瑚朗图之子、三等台吉朋苏克临亲；八适镶红旗宗室辅国公弘晶之子、奉国将军永萼；九适镶蓝旗宗室、奉国将军书诚之子、奉恩将军崇厚；十一适同旗满洲鄂谟托氏总督彰宝之弟富显；十二为十七阿哥福晋。"① 可见，其女婚配对象之显赫，不仅仅体现了瓜尔佳氏与钮祜禄氏两大家族间婚姻的密切，更是钮祜禄氏额亦都家族地位优越的显现。

索尔果家族与额亦都家族之间历经几代的婚姻往来，使这种强强联合表现得尤为突出，可以说是整个清朝历史中政治婚姻的典型代表，通过建构姻亲网络使家族极大地拓展了与同侪之间的关系，进而更加有利于家族势力的扩张。

二　与其他八旗贵族间的婚姻

性德，② 叶赫纳喇氏，初名成德，后避东宫嫌名，改曰性德，③ 字容若，号愣伽山人，康熙朝大学士明珠长子，清初著名词人。顺治十一年（1655）十二月十二日生，康熙二十四年（1685）五月三十一日卒，终年31岁，隶正黄旗满洲。性德从小便擅习骑射，稍长则工文翰。康熙十一年（1672），"年十七补诸生，贡入太学"④。次年（1673），参加顺天乡试中举人。康熙十三年（1674），参加会试，中试，将廷对，"患寒疾，太傅曰：吾子年少，其少俟之。于是益肆力经济之学，熟读《通鉴》及古人文辞，三年而学大成。"⑤ 康熙十五年（1676），纳兰性德"应殿试，条对凯切，书法遒逸，读卷执事各官咸叹异焉"。考中进士，名在二甲第七名。后"圣祖以其世家子"⑥，"选授三等侍卫，出入扈从，服劳惟谨，上眷注异于他侍卫"⑦。后晋二等、一等侍卫。性德虽为明珠之子，然官

---

① 《开国佐运功臣弘毅公家谱》，第 751–762 页。
② 有学者认为，以成德称之更为准确（姜纬堂：《纳兰性德应为纳兰成德》，《社会科学辑刊》1986 年第 1 期），兹从性德。
③ （清）徐乾学：《通议大夫一等侍卫进士纳兰君墓志铭》，《通志堂集》卷 19《附录上》，上海古籍出版社 1979 年版，第 739 页。
④ 同上。
⑤ 同上书，第 740 页。
⑥ 《清史稿》卷 484《列传二七一·文苑一》，第 13361 页。
⑦ 《通议大夫一等侍卫进士纳兰君墓志铭》，第 740 页。

职仅至一等侍卫，后再无晋升。康熙二十四年（1685），因疾突逝。性德在文学上的贡献却是巨大的。曾拜徐乾学为师，与其研讨学术。其墓志铭就是其师徐乾学撰述。《清史稿》对性德的文学才能进行了概括，"善诗，尤长倚声。遍涉南唐、北宋诸家，穷极要眇。所著饮水、侧帽二集，清新秀隽，自然超逸。……清世工词者，往往以诗文兼擅，独性德为专长"①。经后人整理，性德一生所作之词三百余首，不愧为清初"第一词人"。②

性德的婚姻经历学界尚无一致结论，但其所娶卢氏和官氏是毋庸置疑的。康熙十三年（1674），20 岁的性德与两广总督、兵部尚书、都察院右副都御史卢祖兴之女成婚，③ 二人感情深厚，然康熙十六年（1677）五月，卢氏却突然去世，年仅 21 岁，赠淑人，生一子海亮。④ 后性德续娶图赖之子颇尔喷之女官氏为妻，已得到了学术界的普遍共识，官氏乃瓜尔佳氏之汉译。⑤ 官氏是否生育，难以考证，据张一民先生考证，此女未生子，但可能生有女儿。⑥ 然已不知其详。多数学者认为二人的婚姻是政治上的联姻。因两大家族在当时社会和朝廷皆占据较高的政治地位，握有较大的权力，故这种推断是合理的。关于官氏的其他情况已无从考究。

鄂弼，西林觉罗氏，雍正朝名臣鄂尔泰第三子，康熙六十年（1721）正月生，⑦ 乾隆二十八年（1763）六月卒，⑧ 终年 43 岁，隶镶蓝旗满洲。乾隆五年（1740），授三等侍卫；乾隆二十三年（1758），擢授正红旗汉军副都统，署理刑部侍郎事务。⑨ 乾隆二十四年（1759）十月，授山西巡抚。⑩ 其上任后，为应对山西地区的旱灾及平衡当地粮价作出了积极贡

---

① 《清史稿》卷 484《列传二七一·文苑一》，第 13361—13362 页。

② （清）况周颐：《蕙风词话》卷 5，郭绍虞、罗根泽主编：《中国古典文学理论批评专著选辑》，人民文学出版社 1960 年版，第 121 页。

③ 陈子彬：《〈纳兰性德年谱〉补遗》，《承德师专学报》1986 年第 4 期。

④ （清）叶舒崇：《皇清纳腊室卢氏墓志铭》，罗星明、陈子彬：《〈卢氏墓志铭〉解说》，《承德民族师专学报》1996 第 4 期。

⑤ 刘德鸿：《清初学人第一——纳兰性德研究》，中国社会科学出版社 1997 年版。此书第四章第二节有详细考证，可以参阅。

⑥ 张一民：《纳兰丛考》（续），《承德民族师专学报》2004 年第 4 期。

⑦ （清）鄂容安等撰，李致忠点校：《鄂尔泰年谱》，中华书局 1993 年版，第 7 页。

⑧ 《清高宗实录》卷 689，乾隆二十八年六月壬寅条。

⑨ 《清高宗实录》卷 575，乾隆二十三年十一月丁未条。

⑩ 《清高宗实录》卷 599，乾隆二十四年十月乙未条。

献，并多次得到乾隆皇帝的嘉勉。① 乾隆二十七年（1762）五月，调任陕西巡抚。② 上任后，鄂弼对西安回民的民族性格、生活习惯和宗教信仰等进行了调查研究，制订了相应的措施或律例。③ 乾隆二十八年（1763）二月，鄂弼上奏对回民杂处之地的治理效果，"上年大惩后，凶殴者渐少"④。六月，因鄂弼对处理民族问题有一定经验，遂补授四川总督。⑤ 十八日，乾隆帝听闻鄂弼去世的消息后，曰："鄂弼自简任巡抚以来，实力宣猷，恪勤懋著。昨降旨补授四川总督，正望其及时效用，忽闻溘逝，深为珍惜。著加恩赏，赠尚书衔，入祀贤良祠，所有应得恤典，著该部察例具奏。"⑥ 寻赐祭葬，谥"勤肃"，入祀贤良祠。⑦

鄂弼之妻为傅尔丹之子哈达哈之女，⑧ 事迹无考。鄂弼之女是乾隆第五子荣亲王永琪的福晋。正如赖惠敏先生所言，"鄂尔泰的子弟在科举功名上成就未必杰出，姻亲方面却皆一时之选。……鄂尔泰以雍乾两朝新贵身份结合旧有的满洲权贵氏族为姻戚，一方面借此提高社会地位；另一方面也是他成为'满党'领袖的条件"⑨。所以说这些八旗贵族间的姻亲关系多以政治地位为结姻前提。

据实录所载，鳌拜与同为四大辅臣之一的纳喇氏苏克萨哈亦为姻娅，⑩ 然二人不和，后被鳌拜等罗列二十四宗罪，于康熙六年（1667）被杀。至于两家之姻娅关系无过多记载，遂无法详论。日本学者内田直文先生《钮祜禄氏额亦都家族与清初内廷侍卫》一文中又指出："鳌拜娶辅政大臣索尼之女为妻，二人为姻亲关系。"⑪ 然文章此处未载其出处，查

---

① 具体内容可参阅《满汉名臣传》卷39《鄂弼列传》，第1143—1144页。
② 《清高宗实录》卷660，乾隆二十七年五月戊申条。
③ 《清高宗实录》卷670，乾隆二十七年九月壬戌条。
④ 《清高宗实录》卷680，乾隆二十八年二月戊戌条。
⑤ 《清高宗实录》卷688，乾隆二十八年六月戊戌条。
⑥ 《清高宗实录》卷689，乾隆二十八年六月壬寅条。
⑦ 《清高宗实录》卷690，乾隆二十八年七月丙辰条。
⑧ （清）鄂容安等撰，李致忠点校：《鄂尔泰年谱》，第7页。
⑨ 赖惠敏：《论乾隆朝初期之满党与汉党》，载《清代的皇权与世家》，北京大学出版社2010年版，第159—160页。
⑩ 《清圣祖实录》卷18，康熙五年正月丙申条；（清）梁章钜：《归田琐记》卷5《鳌拜》，中华书局1981年版，第81页。
⑪ ［日］内田直文：《钮祜禄氏额亦都家族与清初内廷侍卫》，《成大历史学报》2009年第36号。

阅史料，亦未发现具体记载，有待鳌拜族谱或索尼族谱的新发现，以补证之。

鳌拜与理藩院左侍郎绰克托和议政大臣博博尔代两家也有婚姻往来，同样仅局限于实录的简单记述，且皆是在惩处鳌拜过程中牵连者。"鳌拜案内，理藩院左侍郎绰克托，系鳌拜姻党"，其子布颜图娶鳌拜之女为妻。[①] "镶蓝旗奉国将军巴尔堪告称，康熙七年六月，被掌管简亲王家务之博博尔代倚恃亲家鳌拜权势，诬陷捏控，以致降职。"[②] 可见，鳌拜得势时，婚姻是他们攀附权贵的重要手段，然而，当鳌拜获罪时，他们亦要遭受不同程度的打击。

鳌拜六弟穆里玛则娶金宗室后裔完颜氏阿什坦之妹为妻。"其胞弟都统穆礼玛之妻，阿什坦女弟也。"[③]

日本学者杉山清彦先生据《李氏谱系》所载，在《汉军旗人李成梁一族》[④] 及《清初期对汉军旗人"满洲化"方策》[⑤] 两文中指出李成梁堂孙八旗汉军李恒忠（满名宜哈纳，字德贞）曾娶费英东之子索海之女为妻。李恒忠生于万历三十九年（1611），卒于康熙十年（1671），终年61岁。诰封资政大夫、副都统，爵至一等轻车都尉。《李氏谱系》载李恒忠共娶妻四房，继娶曹氏，刑部尚书曹海之女。卒，诰赠淑人。葬于奉天府城北柴老堡东山之坡。[⑥] 杉山清彦先生所指即为曹氏，据前述索海任刑部承政时间及李恒忠出生年代，可以推知《李氏谱系》中刑部尚书曹海即指索海。这桩婚姻是笔者所见索尔果家族与八旗汉军之间的首例婚姻。

囿于族谱资料记载的缺失，及其他史料记载的单一，仅找到如上几例索尔果家族与八旗满洲、八旗汉军之间的婚姻实例，与八旗蒙古之间的婚姻实例尚待挖掘。清代社会有旗人和民人之别，"清代旗人和民人之间的分际是旗人归属于八旗制度，编入八旗户口册。民人属州县管辖，

① 《清圣祖实录》卷30，康熙八年六月乙亥条。

② 《清圣祖实录》卷30，康熙八年七月甲辰条。

③ 《碑传集》卷52《阿什坦》。

④ ［日］杉山清彦：《漢軍旗人李成梁一族》，载岩井茂树编《中国近世社会の秩序形成》，京都大学人文科学研究所2004年版，第191—236页。

⑤ ［日］杉山清彦：《清初期对汉军旗人"满洲化"方策》，载《清代满汉关系研究》，第58—71页。

⑥ （清）李树德修：《李氏谱系》，康熙六十一年（1722），1991年铁岭市博物馆据该刻本校订排印，李氏后人李泽棉校订，第90页。

编入民数册中"①。至于清代的旗民通婚问题,学术界已有不少成果,②并且一些学者用具体案例证明了旗人之女嫁与民人,以及民人之女嫁给旗人现象的存在。③ 索尔果家族是否有此类婚姻实例,兹据费英东第四子托海家族的谱书,查得该支系托海第四子噶达浑独子大各于康熙二十年(1681)左右自北京迁移至今辽宁省营口市熊岳镇,家谱中自大各曾孙辈开始在男人左边书写妻子姓氏,从这些姓氏中可以看出所娶之人几乎皆为汉姓,当然也不排除这些姓氏中有八旗汉军之女或从满姓汉化而来的姓氏。若以二十年为一代计算,此时应在雍正、乾隆年间,出现这种现象可能是因为当地旗人妇女稀少所致。④ 换言之,"清廷对全国的统治政策并非铁板一块,而是采取'因地制宜''因俗制宜'的办法,具有灵活性和多样性"⑤。杜家骥先生在分析东北驻防的几个家族婚姻情况后,认为"东北驻防的满洲旗人,则与汉人通婚者较多",其原因可能是"与驻防东北地区的满洲旗人散居各处,与汉人接触较多,而且是远距京城的边区有关"。进而得出结论:"八旗驻防之地,尤其是东北散居驻防地,存在着满洲旗人与汉人通婚乃至满汉混血、融合现象,而且不是个别现象。"⑥ 这种通婚现象最终促进了这批满洲人在婚俗上的部分汉化,正如陈捷先先生所言:"尽管满洲人在婚俗方面因与汉人文化接触而发生了很多改变,但是在中国各地,特别是边疆地区,直至十九世纪末年,满人婚姻习俗中仍有不少他们原有的传统文化存在。"⑦ 我们可以肯定的是索尔果家族在清朝中后期的婚姻不仅局限于满洲贵族之间,与普通旗人之间的婚姻,甚至与民人之间的婚姻定不在少数,只是鲜于记载罢了。"而

① 赖惠敏:《从法律看清朝的旗籍政策》,《清史研究》2011 年第 2 期。

② 郑天挺:《清代皇室之氏族与血系》;王锺翰:《清代八旗中的满汉民族成分问题(下)》,《民族研究》1990 年第 4 期;刘小萌:《清代北京旗人社会》;杜家骥:《八旗与清朝政治论稿》;郭松义:《伦理与生活——清代的婚姻关系》;定宜庄:《满族的妇女生活与婚姻制度研究》;张晓蓓:《清代婚姻制度研究》;陈力:《清朝旗民婚姻政策考论》,《西南大学学报》2011 年第 5 期,等等。

③ 定宜庄:《满族的妇女生活与婚姻制度研究》,第 331—342 页;陈力:《清朝旗民婚姻政策考论》,《西南大学学报》2011 年第 5 期。

④ 《镶黄旗陈满洲瓜尔佳氏谱书》,本溪市党史地方志办公室编:《辽东满族家谱选编》,辽宁民族出版社 2012 年版,第 102 页。

⑤ 陈力:《清朝旗民婚姻政策考论》,《西南大学学报》2011 年第 5 期。

⑥ 杜家骥:《八旗与清朝政治论稿》,第 537 页。

⑦ 陈捷先:《清代满族婚俗汉化略考》,《台湾大学历史学系学报》1990 年第 15 期。

京师满洲旗人家族，与旗外汉人通婚的情况极少"①，索尔果家族尚未发现此类婚姻实例。清代史料浩如烟海，索尔果家族的婚姻往来远不及此，文中所列仅是笔者目力所及，难免有挂一漏万之嫌，敬请方家查漏补缺。

第三节　索尔果家族婚姻网络的表现形式、特点及影响

八旗贵族间的婚姻网络庞大且错综复杂，不同时期他们之间的婚姻动机或有不同，但婚姻的形式及最终目的却大同小异。

满洲开国时期，八旗贵族之间的婚姻主要是出于彼此利用的目的。"满洲贵族领导族员，帮助努尔哈齐及皇太极奠定清政权之基础。"② 同时，"努尔哈齐给予率众来归的东北部族首领大量奖赏，赐予他们妻子、奴隶、良马、军职和世袭头衔"③。概括而言，"联姻是努尔哈齐令古出效其死力的重要手段，由此发展而来的'指婚'，也是入关后诸帝与八旗显贵结成牢固关系的重要途径。终清之世，皇室与满洲异姓贵族就是这样通过婚姻关系缔结起一张张、一层层的政治网络，形成'一损俱损，一荣俱荣'的利害集团，这正是满洲统治的政治基础所在"④。"他们也常因努尔哈齐对政治婚姻的操作，得以和爱新觉罗家族建立血缘亲属关系，进而共享政权，成为具有举足轻重地位的军事家族。"⑤ 凡此种种，索尔果家族作为八旗勋旧贵族或军事家族都是无可争议的，他们与爱新觉罗家族、与其他八旗贵族之间的婚姻往来是频繁多见的，既体现了八旗内部婚姻往来尤重门第的特点，又体现了婚姻间复杂的利益关系。

索尔果家族中共有四十三人（其中与爱新觉罗家族通婚三十人，与八旗贵族世家通婚十三人）与爱新觉罗家族及八旗贵族联姻，这些婚姻关系的形成最终编织了索尔果家族的婚姻网络，并形成了其家族婚姻的

---

① 杜家骥：《八旗与清朝政治论稿》，第 537 页。

② ［美］黄培：《清初的满洲贵族：婚姻与开国》，第 601—602 页。

③ ［美］罗友枝：《清代宫廷社会史》，周卫平译，雷颐审校，中国人民大学出版社 2009 年版，第 72 页。

④ 定宜庄：《满族的妇女生活与婚姻制度研究》，第 198 页。

⑤ 叶高树：《满洲军事家族与清初政治：长白山钮祜禄家族的个案研究》，《台湾师大历史学报》2011 年第 46 期。

特点。

一　清军入关前后索尔果家族与皇族、贵族间的婚姻网络

索尔果家族与爱新觉罗家族之间的婚姻应以清军入关为分界点,入关之前,特别是努尔哈齐崛起初期,双方的婚姻,似乎爱新觉罗家族更趋主动,主要目的是通过婚姻来笼络和招纳各部族首领,以壮大本身军事势力,所以此时的努尔哈齐将婚姻作为建立政权的重要工具。此时期参与此种活动的索尔果家族人物主要是索尔果的子女。据前文所述,首先与爱新觉罗家族发生婚姻往来的是索尔果的女儿,即努尔哈齐同母弟舒尔哈齐的四福晋,二人结婚应在索尔果率部归附前后,后舒尔哈齐又娶索尔果之女,即七福晋。这样,舒尔哈齐与索尔果家族两女的婚姻开启了两大家族世代婚姻的往来。随后索尔果之子费英东才娶努尔哈齐长孙女、褚英之女为妻。费英东的婚姻更能体现爱新觉罗家族此时期的婚姻主动性。

努尔哈齐异母弟巴雅喇的嫡夫人是费英东之女;清兴祖直皇帝第三子索长阿第四子龙敦之子铎弼长子布尔吉娶费英东之女为妻;清兴祖直皇帝位下第一子德世库长子素赫臣第二子光度之第二子雅玛兰的嫡妻为费英东之女;舒尔哈齐的第五子寨桑武和第八子费扬武皆娶其舅舅费英东之女为妻;努尔哈齐长子褚英长子杜度长子杜尔祜的嫡夫人乃费英东之女;努尔哈齐第四子汤古代的继妻为索尔果第四子音达户齐之女;清兴祖直皇帝第三子索长阿第四子龙敦长子珠巴礼第二子温泰诸嫡妻为索尔果第五子吴尔汉之女;努尔哈齐第十一子巴布海嫡妻吴尔汉之女;清兴祖直皇帝第三子索长阿之孙萨哈尔察长子华善嫡妻吴尔汉之女;清兴祖直皇帝第三子索长阿第四子龙敦之子铎弼第八子、布尔吉八弟巴布赖之妾为吴尔汉之女。

此外,费英东第十子察喀尼娶褚英长子杜度之女为妻。

上述诸例皆是努尔哈齐和皇太极统治时期的婚姻往来,限于索尔果家族族谱资料的缺失,索尔果家族男性所娶爱新觉罗家族女性的实例远少于爱新觉罗家族男性娶索尔果家族女性。此时索尔果家族出嫁的女性多是索尔果的女儿或其孙女,亦可看出,卫齐一支此时并未特别突出,婚姻网络中还没有卫齐支系的参与。最终双方的婚姻牢牢加固了两大贵族的联合,索尔果家族从政治上获得了至高无上的荣耀,成为支撑后金政权发展壮大的有力工具，并加速了清军入关统一全国的进程。而此时的额亦都、何和礼等家族也通过婚姻与后金政权建立了千丝万缕的联系，同样成为后金政权壮大的力量之一。

索尔果家族与满洲异姓贵族之间的婚姻也是比较突出的政治联姻，囿于史料不足，仅可查得钮祜禄氏额亦都第五子阿达海、十三子超哈尔分别与费英东之女婚配；额亦都第六子达隆霭又娶索尔果第五子吴尔汉之女为妻。其后额亦都之孙伯雅住和曾孙阿里衮又分别娶马尔萨之姑和马尔泰之妹为妻，他们之间的婚姻与费英东在当时的地位和权势是密切相关的。额亦都与费英东皆为清朝开国元勋，拥有相似的权力，两个家族的强强联合充分体现了满洲贵族间婚姻的对等性。

清军入关之后，八旗贵族继承了入关前的婚姻规则，他们与爱新觉罗家族之间，与其他八旗贵族之间的婚姻往来表现得更为频繁。

索尔果家族男性与皇女的第一例婚姻是清太宗位下第十女县君指配图赖长子辉塞。[①] 另有，鳌拜亲侄、巴哈之子讷尔杜娶顺治第二女和硕恭悫长公主为妻。同治年间，咸丰皇帝独女荣安固伦公主又指配图赖八世孙符珍为妻。这是可以查到的索尔果家族与清皇女仅有的三次婚姻实例。

爱新觉罗家族所娶之索尔果家族女性的例子最为繁多。杜尔祜之子敦达是费英东之女所生第五子，他与亲舅舅图赖之女结为连理；钟特是清兴祖直皇帝第三子索长阿后裔，他的继妻亦是图赖之女；克布图是兴祖直皇帝第三子索长阿第四子龙敦长子珠巴礼第三子克锡图之子，温泰诸亲侄，其妻是费英东次子纳海之女；达祜礼是努尔哈齐异母弟穆尔哈齐第四子务达海第六子托克托慧第四子当格第四子，其嫡妻亦为纳海之女；来祜为努尔哈齐第十三子辅国公赖慕布长子，三娶妻索尔果第九子卫齐第三子鳌拜之女；扎坤泰乃来祜第五子爱珠之子，嫡妻鳌拜孙达福之女；兰布是褚英第三子尼堪长子，其妾鳌拜之子那摩佛之女；苏尔登为清太宗皇太极第四子叶布舒独子，嫡妻卫齐第四子巴哈之女；弘康是康熙第二十四子和硕亲王胤祕第三子，嫡妻乃费英东第十子察喀尼长子沃赫第二子傅尔丹之女；顺德为努尔哈齐第十二子阿济格五世孙九成第七子，嫡妻傅尔丹长子兆德之女；嘉庆帝之安嫔乃兆德之孙安英之女，

---

①　关于清代的"指婚"问题可以参阅定宜庄先生《满族的妇女生活与婚姻制度研究》第四章"从交换到'指婚'"。

盛筠之姐或妹。

　　检索各种族谱及其他文献，入关后索尔果家族与八旗贵族的婚姻仅查到十例。即钮祜禄氏额亦都之子车尔格之子伯雅住娶费英东第七子图赖第三子费扬古之孙马尔萨之姑为妻；额亦都第十六子遏必隆第六子音德第六子阿里衮娶费扬古之孙马尔泰之妹为妻；明珠之子纳兰性德娶颇尔喷之女官氏为妻；鄂尔泰之子鄂弼与傅尔丹之子哈达哈之女为妻；藩院左侍郎绰克托之子布颜图娶鳌拜之女为妻；鳌拜六弟娶阿什坦之妹为妻；李成梁堂孙八旗汉军李恒忠娶费英东之子索海之女为妻。这是有明确婚姻对象的七个例子。另外三桩婚姻则是鳌拜家族与苏克萨哈家族、索尼家族、议政大臣博博尔代家族的婚姻，此三例婚姻的记述极为简略，仅知双方互为姻娅，无过多详情可以查阅。这十例婚姻皆发生在乾隆朝之前，乃世家大族之间的联合。可见，门第始终是八旗贵族间婚姻往来的前提。

　　此时期的婚姻网络中，除入关前比较突出的费英东支系、音达户齐支系、吴尔汉支系外，卫齐支系显得格外活跃，但卫齐支系的婚姻多集中在康熙朝之前，鳌拜获罪后，其支系在政治上开始走向没落，并在很大程度上影响了索尔果家族的发展，只是对其他支系的影响小于本支而已。随着历史的推移，"皇室与'八著姓'联姻的人数在减少，但他们与皇家的血缘关系，始终未断。'八著姓'不少成员成为当朝皇亲国戚，位极人臣，家国交融，经久不衰"[1]。索尔果家族便是如此。

二　索尔果家族婚姻的特点

　　通览上述婚姻诸例，可以总结出索尔果家族婚姻关系的几个特点，也体现了有清一代的满洲婚俗。

　　第一，婚姻双方多为满洲贵族。或为爱新觉罗家族，或为与索尔果家族地位等同的八旗贵族，此特点在索尔果家族婚姻网络中表现得十分突出。换句话说，这些婚姻是靠门第、权势而建立起来的政治婚姻。

　　第二，与爱新觉罗家族的联姻最多。因资料所限，上述婚姻中与爱新觉罗家族的婚姻最为频繁，与其他家族之间的婚姻往来相对匮乏。这

------

[1]　徐凯：《满洲认同"法典"与部族双重构建——十六世纪以来满洲民族的历史嬗变》，第160页。

可能是八旗贵族婚姻网络中比较普遍的问题。

第三，累世通婚的例子较多。郭松义先生称之为"世婚制"，是指："两姓之间相对固定的世代互为婚配。"其表现为有身份有地位的地主、绅宦"巩固和发展家庭、家族政治、经济权益的一种手段"①。形成这种现象的原因是"因为门第相当之世家数目有限，贵族择偶对象随而减少，只好就原有亲家儿女中选择，自然形成世婚现象。由于地位之不同，清代皇室男女族员之婚姻所受限制更多，只有从大贵族中选择对象"②。在索尔果家族的婚姻网络中表现得十分明显，从舒尔哈齐娶索尔果之女开始，再到费英东娶褚英之女，到嘉庆帝之安嫔，最后到咸丰帝之女指配符珍，从索尔果下推，至符珍已达十代，与爱新觉罗家族共发生三十次婚姻，其中五次是索尔果家族娶爱新觉罗家族之女，二十五次为索尔果家族之女嫁给爱新觉罗家族。另外，索尔果家族与八旗贵族发生十三次婚姻。当然这种累世通婚的现象在其他八旗贵族中也有显现，如钮祜禄氏家族的婚姻，表现得更为明显。③

第四，姐妹同嫁一夫或分嫁兄弟。在《爱新觉罗宗谱》中能够看到多处姐妹同嫁一夫，或者姐妹分别嫁给兄弟的例子。在索尔果家族的婚姻中此类例子亦不在少数。舒尔哈齐先后迎娶索尔果两个女儿，此为首例；舒尔哈齐的第五子寨桑武和第八子费扬武分别娶费英东两个女儿为妻；额亦都第五子阿达海、十三子超哈尔亦分别与费英东两女婚配。亦有亲兄弟娶堂姐妹为妻的，如清兴祖直皇帝第三子索长阿第四子龙敦之子铎弼长子布尔吉娶费英东之女为妻；布尔吉八弟巴布赖娶费英东之弟吴尔汉之女为妻；再如努尔哈齐第四子汤古代、第十一子巴布海分别娶堂姐妹索尔果第四子音达户齐之女和第五子吴尔汉之女为妻。另外，还有姐妹嫁堂兄弟，或堂姐妹嫁堂兄弟等各种婚俗，这些婚俗一直延续到清朝后期。

第五，中外表亲婚盛行。"中表即姑舅表兄弟姊妹，外表则指两姨表

---

① 郭松义：《伦理与生活——清代的婚姻关系》，第86页。

② ［美］黄培：《清初的满洲贵族：婚姻与政治》，第85页。

③ 关于钮祜禄家族的婚姻情况可以参阅［美］黄培《清初的满洲贵族（1583—1795）——钮祜禄族》；以及氏著《清初的满洲贵族：婚姻与开国（一五八三—一六六一）》《清初的满洲贵族：婚姻与政治》，载《国史释论：陶希圣先生九秩荣庆祝寿论文集》，食货出版社1988年版，等等。

兄弟姊妹，所以中表婚也就是姑表婚，外表婚则称姨表婚。"① 在中国传统社会中，姑表婚和姨表婚亦较盛行，索尔果家族中也有此类婚姻，如费英东娶褚英之女，而后费英东之子察喀尼又娶褚英之子，其舅舅杜度之女为妻。再如，舒尔哈齐的两个儿子寨桑武和费扬武又娶亲舅舅费英东的两个女儿为妻；杜尔祜嫡夫人费英东之女所生第五子敦达娶其亲舅舅图赖之女为妻。努尔哈齐第十三子赖慕布长子来祜三娶鳌拜之女为妻，此女所生第五子爱珠之子扎坤泰又娶鳌拜孙达福之女为妻。这是比较亲近的表亲间的婚姻，稍远些的表亲婚姻则更为普遍。这种中外表亲婚日渐成为满洲人婚姻嫁娶的习惯，难以摒弃，遂在光绪朝《钦定大清会典事例》中作出了明文规定："其姑舅两姨姊妹为婚者，听从民便。"②

第六，婚嫁无辈分之别。这是古代少数民族婚姻习俗中普遍存在的现象，满洲人自然地沿袭了这种旧俗。此类婚姻在索尔果家族诸婚姻现象中甚为常见。如舒尔哈齐曾先娶索尔果的两个女儿为妻，后舒尔哈齐的异母弟巴雅喇又娶舒尔哈齐妻子的兄弟费英东之女为妻，属于侄女嫁给了姑父之弟。继而舒尔哈齐的两个儿子、巴雅喇的侄子寨桑武和费扬武又娶了亲舅舅费英东的两个女儿，若从女方来论，巴雅喇与其两个侄子竟成了平辈之人。

第七，家族各支系活跃期不同。一个大家族支系的兴盛，婚姻是其最明显的表现。索尔果家族各支系的发展程度即可通过婚姻得以彰显。通观前文罗列诸时期家族的婚姻情况，可以看出在索尔果家族诸多支系中唯费英东一支始终活跃在清朝的婚姻网络之中，而卫齐支系也曾活跃于清军入关后至鳌拜获罪之前，吴尔汉支系亦较活跃，惜无凸显者。综合来看，费英东支系终清一代皆活跃于满洲历史舞台，而卫齐支系却因鳌拜罪案的牵连在政治上较快的衰落了，吴尔汉等支系在清后期亦销声匿迹，家族各支系的婚姻活跃期存在长短之别。

第八，索尔果家族与满蒙联姻。在清朝初年的满蒙联姻中也有索尔果族女所生之女或其后代的参与。比如舒尔哈齐第四女苏岱乃四福晋索尔果之女所生，她天命二年（1617）下嫁旧喀尔喀五部之一巴岳特部博

---

① 郭松义：《伦理与生活——清代的婚姻关系》，第78页。

② （清）昆冈、李鸿章等：《钦定大清会典事例》卷756《刑部·户律婚姻》，光绪二十五年（1899）重修本。

尔济吉特氏巴雅图塔谈之子恩格德尔。四福晋所生第十女于天命七年（1622）嫁喀尔喀部巴拜为妻。舒尔哈齐第四子图伦亦为四福晋所生，图伦次女敦哲于天命十一年（1626）嫁给蒙古科尔沁部落台吉奥巴为妻，成为首个与科尔沁蒙古联姻的宗室女。舒尔哈齐之子寨桑武之妻费英东之女所生之长女于天聪二年（1628）嫁给巴林博尔济吉特氏塞腾礼贝勒为妻。所以说索尔果家族也间接为清朝满蒙联姻的大策做出了贡献。

上述仅是通过索尔果家族婚姻情况总结的几个特点或表现，且多数是八旗贵族社会婚姻往来的共性，只是在个别家族中的表现会略有差别。其实，八旗之内的婚姻不仅仅局限于八旗满洲内部的互动，与八旗蒙古、八旗汉军，或八旗内其他民族之间亦应有婚姻往来，惜材料之限在索尔果家族中只见到一例与李成梁家族的婚姻，与八旗蒙古的婚姻往来尚未得见。此外，满洲的婚俗如收继婚、一夫多妻（妾），满洲妇女的再婚、再嫁等问题亦是比较突出的特征。

三　婚姻与索尔果家族崛起

八旗贵族之间的婚姻以双方的门第、爵秩为基本条件，从而确定了八旗社会良贱难以通婚的规则，亦在婚姻的过程中打上厚重的阶级烙印。索尔果家族作为满洲社会的上层，其婚姻对象必定是与其地位相当或更高的的权贵。只有这样才能获得更稳固的政治地位和更多的经济利益，因此这种婚姻长时间持续下来就形成了一个稳定的婚姻网络或婚姻圈。正是这类上层的婚姻往来才最终推动了索尔果家族的崛起和繁盛。

婚姻是获得家族政治地位的筹码。通过婚姻，索尔果家族密切了与爱新觉罗家族的联系，以此晋升为皇亲国戚，进而获得更多的特权。站在爱新觉罗家族的立场来看，与八旗贵族的婚姻是壮大和巩固本身统治的最好手段，索尔果家族作为八旗勋旧贵族势必成为他们婚姻的对象。若从索尔果家族的立场来看，与他们联姻可以更快地提升族人官爵，这远比在疆场厮杀及依靠祖父功勋获得升迁来得快，因此婚姻是最快捷、最安全的荣升之道。这在前述索尔果家族人物的事迹中可以得到充分的印证。如费英东、察喀尼、辉塞、符珍等人官爵的升迁与他们的婚姻有着千丝万缕的联系，这是不容忽视的。

索尔果家族与其他八旗贵族之间的婚姻也加强了他们的合作，进而相互援引庇护。如费英东之女与额亦都之子的婚姻，密切了两大家族的关系，费英东与额亦都同为入关前五大臣，二人共同辅佐努尔哈齐的事业，罕有矛盾和冲突；哈达哈之女与鄂尔泰之子的婚姻亦属此类。再如鳌拜获罪时，其孙女婿兰布受到牵连，而兰布正是在鳌拜当政时由贝勒升至亲王。鳌拜的亲家理藩院左侍郎绰克托、议政大臣博博尔代皆因与鳌拜结党，相互庇护而获罪。这也从一个侧面说明，与门第较高的家族进行联姻，可以获得更多支持者和庇护者，最终壮大本家族势力。

　　索尔果家族是以军功起家的军事家族，备受清朝统治者青睐，特别是清朝前期的诸多战争中索尔果族人多有参与，并立下赫赫战功，进而加官晋爵。婚姻则成为推动其家族人物奋身沙场的工具。索尔果族人中任军事将领的颇多，他们之所以被委以军事要职，既因其本人具备军事领导才能和作战经验，另有部分人是因其为皇亲国戚，倘若作战胜利，所获荣誉和赏赐将是极其可观的。

　　通过婚姻增强了索尔果家族与八旗贵族间的竞争力。有清一代，这些八旗贵族皆想通过婚姻这条捷径达到位高爵显的目的，如钮祜禄氏、纳喇氏、赫舍里氏、佟佳氏等氏族的崛起受婚姻的影响极大。瓜尔佳氏索尔果家族自然不会远离这个婚姻圈，而是努力跻身其中，以增强本家族的竞争力。上述婚姻诸例正是其家族在婚姻竞争圈中拼搏的表现。

　　这种以爱新觉罗家族为中心，外联八旗贵族的婚姻圈经过不断地实践，最终变得比较稳定。索尔果家族的婚姻最终推动了其家族在清朝前期的崛起和繁盛，文中虽涉及少数清中后期家族的婚姻，然因支撑材料匮乏，难以延伸。

　　索尔果家族的婚姻不仅仅局限于八旗贵族之间，特别是清朝中后期，该家族可能出现了与民人之间的婚姻往来，然而囿于各类族谱及相关文献记载不够明确，仅能推断家族在清朝中后期出现旗民通婚现象，更加精确的论断尚需新史料支撑。

第五章

索尔果家族的延续及历史地位

本书前四章考察了满洲瓜尔佳氏索尔果家族的先世源流、发展演变、佐领承管、旗分变更、人丁繁衍、世爵世职，以及婚姻关系等相关问题。所据文献除清朝官修古籍外，还参考了满汉文档案、奏疏、族谱、碑铭等。文章叙述时间跨度较大，基本涵盖了努尔哈齐起兵至清朝末年的家族事迹，由于史料记载的不足，对清后期家族情况的论述较为单薄。作为满洲共同体的一部分，索尔果家族是满洲兴衰成败整个过程的参与者和见证者，据笔者初步统计其家族250余人中有爵位者100余人，集中反映了家族的成就和历史贡献，也体现出满洲统治者对这些满洲勋贵的依赖和重视。虽然索尔果家族在鳌拜获罪之后，武将名臣渐趋减少，但与家族发展密切相关的爵位、世袭佐领等却一直承袭至清末，可见家族的发展从未停息。索尔果家族的历史功绩是不可磨灭的，他们顺应时代潮流，在清朝的各种军事战争中，立下不朽功勋，维护国家统一；在各种政治活动中，兢兢业业，克己奉公。本章将对索尔果家族的后续发展及历史地位作一总结。

第一节　索尔果家族的延续

综观索尔果家族各支系的发展情况，可以简单归纳出家族的发展轨迹，即索尔果率众归附时的初兴期；后金时期的快速发展，促成家族进入第一次兴盛期；康熙初年鳌拜崛起，使家族急速达到第二次兴盛期；鳌拜获罪后，部分族人遭受打击，但后又逐渐恢复官爵，视为短暂徘徊期；乾隆以后，家族武将名臣减少，但爵位、世袭佐领等却一直承袭至清末，基本处于平稳发展期。此发展脉络仅为整体情况，若单从各支系的发展轨迹来看，又略有不同。费英东支系的人物始终活跃在清朝的军政舞台上，虽然清朝中后期人物渐少，但无论是爵位还是世袭佐领等却从未中断。卫齐支系受鳌拜罪案的牵连最大，部分族人的爵位被剥夺，如巴哈、穆里玛的爵位被削后再无恢复，然二人承袭的世袭佐领却从未中断；鳌拜的爵位被恢复后一直承袭至同治年间；卫齐的三等轻车都尉承袭至乾隆末年，可见该支系虽遭受重创，可保持家族地位的爵位及世袭佐领却始终没有中断。音达户齐、吴尔汉等支系在清朝中后期虽无显赫人物出现，不过他们的爵位和佐领亦在有序地传承，保持了家族的稳定发展。总体而言，家族各支系的发展皆未中断，由于受到各种因素的影响，各支系又呈现出不同的特色，这在前述各支系的发展脉络中已有体现。

　　然而，受到整个时代背景的影响，索尔果家族在清朝中后期的发展很难出现如费英东、鳌拜等官高爵显的人物。首先，中央集权的加强，使皇帝真正成为至高无上，不可能再出现异姓贵族位高盖主的情况；其次，从清朝政治发展的线索来看，清军定鼎燕京之初，居于统治阶层的满洲贵族尚能体国恤民，勤于军政。但从清朝中期开始，一些满洲勋贵子嗣，渐染恶习，生活奢靡，酗酒赌博，国语骑射之风渐衰，最终变质为纨绔子弟，索尔果家族作为满洲勋旧贵族、军功家族，当年的尚武精神已大不如前；再次，清代中后期人口渐增，官职和爵位的竞争愈发激烈，入仕机会逐渐趋下降，这从前列索尔果家族所任文武官职一览表中可以得见；最后，八旗生计问题①自康熙中叶出现，日益严重，逐渐成为旗人社会普遍存在的问题，索尔果家族亦受此影响。

第二节　索尔果家族的历史地位

　　本节从正反两个方面对索尔果家族在清朝乃至满族历史上的地位加以阐释，对索尔果家族在清朝开国时期，在清初皇位之争中，在维护国

---

① "八旗生计"问题是清史研究，特别是八旗制度史研究的重要内容，相关研究可以参考，韦庆远：《论"八旗生计"》，《社会科学辑刊》1990年第5期、《论"八旗生计"（续）》，《社会科学辑刊》1990年第6期；李尚英：《论"八旗生计"问题产生的原因及其后果》，《中国社会科学院研究生院学报》1986年第6期；周远廉：《八旗制度和"八旗生计"》，载《满学研究》第七辑，民族出版社2002年版。

家统一、边疆稳定上，在地方治理的参与中的贡献作一归纳总结。

一 索尔果家族与清朝开国

清朝开国历经六十余年，从努尔哈齐到皇太极这段历史时期一系列成就的取得除了两位君主的统治才能外，率先归附的各大部族起到了极为重要的作用。索尔果家族顺应历史大势，在部长索尔果带领下于1588年归附努尔哈齐，其子孙在统一女真诸部、建立后金、肇建八旗、初定行政等方面皆有作为，使得一部分族人成为清朝的开国功臣。家族当中最具代表性的人物便是费英东，其奋勇疆场三十载，斩获无数，参与统一女真诸部，及征伐明廷的各类战争；积极参与时政，凭其才能，被授予扎尔固齐，以"听讼治民"，又入位高权重"理政听讼"五大臣之列。基于此，费英东被誉为"开创佐命第一功臣"。皇太极时期，为了加强皇权，设立八大臣及十六大臣，索尔果家族中音达户齐次子杨善入管理八旗驻防的十六大臣之列，音达户齐三子宜荪入"佐理国政，审断狱讼"的十六大臣之列；后又仿明旧制设六部，费英东六子索海先后两次被任命为刑部承政，音达户齐四子吉荪被任命为礼部承政，宜荪被任命为兵部承政。在清朝开国的整个过程中皆有索尔果家族的参与，且发挥了至关重要的作用，同时他们也见证了皇权集中的整个过程。索尔果家族只是满洲勋旧贵族的一个代表，类似家族还有很多，之所以有这些部族鼎力相助，打下的坚实基础，才最终奠定了清朝日后的昌盛。

二 索尔果家族与皇位之争

清初的政治格局是一个不断调整、变化和完善的过程，在这个过程中索尔果家族多有参与。尤其是皇太极去世后的皇位之争，持续时间长、牵涉人物多，图赖、鳌拜等族人作为两黄旗大臣发挥了至关重要的作用。二人从欲立豪格为君到坚决拥护幼主福临登基，其中的博弈和角逐可想而知，整个过程在第二章中已做论述。可以说，没有这些满洲勋旧贵族的支持和拥护，福临的继位或许会更加艰辛。二人也因此遭到多尔衮怨恨和打击，由于图赖耿直的性格，后来又多次与多尔衮发生言语冲突，多尔衮也试图拉拢图赖，但终未成功，顺治四年（1647），图赖暴卒，其死因是否与皇位之争时的积怨有关已不得而知。而鳌拜在多尔衮摄政时期同样遭到排挤，"世祖亲政以后，鳌拜才因忠于皇室受到清廷的重用"①。被委以辅政大臣之要职。此外，同旗族人吴赖、纳海、赵布泰等两黄旗大臣亦盟誓天地，表示效忠顺治。

三　索尔果家族与边疆稳定

有清一代，边疆矛盾和冲突不断，战争时有发生。索尔果家族中涌现出一批骁勇善战的武将，他们在维护国家统一、边疆稳定的过程中贡献了自己的力量，乃至生命。努尔哈齐统治时期家族人物参与了一系列与女真诸部的战争，最终协助努尔哈齐统一了女真诸部，其中费英东立下赫赫战功。卫齐次子赵布泰早年曾征战黑龙江，顺治年间命为征南将军，讨伐南明抗清官兵。巴哈次子苏勒达于康熙年间全程参与了乌兰布通和昭莫多之战，军功卓著。康熙年间，傅尔丹被授予振武将军印，率大军征讨策妄阿拉布坦，最终策妄阿拉布坦损失惨重，奠定了雍正、乾隆时期解决西北边疆问题的基础。雍正年间，发生了著名的和通泊之战，傅尔丹被委以靖边大将军，战争以清廷惨败而告终，傅尔丹也负有不可推卸的责任，此战索尔果家族达福、② 哲尔布、③ 马尔萨、④ 伊成格⑤等皆战死沙场。雍正和乾隆年间，傅尔丹又两次出任黑龙江将军，皆有作为。傅尔丹之子哈达哈对维护西北边疆的稳定和统一，特别是参与了清军对达瓦齐、阿布赍、阿睦尔撒纳的战争，虽未成功，但毕竟沉重打击了这股分裂势力。郎格之孙席卜臣从征贵州、四川等地，康熙年间任命为镇西将军，镇守西安。图赖曾孙马尔泰在任两广总督、署理川陕总督期间处理边疆、民族问题时亦颇有成就。图赖四世孙敦柱多年任职边疆，从西北到东北，最后战殁金川，列定金川五十功臣，图像紫光阁，并入祀昭忠祠。清末，费英东七世孙盛桂任职蒙古地区多年，后又调任吉林及察哈尔副都统；盛桂弟盛筠曾任职于山西等地，后调广西。索尔果家族用斗志和鲜血为国家统一和边疆稳定作出了不朽的贡献。

---

① 雷炳炎：《清代社会八旗贵族世家势力研究》，第 323 页。
② 那摩佛子，鳌拜孙。
③ 纳海曾孙。
④ 马哈达子、费扬古孙、图赖曾孙。
⑤ 吉苏元孙。

四 索尔果家族与地方治理

地方社会的稳定、经济的发展亦被清代统治者所重视，作为以满洲人为统治核心的清王朝自然离不开满洲贵族世家的参与。"至于和辑兵民，清正为官，关注民生，察吏安民，兴利除弊，造福地方的八旗世家官僚更是多地难以枚举。"① 索尔果家族出任地方督抚、驻防将军，及其他官吏的人员不在少数，任内多能兢兢业业、勤于政务、关心民情。马尔泰在署理川陕总督、任职两广总督、闽浙总督期间，管辖地区的经济、政治、社会、民族、涉外、文教等各项事业多能顺理成章，有所发展，并获乾隆皇帝"封疆之寄"的赞誉。傅尔丹虽然在军事上犯有严重错误，但不可全面否定他的贡献，他在出任振武将军后，与富宁安等分兵两路阻截准噶尔部进发西藏，并取得了一些胜利，虽然并未最终阻止准噶尔部侵扰西藏人民，但在一定程度上延缓了这种悲剧的到来，并削减了准噶尔部军队实力，最终准噶尔军队队在与清军和西藏人民的战斗中，逃遁而去。他在署理黑龙江将军的两年间，严肃军纪，严查从征官兵重领恩赏，认真监视边境情形；在与俄罗斯进行贸易往来时，傅尔丹严格按照规定，查验进境文书及货物数量，并在贸易的过程中探寻对方的国情，促进了当地经济的发展，密切了与邻国的关系，维护了边疆的稳定。哈达哈对维护归化城、呼伦贝尔等蒙古地区的安定立下了不朽的功绩，乾隆年间参加了修浚河道，组织武举，赴喀尔喀地方选拔膘壮战马等活动，亦对地方社会有所贡献。家族中此类人物很多，不再兹举。

另外，作为统治阶层的满洲勋旧贵族，索尔果家族中一些人物参与的一系列事件，在一定程度上对清代政治的发展产生了消极影响。雷炳炎先生认为八旗贵族世家对清代政治的负面影响主要表现在："清王朝政坛的各种是非纷争，清代社会吏治的恶化，清代官场上的正不压邪、奸恶相济、因循守旧、玩忽职守、骄纵不法等问题，在八旗贵族世家子弟出身的官员身上也得到突出的反映和充分的展现。"② 索尔果家族中对清代政治的消极影响主要集中在清朝前期，特别是康熙初年鳌拜的专权和结党营私，严重扰乱了清朝的统治秩序。其家族倚靠鳌拜之权，获得高

---

① 雷炳炎：《清代社会八旗贵族世家势力研究》，第343页。
② 同上书，第356页。

官厚禄，严重破坏了当时的吏治。《康熙朝满文朱批奏折全译》记载了康熙帝钦定的鳌拜等人十二条罪状，对其用人不公的情况予以记载："凡施政用人时，鳌拜欺朕，恃其权势，任意妄为，令文武各官撤出伊门，内、外皆用其党内奸宄之徒"，特别提到穆里玛、塞本得、诺漠、佛伦、苏尔马等族人，其中穆里玛是其六弟，塞本得、诺漠、佛伦、苏尔马皆为鳌拜亲侄。并指出："凡事先于家中商定，而后施行，更有甚者，凡遇部院来奏官员，均被其招往商议。此众所周知。鳌拜等人恃恶沮坏国政。凡与之善者，均行扶持；与之不睦者，即行陷害。"①《清圣祖实录》中将鳌拜"引用内外奸党，致失天下人望"，列为第二条罪状，可见此条罪状之厉害程度。关于鳌拜用人上还有这样一条阐释："明知马迩赛、光泰、噶达浑三族系太宗文皇帝、世祖章皇帝时不用为侍卫之人，复擅行起用"②。其中噶达浑系其伯父音达户齐第三子宜荪之子。最后，穆里玛被即行处斩；塞本得，被革职，即行处斩；鳌拜之子那摩佛被革职、籍没，免死，被拘禁；侄佛伦从宽免死，鞭一百，并免籍没；侄诺漠被即行处斩；鳌拜兄赵布泰被革职、籍没，免死，拘禁；鳌拜四弟巴哈革职为民；巴哈之子讷尔杜被革职为民；穆里玛第三子苏尔马著革职，鞭一百。除了结党营私之外，鳌拜党羽还下大力度排斥异己，其中对苏纳海、朱昌祚、王登联，以及苏克萨哈等人的枉杀即是力证。可见，鳌拜的专擅是其家族短期内急速发展的直接动力，但从长远来看，对整个家族，特别是卫齐支系的发展造成了一定冲击，所以说，鳌拜的结党营私、欺君擅权，于国于家皆无益处。

满洲勋贵亦具有贪婪堕落的本性。索尔果家族中因为贪婪、懒惰而被惩罚的人物同样存在。费英东身为五大臣之一，拥有极高的权势，可是仍存贪婪之念，在天命四年（1619），努尔哈齐率部卒攻克开原城后，在费英东等人处查获他们藏匿的金银、绸缎等战利品。不久，费英东亦因私分战利品之事受到惩戒。傅尔丹曾因建房贪求奢华，偷卖科布多兵丁粮食，贪污银两等屡被举报。同时傅尔丹在任领侍卫内大臣期间因为懒惰，被削去领侍卫内大臣之职。

---

① 中国第一历史档案馆编译：《康熙朝满文朱批奏折全译》，康熙八年五月十二日条，第2页。

② 《清圣祖实录》卷29，康熙八年五月庚申条。

　　以上仅是索尔果家族在清代政治发展中的一些不良表现，尤其是鳌拜擅权对康熙亲政之前政治发展的负面影响尤为突出，更对之后的政治风气产生了不良影响。

　　瓜尔佳氏作为满洲历史上的大家族，索尔果家族则是其中最具代表性和最有影响力的家族。一部索尔果家族史，其涵盖内容远不及此，特别在清朝这样一个由满洲人统治的时代，身为满洲勋贵世家其内涵应更加丰富。如军功与家族的密切关系，家族的经济、文化教育、驻防等问题同样值得关注和深入探究，囿于资料匮乏及篇幅所限，尚无法全部涉猎，待日后再作补充。

　　同时也不应忽视瓜尔佳氏家族中的其他成员，知名者亦不乏其数。如同属苏完瓜尔佳氏的刚林、车克、安珠瑚、麻勒吉、石翰家族；其他瓜尔佳氏族人如劳萨、沙尔虎达、巴海父子，武理堪与子武拜、苏拜，吴巴海、根特、索浑、巴山、音泰、郎谈、库勒那、阿席熙、巴锡、珠满、锡伯、弘世禄、陶岱、鄂弼、端济布、图钦保、素诚、努三、吴达善、观音保、塞楞额、富德、满福、五岱、官达色、额勒登保等活跃于后金及清朝前期的文臣武将；清朝中后期的怡良、胜保、桂良、文祥、荣禄、文悌、崧骏、崧蕃、伊克坦、斌良、法良、观成、震钧等封疆大吏、文臣墨客等皆出自瓜尔佳氏。由此来看，本书仅是瓜尔佳氏家族史研究的第一步，欲作全面系统研究尚需学界同仁共同努力。

附　　录

附录1　索尔果家族佐领总表

旗分	参领	佐领	编立年代	初任 佐领人	人丁来源	家族关系	佐领类型
镶黄旗满洲	第二参领	第七佐领	国初	吴尔汉	苏完	索尔果 第五子	勋旧佐领?
镶黄旗满洲	第二参领	第八佐领	国初	卫齐	苏完	索尔果 第九子	勋旧佐领?
镶黄旗满洲	第二参领	第十二佐领	国初	察喀尼	苏完	索尔果之孙，费英东第十子	勋旧佐领?
镶白旗满洲	第四参领	第二佐领	国初	席拉纳	苏完	索尔果长兄尼堪曾孙	勋旧佐领?
镶白旗满洲	第五参领	第四佐领	国初	宜苏	苏完	索尔果之第四子音达户齐之子	勋旧佐领?
镶黄旗满洲	第二参领	第九佐领	康熙二十三年（1684）	西图	第二参领第八、第十两佐领内余丁	卫齐曾孙，赵布泰之孙	世管佐领?
镶黄旗满洲	第二参领	第十佐领	康熙七年（1669）	苏尔玛	第二参领第八佐领内滋生人丁	卫齐之孙拜思哈叔父之子	世管佐领

旗分	参领	佐领	编立年代	初任佐领人	人丁来源	家族关系	佐领类型
镶黄旗满洲	第二参领	第十一佐领	康熙三十四年（1695）	法色	镶黄旗满洲第二参领第八、第九、第十佐领内余丁	索尔果第八子雅尔巴二世孙	世管佐领
镶白旗满洲	第五参领	第五佐领	康熙二十三年（1684）	常德	镶白旗满洲第五参领第四佐领内滋生人丁	索尔果之第四子音达户齐曾孙郭色伯父苏色海之子	世管佐领
镶黄旗满洲	第一参领	第十二佐领	国初	初以异姓爱通阿管理，顺治九年，改令一等公鳌拜管理	漂城、苏完	鳌拜乃卫齐第三子	世管佐领
镶黄旗满洲	第二参领	第二佐领	康熙七年（1668）	沃赫	苏完	察喀尼长子	世管佐领？
正黄旗满洲	第一参领	第六佐领	顺治八年（1651）	古苏	苏完	图赖族子	世管佐领？
正黄旗满洲	第一参领	第七佐领	康熙二十三年（1684）	马哈达	正黄旗满洲第一参领第六佐领内滋生人丁	图赖之孙	世管佐领
镶白旗满洲	第五参领	第二佐领	不详	吴丹	镶白旗满洲第五参领第四佐领苏伯赫、镶白旗满洲都统第五参领第六佐领和洛、韩除哈、镶蓝旗满洲第四参领第十六佐领赫硕色四佐领余丁编立	索尔果第四子音达户齐之子吉荪之子	世管佐领

旗分	参领	佐领	编立年代	初任佐领人	人丁来源	家族关系	佐领类型
镶白旗满洲	第五参领	第三佐领	不详	七十	镶白旗满洲第五参领第二佐领内滋生人丁	非索尔果族人掌管	公中佐领
镶白旗满洲	第五参领	第六佐领	国初	初以异姓章三管理，后以杨善管理	苏完	杨善乃音达户齐之子	世管佐领
镶白旗满洲	第五参领	第七佐领	康熙二十三年（1684）	鄂奇	镶白旗满洲第五参领第六佐领内滋生人丁	杨善孙和洛长子	世管佐领

注：表中"?"代表此佐领类型仍需进一步考证。

附录2　索尔果家族婚姻总表

| | | | | 索尔果家族与爱新觉罗家族的联姻 | |
姓名	妻子	女婿官爵	辈分	所娶之女生育状况	备注
舒尔哈齐	四娶福晋索尔和（索尔果、索尔活）之女；七娶福晋索尔和之女	和硕庄亲王	胤上四代，努尔哈齐同母弟	四福晋生三男六女：扎萨克图、图伦、诺穆岱；四、六、七、八、九、十女。七福晋生一子：费扬武。	明嘉靖四十三年（1564）生，万历三十九年（1611）卒，年48岁。
巴雅喇	嫡夫人费英东之女	多罗笃义刚果贝勒	胤上四代，努尔哈齐异母弟	生八子：拜松武、拜音图、塞伊图、巩阿岱、锡翰、济玛祜、德马护、穆臣。	明万历十年（1582）生，天命九年（1624）卒，年43岁。
斋桑古	费英东之女	贝勒	胤上三代，舒尔哈齐第五子	不详	据《玉牒》28号12页，转引自杜家骥：《清朝满蒙联姻研究》第596页附录一《满蒙联姻总表》，第598页。
费扬武	嫡福晋费英东之女	和硕简亲王	胤上三代，舒尔哈齐第八子	生七子：松舜、尚善、济尔度、傅喇塔、洛硕、努赛、未有名。	乙巳年三月三十日，七继福晋索尔果之女所生。
布尔吉	嫡妻费英东之女	副都统	胤上三代，兴祖直皇帝三子索长阿第四子龙敦之子铎弼长子	生五子：罗硕、握赫、罗萨、天达、杜尔霸。	丙戌年（1585）十一月十三日生，顺治五年（1648）七月初六日卒，年63岁。

索尔果家族与爱新觉罗家族的联姻

姓名	妻子	女婿官爵	辈分	所娶之女生育状况	备注
雅玛兰	嫡妻费英东之女		胤上三代，兴祖直皇帝位下第一子德世库长子素赫臣二子光度之二子	生五子：洛岱、扎齐哈、察翰、喇哈岱、塔哈泰。	甲申年（1583）九月十一日生，天聪五年（1631）辛未三月二十二日卒，年48岁。
杜尔祜	嫡妻费英东之女	多罗愍厚贝勒	胤上一代，褚英长子杜度长子	生七子：喇弼、喀壁、喀穆壁、旁达、敦达、度锡、准达。	乙卯年（1614）九月生，顺治十二年（1655）三月二十五日卒，年41岁。其侄尼堪长子兰布娶鳌拜孙女（鳌拜为费英东亲侄）。
敦达	嫡夫人图赖之女	固山恪恭贝子	胤字辈，杜尔祜第五子	生五子：温丹、普贵、德素、普奇、普昌。	崇德八年（1643）生，娶其亲舅舅之女。
钟特	继妻图赖公之女	三等轻车都尉	胤上二代，兴祖直皇帝三子索长阿后裔		天聪元年（1627）九月十二日生，康熙三十二年（1693）九月初九日卒，年67岁。
汤古代	继妻音达户齐之女	镇国克洁将军	胤上三代，努尔哈齐第四子	生一子：穆尔察。	乙酉年[万历十三年（1585）]十一月生，崇德五年（1640）卒，年56岁。

姓名	妻子	女婿官爵	辈分	所娶之女生育状况	备注
			索尔果家族与爱新觉罗家族的联姻		
温泰诸	嫡妻吴尔汉之女		胤上三代，兴祖直皇帝第三子索长阿第四子龙敦长子珠巴礼第二子	生二子：塔布笃礼、铎郎阿。	庚寅年生，壬午年卒，年53岁。
克布图	妻纳海之女		胤上二代，珠巴礼第三子克锡图之子，温泰诸亲侄	生一子：苏赫。	辛亥年（1610）生，顺治三年（1646）卒，年36岁。
达祐礼	嫡妻纳海之女		胤字辈，穆尔哈齐第四子务达海第六子托克托慧第四子当格第四子		康熙三十二年（1693）生，雍正十二年（1734）四月卒，年42岁。
巴布海	嫡妻乌尔汉之女	镇国将军	胤上三代，努尔哈齐第十一子	生一子：阿喀喇。	丙申年十一月生，崇德八年（1643）被处死，年48岁。
华善	嫡妻乌尔汉之女		胤上三代，萨哈尔察之子，兴祖直皇帝三子索长阿后裔	生二子：贵和铎、跨察。	丁未年九月初九日生，崇德元年（1636）二月初三日卒，年30岁。

索尔果家族与爱新觉罗家族的联姻

姓名	妻子	女婿官爵	辈分	所娶之女生育状况	备注
巴布赖	妾乌尔汉之女		胤上三代，兴祖直皇帝三子索长阿后裔	生一子：阿燕。	庚子年五月十三日生，崇德七年（1642）十二月十八日卒，年43岁。
来祜	三娶妻鳌拜之女	已革辅国公	胤上二代，太祖第十三子辅国介直公赖慕布长子	生五子：类达、爱珠、来舒、爱都、爱绶。	天命十年（1625）六月生，康熙三十三年（1691）三月卒，年70岁。
扎坤泰	嫡妻达福之女	宗学总管、奉恩将军	胤字辈，来祜子爱珠之子	生二子：永武、纳泰。	康熙五十一年（1712）生。
兰布	妾那摩佛之女	和硕敬谨亲王	胤上一辈，褚英第三子尼堪长子		崇德七年（1642）生，康熙十七年（1678）二月卒，年37岁。
苏尔登	嫡妻巴哈之女	散秩大臣、镇国将军	胤上一代，清太宗皇太极第四子叶布舒独子	生二子：佛尔奇、纳尔奇。	顺治十八年（1661）正月生，康熙五十七年（1719）四月卒，年58岁。
弘康	嫡妻傅尔丹之女	乾隆三十五年（1770）封二等镇国将军，嘉庆十四年（1809）加不入八分辅国公品级	弘字辈，圣祖第二十四子胤祕第三子	生二子：永纯、永碬。	乾隆十二年（1747）生，嘉庆十九年（1814）卒。

索尔果家族与爱新觉罗家族的联姻					
姓名	妻子	女婿官爵	辈分	所娶之女生育状况	备注
顺德	嫡妻兆德之女	乾隆三十二年（1667）袭奉恩将军，嘉庆元年（1796）休致总管	永字辈，太祖十二子阿济格五世孙九成第七子		乾隆十九年1754生，嘉庆五年（1800）卒，年47岁。
绵彩	嫡妻兆德之女		绵字辈		乾隆十七年（1752）生。
颙琰	安嫔，公安英之女（兆德之孙），道光十七年（1837）丁酉六月二十七日薨。	仁宗睿皇帝（嘉庆帝）	永字辈，乾隆帝第十五子	未生育。	乾隆二十五年（1760）生，嘉庆二十五年（1810）卒，年61岁。

爱新觉罗族女与索尔果族男的婚姻				
爱新觉罗氏之女	指配时间及对象	婿之官爵	婿生卒年	女生卒年
褚英长女	明万历三十四年（1606）左右嫁给费英东为妻。	五大臣之一、扎尔固齐	明嘉靖四十三年（1564）生，天命五年（1620）三月卒，年57岁。	不详
褚英长子杜度女	约在天聪九年（1635）与费英东第十子察喀尼成婚。	三等子	崇德八年（1643）十二月去世。	不详
太宗文皇帝位下第十女	顺治八年（1651）八月，指配图赖之子辉塞为额驸，是月下嫁，封为县君额驸。	顺治四年（1647）六月，袭父爵，封一等公，明年三月，缘事削爵，八年（1651）辛卯，既尚皇女，旋于是年十月卒，九年（1652）正月，追复原爵。	顺治八年（1651）十月卒。	天聪九年（1635）十月二十一日生，顺治十八年（1661）八月卒，年27岁。封县君。

续表

爱新觉罗族女与索尔果族男的婚姻				
爱新觉罗氏之女	指配时间及对象	婿之官爵	婿生卒年	女生卒年
荣安固伦公主（文宗显皇帝位下一女）	同治五年（1866）九月，指配一等雄勇公、散秩大臣符珍为额驸，十二年（1873）八月，下嫁。	符珍初名瑞煜，太宗十额驸辉塞之后，袭封一等雄勇公，指婚后改赐今名，授散秩大臣。同治十一年（1872）二月擢汉军副都统，光绪六年（1880）九月署护军统领。十年（1884）十月累迁御前大臣。十六年（1890）（1884）二月授都统。十八年（1892）闰六月，授内大臣。二十年（1904）正月赐用紫辔。二十六（1910）年七月未随扈行在，八月命留京办理旗务。	宣统元年（1909）十二月卒。	咸丰五年（1855）乙卯五月初七日寅时生，同治十三年（1874）甲戌十二月二十九日巳时薨，年20岁。
和硕恭愨长公主（世祖章皇帝二女）	康熙六年（1667）二月，下嫁巴哈之子讷尔杜。	康熙八年（1669）五月，因鳌拜得罪与父巴哈俱革职为民，复起用。十五年（1676）正月加太子少师。	不详。	顺治十年（1643）癸巳十二月初二日子时生，康熙二十四年（1685）乙丑十月卒，年33岁。

索尔果家族与其他八旗贵族间的联姻					
姓名	家族辈分	娶妻	生卒年	最高官爵	子女
阿达海	钮祜禄额亦都第五子	索尔果次子费英东之女	生于万历十九年（1591），天命二年（1617）阵亡，年27岁。葬于盛京城北蒲湖岭之阳山里红屯父茔之西。妻：生于万历十七年（1589），卒于康熙九年（1670），年82岁。葬于安定门北里八台。	二等侍卫兼侍卫什长官，勋旧佐领。雍正十三年，奉旨崇祀昭忠祠。	生二子：阿哈尼堪、达达海。

姓名	家族辈分	娶妻	生卒年	最高官爵	子女
超哈尔	额亦都第十三子	索尔果次子费英东之女	生于万历三十年（1602），崇德五年（1640）殁于阵，时年40岁，葬于盛京城东北山里红屯父茔之西。妻：生卒年不详，葬于安定门北小营村。	议政大臣。战殁后，晋世职为二等轻车都尉。	生五子：格和礼、额赫里、珠麻拉、札拜、端多和。
达隆霭	额亦都第六子	索尔果第五子乌尔汉之女	生于明万历十九年（1591），天命十年（1625）去世，年35岁。葬于盛京城北蒲湖岭之阳，山里红屯父茔之西，母佟佳氏夫人墓之昭。妻：生于明万历八年（1580），卒于顺治九年（1652）七月，年73岁。葬于安定门北南湖渠村。	未入仕	生四子：达拜、多拜、约拜、科拜。
伯雅住	额亦都第三子车尔格第七子	继娶费英东第七子图赖第三子费扬古之孙马尔萨之姑为妻	生于康熙六年（1667），康熙五十年（1715）卒，年49岁。妻：生于康熙十年（1671），卒于康熙四十三年（1704），年34岁。	康熙四十四年（1705）袭父所袭之骑都尉兼一云骑尉。	生育情况不详。

索尔果家族与其他八旗贵族间的联姻

姓名	家族辈分	娶妻	生卒年	最高官爵	子女
阿里衮	额亦都第十六子遏必隆第六子音德第六子	图赖第三子费扬古之孙马尔泰之妹	康熙五十一年（1712）七月十九日生，乾隆三十四年（1769）十月十九日卒，享年58岁。葬于里八台父茔之西侧。妻：川陕总督马尔泰之妹，生于康熙五十五年（1716）三月十六日，卒于乾隆四十五年（1780）二月二十八日。	领侍卫内大臣，一等公。	生四子：丰升额、倭星额、色克精额、布颜达赉。生七女：三适正红旗宗室镇国将军谟云之子，奉国将军崇敏；四适正蓝旗宗室贝勒弘暾之子闲散永曼；六适图默特扎萨克贝勒子哈穆噶巴雅思瑚朗图之三等台吉朋苏克临亲；八适镶红旗宗室辅国公弘晶之子奉国将军永荜；九适镶蓝旗宗室奉国将军书诚之子奉恩将军崇厚；十一适同旗满洲鄂谟托氏总督彰宝之弟富显；十二为十七阿哥福晋。
性德	纳喇氏明珠长子	图赖长子颇尔喷之女官氏	清顺治十一年（1654）十二月十二日生，康熙二十四年（1684）五月三十一日卒，享年31岁。妻：不详	仕至一等侍卫。清代著名词人。	不详
鄂弼	西林觉罗氏鄂尔泰第三子	哈达哈之女	康熙六十年（1721）正月生，乾隆二十八年（1763）六月卒，年43岁。	历任山西、陕西巡抚、四川总督。入祀贤良祠。	不详

姓名	家族辈分	娶妻	生卒年	最高官爵	子女
	索尔果家族与其他八旗贵族间的联姻				
不详	苏克萨哈族人	鳌拜家族互为姻娅	不详	不详	不详
布颜图	理藩院左侍郎绰克托之子	鳌拜之女	不详	不详	不详
不详	议政大臣博博尔代之子或女	与鳌拜为亲家	不详	不详	不详
鳌拜	卫齐之子	索尼之女	不详	康熙朝四大辅臣	不详
穆里玛	卫齐之子	阿什坦之妹	不详	工部尚书、都统	不详
李成梁族人	索海族人	不详	不详	不详	不详

注：此表主要参考《爱新觉罗宗谱》《清皇室四谱》《清实录》《清史稿》等文献制定而成。

附录 3　索尔果家族封爵总表

	一等雄勇公
初封	图赖，费英东第七子，初隶镶黄旗满洲，后改隶正黄旗满洲。天聪八年（1734），以功封二等甲喇章京。崇德三年（1638），晋三等梅勒章京。六年（1641），晋一等。八年（1643），以功晋三等昂邦章京。顺治二年（1645）三月，以功超封三等公。三年（1646）五月，以定河南等处功晋一等。四年（1647），卒。雍正九年三月，赐号雄勇。
一次袭	辉塞，图赖子。顺治四年（1647）六月袭，缘事革。八年（1651）闰二月，复爵。十月，卒。娶皇太极第十女为妻。
二次袭	颇尔喷，辉塞弟。顺治九年（1652）四月袭。
三次袭	永谦，颇尔喷子。康熙五十一年（1712）十二月袭。雍正九年（1731）三月，定世爵为一等雄勇公。世袭罔替。
四次袭	景惠，永谦子。乾隆二十七年（1762）十二月袭。
五次袭	景恒，景惠弟。乾隆四十九年（1784）十二月袭。
六次袭	英海，景恒子。嘉庆十年（1805）十二月袭。
七次袭	禄贤，英海子。嘉庆十九年（1814）袭。
八次袭	复昌，禄贤继子。道光十年（1820）十二月袭。
九次袭	符珍，复昌子。咸丰七年（1857）袭。宣统元年（1909）十二月，卒。
十次袭	松年，符珍子。宣统二年（1910）袭。

	一等超武公
初封	鳌拜，卫齐第三子，镶黄旗满洲。天聪八年（1734）五月，授牛录章京。崇德二年（1637）七月，晋三等梅勒章京。六年（1641）八月，晋一等。八年（1643）十月，晋三等昂邦章京。顺治二年（1645）正月，晋为一等。七年（1650）七月，降为一等阿思哈尼哈番。世祖亲政，晋三等侯。八年（1651）闰二月，以功晋为一等。九年（1652）正月，加一拖沙喇哈番。二月，以功晋二等公。康熙六年（1667）七月，以功晋为一等。原二等公命其子那摩佛袭。八年（1669）五月获罪，革公爵。是年卒。五十二年（1774）十二月，追封一等阿思哈尼哈番。雍正五年（1727）十一月，追复一等公。九年（1731）三月，赐号超武。
一次袭	那摩佛，鳌拜子。康熙六年（1667）八月，袭二等公。八年（1669）五月，父鳌拜得罪，革爵。

二次袭	苏赫，鳌拜弟巴哈孙。康熙五十二年（1774）十二月，袭一等阿思哈尼哈番。
三次袭	达福，鳌拜孙。康熙六十年（1782）十二月袭。雍正五年（1727）十一月，袭鳌拜追复之一等公。九年（1731）三月，定世爵为一等超武公。是年六月，战殁。
四次袭	岱吞，达福子。雍正九年（1731）十一月袭。
五次袭	德胜，岱吞子。乾隆二十六年（1761）十二月袭。四十五年（1780）十二月，奉特旨俟出缺时即行停袭，仍给予一等男爵。
六次袭	庆玉，德胜子。嘉庆十二年（1806）十二月，降袭一等男。
七次袭	锺灵，庆玉子。嘉庆十九年（1813）十二月袭。
八次袭	贵麟，锺灵兄。道光十三年（1833）十二月袭。
九次袭	锺寿，贵麟弟。道光二十三年（1843）十二月袭。
十次袭	鹤龄，锺寿子。咸丰三年（1846）十二月袭。
十一次袭	锡惠，鹤龄子。同治四年（1865）十二月袭。

	三等信勇公
初封	费英东，索尔果次子，镶黄旗满洲。明万历十六年（1588），随父归附，并授一等大臣，旋授扎尔固齐。明万历三十六年（1618），任五大臣。天命五年（1620）三月，积功封三等总兵官。初八日卒。崇德元年（1636）四月，追封直义公。顺治十六年（1659）正月，赠三等公。雍正九年（1731）三月，赐号信勇。乾隆四十三年（1778），晋一等公爵。
一次袭	索海，费英东六子。天命五年（1620），袭三等总兵官。世袭罔替。
二次袭	纳海、图赖，费英东次子、七子。二人分袭。俱缘事革。
三次袭	察喀尼，费英东十子。天聪二年（1628）二月，袭三等总兵官。
四次袭	沃赫，察喀尼子。崇德八年（1643）十二月，袭三等昂邦章京。顺治七年（1650）、九年（1652），二遇恩诏，晋为一等。十六年（1659）正月，念费英东为开创功臣晋三等公。世袭罔替。康熙三十年（1691）六月，卒。

五次袭	傅尔丹，沃赫子。康熙三十年（1691）闰七月袭。雍正九年（1731）三月，定世爵为三等信勇公。十年（1732）九月，革爵。乾隆十七年（1752），卒。
六次袭	兆德，傅尔丹子。雍正十一年（1733）正月袭。乾隆元年（1736），革爵。
七次袭	哈达哈，兆德弟。乾隆元年（1736）十二月袭。二十二年（1757），革爵。二十四年（1759）十月，卒。
八次袭	哈宁阿，哈达哈子。乾隆二十二年（1757）十二月袭。二十四年（1759）十二月，令自尽。
九次袭	兆德，傅尔丹子。乾隆二十三年（1758）十二月复袭。
十次袭	富兴，兆德子。乾隆三十六年（1771）十二月晋二等公。四十三年（1778）正月，晋一等公。世袭罔替。
十一次袭	富锐，富兴弟。乾隆五十四年（1789）十二月袭。嘉庆四年（1799），卒。
十二次袭	安宁，富锐从子。嘉庆五年（1800）十二月袭。
十三次袭	盛贵，安宁子。嘉庆十五年（1810）十二月袭。
十四次袭	联绶，咸丰四年（1647）十二月袭。
十五次袭	定昌，联绶子。光绪四年（1878）十二月袭。二十六年（1900），卒。
十六次袭	锡明，光绪二十七年（1901）十二月袭。

一等男	
初封	穆里玛，卫齐子，镶黄旗满洲。顺治元年（1644）三月，袭父三等阿达哈哈番。七年（1651）三月，晋为二等。九年（1653）正月，晋一等兼一托沙喇哈番。世袭罔替。康熙四年（1665）八月，以功晋一等阿思哈尼哈番。八年（1669）五月，被诛。

一等男	
初封	纳都瑚，音达户齐第八子，初隶镶黄旗满洲，后改镶白旗满洲。顺治二年（1645）正月，以功授半个前程。七年（1650）三月，晋拜他喇布勒哈番。旋并其兄宜逊之孙沙尔布一等阿达哈哈番，晋三等精奇尼哈番。九年（1652）正月，核议后改为一等阿思哈尼哈番兼一拖沙喇哈番。十四年（1657）七月，降为一等阿思哈尼哈番。十五年（1658）正月，复一等阿思哈尼哈番兼一拖沙喇哈番。十七年（1660），卒。世职由其兄钟金之孙贵钦，其兄季赛之子卢博赫分袭。

	一等男
初封	巴哈，卫齐四子，镶黄旗满洲。顺治二年（1645）正月，以巴哈在太宗时效力年久，扈从有功，授骑都尉世职。四年（1647）五月，晋二等阿达哈哈番。五年（1648）六月，晋一等。九年（1652）正月，晋一等阿思哈尼哈番。康熙八年（1669），因鳌拜罪，削爵。

	二等男
初封	赵布泰，卫齐次子，镶黄旗满洲。顺治二年（1645），以军功授牛录章京，兼半个前程。顺治八年（1651）三月，以功由一等阿达哈哈番兼一拖沙喇哈番晋三等阿思哈尼哈番。九年（1652）正月，晋为二等。十七年（1660）六月，革爵。康熙三年（1664），复爵。八年（1669）五月，因鳌拜罪，复革爵。十六年（1677）九月，复爵。世袭罔替。十七年（1678），卒。
一次袭	增寿，赵布泰子。康熙十七年（1678）七月袭。
二次袭	锡图，增寿子。康熙三十六年（1697）十二月袭。五十二年（1713），子关福降袭二等阿达哈哈番。世袭罔替。
三次袭	关福，锡图子。康熙五十二年（1713），降袭二等阿达哈哈番。世袭罔替。

	二等男
初封	吴赖，吴尔汉子，镶黄旗满洲。顺治二年（1645）二月，以功授二等甲喇章京。七年（1650）三月，晋一等阿达哈哈番。九年（1652）正月，晋二等阿思哈尼哈番。世袭罔替。是年，卒。
一次袭	顾德，乌赖三子。顺治十年（1653）十月袭。
二次袭	绰尔门，乌赖四子。康熙十六年（1677）六月袭。四十六年（1707）九月，子多金降袭二等阿达哈哈番。世袭罔替。
三次袭	多金，绰尔门子。康熙四十六年（1707）九月，削二等阿思哈尼哈番，多金降袭二等阿达哈哈番。

	一等轻车都尉
初封	多颇罗，索海子，镶黄旗满洲。顺治二年（1645），以军功授牛录章京，恩诏加至二等阿达哈哈番。九年（1652），以祖费英东功，加为一等。顺治十七年（1660），阵亡。
一次袭	道禅，多颇罗子。顺治十七年（1660）袭。
二次袭	多尔泰，道禅子。康熙三十一年（1692）袭。
三次袭	准提保，多尔泰子，乾隆三年（1738）袭。
四次袭	德云，准提保子，乾隆十六年（1751）袭。
五次袭	德勋，德云弟，乾隆四十二年（1777）袭。
六次袭	福明阿，德勋子，乾隆五十一年（1786）袭。

	二等轻车都尉
初封	席卜臣，郎格孙，隶镶白旗满洲。顺治二年（1645），予云骑尉世职。七年（1650）、九年（1652），三遇恩诏，加至三等轻车都尉。十六年（1659），晋二等轻车都尉。

	二等轻车都尉
初封	关福，锡图子，镶黄旗满洲。康熙五十二年（1713），降袭二等阿达哈哈番。
一次袭	兆岱，关福子。雍正三年（1725）袭。
二次袭	兆明，兆岱弟。雍正十一年（1733）袭。
三次袭	色楞，兆明侄。乾隆二十三年（1758）袭。
四次袭	宁禄，色愣子。乾隆三十年（1765）袭。
五次袭	兆全，宁禄叔。乾隆三十七年（1772）袭。
六次袭	达冲阿，宁禄子。乾隆四十三年（1778）袭。

	二等轻车都尉
初封	多金，绰尔门子，镶黄旗满洲。康熙四十六年（1707）九月，多金降袭二等阿达哈哈番。
一次袭	穆特布，多金伯父之孙。雍正九年（1731），以本身拖沙喇哈番，袭多金职，并为一等阿达哈哈番。

	二等轻车都尉
初封	希福，阿都巴颜之孙，镶白旗满洲。由参领两遇恩诏，授骑都尉，后加一云骑尉，因军功授三等轻车都尉。
一次袭	海青，希福子。袭父职。
二次袭	舒德，海青子。袭父职时削去恩诏所加之职，袭骑都尉。

	三等轻车都尉
初封	卫齐，索尔果九子，镶黄旗满洲。初以父之功，授备御。天聪八年（1634），加至三等甲喇章京。
一次袭	穆里玛，卫齐子。顺治元年（1644）三月，袭父三等阿达哈哈番。七年（1651）三月，晋为二等。九年（1653）正月，晋一等兼一托沙喇哈番。世袭罔替。康熙四年（1665）八月，以功晋一等阿思哈尼哈番。八年（1669）五月，被诛。
二次袭	查克新，卫齐三世孙。康熙六十年（1721）特旨准袭拜他喇布勒哈番。

三次袭	兆玉，卫齐四世孙。乾隆十二年（1747）袭。
四次袭	善德，兆玉弟。乾隆二十二年（1757）袭。
五次袭	兴德，善德弟。乾隆二十三年（1758）袭。
六次袭	福定住，兴德子。乾隆四十六年（1781）袭。

三等轻车都尉	
初封	霸赛，乌赖兄之子，镶黄旗满洲。顺治二年（1645），授牛录章京世职。四年（1647），加一拖沙喇哈番。七年（1650）三月，恩诏加为三等阿达哈番。缘事降为拜他喇布勒哈番。九年（1652）正月，两次恩诏，复加三等阿达哈番。
一次袭	查尔达，霸赛孙。康熙四年（1665）袭。
二次袭	海喇图，查尔达子。康熙三十年（1691）袭。
三次袭	达哈泰，海喇图子。康熙三十八年（1699）袭。
四次袭	朱保，达哈泰子。康熙五十八年（1719）削去恩诏所得，袭拜他喇布勒哈番。
五次袭	富保，朱保弟。乾隆十三年（1748）袭。
六次袭	宁太，富保子。乾隆三十三年（1768）袭。
七次袭	太山保，宁太子。乾隆四十五年（1780）袭。
八次袭	爱星阿，霸赛四世孙。乾隆五十七年（1792）袭。

三等轻车都尉	
初封	纳海，费英东次子，正黄旗满洲。天聪七年（1733），阵亡。九月，议恤，赠三等轻车都尉。
一次袭	古喇哈，纳海子。天聪七年（1733）袭爵。
二次袭	顾苏，古喇哈弟。崇德三年（1638）袭。恩诏加至一等阿达哈番，又一拖沙喇哈番。以军功改为三等阿思哈尼哈番。
三次袭	喇世泰，顾苏孙。康熙三年（1664）袭。
四次袭	伊灵阿，喇世泰子。康熙四十四年（1705），削去恩诏所得，袭二等阿达哈哈番。
五次袭	伊东阿，伊灵阿弟。雍正八年（1730）袭。
六次袭	伊昌阿，伊东阿弟。乾隆九年（1704），削恩诏所得，袭三等阿达哈哈番。
七次袭	伊勒通额，伊昌阿子。乾隆四十二年（1777）袭。
八次袭	伊桑阿，伊勒通额弟。乾隆二十一年（1756）袭。

	三等轻车都尉
初封	杨善，音达户齐次子，初隶镶黄旗满洲，后改隶镶白旗满洲。随祖父索尔果来归，授备御。军功加至轻车都尉，缘事革职。事白，追复原职。
一次袭	霍罗，杨善孙。顺治八年（1651）袭，恩诏加至一等阿达哈番。
二次袭	鄂奇，霍罗子。康熙三十年（1691）袭。
三次袭	穆腾，鄂奇弟。康熙五十三年（1712），削恩诏所得，袭三等阿达哈哈番。
四次袭	迈禄，穆腾子。康熙五十六年（1715）袭。
五次袭	关宁，迈禄伯父之孙。雍正十三年（1674）袭。

	三等轻车都尉
初封	宜苏，音达户齐第三子，初隶镶黄旗满洲，后改隶镶白旗满洲。天聪五年（1631），以军功授三等阿达哈哈番。
一次袭	噶达浑，宜苏子。崇德七年（1642）袭。顺治二年（1645），特恩加为二等阿达哈哈番。
二次袭	沙尔布，噶达浑子。顺治三年（1646）袭。顺治七年（1650），恩诏加为一等阿达哈哈番。
三次袭	纳都祜，宜苏弟。顺治七年（1650），以本身之拜他喇布勒哈番，并沙尔布职，袭为三等阿思哈尼哈番。恩诏加为二等。又以恩诏加为一等，又一拖沙喇哈番。缘事降为二等。特恩复原职。
四次袭	卢博赫，纳都祜兄季赛子。顺治十八年（1661），分袭二等阿达哈番。合所袭季赛之骑都尉，晋一等阿达哈番，兼一拖沙喇哈番。 贵秦，沙尔布兄之子。顺治十八年（1661），分袭一等阿达哈哈番。
五次袭	花善，贵秦伯祖之孙。康熙三十八年（1699）袭。
六次袭	穆赛，花善伯祖之孙。康熙三十九年（1700），削恩诏，并本身之拖沙喇哈番，袭一等阿达哈哈番。
七次袭	达汉，穆赛兄之孙。雍正八年（1730）袭。
八次袭	查伦泰，达汉叔高祖之三世孙。雍正十三年（1735），削穆赛所得之拖沙喇哈番，袭二等阿达哈哈番。
九次袭	常福，宜苏兄杨善之四辈孙。乾隆二十七年（1762）袭。
十次袭	常隆安，常福子。乾隆三十六年（1771）袭。
十一次袭	玉贵，常隆安子。乾隆五十五年（1790）袭。

骑都尉兼云骑尉	
初封	马尔萨，图赖曾孙，正黄旗满洲。雍正九年（1670），阵亡，赠骑都尉兼一云骑尉。
一次袭	敦住，马尔萨子。雍正九年袭。乾隆三十九年（1774），阵亡，赠云骑尉，合并为三等轻车都尉。
二次袭	格琫额，敦住子。乾隆四十年（1775）袭。

骑都尉兼云骑尉	
初封	吴丹，音达户齐第四子吉荪第五子，镶白旗满洲。康熙十四年（1675），以军功授拜他喇布勒哈番，又一拖沙喇哈番。
一次袭	齐敏，吴丹孙。康熙十七年（1678）袭。
二次袭	伊成格，齐敏子。康熙五十一年（1710）袭。
三次袭	苏冲阿，伊成格族兄之子。雍正十年（1732）袭。

骑都尉兼云骑尉	
初封	喀帕，雅尔巴孙，镶黄旗满洲。由委署参领从征察哈尔布尔尼，立功。后从征浙江、福建，复立功。续从征云南。叙功，优授骑都尉兼一云骑尉。
一次袭	官达理，喀帕亲伯之孙，袭喀帕爵。

骑都尉	
初封	苏瓦彦，费英东第九子，正黄旗满洲。顺治八年（1651），以父功授拜他喇布勒哈番。
一次袭	马尔都，苏瓦颜子。顺治十六年（1659）袭。
二次袭	马德，马尔都子。雍正六年（1728）袭。
三次袭	关保，马德子。雍正六年（1728）袭。
四次袭	阿尔精阿，关保子。乾隆二十七年（1762）袭。
五次袭	勒尔经额，阿尔精阿子。乾隆五十年（1785）袭，缘事停袭。

云骑尉	
初封	季赛，音达户齐第五子，初隶镶黄旗满洲，后改隶镶白旗满洲。顺治二年（1645），以军功授半个前程。
一次袭	吴博赫，季赛子。顺治五年（1648）袭。加恩诏为拜他喇布勒哈番。
二次袭	库堪，吴博赫弟。顺治七年（1650）袭。

三次袭	卢博赫，库堪弟。顺治九年（1652）袭。后分袭叔父纳都祜之二等阿达哈哈番，并为一等，又一拖沙喇哈番。
四次袭	七格，卢博赫子。乾隆元年（1736），以罪革，特恩赏骑都尉。
五次袭	那丹珠，七格子。乾隆二十年（1755）袭。
六次袭	八十，季赛四世孙。乾隆三十年（1765）袭。
七次袭	那郎阿，那丹珠子。乾隆五十年（1785）袭。

	云骑尉
初封	苏丹，音达户齐第四子吉荪子，镶白旗满洲。顺治十年（1653），阵亡。顺治十二年（1655），追赠拖沙喇哈番。
一次袭	迈图，苏丹子。顺治十二年（1655），袭苏丹拖沙喇哈番爵。顺治十六年（1659），战殁，追赠拜他喇布勒哈番。
二次袭	马代，迈图子。康熙十七年（1678）袭。
三次袭	塞克图，马代子。袭职。
四次袭	关太，苏丹之孙。乾隆十五年（1750），因袭次已完，特恩赏恩骑尉。
五次袭	六十三，苏丹之三代孙。乾隆二十二年（1757）袭。病故，无嗣，又将诰命遗失，奉旨不准承袭。

注：此表主要参考《八旗通志初集》和《钦定八旗通志》之《世职表》制定而成。

附录 4　索尔果家族谱系图

珠蔡 → 素尔达 →

王沙鲁

王扎拉达 → 莽喀尼 → 罗罗墨尔根 → 常喀尼墨尔根

尼堪　索尔果

阿都巴颜　费英东　不详　音达户齐　吴尔汉　巴本　郎格　雅尔巴　卫齐　不详

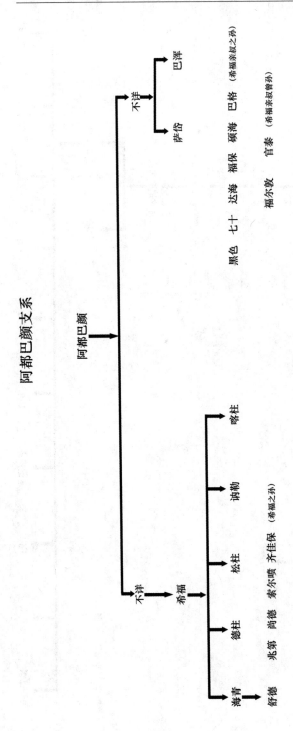

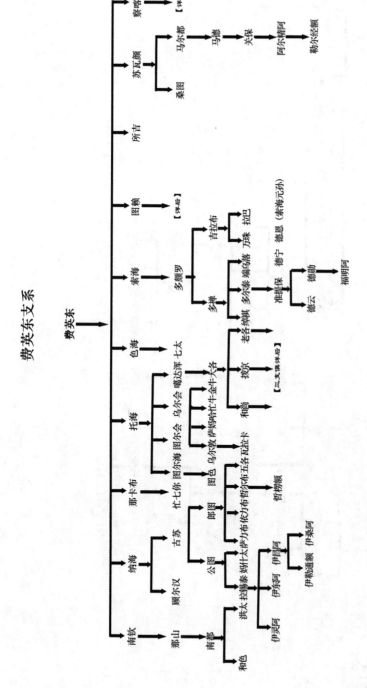

费英东支系

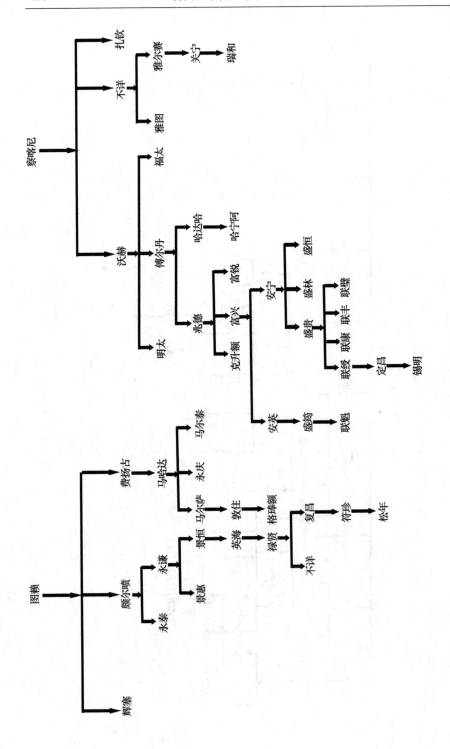

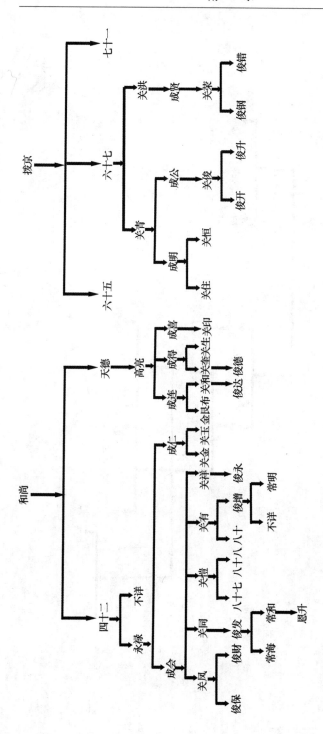

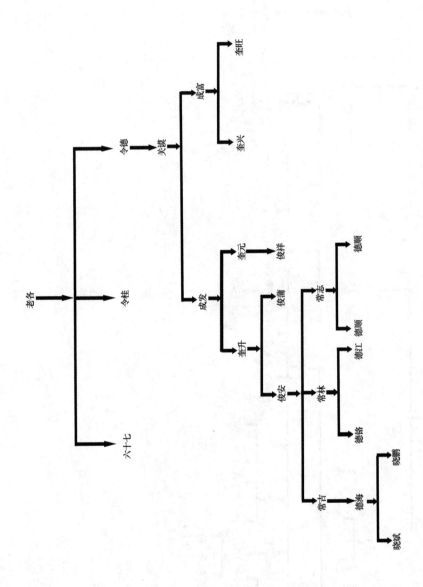

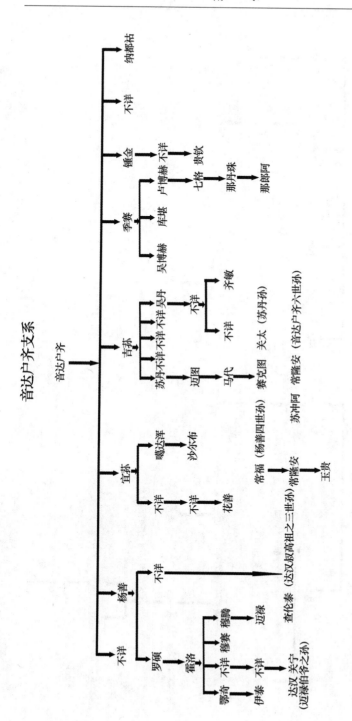

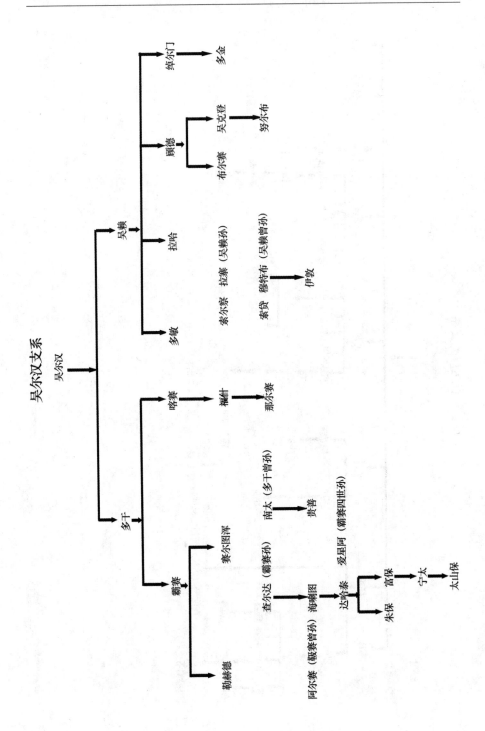

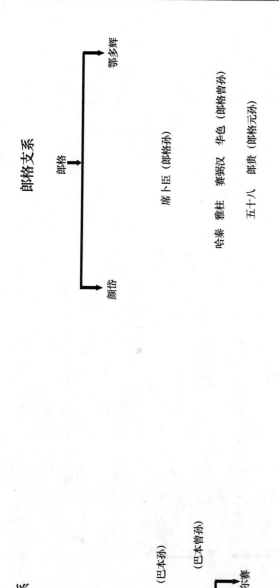

郎格支系

巴本支系

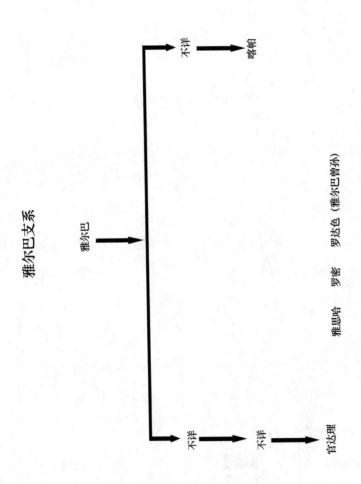

雅尔巴支系

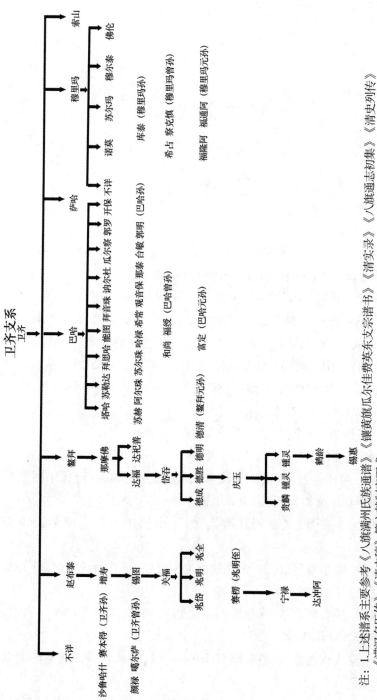

卫齐支系

注：1.上述谱系主要参考《八旗满州氏族通谱》《镶黄旗瓜尔佳费英东支宗谱书》《清史列传》《清实录》《八旗通志初集》《满汉名臣传》《清史稿》等文献制定而成。

2.谱系图中无前头标示之人皆为父辈不详者。

参考文献

一　古籍文献

（一）基本史料

1. 《明实录》，"中央研究院"历史语言研究所影印 1962 年校勘本。

2. 《清实录》，中华书局 1985—1986 年影印本。

3. 《李朝实录》，学习院东洋文化研究所 1953—1957 年影印版。

4. 中国第一历史档案馆编：《康熙起居注》，中华书局 1984 年版。

5. 中国第一历史档案馆、台北"国立"故宫博物院藏：《清代起居注册·康熙朝》，中华书局、台北联经出版事业有限公司 2009 年版。

6. 中国第一历史档案馆编：《雍正朝起居注册》，中华书局 1993 年版。

7. （元）脱脱：《金史》，中华书局 1975 年版。

8. （清）赵尔巽等：《清史稿》，中华书局 1977 年版。

9. （清）阿桂等撰：《满洲源流考》，沈云龙主编：《近代中国史料丛刊》第十四辑，文海出版社 1967 年版。

10. （明）王在晋：《三朝辽事实录》，全国图书馆文献缩微中心 1994 年影印版。

11. （清）鄂尔泰等修，李洵、赵德贵主点校：《八旗通志初集》，东北师范大学出版社 1985 年版。

12. （清）铁保等纂修：《钦定八旗通志》，嘉庆四年（1799）刊本，学生书局 1968 年影印版。

13. 《钦定八旗通志》，清乾隆五十一年（1786）敕撰，商务印书馆 1983 年影印版。

14. 李洵、赵德贵等点校：《钦定八旗通志》，嘉庆年间武英殿刻本，吉林文史出版社 2002 年版。

15. （清）鄂尔泰等纂修：《钦定八旗则例》，乾隆七年（1742）武英殿刻本，收录《四库未收书辑刊》第 1 辑第 25 册，北京出版社 2000 年版。

16. （清）伊桑阿等撰：《大清会典》，康熙二十九年（1690）内府刻本。

17. （清）允裪等撰：《钦定大清会典》，乾隆二十九年（1764）敕撰，《文渊阁四库全书》第 619 册，上海古籍出版社 1987 年影印版。

18. （清）允裪等撰：《钦定大清会典则例》，乾隆二十九年（1764）敕撰，《文渊阁四库全书》第 620—625 册，上海古籍出版社 1987 年影印版。

19. （清）昆冈等撰：《大清会典》，清光绪二十五年（1899）刻本。

20. （清）昆冈等撰：《大清会典事例》，清光绪二十五年（1899）刻本。

21. （清）和珅等撰：《大清一统志》，乾隆二十九年（1764）敕撰，《文渊阁四库全书》第 474—483 册，上海古籍出版社 1987 年影印版。

22. 《钦定皇朝通志》，乾隆三十二年（1767）敕撰，《文渊阁四库全书》第 644—645 册，上海古籍出版社 1987 年影印版。

23. 《钦定皇朝通典》，乾隆三十二年（1767）敕撰，《文渊阁四库全书》第 642—643 册，上海古籍出版社 1987 年影印版。

24. （清）张廷玉等撰：《钦定皇朝文献通考》，乾隆十二年（1747）敕撰，《文渊阁四库全书》第 632—638 册，上海古籍出版社 1987 年影印版。

25. （清）嵇璜、曹仁虎等撰：《钦定续文献通考》，乾隆十二年（1747）敕撰，《文渊阁四库全书》第 626—631 册，上海古籍出版社 1987 年影印版。

26. （清）嵇璜、曹仁虎等撰：《钦定续通志》，乾隆三十二年（1767）敕撰，《文渊阁四库全书》第 392—401 册，上海古籍出版社 1987 年影印版。

27. （清）嵇璜、曹仁虎等撰：《钦定续通典》，乾隆三十二年（1767）敕撰，《文渊阁四库全书》第 639—641 册，上海古籍出版社 1987 年影印版。

28. （清）魏源：《圣武记》，中华书局 1984 年版。

29. （清）阿桂等：《清朝开国方略》，沈云龙主编：《近代中国史料丛刊》第十四辑，文海出版社 1967 年版。

30. （清）傅恒等撰：《平定准噶尔方略》，全国图书馆文献缩微复制中心 1990 年版。

31. （清）赵翼：《皇朝武功纪盛》，沈云龙主编：《中国近代史料丛刊》第十四辑，文海出版社 1967 年版。

32. 西藏社会科学院西藏学汉文文献编辑室：《亲征平定朔漠方略》，中国藏学出版社 1994 年版。

33. 故宫博物院编：《清历朝御制诗文集》，海南出版社 2000 年影印版。

34. 辽宁大学历史系编：《盛京吉林黑龙江等处标注战迹舆图》（清初史料丛刊第十四种），辽宁大学历史系 1981 年版。

35. （清）允禧、讷亲、弘昼等纂修：《钦定拣放佐领则例》，载〔日〕细谷良夫、赵令志：《〈钦定拣放佐领则例〉研究》，《纪念王锺翰先生百年诞辰学术文集》，中央民族大学出版社 2013 年版。

（二）档案奏疏

1. 中国第一历史档案馆整理编译：《内阁藏本满文老档》，辽宁民族出版社 2009 年版。

2. 中国第一历史档案馆、中国社会科学院历史研究所译注：《满文老档》，中华书局 1990 年版。

3. 中国第一历史档案馆编译：《清初内国史院满文档案译编》，光明日报出版社 1989 年版。

4. 中国第一历史档案馆编：《康熙朝汉文朱批奏折汇编》，中国档案出版社 1984 年版。

5. 中国第一历史档案馆编译：《康熙朝满文朱批奏折全译》，中国社会科学出版社 1996 年版。

6. 中国第一历史档案馆编：《雍正朝汉文朱批奏折汇编》，江苏古籍出版社 1991 年版。

7. 中国第一历史档案馆编：《雍正朝满文朱批奏折全译》，黄山书社 1998 年版。

8. 中国第一历史档案馆编：《雍正朝汉文谕旨汇编》，广西师范大学出版社 1999 年版。

9. 中国第一历史档案馆编译:《乾隆朝满文寄信档译编》,岳麓书社 2011 年版。

10.《天聪朝臣工奏议》,辽宁大学历史系 1980 年版。

11. 台北"国立"故宫博物院编:《宫中档乾隆朝奏折》,台北"国立"故宫博物院印行 1982—1987 年版。

12. 中国人民大学清史研究所、中国第一历史档案馆译:《盛京刑部原档》,群众出版社 1985 年版。

13. 张伟仁主编:《中央研究院历史语言研究所现存清代内阁大库原藏:明清档案》,台北"中央研究院"历史语言研究所出版,联经出版社事业公司印行 1987 年版。

14. 关嘉录、佟永功、关照宏译:《天聪九年档》,天津古籍出版社 1987 年版。

15. 季永海、刘景宪译:《崇德三年满文档案译编》,辽沈书社 1988 年版。

16. 秦国经主编:《清代官员履历档案全编》,华东师范大学出版社 1997 年版。

17. 赵令志、郭美兰编译:《军机处满文准噶尔使者档译编》,中央民族大学出版社 2009 年版。

18. 中国第一历史档案馆编:《清代新疆满文档案汇编》,广西师范大学出版社 2012 年版。

(三) 史料丛编

1. 王锺翰辑:《朝鲜〈李朝实录〉中的女真史料选编》,辽宁大学历史系 1979 年版。

2. 吴晗辑:《朝鲜〈李朝实录〉中的中国史料》,中华书局 1980 年版。

3. 潘喆、孙方明、李鸿彬编:《清入关前史料选辑》第一辑,中国人民大学出版社 1984 年版。

4. "中央研究院"历史语言研究所编:《明清史料》,中华书局 1987 年影印版。

5. 来新夏主编:《清代科举人物家传资料汇编》,学苑出版社 2006 年版。

（四）笔记

1. （元）陶宗仪：《南村辍耕录》，中华书局 1959 年版。

2. （清）萧奭：《永宪录》，中华书局 1959 年版。

3. （明）谈迁：《北游录》，中华书局 1960 年版。

4. （清）昭梿：《啸亭杂录》，中华书局 1980 年版。

5. （清）福格：《听雨丛谈》，中华书局 1984 年版。

6. （清）继昌：《行素斋杂记》，上海书店 1984 年版。

7. （清）计六奇：《明季北略》，中华书局 1984 版。

8. （清）计六奇：《明季南略》，中华书局 1984 版。

9. （清）吴振棫：《养吉斋丛录》，中华书局 2005 年版。

10. （清）徐珂：《清稗类钞》，中华书局 2010 年版。

（五）地方志

1. （清）阿桂等撰：《钦定盛京通志》，《文渊阁四库全书》第 501—503 册，上海古籍出版社 1987 年影印版。

2. （清）伊把汉等奉敕修：《盛京通志》，清康熙二十三年（1684）刻本。

3. （清）阿桂等编纂：《盛京通志》（乾隆武英殿刻本），辽海出版社 1997 年版。

4. 金毓黻主编：《奉天通志》，辽海出版社 2003 年版。

5. （清）长顺等修：《吉林通志》（据清光绪十七年始修本校勘），吉林文史出版社 1986 年版。

6. （清）萨英额等撰，史吉祥等点校：《吉林外纪》《吉林志略》，吉林文史出版社 1986 年版。

7. 张伯英总纂：《黑龙江志稿》，黑龙江人民出版社 1992 年版。

（六）传记类

1. 王锺翰点校：《清史列传》，中华书局 1987 年版。

2. 吴忠匡总校订：《满汉名臣传》，黑龙江人民出版社 1991 年版。

3. 蔡冠洛：《清代七百名人传》，周骏富辑：《清代传记丛刊·综录类九》，明文书局 1986 年版。

4. （清）李元度：《国朝先正事略》，沈云龙主编：《近代中国史料丛刊》第十二辑，文海出版社 1967 年版。

5. （清）李桓辑：《国朝耆献类征初编》，广陵书社 2007 年影印版。

6. 徐世昌撰：《大清畿辅先哲传》，周骏富辑：《清代传记丛刊·综录类十一》，明文书局 1986 年版。

7. 张尔田编：《清列朝后妃传稿》，山阴平氏绿樱花馆，民国十八年（1929）本。

（七）族谱类

1. 徐丽华主编：《中国少数民族古籍集成》，四川民族出版社 2002 年版。

2. 郭又陵等主编：《北京图书馆藏家谱丛刊·民族卷》，北京图书馆出版社 2003 年版。

3. 李林主编：《满族家谱选编》（一），辽宁民族出版社 1988 年版。

4. 傅波、张德玉主编：《满族家谱选》，中国社会科学出版社 1994 年版。

5. 尹郁山：《吉林满族家谱资料选编》，吉林文史出版社 2005 年版。

6. 常裕铖、关捷：《盛京满族家谱精编》，北方文艺出版社 2007 年版。

7. 本溪市党史地方志办公室编：《辽东满族家谱选编》，辽宁民族出版社 2012 年版。

8. 何晓芳主编：《清代满族家谱选辑》，辽宁民族出版社 2016 年版。

9. 吕萍总主编：《佛满洲家谱精选》，人民出版社 2017 年版。

10. （清）弘昼等编：《八旗满洲氏族通谱》，辽海出版社 2002 年影印本。

11. （清）金松桥纂修：《爱新觉罗宗谱》，据民国二十七年（1938）爱新觉罗社铅印本影印，收入徐丽华主编《中国少数民族古籍集成》第 42—63 卷，四川民族出版社 2002 年版；亦收入《北京图书馆藏家谱丛刊·民族卷》第 11—32 册，北京图书馆出版社 2003 年版。另有学苑出版社 1998 年影印本。

12. 唐邦治辑：《清皇室四谱》，收入《北京图书馆藏家谱丛刊·民族卷》第 33 册；亦收入周骏富辑：《清代传记丛刊·名人类 4》第 48 册，明文书局 1985 年版；另有上海聚珍宋印书局聚珍铅印本 1923 年版。

13. 《星源集庆》，学苑出版社 1998 年影印本。

14. 《瓜尔佳氏宗谱》，收入《满族家谱选编》（一）。

15. 《满洲苏完瓜尔佳氏全族宗谱》，收入《满族家谱选》。

16.《镶黄旗瓜尔佳费英东支宗谱书》，光绪三十三年（1907）六月费英东九辈之孙奎升重抄满汉合璧谱书；又以《镶黄旗陈满洲瓜尔佳氏谱书》为名收入《辽东满族家谱选编》。

17.《盛京开原关氏宗谱》1943年重刊，收在李林主编：《满族家谱选编》（一）。

18.《正蓝旗佛满洲关氏谱书》，收入《辽东满族家谱选编》。

19.《镶白旗陈满洲苏完瓜尔佳金、囊氏宗谱》，收入《辽东满族家谱选编》。

20. 关继贤主编：《凤城瓜尔佳氏四修宗谱》，1988年铅印本。

21. 关春来主编：《佛满洲苏完瓜尔佳氏家谱：海城关氏四次续修》，2000年版。

22.（清）恩龄修：《正红旗满洲哈达瓜尔佳氏家谱》，清道光二十九年（1849）刻本，收入《北京图书馆藏家谱丛刊·民族卷》第36册。

23.（清）富廉等辑：《家谱易知录》，民国间朱丝栏钞本，收入《北京图书馆藏家谱丛刊·民族卷》第36—37册。

24.（清）荣禄辑：《瓜尔佳氏家传》，清同治间刻本，收入《北京图书馆藏家谱丛刊·民族卷》第35册。

25.（清）魁龄辑：《瓜尔佳氏传》，清末朱丝栏抄本，现藏中国国家图书馆。

26. 景泉等编修：《佛满洲苏完瓜尔佳氏家谱：海城关氏四次续修》，2000年印行。

27. 关振武、关荣阶、关文靖编辑：《瓜尔佳氏纳（讷）音关氏谱书》，1937年续修。

28.《京都吉林宁古塔三姓等处镶黄旗陈满洲关姓宗谱书》，1930年修。

29.《安褚拉库地区瓜尔佳氏先远九族共谱》，同治十一年（1872）。

30. 恒昌撰述：《关氏世袭谱》，毛笔手写石印本，1920年修。

31. 关捷整理：《长白山地方瓜尔佳氏谱书》，2005年修撰，收入《盛京满族家谱精编》。

32.《关姓族宗谱书》，约修于光绪末年，收入《满族家谱选编》（一）。

33.《盖州瓜尔佳氏宗谱书》，此谱由福海等人初修于1924年，2004

年关恒军重修，收入《盛京满族家谱精编》。

34.《佛满洲镶白旗金州东门外瓜尔佳氏宗谱》，关运鹏、关正元、王静霞2005年续修，收入《盛京满族家谱精编》。

35.《嘉木湖瓜尔佳氏宗谱》，修撰时间不详，收入《盛京满族家谱精编》。

36.《本溪满族瓜尔佳氏宗谱书》，内部刊行，2000年。

37.《瓜尔佳氏花名册、关姓族宗谱书、罗族关氏宗谱志》，修撰时间不详。

38.《桓仁瓜尔佳氏谱书》，1917年修。

39.《关氏宗谱》，1997年修。

40.《关氏宗谱》，1937年修。

41.《呼兰瓜尔佳宗谱》，承办人：富森布、双和，校正人：依吉斯珲，民国五年（1916）修。

42.《辽宁盖州后火山屯瓜尔佳氏谱书》（费英东支），该谱先后三次修谱，第一次修谱为宣统元年，1987年第二次修订，1996年为第三次修订。

43.《满族镶黄旗瓜尔佳氏（关姓）家谱》，1997年整理。

44.《新宾黄旗堡瓜尔佳》，修撰时间、修撰人俱不详。

45.《费英东谱牒》，满汉合璧，共三帙，清佚名撰，抄本。

46.《伊尔根觉罗氏家传》，收入《北京图书馆藏家谱丛刊·民族卷》第37册。

47.《那拉氏宗谱》，收入《北京图书馆藏家谱丛刊·民族卷》第37册。

48.《叶赫那拉氏族谱》，收入《北京图书馆藏家谱丛刊·民族卷》第38册。

49.《开国佐运功臣弘毅公家谱》，收入《北京图书馆藏家谱丛刊·民族卷》第39册。

50.《镶黄旗满洲钮祜禄氏弘毅公家谱》，收入《北京图书馆藏家谱丛刊·民族卷》第41—42册。

51.《镶黄旗钮祜禄氏弘毅公家谱》，收入《北京图书馆藏家谱丛刊·民族卷》第43册。

52.《赫舍里氏宗族谱书》，收入《北京图书馆藏家谱丛刊·民族卷》

第 43 册。

53.《吉林他塔喇氏家谱》，收入《北京图书馆藏家谱丛刊·民族卷》第 43 册。

54.《马佳氏族谱》，收入《北京图书馆藏家谱丛刊·民族卷》第 44—45 册。

（八）碑铭类

1.《傅尔丹墓碑》，满汉合璧，乾隆十八年（1753）四月二十七日，现存于北京市朝阳区北苑原白家坟村。

2.《清碑传合集》，上海书店 1988 年版。

3.（清）钱仪吉：《碑传集》，光绪十九年（1893）刻本，另有 1993 年中华书局点校本。

4.（清）缪荃孙：《续碑传集》，周骏富辑：《清代传记丛刊·综录类四》，明文书局 1986 年版。

5.（清）闵尔昌辑录：《碑传集补》，周骏富辑：《清代传记丛刊·综录类五》，明文书局 1986 年版。

6.（清）汪兆镛纂录：《碑传集三编》，周骏富辑：《清代传记丛刊·综录类六》，明文书局 1986 年版。

7. 国家图书馆善本金石组：《明清石刻文献全编》，北京图书馆出版社 2003 年版。

二　今人著述

（一）专著（按出版时间排序）

1. 国内著作

（1）族谱及姓氏研究著作

傅波、张德玉、赵维和：《满族家谱研究》，辽宁古籍出版社 1996 年版。

李林等：《本溪县满族家谱研究》，辽宁民族出版社 1998 年版。

张德玉：《满族宗谱研究》，辽宁民族出版社 2002 年版。

傅波主编：《赫图阿拉与满族姓氏家谱研究》，辽宁民族出版社 2005 年版。

李林：《满族宗谱研究》，辽宁民族出版社 2006 年版。

张德玉：《满族谱牒文化研究》，吉林文史出版社 2008 年版。

刘庆华：《满族家谱序评注》，辽宁民族出版社 2010 年版。

冯尔康：《中国宗族制度与谱牒编纂》，天津古籍出版社 2011 年版。

刘庆华：《满族姓氏综录》，辽宁民族出版社 2012 年版。

（2）明清史著作

王锺翰：《清史杂考》，人民出版社 1957 年版。

孟森：《明清史论著集刊》，中华书局 1959 年版。

郑天挺：《探微集》，中华书局 1980 年版。

钱实甫：《清代职官年表》，中华书局 1980 年版。

庄吉发：《清高宗十全武功研究》，台北"国立"故宫博物院 1982 年版。

杨学琛、周远廉：《清代八旗王公贵族兴衰史》，辽宁人民出版社 1986 年版。

王思治：《清史论稿》，巴蜀书社 1987 年版。

张晋藩、郭成康：《清入关前国家法律制度史》，辽宁人民出版社 1988 年版。

陈文石：《明清政治社会史论》，学生书局 1991 年版。

刘翠溶：《明清时期家族人口与社会经济变迁》，"中央研究院"经济研究所 1992 年版。

王锺翰：《清史续考》，华世出版社 1993 年版。

《庆祝王锺翰先生八十寿辰学术论文集》，辽宁大学出版社 1993 年版。

李中清、郭松义主编：《清代皇族人口行为和社会环境》，北京大学出版社 1994 年版。

《清代全史》，辽宁人民出版社 1995 年版。

白钢主编，郭松义、李新达、杨珍编著：《中国政治制度通史·第十卷·清代》，人民出版社 1996 年版。

王锺翰：《清史新考》，辽宁大学出版社 1997 年版。

李鸿彬：《清朝开国史略》，齐鲁书社 1997 年版。

杜家骥：《清皇族与国政关系研究》，五南图书出版有限公司 1998 年版。

郭松义：《伦理与生活——清代的婚姻关系》，商务印书馆 2000 年版。

冯尔康：《清代人物传记史料研究》，商务印书馆2000年版。

马汝珩：《清代西部历史论衡》，山西人民出版社2001年版。

王锺翰：《清史余考》，辽宁大学出版社2001年版。

赵令志：《清前期八旗土地制度研究》，民族出版社2001年版。

定宜庄：《清代八旗驻防研究》，辽宁民族出版社2003年版。

杜家骥：《清朝满蒙联姻研究》，人民出版社2003年版。

王锺翰：《清史补考》，辽宁大学出版社2004年版。

王锺翰：《王锺翰清史论集》，中华书局2004年版。

郭松义、定宜庄：《清代民间婚书研究》，人民出版社2005年版。

邸永君：《清代满蒙翰林群体研究》，黑龙江人民出版社2005年版。

孙文良、李治亭：《明清战争史略》，江苏教育出版社2005年版。

滕绍箴：《三藩史略》，中国社会科学出版社2006年版。

雷炳炎：《清代八旗世爵世职研究》，中南大学出版社2006年版。

白新良：《清史考辨》，人民出版社2006年版。

赵志强：《清代中央决策机制研究》，科学出版社2007年版。

邸永君：《清代翰林院制度》，社会科学文献出版社2007年版。

姚念慈：《清初政治史探微》，辽宁民族出版社2008年版。

刘小萌：《清代北京旗人社会》，中国社会科学出版社2008年版。

杜家骥：《八旗与清朝政治论稿》，人民出版社2008年版。

杨珍：《清朝皇位继承制度》（修订版），学苑出版社2009年版。

赖惠敏：《清代的皇权与世家》，北京大学出版社2010年版。

顾诚：《南明史》，光明日报出版社2011年版。

许曾重：《许曾重史学论文选集》，故宫出版社2012年版。

《纪念王锺翰先生百年诞辰学术文集》，中央民族大学出版社2013年版。

杨珍：《历程·制度·人——清朝皇权略探》，学苑出版社2013年版。

张永江：《清代藩部研究——以政治变迁为中心》，黑龙江教育出版社2014年。

杜家骥：《清代八旗官制与行政》，中国社会科学出版社2015年版。

雷炳炎：《清代社会八旗贵族世家势力研究》，中国社会科学出版社2016年版。

姚念慈：《定鼎中原之路：从皇太极入关到玄烨亲政》，生活·读书·新知三联书店 2018 年版。

杨珍：《清前期宫廷政治释疑》，中国社会科学出版社 2018 年版。

钟焓：《清朝史的基本特征再探究：以对北美"新清史"观点的反思为中心》，中央民族大学出版社 2018 年版。

常越男：《家国之间：清初满洲八"著姓"研究》，中国社会科学出版社 2019 年版。

（3）民族史及其他著作

莫东寅：《满族史论丛》，人民出版社 1958 年版。

《准噶尔史略》编写组：《准噶尔史略》，人民出版社 1985 年版。

杨学琛：《清代民族史》，四川民族出版社 1996 年版。

定宜庄：《满族的妇女生活与婚姻制度研究》，北京大学出版社 1999 年版。

姜相顺：《满族史论集》，辽宁民族出版社 1999 年版。

尚衍斌：《元代畏兀儿研究》，民族出版社 1999 年版。

达力扎布：《明清蒙古史论稿》，民族出版社 2003 年版。

刘小萌：《满族从部落到国家的发展》，中国社会科学出版社 2007 年版。

李秀梅：《清朝统一准噶尔史实研究——以高层决策为中心》，民族出版社 2007 年版。

吴元丰、赵志强：《锡伯族历史探究》，辽宁民族出版社 2008 年版。

彭陟焱：《乾隆朝大小金川之役研究》，民族出版社 2010 年版。

滕绍箴：《明代女真与满洲文史论集》，辽宁民族出版社 2012 年版。

尚衍斌：《元史及西域史丛考》，中央民族大学出版社 2013 年版。

黑龙：《准噶尔蒙古与清朝关系史研究（1672—1697）》，上海古籍出版社 2014 年版。

徐凯：《满洲认同"法典"与部族双重构建：十六世纪以来满洲民族的历史嬗变》，中国社会科学出版社 2015 年版。

赵令志、郭美兰：《准噶尔使者档之比较研究》，中央民族大学出版社 2016 年版。

哈斯巴根：《清初满蒙关系演变研究》，北京大学出版社 2016 年版。

（4）人物研究著作

阎崇年：《努尔哈齐传》，北京出版社 1983 年版。

孙文良、李治亭:《清太宗全传》,吉林人民出版社 1983 年版。

滕绍箴:《努尔哈齐评传》,辽宁人民出版社 1985 年版。

冯尔康:《雍正传》,人民出版社 1985 年版。

周远廉:《乾隆皇帝大传》,河南人民出版社 1990 年版。

戴逸:《乾隆帝及其时代》,中国人民大学出版社 1992 年版。

周远廉、赵世瑜:《皇父摄政王多尔衮全传》,吉林文史出版社 1993 年版。

白新良、王薇:《康熙皇帝全传》,学苑出版社 1994 年版。

刘德鸿:《清初学人第一——纳兰性德研究》,中国社会科学出版社 1997 年版。

孟昭信:《康熙评传》,南京大学出版社 1998 年版。

蒋兆成、王日根:《康熙传》,人民出版社 1998 年版。

清史编委会编:《清代人物传稿》,中华书局 2001 年版。

周远廉:《清太祖传》,人民出版社 2004 年版。

杨珍:《康熙皇帝一家》(修订版),学苑出版社 2009 年版。

2. 外文著作及译著

[日] 稻叶君山:《满洲发达史》,杨成能译,萃文斋书店 1940 年版。

[日] 三田村泰助:《清朝前史の研究》,同朋舍 1965 年版。

Oxnam, Robert B., *Ruling form Horseback*; *Manchu Politics in the Oboi Regency, 1661—1669.* Chicago: University of Chicago Press, 1975.

[日] 阿南惟敬:《清初軍事史論考》,甲陽書房 1980 年版。

[苏联] 伊·亚·兹拉特金:《准噶尔汗国史 (1635—1758)》,马曼丽译,商务印书馆 1980 年版。

[日] 安部健夫:《清代史の研究》,創文社 1981 年版。

[法] 白晋:《康熙皇帝》,赵晨译,黑龙江人民出版社 1981 年版。

[美] A. W. 恒慕义主编:《清代名人传略》,青海人民出版社 1990 年版。

《神田信夫先生古稀記念論集:清朝と東ァジア》,山川出版社 1992 年版。

[美] 费正清、刘广京:《剑桥中国晚清史》,中国社会科学院历史研究所编译室译,中国社会科学出版社 1993 年版。

[俄] 史禄国:《满族的社会组织:满族氏族组织研究》,高丙中译,

商务印书馆 1997 年版。

Pamela Kyle Crossley, *A Translucent Mirror*: *History and Identity in Qing Imperial Ideology*, University of California Press, 1999.

Mark C. Elliott, *The Manchu Way*: *The Eight Banners and Ethnic Identity in Late Imperial China*, Stanford University Press, 2001.

Willard J. Peterson, *The Cambridge History of China*: *Volume 9*: *The Ch´ing Dynasty to 1800*, Cambridge University Press, 2001.

［日］宫脇淳子：《最后的游牧帝国：准噶尔部的兴亡》，晓克译，内蒙古人民出版社 2005 年版。

［日］稻叶君山：《清朝全史》，但焘译，中国社会科学出版社 2008 年版。

［美］魏斐德：《洪业——清朝开国史》，陈苏镇等译，江苏人民出版社 2008 年版。

承志：《ダイチン・グルンとその時代：帝国の形成と八旗社会》，名古屋大学出版会 2009 年版。

［美］罗友枝：《清代宫廷社会史》，周卫平译，雷颐审校，中国人民大学出版社 2009 年版。

［日］石桥秀雄：《清代中国的若干问题》，杨宁一、陈涛译，张永江审校，山东画报出版社 2011 年版。

［美］欧立德：《乾隆帝》，青石译，社会科学文献出版社 2014 年版。

［日］杉山清彦：《大清帝国の形成と八旗制》，名古屋大学出版会 2015 年版。

［日］谷井陽子：《八旗制度の研究》，京都大学学術出版会 2015 年版。

［美］柯娇燕：《孤军：满人一家三代与清帝国的终结》，陈兆肆译，董建中校，人民出版社 2016 年版。

［美］白彬菊：《君主与大臣：清中期的军机处（1723—1820）》，董建中译，中国人民大学出版社 2017 年版。

（二）学术论文（按发表时间排序）

1. 国内论文

刘大年：《论康熙》，《历史研究》1961 年第 3 期。

金成基：《论皇太极》，《中国史研究》1979 年第 4 期。

商鸿逵：《关于康熙捉鳌拜》，《历史教学》1979 年第 4 期。

白新良：《论皇太极继位初的一次改旗》，《南开史学》1981 年第 2 期；后收入氏著《清史考辨》，人民出版社 2006 年版。

李林、王建学：《鳌拜论》，《辽宁大学学报》1981 年第 5 期。

白新良：《关于皇太极改旗问题的考察》，《光明日报》1982 年 12 月 22 日。

白新良、李宪庆：《后金五大臣旗籍辨证》，《南开学报》1982 年第 5 期。

李鸿彬、郭成康：《清入关前八旗主旗贝勒的演变》，《社会科学战线》1982 年第 1 期。

邓中绵：《论康熙捉鳌拜的历史作用》，《北方论丛》1982 年第 6 期。

袁森坡：《康熙的北部边防政策与措施》，载《清史论丛》（第四辑），中华书局 1982 年版。

周远廉、赵世瑜：《论鳌拜辅政》，《民族研究》1984 年第 6 期。

徐凯：《岳钟琪论》，《北京大学学报》1984 年第 5 期。

关嘉禄：《清朝开国勋臣费英东简论》，《故宫博物院院刊》1985 年第 1 期。

王思治：《康熙帝继位与四大臣辅政的由来》，《史学月刊》1986 年第 6 期。

徐凯：《关于康熙四辅臣的几个问题》，《史学集刊》1986 年第 1 期。

李尚英：《论“八旗生计”问题产生的原因及其后果》，《中国社会科学院研究生院学报》1986 年第 6 期。

陈子彬：《〈纳兰性德年谱〉补遗》，《承德师专学报》1986 年第 4 期。

蔡美彪：《大清国建号前的国号、族名与纪年》，《历史研究》1987 年第 3 期。

杜家骥：《清代八旗领属问题考察》，《民族研究》1987 年第 5 期。

左书谔：《雍正平准战争中的几个问题》，《青海民族学院学报》1987 年第 2 期。

徐凯：《清代八旗制度的变革与皇权集中》，《北京大学学报》1989 年第 5 期。

瀛云萍：《锡伯族源新考》，《满族研究》1989 年第 1 期。

李林：《满族瓜尔佳氏源流及其历史地位》，《满族研究》1989 年第 4 期。

韦庆远：《论"八旗生计"》，《社会科学辑刊》1990 年第 5 期。

韦庆远：《论"八旗生计"（续）》，《社会科学辑刊》1990 年第 6 期。

杜家骥：《清代八旗制度中的"抬旗"》，《史学集刊》1991 年第 4 期。

赵志强：《清代前期的军国议政与满洲贵族》，载《满学研究》（第一辑），吉林文史出版社 1992 年版。

瀛云萍：《从四部宗谱看锡伯族源》，《满族研究》1992 年第 3 期。

袁良义：《论清入关后满人出任文职的途径》，载《庆祝王锺翰先生八十寿辰学术论文集》，辽宁大学出版社 1993 年版。

王戎笙：《顺治遗诏与清初权力斗争》，载《清史论丛》（1994），辽宁古籍出版社 1994 年版。

刘素芬：《清代皇族婚姻与宗法制度》，载李中清、郭松义主编：《清代皇族人口行为和社会环境》，北京大学出版社 1994 年版。

刘小萌：《天聪年间皇太极限制贵族特权的法律措施》，载王锺翰主编：《满学朝鲜学论集》，中国城市出版社 1995 年版。

姚念慈：《皇太极独挟两黄旗考辨》，载王锺翰主编：《满学朝鲜学论集》，中国城市出版社 1995 年版。

姚念慈：《多尔衮与皇权政治》，载《清史论丛》（1996），辽宁古籍出版社 1996 年版。

王思治、吕元骢：《清代皇位继承制度之嬗变与满洲贵族间的矛盾》，载《满学研究》（第三辑），吉林文史出版社 1996 年版。

杨珍：《索额图研究》，载《清史论丛》（1996），辽宁古籍出版社 1996 年版。

杜家骥：《顺治朝八旗统领关系变化考察》，《南开学报》1996 年第 5 期。

都兴智：《锡伯族源出女真论》，《吉林大学社会科学学报》1997 年第 2 期。

何晓芳：《试论清入关前满族军事家群体的形成与特点》，《中央民族大学学报》1997 年第 5 期。

杜家骥：《清初两白旗主多尔衮与多铎换旗问题的考察》，《清史研究》1998 年第 3 期。

　　杨海英:《对十份世管佐领承袭宗谱的研究》,载《满学研究》(第七辑),民族出版社 2002 年版。

　　王称:《试论雍正朝对西域的经营》,《新疆大学学报》2006 年第 2 期。

　　雷炳炎:《清代八旗世爵世职群体的入仕考察》,《安徽史学》2006 年第 3 期。

　　雷炳炎:《清代异姓世爵世职封赠的阶段性变化及其特征》,《求是学刊》2006 年第 3 期。

　　徐凯:《清初摄政、辅政体制与皇权政治》,《史学集刊》2006 年第 4 期。

　　徐凯、张婷:《满洲本部族构成与八旗佐领分布》,载《清史论丛》(2007 年号),中国广播电视出版社 2006 年版。

　　姚念慈:《康熙初年四大臣辅政刍议》,载《清史论丛》(2007 年号),中国广播电视出版社 2006 年版。

　　赵志强:《锡伯族源探微——"女真后裔说"质疑》,载吴元丰、赵志强:《锡伯族历史探究》,辽宁民族出版社 2008 年版。

　　赵令志:《论清代之选秀女制度》,载《明清档案与历史研究论文集》,新华出版社 2008 年版。

　　叶高树:《明清之际辽东的军事家族——李、毛、祖三家的比较》,《台湾师大历史学报》2009 年第 42 期。

　　叶高树:《满洲亲贵与清初政治:都英额地方赫舍里家族的个案研究》,《台湾师大历史学报》2010 年第 43 期。

　　张建:《和通泊之战新研——以黑龙江兵丁为中心》,《清史研究》2010 年第 1 期。

　　徐靖捷:《僵化制度下的弹性运作——从乾隆三年盐斤漂失案看明清香山场的变迁》,《盐业史研究》2010 年第 4 期。

　　叶高树:《满洲军事家族与清初政治:长白山钮祜禄家族的个案研究》,《台湾师大历史学报》2011 年第 46 期。

　　周伟洲:《西宁办事大臣考》,《西北民族大学学报》2011 年第 1 期。

　　张建:《清征西将军祁里德生平钩沉》,《历史档案》2011 年第 1 期。

　　张建:《康熙五十九年乌兰呼济尔之战浅探》,载《清史论丛》

（2012 年号），中国广播电视出版社 2011 年版。

达力扎布：《西宁办事大臣达鼐事迹考》，《西北民族大学学报》2012 年第 2 期。

叶高树：《叶赫纳喇氏与清初政治：以苏纳、苏克萨哈父子为中心》，《台湾师大历史学报》2012 年第 47 期。

常越男：《清初政治中的瓜尔佳氏费英东家族》，赵志强主编：《满学论丛》（第二辑），辽宁民族出版社 2012 年版。

杜家骥：《清初旗人之旗籍及隶旗改变考》，《民族研究》2013 年第 4 期。

杨珍：《史实在清代传记中的变异——佟国纲、华善奏请改隶满洲考辨》，载《清史论丛》（2013 年号），中国广播电视出版社 2013 年版。

杨珍：《从"获胜"到"败北"：乌兰布通之战史料研析》，载《纪念王锺翰先生百年诞辰学术文集》，中央民族大学出版社 2013 年版。

赵令志、细谷良夫：《〈钦定拣放佐领则例〉及其价值》，《清史研究》2013 年第 3 期。

李学成：《满族八大家与八大姓新考》，《社会科学辑刊》2013 年第 6 期。

张建：《和通泊之役与大清国的边务危机——以军机处满文档案为中心的考察》，载《纪念王锺翰先生百年诞辰学术文集》，中央民族大学出版社 2013 年版。

杨珍：《清朝后妃母家的抬旗》，载《清史论丛》（2014 年号），中国广播电视出版社 2014 年版。

杨春君：《康雍时期清军北路的城池兴建》，《清史研究》2014 年第 1 期。

刘小萌：《清代满人的姓与名》，《吉林师范大学学报》2014 年第 1 期。

关康：《勋旧佐领与世家——以额亦都家族为例》，《满族研究》2014 年第 4 期。

杨珍：《鳌拜罪案史料辩证——兼论清史研究中满汉史料的运用》，《故宫博物院院刊》2015 年第 6 期

杨珍：《辅政大臣遏必隆、鳌拜满文奏疏研究》，《满语研究》2016 年第 1 期。

杨珍:《康熙朝鳌拜罪案辨析》,《历史档案》2016 年第 3 期。

赵国强等:《金朝以来小黄头室韦相关问题考》,《黑龙江民族丛刊》
2017 年第 6 期。

关康:《清代优异世管佐领考——以阿什达尔汉家族佐领为中心》,
《民族研究》2017 年第 1 期。

关康:《论清代族中承袭佐领》,《满语研究》2018 年第 1 期。

陈章:《东亚视野下的"侍卫":清代侍卫制探源》,《南京大学学
报》2018 年第 3 期。

陈章:《满汉殊途,近御治国——侍卫系统与清代中枢政治关系初
探》,《北京社会科学》2019 年第 4 期。

2. 学位论文

冯国华:《清代宗室婚姻政策研究——以四品宗室为例》,硕士学位
论文,台湾师范大学,2001 年。

臧廷秋:《清代前期亲王辅政体制研究》,硕士学位论文,黑龙江大
学,2005 年。

郭丹:《岳钟琪与雍正时期西北边疆的经营》,硕士学位论文,东北
师范大学,2007 年。

张丽伟:《岳钟琪述评》,硕士学位论文,黑龙江大学,2007 年。

王称:《雍正朝的准噶尔政策研究》,硕士学位论文,中国社会科学
院研究生院,2008 年。

王攀:《试论清代抚边名将岳钟琪及其历史作用》,硕士学位论文,
四川师范大学,2008 年。

王惠敏:《清军难以攻克大小金川之原因探析》,博士学位论文,中
国社会科学院研究生院,2010 年。

金华:《清代东北籍进士的文献成就述论》,硕士学位论文,辽宁大
学,2011 年。

郑玉芝:《清入关前五大臣研究》,硕士学位论文,东北师范大学,
2012 年。

孙萌:《清入关前八旗婚姻问题研究》,硕士学位论文,黑龙江大学,
2012 年。

杨海燕:《常与变:陕甘总督群体构成与人事嬗递探颐》,硕士学位
论文,温州大学,2012 年。

杜党军：《清代西宁办事大臣研究》，博士学位论文，兰州大学，2013 年。

李小雪：《八旗满洲八著姓与清政权之崛起》，硕士学位论文，辽宁大学，2013 年。

李小雪：《清代盛京五部研究》，博士学位论文，中央民族大学，2015 年。

王立：《东北地区八旗满族著姓家谱研究》，博士学位论文，东北师范大学，2017 年。

3. 国外论文

［日］鸳渊一：《清初の八固山额真に就いて》，《山下先生還暦記念：東洋史論文集》，六盟館 1938 年版。

［日］三田村泰助：《明末清初の満洲氏族とその源流》，《東洋史研究》19 卷（2），1960 年 10 月。后收入氏著《清朝前史の研究》，第 57—097 页。中译文由刘世哲译：《明末清初的满洲氏族及其源流》，载中国社会科学院民族研究所历史研究室资料组编：《民族史译文集》第 12 辑，1984 年。

［日］鸳渊一：《關於清初來歸者和出身地的研究》，《遊牧社會探究》20，1962 年。

［日］阿南惟敬：《満洲八旗国初ニルの研究》，《防衛大学校紀要》第 13 辑，1966 年；亦收入氏著《清初軍事史論考》，甲陽書房 1980 年版。

［日］阿南惟敬：《清初ニル額真考》（上、下），《防衛大学校紀要》第 16、17 辑，1968 年；亦收入氏著《清初軍事史論考》。

［日］细谷良夫：《八旗通志初集〈旗分志〉編纂とその背景——雍正朝佐領改革の一端》，《东方学》第 36 辑，1968 年。

［日］冈田英弘：《清太宗继位考实》，《故宫文献》1972 年第 3 卷第 2 期。

Oxnam, Robert B. "*Policies and Institutions of the Oboi Regency, 1661—1669,*" in *Journal of Asian Studies*, Vol. 32, No. 2, February 1973.

［日］细谷良夫：《八旗覺羅佐領考》，《星博士退官記念：中國史論集》，星斌夫先生退官記念事業會 1978 年版。

［日］阿南惟敬：《清初固山額真年表考》，《清初軍事史論考》，甲

陽書房 1980 年版。

　　［日］安部健夫：《八旗滿洲ニルの研究》，《清代史の研究》，創文社 1981 年版。

　　［日］细谷良夫：《雍正朝汉军旗属牛录的均齐化》，《社会科学战线》1986 年第 2 期。

　　［美］黄培：《清初的满洲贵族（1583—1795）——钮祜禄族》，载许倬云等主编：《中国历史论文集》，台湾商务印书馆 1986 年版。

　　［美］黄培：《清初的满洲贵族：婚姻与开国（一五八三——一六六一）》，陶希圣先生九秩荣庆祝寿论文集编委会编：《国史释论：陶希圣先生九秩荣庆祝寿论文集》，食货出版社 1988 年版。

　　Rawski, Evelyn S. , "Ch'ing Imperial Marriage and Problems of Rulership," in Rubie S. Watson and Patricia Buckley Ebrey, eds. , *Marriage and Inequality in Chinese Society*, Berkeley：University of California Press, 1991.

　　［日］石桥崇雄：《"六條例" をめぐって——清朝八旗制度研究の一環として》，《神田信夫先生古稀記念論集：清朝と東ァジア》，山川出版社 1992 年版。

　　［日］石桥秀雄：《清初のエジェン ejen——太祖・太宗朝を中心に》，《神田信夫先生古稀記念論集：清朝と東ァジア》，山川出版社 1992 年版。

　　［日］石橋重雄：《清初的額真》，《史苑》52 卷 2 號，1992 年。

　　［美］黄培：《清初的满洲贵族：婚姻与政治》，《庆祝王锺翰先生八十寿辰学术论文集》，辽宁大学出版社 1993 年版。

　　［日］细谷良夫：《烏真超哈（八旗漢軍）の固山（旗）》，《松村潤先生古稀記念：清代史論叢》，汲古書院 1994 年版。

　　［日］细谷良夫：《清朝中期の八旗漢軍の再編成》，載石橋秀雄編：《清代中國の諸問題》，山川出版社 1995 年版。

　　［日］綿貫哲郎：《「六条例」の成立——乾隆朝八旗政策の一断面》，《社会文化史学》第 45 号，2003 年。

　　［日］杉山清彦：《漢軍旗人李成梁一族》，岩井茂樹編：《中国近世社会の秩序形成》，京都大学人文科学研究所 2004 年版，第 191—236 頁。

　　Struve, Lynn A, "Ruling form Sedan Chair：Wei Yijie（1616 - 1686）and the Examination Refor of the 'Oboi' Regency," in *Late Imperial China*,

Vol. 25，No. 2，December 2004.

　　承志：《八旗ニル佐領の根源とニル分類について》，《東洋史研究》第 65 卷第 1 号，2006 年。

　　［日］增井寛也：《マンジュ国〈五大臣〉設置年代考》，《立命館文学》第 601 号，2007 年。

　　［日］增井寛也：《清初ニル類別考》，《立命館文学：松本英紀教授退職記念論集》第 608 号，2008 年。

　　［日］增井寛也：《マンジュ国〈四旗制〉初建年代考》，《立命館東洋史學》第 32 号，2009 年。

　　［日］内田直文：《钮祜禄氏额亦都家族与清初内廷侍卫》，台湾《成大历史学报》，2009 年第 36 号。

索　引

后 记

本书是在我的博士论文基础上修订而成的，其中一些章节已在相关刊物上发表，特此说明！

从 2014 年 7 月博士毕业，至今已有五个年头，深感时间的飞逝。总结本硕博十年的读书经历，让我体会最深的就是做学问要坚持，做人要真诚！

2004 年 7 月，我考入北华大学历史文化学院，开始接受历史学的系统学习。2008 年 9 月，进入中央民族大学历史文化学院专门史专业攻读硕士研究生，由此开启了充实而又难忘的六年民大生活。

授业恩师赵令志先生是著名的清史、满族史、满文文献专家，师从清史、满族史泰斗王锺翰先生，能够拜在赵先生门下实乃人生之幸。恩师学术造诣深厚，继承了王先生的治学传统，尤其是满文文献方面的成就享誉国内外。本人语言学习能力极低，未能将恩师的治学特色予以继承和发扬，甚属遗憾。博士论文从选题到外审，恩师付出的心血最多，反馈给我的论文总是写满了密密麻麻的修改意见，正是因为恩师的付出，论文在教育部匿名评审时获得较好的评价，在毕业答辩时亦被被认定为一篇优秀的博士论文。读硕博期间及工作后发表的一些小论文恩师同样不厌其烦地帮忙修改。这次博士论文的修订出版恩师再次提出诸多宝贵意见，并帮助翻译一些满文档案，充实相关论证。恩师在学术上的引领和指导，以及恩师豁达、爽朗的性格，生活中的粗中有细，皆使我受益终生。

论文答辩会有幸邀请到了南开大学柏桦教授，中国第一历史档案馆吴元丰研究员，北京社会科学院赵志强研究员，以及本系达力扎布、尚衍斌、丁慧倩三位老师，正是诸位先生提出的宝贵意见才使本书的学术水平得以进一步提升。

感谢教育部三位匿名评审专家对论文提出的中肯意见，对此次论文的修订出版具有重要的参考价值。

还要特别感谢为本书写作提供资料及帮助的诸位专家学者：美国扬斯敦州立大学黄培先生从美国寄来他的论文，并为论文写作提供了有益的思路和国外资料收藏的线索；日本追手门学院大学承志先生则专门为我扫描了日本学者的论文；中国社会科学院民族文学研究所关纪新先生为我提供了瓜尔佳氏相关著作；吉林师范大学楠木贤道先生则将其收藏的满文档案提供给我；吉林师范大学孙守朋和牡丹江师范学院綦中明两位好友亦为我提供了宝贵资料。本书出版前，北京大学徐凯先生，曲阜师范大学牛传彪博士百忙中通读书稿，提出了非常宝贵的修改意见。中国社会科学院滕绍箴、邸永君先生，南开大学杜家骥先生亦曾提出重要的修改意见。

本硕博十年间，不能忘记曾经培养我、教育我的各位老师，刘国石、王雪梅、宫炳成、陈洁、钟兴龙、李丽、申文勇等老师是我步入史学殿堂的启蒙老师；达力扎布、尚衍斌、奇文瑛、陈楠、姚念慈、彭勇、丁慧倩、顾松洁等老师则将我引向了学术研究之路。同时，还要感谢学术成长之路上一直关心扶持我的刘小萌、定宜庄、张永江等诸位先生。

感谢百忙中为本书翻译英文摘要和目录的于改革三姐。感谢我的同门师兄、师姐、师弟、师妹，以及本科、硕士、博士（按顺序）十年间的同学和朋友，正是有你们的关心和鼓励，才使本书顺利付梓。

感谢我的工作单位青岛理工大学马克思主义学院各位领导、老师对我工作以来的支持和厚爱。

本书有幸被纳入 2018 年度"中国社会科学博士论文文库"，特别感谢中国社会科学出版社对本书出版的支持，尤其是责编安芳女士对本书出版的辛勤付出。此外，还要感谢陕西学前师范学院黄彦震师兄对本书出版的经费支持。

父母为了我和弟弟耗尽了所有的青春，不是只言片语，几篇论文、几部著作能够回报的；岳父母为了我们的家庭和工作同样任劳任怨、在所不辞。人这一生，健康胜过任何荣誉，唯愿即将步入花甲之年的父母、岳父母：健康、快乐！

　　最后则要感谢我的爱人于洁，为了家庭、为了孩子甚至几年未曾外出，更耽误了自己的学术成长，相信在我们的共同努力下，我们的家庭会更加美好，我们的孩子会健康快乐成长，我们的事业也会不断创造佳绩。